Der neue Writing Code

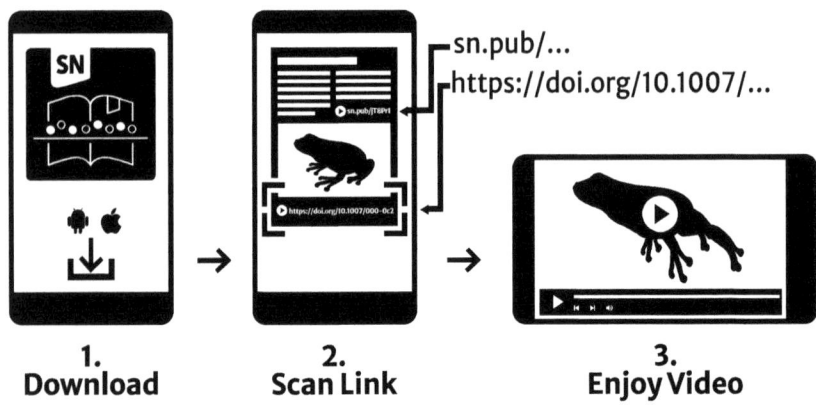

Harald Rau

Der neue Writing Code

Exzellente Abschlussarbeiten
im Bachelor-, Master- und
Promotionsstudium

Harald Rau
Ostfalia Hochschule für angewandte Wiss
Salzgitter, Deutschland

Die Online-Version des Buches enthält digitales Zusatzmaterial, das berechtigten Nutzern durch Anklicken der mit einem „Playbutton" versehenen Abbildungen zur Verfügung steht. Alternativ kann dieses Zusatzmaterial von Lesern des gedruckten Buches mittels der kostenlosen Springer Nature „More Media" App angesehen werden. Die App ist in den relevanten App-Stores erhältlich und ermöglicht es, das entsprechend gekennzeichnete Zusatzmaterial mit einem mobilen Endgerät zu öffnen.

ISBN 978-3-658-45071-7   ISBN 978-3-658-45072-4 (eBook)
https://doi.org/10.1007/978-3-658-45072-4

Die Deutsche Nationalbibliothek verzeichnet diese Publikation in der Deutschen Nationalbibliografie; detaillierte bibliografische Daten sind im Internet über https://portal.dnb.de abrufbar.

© Der/die Herausgeber bzw. der/die Autor(en), exklusiv lizenziert an Springer Fachmedien Wiesbaden GmbH, ein Teil von Springer Nature 2024

Das Werk einschließlich aller seiner Teile ist urheberrechtlich geschützt. Jede Verwertung, die nicht ausdrücklich vom Urheberrechtsgesetz zugelassen ist, bedarf der vorherigen Zustimmung des Verlags. Das gilt insbesondere für Vervielfältigungen, Bearbeitungen, Übersetzungen, Mikroverfilmungen und die Einspeicherung und Verarbeitung in elektronischen Systemen.
Die Wiedergabe von allgemein beschreibenden Bezeichnungen, Marken, Unternehmensnamen etc. in diesem Werk bedeutet nicht, dass diese frei durch jedermann benutzt werden dürfen. Die Berechtigung zur Benutzung unterliegt, auch ohne gesonderten Hinweis hierzu, den Regeln des Markenrechts. Die Rechte des jeweiligen Zeicheninhabers sind zu beachten.
Der Verlag, die Autoren und die Herausgeber gehen davon aus, dass die Angaben und Informationen in diesem Werk zum Zeitpunkt der Veröffentlichung vollständig und korrekt sind. Weder der Verlag noch die Autoren oder die Herausgeber übernehmen, ausdrücklich oder implizit, Gewähr für den Inhalt des Werkes, etwaige Fehler oder Äußerungen. Der Verlag bleibt im Hinblick auf geografische Zuordnungen und Gebietsbezeichnungen in veröffentlichten Karten und Institutionsadressen neutral.

Planung/Lektorat: Barbara Emig-Roller
Springer VS ist ein Imprint der eingetragenen Gesellschaft Springer Fachmedien Wiesbaden GmbH und ist ein Teil von Springer Nature.
Die Anschrift der Gesellschaft ist: Abraham-Lincoln-Str. 46, 65189 Wiesbaden, Germany

Wenn Sie dieses Produkt entsorgen, geben Sie das Papier bitte zum Recycling.

Inhaltsverzeichnis

1 Vorbereiten: Überholte Routinen erkennen und verändern! 1
- 1.1 Checkliste für die Arbeit mit dem Writing Code 6
- 1.2 Arbeitsgänge immer wieder in Frage stellen 10
- 1.3 Das Zeitsparprogramm unmittelbar umsetzen 12
- 1.4 Gewohnheiten durchbrechen und sich gut organisieren 15
- 1.5 Mit Unvoreingenommenheit die richtigen Fragen ermöglichen ... 17
  - 1.5.1 Hüte Dich vor dem Dogma: Festgefahrene Lehrmeinungen vermeiden! 17
  - 1.5.2 Wie und Warum – mit den richtigen Fragepronomen auf die Deutungsebene 20
  - 1.5.3 Hinweis: Netzwerke pflegen – vom ersten Semester an ... 21
- 1.6 Der Writing Code ist unabhängig von Fachtraditionen 22
- 1.7 Gleich zu Beginn Computerprogramme beherrschen 25
  - 1.7.1 Textverarbeitung – welches ist die richtige? 26
  - 1.7.2 Digitale Textverarbeitung und die Gliederung 27
- 1.8 Schreibtechnik: Lieblingsplätze, Lieblingsgeräte und Zehn-Finger-System 32
  - 1.8.1 Auch die Tastatur spielt eine Rolle 35
  - 1.8.2 Mechanische Schreibmaschinen und Textroutinen 37
- 1.9 Strukturen schaffen: Vom ersten Tag an sinnvoll gliedern 42
  - 1.9.1 Gliederung: Erkenntnis strukturieren 44
  - 1.9.2 Mit Struktur das Selbstbewusstsein stärken 46
  - 1.9.3 Von der Kunst, nie fertig zu sein 47
- 1.10 Drei Perspektiven: Quick-Tipps und ein Erfahrungsbericht 48
  - 1.10.1 Perspektive 1: Die Dozentin...................... 49
  - 1.10.2 Perspektive 2: Die Masterstudentin 50
  - 1.10.3 Quick-Tipps für die Ablaufplanung 52

2	**Prokrastinieren: Am Ende bleibt niemand verschont!**		55
2.1	Hand in Hand – Überforderung und Prokrastination		57
	2.1.1	Praxisbericht Prokrastination – mit dem Top-Tipp fester Zeitfenster!	59
	2.1.2	Kognitive Dissonanzen bearbeiten – Verhalten dauerhaft ändern!	62
	2.1.3	Bestes Beispiel – die Polymerase-Kettenreaktion	63
2.2	Überforderung erkennen – Prozesse verändern!		65
	2.2.1	Aufgaben kleinrechnen, Multitasking entlarven, Disziplin halten!	66
	2.2.2	Übersprungshandlungen und Ablenkung, Flow und Prokrastination	69
	2.2.3	Katzenvideos, Selbstverpflichtung und immer wieder: Reden!	73
2.3	Typische Glaubenssätze – und Argumente gegen sie		77
	2.3.1	Nur eine Bachelorarbeit	79
	2.3.2	Wenig gelernt – da kann nichts herauskommen	80
	2.3.3	Ich werde nie zum „Wissenschaftler"	80
	2.3.4	Am Ende ist doch alles hier nur Formsache	81
	2.3.5	Praxis? Fehlanzeige!	82
	2.3.6	Mir ist nicht zu helfen!	83
2.4	Verzweiflungsmomente – und wie Sie daran wachsen		85
	2.4.1	Kritische Phasen zeigen: Sie sind auf dem richtigen Weg!	85
	2.4.2	Zweifel überwinden und zurück ins Leben finden!	88
	2.4.3	Heilsames Schreiben – Homöopathisch Texten	92
2.5	Intuitiv, planvoll oder ganz chaotisch: Welcher Schreibtyp sind Sie?		96
	2.5.1	Schreibtypen 1 – Strukturen schaffen oder Strukturen folgen?	96
	2.5.2	Schreibtypen 2 – intuitiv, strategisch, redaktionell und affektiv	98
	2.5.3	Schreibtypen 3 – Strategien zum Nachdenken	99
3	**Zweifeln: Von alten Gewohnheiten zu neuen Glaubenssätzen!**		103
3.1	„Da vorne steht der Feind!" Wirklich?		105
3.2	Das Erwachsenen-Ich und die innere Einstellung		107
3.3	Formulierungsvorschläge für veränderte Selbstkonzepte		110

3.4 Die lebendige Hochschule: Die Emanzipation vom Feindbild! 111
    3.4.1 Bildungsbegleiter und Unterstützer als Alternativen zum „Endgegner" 111
    3.4.2 Mit Sinn und Verstand – noch mehr Hirnphysiologie! 113
    3.4.3 Aufmerksamkeit und kontemplative Techniken 114
3.5 Selbstverpflichtung: Die aktive Beseitigung des Zweifels! 115
    3.5.1 Höhere Regie – und eine ganz persönliche Erfahrung 118
    3.5.2 Unerlaubte Fragen? Ja, die gibt es! 119

4 Anfangen: Thema, Frage, These und ein Titel! 125
4.1 Schaffen Sie Distanz! 125
4.2 Finden Sie eine zentrale Frage und These! 127
4.3 Ihr individueller Weg zum passenden Thema! 129
    4.3.1 Erstens: Der Weg über ein Institut 129
    4.3.2 Zweitens: Der Weg über die Menschen 130
    4.3.3 Drittens: Der Weg in die Forschung 131
4.4 Themenwahl oder Themenvergabe – beides ist gut 133
    4.4.1 Vorgegebenes Thema – das bedeutet es für Sie! 135
    4.4.2 Thema selbst wählen – das bedeutet es für Sie! 137
    4.4.3 Wunsch und Wirklichkeit – nehmen Sie Abschied von der Vergangenheit! 138
    4.4.4 Schnelle Themenwahl – hier noch einmal in der Übersicht! 140
4.5 Themensuche schnell abschließen 142
4.6 Gute oder schlechte Titel – oder: die Wirkkräfte der ersten Zeile! 144
4.7 Bei frühen Festlegungen mit Untertiteln arbeiten 145
4.8 Von der Fragestellung zur These 146
    4.8.1 Kritischer Rationalismus: Thesen verwerfen 146
    4.8.2 Arbeitsweisen: Antworten aus der Wissenschaftstheorie 147
    4.8.3 Das Hirn liebt es: Von der Frage zur These 153
    4.8.4 Thesen formulieren: Perfekte Gruppenaufgabe 154

5 Recherchieren: Die häufigsten Fehler in der Quellenarbeit! 155
5.1 Es gibt kein Hörensagen – alles wird belegt 156
5.2 Wie bei den alten Griechen – dialektisch denken lernen! 158
5.3 Fehler – 1: Onlinequellen 160
5.4 Fehler – 2: Ratgeberliteratur 164

5.5		Fehler – 3: Breite statt Tiefe	165
	5.5.1	Das Kleiderständer-Kleiderhaken-Prinzip.	165
	5.5.2	Flächige Themen ufern aus	166
5.6		Fehler – 4: Sekundärliteratur	167
5.7		Fehler – 5: Abschlussarbeiten zitieren	170
5.8		Fehler – 6: Quellen nachträglich einarbeiten	171
5.9		Der Weg wissenschaftlicher Studien	173
5.10		Wissenschaftliche Fachzeitschriften im Ranking	175
5.11		‚Window Dressing' für die Literaturliste!	177

6 Verarbeiten: Von innen nach außen Ordnung schaffen! 179
- 6.1 Flexibilität – die Arbeit bleibt unfertig bis zum Abgabetag 181
- 6.2 Wie Sie sich Literatur schnell erschließen! 184
- 6.3 Arbeit im RAW-Modus – Ihr Dokument wächst! 188
- 6.4 Arbeitsergebnisse und Quellen? Sofort ins Skript! 189
- 6.5 Quellenarbeit – direkte, indirekte Rede und Paraphrase 191
- 6.6 Quellenarbeit automatisieren – Literaturverwaltung und Zitatstil 193
  - 6.6.1 Quellen verwalten – Software als Beschleuniger 193
  - 6.6.2 Zitierweisen – am besten automatisieren lassen! 195
- 6.7 Schreiben im RAW-Modus? Selbstverständlich! 197
  - 6.7.1 Im Schreibmodus wird der Steinbruch sortiert 197
  - 6.7.2 Das Qualitätsprinzip: Von unten nach oben! 200
  - 6.7.3 Der Textkörper steht – und dann? 201
- 6.8 Exzerpieren: Routinen zur Inhaltsverarbeitung entwickeln! 204
- 6.9 Wie Sie lernen, Bücher zu lieben! 208

7 Fundieren: Die passende Methode wählen! 213
- 7.1 Entscheidung, Ebene 1 214
- 7.2 Entscheidung, Ebene 2 217
- 7.3 Entscheidung, Ebene 3 220
- 7.4 Entscheidung, Ebene 4 222
- 7.5 Entscheidung, Ebene 5 225
- 7.6 Entscheidung, Ebene 6 230
- 7.7 Hinweise zur Entscheidungsstruktur 232

8 Finalisieren: Ausleuchten, Schluss und Einleitung, Gegenlesen! 233
- 8.1 Sachaussagen belegen: Die ultimative Überprüfung 233
- 8.2 Leuchttürme setzen: Ein 360-Grad-Rundumblick 234

8.3 Zu guter Letzt: Mit der Einleitung entsteht der Schluss 235
    8.3.1 Mit dem Fazit ist noch lange nicht Schluss 235
    8.3.2 Überschriften: Ein wenig Spaß darf sein 238
    8.3.3 Gegenlesen: Lernen Sie die Verunsicherung lieben 239

9 Bewerten: Wie man der Rezeption begegnet! 241
  9.1 Lesetypen-Bingo: Eine fröhliche Dozenten-Auswahl 241
    9.1.1 Dozenten lesen – der Kontexttyp 242
    9.1.2 Dozenten lesen – der Strukturtyp 243
    9.1.3 Dozenten lesen – der Intuitionstyp 244
    9.1.4 Schnellleser? Nicht irritieren lassen! 244
    9.1.5 Nichtleser, Gutachtenmuffel, Notenjonglierer 245
  9.2 Bewertungspraxis: Gutachten und ihre Bestandteile 248
    9.2.1 Orientierungshilfe: Ein Bewertungsraster 249
    9.2.2 Bewertung: Kurzgutachten für Bachelorarbeiten 251
  9.3 Lernaspekte: Die Logik des „ex negativo" 259
    9.3.1 Einige Worte zum wissenschaftlichen Essay 261
  9.4 Vollgutachten im Fließtext: Masterthesis und Dissertation 264
    9.4.1 Beispiel 5: Masterthesis als erfolgreiches Buch 264
    9.4.2 Gemeinschaftlich erstellte Abschlussarbeit 267
    9.4.3 Erweiterter Modus: Hinweise für Dissertationen 271
    9.4.4 Sinn und Zweck der hier aufgeführten Gutachten 277

10 Schlussakt: Verteidigung, Kolloquium, Disputation 279
  10.1 „Dos" and „Don'ts" im mündlichen Kolloquium 283
    10.1.1 Präsentation – Inhalt 283
    10.1.2 Präsentation – Form 284
    10.1.3 Fragestellungen – Haltung 284
    10.1.4 Fragestellungen – Anknüpfungspunkte 285
    10.1.5 Praxisbezug – Anwendungsmöglichkeiten 287

Literatur 289

1 Vorbereiten: Überholte Routinen erkennen und verändern!

Dieses Buch bringt Ihnen Verständnis entgegen … Naja, zumindest will es Sie nicht unnötig aufhalten. Als Autor bin ich mir bewusst, in welcher Situation und Lebenslage Sie sich befinden. Normalerweise, und das ist eben menschlich, wird selbst der geneigte Leser[1] bereits in einem Stadium angelangt sein, in dem er recht bald schon mit seiner Abschlussarbeit beginnen sollte und unter einem gewissen Zeitdruck steht. Diesem wird das vorliegende Buch gerecht. Man muss es nicht von vorne nach hinten lesen. Jedes Kapitel vertieft entweder emotional-begleitend oder konkret-faktisch wesentliche Aspekte, die Sie bei der Erstellung einer Abschlussarbeit begleiten. Möglicherweise für Sie eher verwirrend, stehen die Ihnen aus anderen Anleitungen und Ratgebern geläufigen Themen eher weiter hinten im Buch – Kapitel vier beschäftigt sich mit dem Beginn, mit Themensuche und Fragestellung, Kapitel fünf mit

---

[1] Es wird in diesem Buch durchgängig die generische Form der Ansprache genutzt, natürlich sind jeweils beide Geschlechter angesprochen. Diese Umsetzung folgt auch den Hinweisen aus einer wissenschaftlichen Studie von Klimmt, Pompetzki und Blake (2008, S. 3–20), die in Experimenten herausgefunden haben, dass die Rezeption (in diesem Falle von journalistischen Texten) bei Verwendung einer doppelgeschlechtlichen Darstellung und Verwendung von z. B. „Leser/innen" den Lesefluss hemmt und die „Schrägstrich-Schreibweise mehr Lesezeit verlangt und von den Rezipient/innen hinsichtlich der journalistisch-sprachlichen Qualität schlechter bewertet wird." (ebd.) Implikationen für die genderbezogene journalistische Praxis und die weitere genderbezogene Nachrichtenrezeptionsforschung werden im genannten Beitrag ebenfalls diskutiert.

Ergänzende Information Die elektronische Version dieses Kapitels enthält Zusatzmaterial, auf das über folgenden Link zugegriffen werden kann [https://doi.org/10.1007/978-3-658-45072-4_1]. Die Videos lassen sich durch Anklicken des DOI-Links in der Legende einer entsprechenden Abbildung abspielen, oder indem Sie diesen Link mit der SN More Media App scannen.

© Der/die Autor(en), exklusiv lizenziert an Springer Fachmedien Wiesbaden GmbH, ein Teil von Springer Nature 2024
H. Rau, *Der neue Writing Code*, https://doi.org/10.1007/978-3-658-45072-4_1

Abb. 1.1 Der Writing Code als Wegbegleiter (▶ https://doi.org/10.1007/000-c4x)

Quellenarbeit und Recherche, Kapitel sechs mit Struktur und deren Veränderungen im Arbeitsablauf, Kapitel sieben widmet sich der methodischen Vorgehensweise, Kapitel acht mit Korrekturen und Überarbeitungen, Kapitel neun schließlich nimmt die Bewertung in den Blick. Diese Logik folgt meiner Erfahrung: Bevor Inhaltliches im Blick stehen kann, ist es viel wichtiger, sich mit sich selbst, seiner eigenen Arbeitsweise auseinandersetzen, die Zeitsparreserven liegen genau hier, darin, wie man den Zweifel überwindet, wie man mit der immer vorhandenen Prokrastinations-Tendenz umgeht, darin, wie man in jüngsten Jahren eingeübte Glaubenssätze und Muster ablegen kann. Genau deshalb werden im Writing Code ganze drei Kapitel vorausgeschickt. Sehen Sie sich dazu auch das verlinkte Video (Abb. 1.1) an, um eine kurze Einführung in den Writing Code zu erhalten.

Hier ganz am Anfang aber soll ein für mich ausgesprochen eindrücklicher Erfahrungsbericht, einer Frau stehen, die ihre wissenschaftliche Karriere mit Hilfe einer Dissertation nach der erfolgreich mit dem Writing Code erarbeiteten Masterarbeit fortsetzt …

> **Erfahrungsbericht: „Lesen empfohlen! – Eine unbezahlte Werbung und fünf Erkenntnisse!"**
>
> Zum Prozess des Schreibens empfehle ich ehrlich den Writing Code (für diese „Werbung" werde ich nicht bezahlt!). Ich habe das Buch vor der Masterarbeit gelesen und hätte es mir schon für meine Bachelorarbeit gewünscht.

Wieso? Weil es während meiner Bachelorarbeit zu viele Momente gab, in denen ich mich leicht, aber gründlich verzweifelt gefragt habe, wie ich diese riesige Aufgabe bestehen soll und wie eine Abschlussarbeit überhaupt geschrieben wird.

In den sechs Semestern meines Studiums gab es genau eine schriftliche Hausarbeit von knapp 15 Seiten und die geforderten 40 Seiten für die Bachelorarbeit kamen mir damals wie mein persönlicher Mount-Everest des wissenschaftlichen Arbeitens vor.

Wie schreibe ich eine Abschlussarbeit? Worauf muss ich achten? Und: Wo fange ich eigentlich an? Das waren die ersten Fragen, die mir in den Sinn kamen. Und weil ich die Antworten darauf nicht wusste, es mir nicht einfach fiel, sie zu finden, habe ich die Arbeit an der BA so weit wie möglich hinausgezögert.

Im späteren Arbeits- und Schreibprozess begegneten mir immer wieder Selbstzweifel. Ständig fragte ich mich, ob ich auf dem richtigen Weg war, was ich als nächstes tun müsste und wie ich „das Alles" hätte besser hinkriegen können. Wenig verwunderlich war die letzte Woche vor der Abgabe eine sehr arbeitsintensive Phase mit wenig Schlaf, viel Zeit in der Bibliothek und einer unerwünschten Achterbahnfahrt der Gefühle. Kurzum: nichts, was ich wiederholen möchte.

Nach einem Masterstudium mit dem Writing Code im Bücherregal kann ich sagen, dass die Auseinandersetzung mit einer Abschlussarbeit kein persönliches Drama – und erst recht nicht ein persönlicher Mount-Everest – sein muss.

Der Writing Code dekonstruiert die Komplexität des wissenschaftlichen Arbeitens und Schreibens, er bietet Strategien und Routinen für den Arbeitsprozess an einer Abschlussarbeit an.

Mit jedem gelesenen Kapitel wird der Weg durch die Abschlussarbeit (oder: hinauf auf den Mount Everest) klarer. Die Ausführungen sind präzise, verständlich und strukturieren den Arbeitsprozess. So lassen sich Zeit und kostbare Nerven „sparen", zudem ist in den von Selbstzweifeln geprägten Momenten ein Blick in das Buch jederzeit möglich. Das gibt Sicherheit und erleichtert das wissenschaftliche Arbeiten und Schreiben.

Fünf persönliche Erkenntnisse, die vielleicht auch Ihnen helfen:

1. Es gibt nicht den einen perfekten Weg, um ans Ziel zu kommen. Akzeptieren Sie, dass nicht alles rund oder geplant laufen wird. Flexibilität erleichtert den Umgang mit spontanen Herausforderungen.
2. Schauen Sie nicht permanent auf das große Ziel der Abgabe. Setzen Sie sich Zwischenziele, unterteilen Sie die große Aufgabe „Abschlussarbeit" in viele kleine und arbeiten Sie diese ab.

3. Die Masterarbeit ist keine OP am offenen Herzen. Keine Entscheidung muss in Sekundenbruchteilen getroffen werden.
4. Der Austausch mit Gleichgesinnten und/oder im Freundeskreis hilft, zu reflektieren und „von außen" auf die Arbeit zu schauen. Heißt: Pausen sind nützlich, Abwechslung für den Kopf auch. Die besten Ideen kommen in den Momenten, wenn man etwas ganz Anderes tut.
5. Keine Abschlussarbeit kommt ohne Selbstzweifel aus. Vertrauen Sie in diesen Momenten sich selbst und erinnern Sie sich an diesen Satz: **Ich schaffe das!**

Viktoria Heyer ◄

Der Kerngedanke des Writing Code: Sie müssen beim Verfassen Ihrer Arbeiten Ihre gewohnte Produktionsroutine verändern, zumindest dann, wenn Sie den Zeitspar-Turbo nutzen wollen. Die wesentliche Änderung, die Sie dabei vornehmen müssen: Es geht darum, die große Aufgabe Haus- oder Abschlussarbeit neu zu ordnen. Einige Merksätze sollen Sie gleich zu Beginn sensibilisieren. Ihre Sinnhaftigkeit wird sich bei der weiteren Lektüre des Buches wie von selbst erschließen.

- Beginnen Sie so früh wie möglich mit dem Schreiben!
- Hören Sie bis zur endgültigen Fertigstellung Ihrer Arbeit nie damit auf, weiter zu ‚forschen'!
- Gliedern Sie bereits am ersten Tag. Aber legen Sie sich nicht fest. Bleiben Sie bis zum Tag der Abgabe flexibel!
- Schaffen Sie in Ihrem Dokument auch kleine Abraumhalden, und behalten Sie diese so lange wie möglich im Hauptmanuskript!
- Arbeiten Sie mit maximal zwei Dateien: Ihrer Hauptdatei und einer Quellensammlung. Besser ist es, mit einem einzigen Dokument zu arbeiten – und eine Literaturverwaltung wie EndNote, Citavi oder (mit vorsichtiger Einschränkung auch) Zotero zu nutzen.
- Arbeiten Sie stets an jenem Punkt, der Ihnen gerade in diesem Moment als leichtester erscheint. Irgendwann bleibt nichts mehr ganz Leichtes übrig. Und das Leichteste ist das Schwere.
- Scheuen Sie sich nicht davor, viele kleinere Aufgaben parallel oder zumindest in zeitlich enger Nähe zu bearbeiten und manches halb fertig liegenzulassen.
- Mischen Sie bewusst Tätigkeiten – Recherchieren, Ordnen, Strukturieren, Gliedern, Kürzen, Paraphrasieren, Zitieren – aber schreiben Sie dabei regelmäßig auch eigene Textbestandteile!

- Arbeiten Sie mit einem Textverarbeitungsprogramm, das sich für die Erstellung großer Dokumente eignet.
- Beherrschen Sie alle Computerprogramme, die Sie verwenden wollen, bevor Sie Ihre Arbeit offiziell anmelden (z. B. SPSS, PSPP, MaxQDA, Excel, Word, LaTex).
- Arbeiten Sie für Ihren Textkörper und die Hauptarbeit ausschließlich mit einem Dokument. Führen sie nur in großen Ausnahmen Neben- oder Filialdokumente.
- Legen Sie jeden Abend die aktualisierte Datei in die Cloud und erstellen Sie zusätzlich ein Backup, das Sie (am besten auf einer SD-Karte oder einem kleinen USB-Stick) stets bei sich führen (Datenverlust zu vermeiden ist für die physische Ablage nur ein nachrangiger Grund. Viel eher gibt es ein gutes Gefühl, wenn man die Arbeit wie einen Talisman bei sich trägt, und man erinnert sich immer wieder an das aktuelle und vermutlich zentral lebensbestimmende Hauptthema).
- Arbeiten Sie nach Möglichkeit stets online, und wählen Sie „automatisch Speichern" für Ihr aktives Arbeitsdokument, idealerweise nutzen Sie hierfür einen Clouddienst, der mehrere Versionen speichert, sodass sie im Zweifelsfalle zu einer Vorversion zurückspringen können.
- Versehen Sie ältere Fassungen Ihrer Arbeitsdatei stets mit dem gleichen Dateinamen plus in umgekehrter Reihenfolge geschriebenem Datum (Jahr-Monat-Tag, also zum Beispiel 230819 für den 19. August 2023). Dies garantiert, dass die Dateien bei der Suche direkt und in der richtigen Reihenfolge untereinanderstehen.
- Speichern Sie mindestens einmal in der Woche eine neue Version Ihrer Datei – ein Muss ist die Speicherung einer eigenen Version vor größeren Kürzungen oder einem Komplettumbau der Gliederung.
- Suchen Sie sich eine Gruppe von Studierenden möglichst unterschiedlicher Fachtraditionen, um regelmäßig Ihre Ergebnisse zu präsentieren.
- Planen Sie für die Schlussphase (Korrektur, Endformatierung und Ausdruck) großzügig.

Der Writing Code lädt Sie ein, Ihre Arbeitsweise umzugestalten, die große Hürde in viele kleine Hürden zu verwandeln, die dann eben deutlich leichter zu überspringen sind. Lernen Sie in den folgenden Kapiteln also:

… wie Ihre Arbeit systematisch wächst, indem Sie an vielen verschiedenen Stellen anfangen,
… wie Sie zu bewältigende Aufgabenpakete schnüren,

… wie Sie sich möglichst große Freiräume schaffen,
… wie Sie der Schreibblockade oder -hemmung keinen Raum lassen,
… wie Ihre Arbeit erst ganz zum Schluss „rund" werden kann,
… wie Sie die Reihenfolge Ihrer Arbeitsschritte organisieren,
… wie Sie Ihre Arbeit so organisieren, dass auch ohne Motivation immer etwas zu tun bleibt,
… wie Sie sich immer wieder neu auf den ‚Writing Code' verpflichten müssen (alte Muster sind zumeist hartnäckig).

1.1 Checkliste für die Arbeit mit dem Writing Code

Sie mögen vor den zahlreichen Regeln und Hinweisen des Writing Code in den folgenden Abschnitten und Kapiteln kapitulieren wollen, weil sie zu viel Veränderung bedingen. Doch mit einigen wenigen Basics verändern Sie Ihren Arbeitsstil so nachhaltig, dass es immer leichter wird, zusätzliche Aspekte zu integrieren. An dieser Stelle erhalten Sie die Essenz des Writing Code in Form einer Checkliste. Die wichtigsten Regeln sind auch im verlinkten Video (Abb. 1.2 und 1.3) zusammengefasst, das über die SN More Media App abgerufen werden kann. Aber vielleicht ist ja der Tipp im Erfahrungsbericht viel wichtiger.

Abb. 1.2 Den Writing Code richtig nutzen (▶ https://doi.org/10.1007/000-c4w)

1.1 Checkliste für die Arbeit mit dem Writing Code

Abb. 1.3 Die Regeln des Writing Codes (▶ https://doi.org/10.1007/000-c4v)

> **Erfahrungsbericht: „Ohne Entspannung ist alles nichts!"**
>
> Entspannung ist das A und O: Jeder Arbeitsplan und jedes Konzept haben mich kaum je vor dem Stress bei Abschlussarbeiten bewahrt. Das könnte jedoch auch daran liegen, dass ich unter Druck zu Hochform aufblühe. Dennoch konnte ich mit einem eher simplen Trick den Stresslevel minimieren: Akupunktur oder die Entschleunigungskur. Oftmals ist man von den täglichen Informationseinflüssen und den gefühlten tausend Eindrücken überwältigt, und ein klarer Kopf fehlt. Genau diese Klarheit ist für eine gute Abschlussarbeit aber unerlässlich. Um meine Gedanken zu ordnen und nicht immer dem ersten Impuls zu folgen, habe ich in der Anfangs- und in der Schlussphase einer Arbeit jeweils Akupunktur-Sitzungen besucht. Mit Nadeln im Gesicht und am ganzen Körper kann man nicht einmal so auf die Schnelle aufspringen und die erstbeste Idee vertexten. Man muss mindestens eine Stunde eine Idee und seine Gedanken dazu reifen lassen. Dies entspannt und macht im Optimalfall auch die Arbeit besser.
>
> Das hat tatsächlich gewirkt, oder besser gesagt: Ich habe bestanden und bin nicht zusammengebrochen.
>
> **Nadja Kohler** ◄

Alle der folgenden Punkte werden im weiteren Verlauf der Kapitel ausgeführt, näher erläutert und gestärkt. Ich weiß um Ihre Ungeduld, denn vermutlich stehen Sie schon mit laufendem Motor an der Startlinie Ihres Formel-1-Projektes und warten auf die Flagge. Es soll losgehen, möglichst gleich und möglichst jetzt. Wer will sich noch mit Hinweisen auf den Prozess aufhalten. Dabei garantiere ich Ihnen, dass jede in die folgenden Kapitel investierte Minute sich auszahlen wird.

Hier Ihre persönliche Checkliste mit den wichtigsten Regeln.

1. Steht das Thema, haben Sie einen passenden Titel gefunden, dann erstellen Sie in kurzer Zeit eine Gliederung. Diese bleibt vom ersten bis zum letzten Tag flexibel. Das bedeutet:
    a. Sie können jederzeit Abschnitte zusammenlegen, löschen, neu hinzufügen und umsortieren.
    b. Sie geben sich und Ihrer Arbeit vom ersten Moment an Struktur und gliedern möglichst über mehrere Ebenen hinweg.
    c. Sie formulieren die Arbeitstitel Ihrer Kapitel und Abschnitte aus, sodass hier jeweils eine inhaltliche Kennung entsteht.
    d. Drucken Sie sich die erste Fassung Ihrer Gliederung aus, oder speichern Sie diese ab. Vergleichen Sie später die erste mit der finalen Gliederung. Sind diese Dokumente in zentralen Bereichen, also dort, wo Ihre Arbeit in die Tiefe geht, sehr unterschiedlich, dann haben Sie alles richtig gemacht.
2. Sie erfassen alle inhaltlichen Aspekte sofort in Ihrer Arbeitsdatei. Es wird also auch direkt in das Manuskript exzerpiert. Nutzen Sie dabei direkte und indirekte Rede, sowie die Paraphrase.
3. Erfassen Sie bei erstmaliger Verwendung sofort die Quellenangaben in Ihrem Literaturverzeichnis, in der Quellendatenbank ihrer Arbeit oder in ihrem Literaturverwaltungsprogramm.
4. Erstellen Sie Ihren Text – vielleicht nennt man das am ehesten „Schreiben" – nie linear, schreiben Sie von ‚unten nach oben' oder auch von ‚innen nach außen'. Beginnen Sie auf der untersten Gliederungsebene, und arbeiten Sie sich nach oben. Sie können die gesamte Arbeit, Kapitel oder sogar einzelne Abschnitte beziehungsweise Unterabschnitte (das halte ich für besser) nach dieser Methode abschließen.
5. Sie können die Arbeit am „theoretischen" Teil und jene an der Empirie (falls Sie eigene Daten und Untersuchungen durchführen) voneinander trennen. Die Empfehlung des Writing Code wäre jedoch das genaue Gegenteil: Mischen Sie bewusst unterschiedliche Tätigkeiten, arbeiten Sie zum Beispiel eine Stunde lang an der Zusammenstellung von Quellen, die folgende Stunde dann an der Konzeption Ihres Fragebogens. Bei aller Konzentration: Ihr Hirn liebt die Abwechslung.

6. Geben Sie sich im Arbeitsrhythmus die Chance, in den „Flow" zu kommen, indem Sie sehr bewusst mit Ablenkung umgehen, also sehr genau definieren, in welchen Arbeitsphasen Sie ungestört bleiben, beziehungsweise wann und wo Sie Störungen bewusst zulassen wollen.
   a. Das bedeutet, sein Leben zu „gestalten", sich einen Rahmen zu setzen und Selbstdisziplin zu entwickeln. Das ist beim (insbesondere sozialmedialen) Ablenkungsangebot nicht so wirklich leicht.
   b. Wenn Sie anfällig für Ablenkungen jeder Art sind, versuchen Sie die Zeit zu verkürzen, wieder in das ursprüngliche Thema zurückzufinden (das kann man tatsächlich trainieren; Ihr Hirn wird es lieben).
   c. Finden Sie darüber hinaus jene Arbeitsplätze, an denen Sie sich wohlfühlen, an denen Sie gerne und erfolgreich arbeiten. Testen Sie verschiedene Umgebungen.
7. Arbeiten Sie ausschließlich mit einer Datei, am besten in der Cloud. Nutzen Sie verschiedene Endgeräte, probieren Sie dies zumindest aus. Wenn Sie nicht an Ihrem Manuskript sitzen, tragen Sie stets eine Möglichkeit bei sich, Notizen zu machen. Die besten Ideen kommen oft beim Sport, beim Abschalten und Ausspannen (vor diesem Hintergrund: Es kann sehr sinnvoll sein, in intensiven Arbeitsphasen den Medienkonsum einzuschränken und echte Hirn-Beruhigungsphasen zu ermöglichen, mit Spazierengehen, Schweigen, Dösen, gutem Essen).
8. Setzen Sie Leuchttürme: Das heißt, leuchten Sie das Feld an wichtigen Übergängen in Ihrer Arbeit jeweils über die Abschnittsebenen oder die Kapitelübergänge hinweg mit einem 360-Grad-Blick aus: Nehmen Sie den Leser an die Hand, und führen Sie ihn durch den Text.
9. Egal ob theoretischer oder empirischer Ansatz: Schreiben Sie das Fazit, das immer auch einen Ausblick und die kritische Reflexion der eigenen Vorgehensweise beinhalten sollte, erst dann, wenn alle Kapitel durchkomponiert sind. Ihre innere Haltung sollte dabei ebenso selbstbewusst wie selbstkritisch, in bester Weise also die eines Wissenschaftlers sein.
10. Schreiben Sie die Einleitung ganz zum Schluss Ihrer Arbeit. Nehmen Sie erste Ergebnisse dort bereits vorweg. Perfekt wäre, wenn man mit der durchgängigen Lektüre von Einleitung und Fazit die Logik der Arbeit, ihre Vorgehensweise und Struktur in Gänze erfasst.
11. Gestalten Sie nun final Ihre Gliederung, indem Sie die Überschriften aufeinander abstimmen. Achten Sie darauf, dass die Überschriften inhaltlich gehaltvoll sind und man allein aus der Lektüre des Inhaltsverzeichnisses gut erkennen kann, wie Sie vorgehen.
12. Bereiten Sie sich auf das Kolloquium, beziehungsweise die Disputation vor, indem Sie vor allem jene Aspekte des folgenden Kapitels mit einbeziehen, die auf die kritische Betrachtung (mit zeitlichem Abstand) Ihrer eigenen Arbeit abzielen.
    Bevor es nun aber in den zweiten Unterabschnitt dieses

Kapitels geht, unterbreitet Ihnen die folgende **Aufgabe** ein Angebot zur Reflexion:

„Was möchten Sie nach der Lektüre der wichtigsten Eckpunkte des Writing Code für sich insbesondere in Angriff nehmen? Welche Aspekte der in diesem Abschnitt sehr kurz beschriebenen zwölf Punkte aus dem Regel- und Arbeitskatalog wollen Sie herausgreifen und intensiver bearbeiten? Es wird Ihnen im weiteren Verlauf helfen, wenn Sie sich einige Stichworte dazu notieren. Sie werden nach der Auseinandersetzung mit den Aspekten des ersten Kapitels sehr viel genauer Ihre Defizite erkennen. Seien Sie mutig, benennen Sie diese, und gehen Sie anschließend strategisch an die Weiterbearbeitung dieses Buches."

1.2 Arbeitsgänge immer wieder in Frage stellen

Im weiteren Verlauf werden immer wieder „Miniaturen" in Form von Erfahrungsberichten eingestreut, die zum einen Nähe schaffen und Angst nehmen wollen, die Ihnen zum anderen aber auch ganz fundamentale Erkenntnisse von Menschen vermitteln, die zumeist sehr erfolgreich ihre Abschlussarbeit zu Ende gebracht haben. Sie werden an den Beiträgen erkennen, wie sehr sich manche Aussagen ähneln, wie viele der Absolventen nachgerade intuitiv heute ebenfalls Aspekte herausheben, die im Writing Code gebündelt werden. Die Praxisberichte sind bewusst so platziert, dass sie Ihren Lesefluss unterbrechen, Ihre Aufmerksamkeit zurückholen – daneben werden sie Sie inspirieren und vielleicht auch dazu führen können, dass Sie sich selbst ganz individuell mit Ihrer Arbeitsweise auseinandersetzen. Das ist ein wichtiger Bestandteil des Buches, da die dargestellten Erfahrungswerte interessanterweise (obwohl von den Autorinnen und Autoren ganz neutral angefordert) vor allem psychologische Aspekte betreffen. Diese wiederum werden auch in diesem Buch dann als besonders relevant eingeschätzt, da eine reine Veränderung der Arbeitstechnik (ohne die tiefere Auseinandersetzung mit dem Selbstkonzept und den eigentlichen Lebenszielen) nicht alle Chancen wahrnimmt, die das Schreiben einer Abschlussarbeit als Veränderungsmoment im Lebensverlauf bietet. Aus einigen der Erfahrungsberichte kann man genau dies folgern.

Der Writing Code will Sie also verändern! Er beginnt dabei sehr konkret, indem er Ihre Arbeitsroutinen und Prozesse infrage stellt.

Aufgabe 2
Machen Sie sich nun bewusst, welche Arbeitsgänge Sie beim Verfassen von Haus- und Seminararbeiten anwenden oder in der Vergangenheit angewandt haben. Nähern Sie sich dieser Aufgabe, indem Sie die folgenden Fragen beantworten

1.2 Arbeitsgänge immer wieder in Frage stellen

(am besten unterstützt durch handschriftliche Notizen – das mag Ihr Hirn, wie das zweite Kapitel zeigen wird):

- Wie habe ich das Thema entwickelt?
  - Habe ich dazu vorher recherchiert?
  - Habe ich es nach eigenem Interesse gewählt?
  - Habe ich dazu eine Bibliothek besucht?
  - Welche Wege bin ich im Netz – also online – gegangen?
  - War das Thema schlichtweg vorgegeben?
- Wie und wann habe ich eine Gliederung verfasst?
  - Gleich zu Beginn, ohne mich inhaltlich orientiert zu haben?
  - Sehr schnell nach Festlegung auf ein Thema?
  - Erst nach Abschluss der zusammengefassten Arbeit?
- Wie habe ich den Schreibprozess gestaltet?
  - Habe ich streng die Gliederung abgearbeitet?
  - Habe ich chaotisch in unterschiedlichen Kapiteln geschrieben?
  - Bin ich linear vorgegangen? Entstand die Arbeit „von vorne nach hinten"?
  - Wann habe ich Fazit und Einleitung geschrieben?
- Welche Überarbeitungsschritte habe ich durchgeführt?
- Wie stark waren andere Menschen in den Entstehungsprozess, z. B. als Korrektur- und Gegenleser, als Berater und inhaltliche „Diskutanten" involviert?

Sie können für diese Aufgabe den Fragenkatalog selbstständig erweitern und ausbauen. Wichtig ist, dass Sie an dieser Stelle und bezogen auf schriftliche Abgaben in Ihrem Studium Ihren persönlichen Arbeitsprozess sorgfältig reflektieren und wie ein Dritter von außen betrachten. Es geht an dieser Stelle nicht um eine Bewertung. Versuchen Sie, ganz neutral und für sich selbst Ihre Arbeitsweise zu analysieren.

Aufgabe 3
Überlegen Sie sich nun, für welche Aspekte Sie neue Lösungen und Ansätze wünschen, an welchen Dingen Sie gerne arbeiten, in welcher Beziehung Sie sich verbessern wollen. Schreiben Sie nun möglichst viele dieser Punkte in Stichworten auf.

Legen Sie das Blatt mit diesen Stichworten neben das Buch, und schreiben Sie jeweils die Nummer des Unterabschnitts dazu, falls Ihre persönlichen Stichworte in einem der in den folgenden Kapiteln aufgeführten Regeln gespiegelt werden. Sie können auch den entsprechenden Abschnitt markieren.
Am Ende angekommen, fragen Sie sich dann einfach: Sind alle Ihre Themen oder Wünsche abgedeckt? Wenn nicht, prüfen Sie das weitere Inhaltsverzeichnis, und lesen Sie direkt jene Abschnitte, die mit Ihren noch unbeantworteten Stichworten in Verbindung stehen könnten.

1.3 Das Zeitsparprogramm unmittelbar umsetzen

In diesem Abschnitt werden weitere Aspekte des Writing Code, die auf den folgenden Seiten vertieft werden, zusammengefasst – damit ergeben die ersten drei Abschnitte in diesem ersten Kapitel einen guten Überblick über vieles, was der Writing Code an ganz pragmatischen Hinweisen enthält.

Sie werden in und mit diesem Arbeits- und vielleicht auch Disziplinierungs-, in jedem Falle aber diesem Effizienzprogramm …

- … eine Methode kennenlernen und einüben können, die, in der Praxis vielfach bewährt, die Bearbeitungszeit für Haus-, Bachelor-, Masterarbeiten und Dissertationen radikal verkürzt,
- … bereits bei der Formulierung der ersten Idee oder eines Exposees darauf achten lernen, was Sie in der Folge zu erledigen haben,
- … erfahren, wie Sie die Gliederung Ihres Themas zum logischen und logistischen Dreh- und Angelpunkt Ihrer Denkarbeit machen,
- … Begriffe als wichtige Bausteine Ihrer theoretischen Arbeit entdecken und vielleicht sogar den Mut entwickeln, diese mit eigenen Gedanken zu füllen,
- … sich der Frage nähern, wie Sie die Literaturrecherche zu Ihrem Themenbereich optimieren und wie man (bezogen auf die Literaturliste) geschicktes Window Dressing betreibt – will sagen: die Literaturliste zielgerichtet aufhübscht,
- … erkennen, welche Literaturverweise Ihre Betreuer gerne lesen und welche gefundenen Quellen Sie eher unter „ferner liefen" ablegen sollten,
- … darüber hinaus entdecken, dass man eine gute Arbeit bereits am Titel erkennt, und das, obwohl dieser ja meistens feststeht, bevor Sie mit dem eigentlichen Schreiben beginnen,
- … den Sinn (und vielleicht auch Unsinn) verbreiteter erfahrungswissenschaftlicher (empirischer) Methoden kennenlernen und wie Sie jeweils Ihren Gutachtern vermitteln, dass die von Ihnen gewählte Vorgehensweise, die jeweils einzige ist, um Ihre Fragestellung zu beantworten,
- … apropos Fragestellung: Auch hier gibt das Buch Antworten, und zwar darauf, wie Forschungsfragen „funktionieren" und warum es von Bedeutung ist, dass Sie mithilfe der gefundenen Frage auch eine Ausgangsthese formulieren,
- … verstehen, wie Ihre Arbeit wachsen kann, auch wenn Sie jeden Tag nur wenig Zeit erübrigen können oder wollen,
- … lesen, was Sie im Fazit und in der Einleitung schreiben müssen, beziehungsweise, was Ihre Betreuer dort von Ihnen erwarten, und wann dieser Part anzugehen wäre,

- … sich überlegen dürfen, warum es von Zeit zu Zeit sinnvoll ist, sogenannte Leuchttürme zu setzen, und wie diese Ihnen dabei helfen, selbst den Überblick zu behalten,
- … geführt, wie Sie Ihre Zeit sinnvoll einteilen und Prokrastination ebenso sinnreich bekämpfen,
- … entdecken, wie Sie sich notwendige Ruhephasen verschaffen, die nicht zwingend etwas mit „Ruhe" zu tun haben müssen,
- … daran arbeiten, nicht nur wissenschaftlich zu schreiben, sondern eben auch wissenschaftlich zu denken,
- … sich auch damit abfinden, dass Sie eben genau so sind, wie Sie sind, und dass dies gut so ist.

Psychologische Aspekte spielen im weiteren Fortgang eine sehr wichtige Rolle (insbesondere widmet sich Kapitel acht diesen Fragen). Natürlich ist auch mir als Autor dieses Buches bewusst, dass gerade das Verfassen einer qualifizierenden Abschlussarbeit eine ausgesprochen individuelle Sache ist und physische wie psychische Faktoren eine zentrale Rolle spielen. So hängt es von Ihrem Biorhythmus ab, wann, wo und wie Sie zu Höchstform auflaufen. Es ist eine Frage des Lern- und Arbeitstyps, wie sehr Sie Strukturen oder eben gerade das Gegenteil – kreatives Chaos – benötigen, um Ihre Arbeit gut abzuschließen.

Auch, wenn hier im Writing Code Aspekte angesprochen werden, die Ihre Psyche betreffen, gibt es vor allen Dingen eines festzuhalten: Alles wissenschaftliche Arbeiten ist individuell. Deshalb können die Hinweise und Ratschläge, die Regeln des Writing Code, lediglich als wichtige Anregungen gesehen werden, die Sie zur jeweils zu ihrer ganz persönlichen besten Lösung führen sollen.

Erfahrungsbericht: „Tieferer Zugang – tieferes Verständnis", daran hat sich nichts geändert!

Ich habe eine Abschlussarbeit geschrieben, die ungefähr 30 Jahre zurückliegt.

Was ich daraus gelernt habe: Dass man zu allen Dingen, mit denen man sich intensiv über einen bestimmten Zeitraum beschäftigt, einen tieferen Zugang und ein tieferes Verständnis bekommt. Und es ist immer überraschend, welche neuen Erkenntnisse in solchen Phasen entstehen können oder welche Zusammenhänge sich plötzlich erschließen. In jeden Fall eine sehr lohnende Beschäftigung.

Joachim Laukemper ◄

Sie werden feststellen, dass es vermutlich das Beste ist, wenn Sie dieses Buch lesen, *bevor* Sie Ihre eigene Arbeit verfassen. Das wird beim einen oder anderen sogar funktionieren. Ich bin mir aber bewusst, dass viele von Ihnen erst in letzter Minute die Hilfe des Writing Code suchen werden. Deshalb hier ein kurzer Hinweis darauf, dass Sie dieses Buch nicht linear lesen müssen – eben ganz in der Tradition, dass sie auch Ihre Arbeit nicht linear schreiben sollten.

Die vorliegenden Kapitel sind so verfasst, dass sie auch angesichts schwindender Aufmerksamkeitsspannen noch immer gut rezipierbar bleiben. Sie können sich also jederzeit einzelne Abschnitte auswählen, auf diese beschränken und mit ihnen arbeiten – allerdings sollten Sie die Regeln aus Kap. 2 und 3 stets im Kopf haben und zumindest überlegen, welche von ihnen Sie auf Ihre Arbeit anwenden möchten. Wenn Sie mögen, lassen Sie das Buch dort aufgeschlagen an Ihrem Arbeitsplatz liegen (oder in der Online-Version auf dem Bildschirm geöffnet) und blicken Sie – bevor Sie sich von Messenger-Diensten freudig ablenken lassen – immer einmal wieder auf eine der ausgeführten Regeln dieser Kapitel (vielleicht auch im Inhaltsverzeichnis), denn meist genügen die Überschriften, um den Inhalt abzurufen. Sie können auf diese Weise direkt im Arbeitsprozess überprüfen, wo der Writing Code für Sie passt.

Die folgenden Aspekte adressiert der Writing Code über die bereits genannten Aspekte hinaus.

Sie werden

- zu den besonderen Herausforderungen bei freier Themenfindung geleitet,
- zur Frage geführt, wie allein die Formulierung eines Titels die Notengebung plausibel macht und damit nachhaltig beeinflusst,
- mit Verfahren konfrontiert, die die Literaturarbeit deutlich erleichtern, die Sie Quellen schnell(er) finden lassen und auch die „Validität" Ihrer Literaturliste erhöhen werden,
- erfahren, wie Sie direkte und indirekte Rede am besten verschränken und welche Zitierregeln einzuhalten sind, wenn sie wörtlich zitieren oder Texte paraphrasieren,
- mit der Diskussion um Plagiate vertraut gemacht – und warum dies stets auch von aktuell gelebten oder gültigen Werten und Normen abhängt,
- auch erfahren, wie Sie Ihre Literatur- und Quellenliste über „window dressing" aufhübschen können,
- sich damit auseinandersetzen dürfen, welche Onlinequellen Ihre Arbeit bereichern und welche Sie eher nicht verwenden sollten,
- die Arbeit mit Begriffen intensivieren, indem Sie beispielhaft ausgewählte Begriffe betrachten und mit Tipps versorgt werden, wie Sie selbst Begriffsdiskussionen gut und zielgerichtet führen können,

- vertiefend in die Auseinandersetzung mit Methoden geführt – und vor allem auf die häufigsten Fehler bei der Gestaltung und Auswertung von empirischen Studien (quantitativer und qualitativer Natur) hingewiesen.

1.4 Gewohnheiten durchbrechen und sich gut organisieren

Die Hinweise zu den Arbeitsgängen, Prozessen und Routinen sind einfach zu verstehen, sie wirklich umzusetzen, sie zu erlernen, das konfrontiert mit größeren Hürden. Schließlich sind vermutlich alle, die dieses Buch lesen, in einem eng geführten Bildungssystem sozialisiert und haben im Verlauf der Bildungskarriere Arbeitsweisen ausgeprägt und gefestigt, die in bestimmten Situationen (z. B. „Aufsatz schreiben"; „Funktionen berechnen"; etc.) gute Dienste geleistet haben. Meistens bauen dann auch neue Handlungsroutinen auf solchen auf, die durch Erfolg bestätigt wurden. So wird die Routine „Aufsatz schreiben" – weil in der Vergangenheit erfolgreich –auf die Aufgabe „Wissenschaftliche Hausarbeit schreiben" angewandt; mit einem dann vermutlich sehr enttäuschenden, sprich suboptimalen Ergebnis. Aufsätze erschöpfen sich regelmäßig in Nacherzählungen und Erörterungen. In ihrer Höchstform stehen sie für essayistische Annäherungen an komplexe Themenfelder.

Der Writing Code entwickelt in diesem Buch für viele Leser eine völlig unbekannte und neue Arbeitsweise. Das bedeutet, man muss Gewohntes verändern, darf sich immer wieder auf Neues einlassen und die vielen bewährten Arbeitsgänge hinter sich lassen. Das erfordert Mut und Kraft.

Wenn man die (neue) Arbeitsweise ein paar Mal angewandt hat, wenn man sich auf den Writing Code und seine Regeln eingeschwungen hat, dann wird man sich vermutlich nie wieder auf andere Weise mit wissenschaftlichen Themen auseinandersetzen wollen. Für das Erlernen des Basiskonzeptes sind Kapitel drei, vier und fünf mit sehr konkreten Regeln zentral (in Kurzfassung gab es ja schon in Abschn. 1.1 alles, was den Writing Code ausmacht) – wenn Sie mögen und besonders eilig unterwegs sind, können Sie auch direkt in das dritte Kapitel springen. Die Überschriften auf der zweiten und dritten Ebene geben Ihnen jeweils gut Aufschluss über die dort vertieften Inhalte. Die übrigen Kapitel können Sie auch für eine spätere Lektüre aufsparen. Genau so will dieses Buch behandelt werden: Sie sind, dazu eingeladen, gedanklich zu springen, nach Belieben zurück- und vorzublättern: Dies ist Ihr Buch, und Sie dürfen es so behandeln, wie es Ihren Denk- und Leseroutinen am ehesten entspricht.

> Vorsichtshalber sei hier ein Warnhinweis eingebracht: Das Buch und seine Lektüre können Sie verändern!

Ich versuche, Ihnen das an einem **Beispiel** klarzumachen: Wenn Sie einmal Lesen gelernt haben, dann können Sie nicht mehr Nichtlesen; dann ergeben Buchstaben in geordneter Reihe, wenn sie Wörter ausbilden, immer eine Botschaft. Ihr Hirn kann dieser nicht mehr länger entgehen, kann nicht mehr zurück in die Zeiten, bevor ihm Lesen möglich war und Buchstabenreihen ein undurchdringliches Gewirr von Linien darstellten. Immer dann, wenn das Hirn nun vielleicht auch völlig sinnlose Zeilen angeboten bekommt, wird es darauf reagieren, wird es diese in einen Text übersetzen, auf eine Idee anwenden wollen. Ebenso kann es Ihnen mit dem Writing Code gehen: Sie werden nicht mehr anders schreiben können und wollen, werden nicht mehr anders denken können, wenn Sie ein wissenschaftliches Thema bearbeiten. Genau auf diese Weise will Sie dieses Buch verändern, will Ihnen dieses Buch eine Technik an die Hand geben, die ebenso nützlich ist – im Wissenschaftsbetrieb, für Ihr Studium und dessen Erfolg, wie für das praktische Projektmanagement, das Sie vielleicht später für die berufliche Praxis benötigen – so, wie in der Vergangenheit schon das Lesen Ihr tägliches Leben verändert hat. Wer lesen kann, wird dies nicht länger missen wollen. Wer nach dem Writing Code schriftliche Abgaben im Studium bearbeitet, wird nicht mehr anders arbeiten wollen. Dieses Buch also lädt Sie zu einem Abenteuer der Veränderung ein, es bricht Muster auf und führt Sie selbstkritisch und zielgerichtet in ein neues Denken. Wenn Sie sich darauf einlassen, wird es die Kraft dazu haben.

An verschiedenen Stellen, in unterschiedlichen Kapiteln werden Sie jeweils hervorgehobene Hinweise finden, die Ihnen ganz konkret das Lernen und damit die Veränderung erleichtern. Diese Regeln können Sie als Merksätze nutzen, mit denen Sie weiterarbeiten. Sie können sie auch um individuelle Aspekte erweitern, können Ihre eigenen Anmerkungen hinzufügen, damit Sie den Writing Code so entwickeln, dass Sie in Ihrer Individualität davon profitieren. Das ist das Geheimnis dieses Konzeptes.

Ich werde versuchen, alle Aspekte zusammenzutragen, die sich in allgemeingültige Regeln fassen lassen und auf alle wissenschaftlich arbeitenden Autoren zutreffen. Sie für Ihren Teil übernehmen die Interpretation des Konzeptes, Sie übertragen es in Ihre ganz eigene Realität. Gerne können Sie für kommende Auflagen dieses Buches auch Ihre Erfahrungen zurückmelden, können Erweiterungen anregen oder Veränderungen einbringen. Der Writing Code erhebt keinen Anspruch auf Vollständigkeit oder darauf, allein seligmachend zu sein. Er ist ein Arbeitsinstrument und insofern veränderbar, anpassungsfähig und undogmatisch, wie es übrigens auch eine der Regeln für gute wissenschaftliche Praxis sein kann, ganz undogmatisch zu denken.

Aber bevor ich Ihnen an dieser Stelle schon zu nahetrete, hier zuerst einmal die zentrale Botschaft:

> In diesem Buch geht es darum, dass sich die Zeit, die sie für seine Lektüre aufwenden, mindestens zehn-, vielleicht ja auch 20-fach auszahlt. Das heißt konkret: Jene Stunden, die sie mit dem Lesen und Durcharbeiten der folgenden Seiten verbringen, „holen" Sie beim Schreiben Ihrer Bachelor-, Master- oder auch Doktorarbeit mehrfach wieder „herein". Das Prinzip funktioniert im Übrigen auch gut für einfache Haus- oder Seminararbeiten.

Es ist mit diesem Anspruch ein Zeitsparbuch, ein Buch, das Ihnen effiziente Prozesse vermitteln, die Arbeit mit langen Texten erleichtern will – und dies auch wird, wenn Sie bereit sind, die vorgeschlagenen Arbeitsroutinen zu übernehmen. Dabei bin ich mir – als Ihr Begleiter durch die folgenden Kapitel – durchaus bewusst, dass wissenschaftliches Arbeiten eine höchst persönliche Sache ist, dass große Projekte von unterschiedlichen Typen sehr unterschiedlich bearbeitet werden (am Rande bemerkt, bin ich ein großer Freund von Typologien, was Sie später in diesem Buch (bei der Beschreibung von Schreib- in Kap. 6 oder Lesetypen in Kap. 9) unschwer noch feststellen werden).

1.5 Mit Unvoreingenommenheit die richtigen Fragen ermöglichen

Distanz schaffen zum eigenen Thema – wie dies in einer der elementaren Regeln des Writing Code gefordert wird, benötigt eine Voraussetzung: Man muss ganz generell unvoreingenommen an Themen herangehen, die von verschiedenen Seiten betrachtet werden können. Erst dann kann man auch die richtigen, die erlaubten (siehe Abschn. 4.1) Fragen stellen.

1.5.1 Hüte Dich vor dem Dogma: Festgefahrene Lehrmeinungen vermeiden!

Hüten Sie sich also vor einem unverrückbaren Dogma. Sie mögen einwenden, dass dies vielleicht eine jener Regeln ist, die am ehesten Ihrem Studienerfolg zuwiderlaufen kann. Einerseits ist das richtig – andererseits ... vielleicht sollten Sie erst einmal definieren, was Studienerfolg für Sie ganz persönlich bedeutet, was es heißt, erfolgreich zu studieren. Ich kann Ihnen gerne meine Auffassung davon geben – sie wird sich an einigen Punkten mit der Ihren decken, an anderen möglicherweise dieser diametral entgegengesetzt sein.

Für mich bedeutet Studienerfolg jene Leistung, sich kritisch, diskursiv, analytisch mit Themen auseinandersetzen zu können, die zum gewählten Fach gehören. Ein solches Denken fordert den Diskurs ein, lädt zur Auseinandersetzung, zum Abwägen unterschiedlicher Lehrmeinungen ein. Es gibt in jedem Fach zumeist unterschiedliche Stränge, unterschiedliche Interpretationsräume, die von verschiedenen Forschungstraditionen gespeist oder gestützt werden. Wer sich nun in diesen Feldern ganz einer einzigen Lehrmeinung verschreibt, tut dies zumeist, um sein eigenes Denken besser strukturieren zu können, um dies nicht ausufern zu lassen.

Das bedeutet: Als wissenschaftlich denkende und handelnde Menschen nehmen wir ein Dogma an, damit wir uns auf Verstehbares reduzieren können, damit wir das Denken, das uns zu entgleiten droht, wieder in unsere Hirnwindungen zurückholen können. Das Dogma, die festgefahrene, stabile Lehrmeinung, entlastet uns, führt uns aus der Verwirrung und macht uns ruhig. Deshalb dürfen Sie sich gerne zu gegebener Zeit auf dem von Ihnen gewählten Dogma ausruhen, dürfen Sie Ihrem Hirn so Ruhe schenken oder die Gedanken in eine bestimmte Richtung leiten, indem Sie eben eine gegebene Basis voraussetzen. Die meisten Dogmen in der Geschichte stellen indes Zwischenstufen dar. Wenn sie also früh innerhalb ihres Studiums einer Lehrmeinung folgen, dann verschließt sich unmittelbar die Tür zu alternativen Denkweisen. Ich halte das in der frühen Phase der Entwicklung Ihres fachbezogenen Denkens für verfehlt. Aber entscheiden Sie selbst.

Wissenschaftlich betrachtet, sind die meisten Dogmen nichts anderes als Behauptungen, wie jene, dass die Erde eine Scheibe sei. Wenn Sie in ihrem persönlich gewählten Fach ankommen, werden Sie schnell entdecken, dass auch hier der eine oder andere Forscher die eine oder andere Tradition – und sei es nur im Kleinen – dogmatisch verfolgt – so, wie dies die Ketzer des ausgehenden Mittelalters taten, die den Planetencharakter der Erde in guter Weise zu erkennen glaubten und gegen tradiertes Scheibendenken zu etablieren versuchten.

Früher oder später findet alle Wissenschaft damit hin zu einer Metaphysik, wo es um Glaubensansätze und um ein Gefühl für Richtigkeit geht. Wir verschließen uns dieser Tatsache gerne – aber dennoch können wir nicht leugnen, dass zahlreiche Ansätze der modernen Wissenschaft darauf beruhen, dass man Voraussetzungen für unverrückbar darstellt – oder die Zukunft aus der Vergangenheit erklärt.

Nehmen Sie die Volkswirtschaftslehre hier als gutes Beispiel – wir erkennen in Ihr eine Vielfalt von Traditionen und wissenschaftlicher Zugänge. Im Kern können wir das Fach auf Modelle zurückführen, die aus erfahrungswissenschaftlich gewonnenen Daten entwickelt wurden. Diese Daten müssen stets vergangenheits-

1.5 Mit Unvoreingenommenheit die richtigen Fragen ermöglichen

orientiert sein und sie müssen zur Reduktion der Komplexität – sonst können wir dies alles nicht mehr durchdenken – in einen Rahmen gefasst werden.

Die Neoklassik zum Beispiel bietet ein funktionsfähiges Modell, das einen perfekten Rahmen liefert, aber die Realität eben nur in Teilen trifft, die Wirklichkeit nicht abbilden kann. Oder nehmen Sie die Verhaltensökonomie – eine interessante Lehrmeinung in den Wirtschaftswissenschaften. Hier werden Versuche im Laborexperiment durchgeführt, die uns deutlich machen, dass der Mensch nicht immer seinen eigenen Vorteil sucht, dass er, viel häufiger als erwartet, altruistisch denkt. Es zeigt sich in solchen Versuchen auch regelmäßig, dass zum Beispiel Rache ein gutes Gefühl vermittelt, dass die Bestrafung von Fehlverhalten anderer uns eine gewisse Genugtuung geben kann. Alle diese Versuche der Verhaltensökonomik zeigen uns, dass gerade Wirtschaftswissenschaft ein hoch komplexes Feld ist, das die Wirklichkeit eben nur zum Teil, nur in Ausschnitten erklären kann.

Man sollte nicht meinen, dass die Naturwissenschaften hier anders unterwegs wären. Auch an den Rändern dieser Fächer entstehen regelmäßig singuläre Lehrmeinungen, an denen man seine eigenen Auffassungen überprüfen kann. Aber warum ist dies in diesem Buch so wichtig – warum wird dies erwähnt, bevor überhaupt mit dem Writing Code selbst begonnen werden kann? Ganz einfach – hier geht es um das Denken – und um die Grundhaltung. Wissenschaft braucht den Diskurs, braucht das Abwägen von unterschiedlichen Konzepten und braucht die Erweiterung der Möglichkeiten, Entwicklung, Weiterkommen entsteht nur durch die Reibungsflächen offener Fragen, für deren Beantwortung unterschiedliche Stränge entwickelt werden.

Nun besteht die Problematik auch darin, dass Wissenschaftler mit zunehmender Zugehörigkeit zum Fach, mit zunehmender Auseinandersetzung und zunehmender Zeit an der Universität oder Hochschule dazu neigen, sich auf eine Lehrmeinung festzulegen. Das ist ein normaler Prozess, ihre eigene Erfahrung zeigt nämlich die Sinnhaftigkeit dieses Prozesses. Irgendwann wird es schwierig und anstrengend, einmal gebildete Auffassungen loszulassen, aufzugeben, um das Gedankengebäude wieder einmal neu zu errichten.

Als Student, versucht man sich natürlich an seinem jeweiligen Dozenten oder Betreuer für Haus- oder Abschlussarbeiten zu orientieren, man versucht die Meinung aufzunehmen und abzubilden. Das ist völlig in Ordnung, wenn Sie als Studierende genau so denken, ebenso sich auf eine Welt einlassen wollen. Dennoch sollten Sie schauen, welche anderen Meinungen, Auffassungen und Interpretationen Ihr Fach bietet (im Fach Jura spricht man gerne von Mindermeinungen).

Wenn Sie eine wissenschaftliche Karriere anstreben, empfehle ich auch immer wieder gerne, Bachelor- und Masterstudium an unterschiedlichen Orten anzugehen, sich verschiedene Hochschulen auszusuchen, um weiterzukommen – denn zumeist finden Sie an einer anderen Schule einen anderen Geist vor, treffen auf andere Lehrmeinungen, oder sehen andere Begrenzungen. Es ist auch eine liebgewonnene Übung der meisten Dozenten, dass sie andere Traditionen, ja ganz grundsätzlich auch andere Kollegen des Fachgebietes abwerten und kritisieren. Machen Sie sich dann ein eigenes Bild – als Studierende sind Sie nachgerade dazu aufgefordert in diesem Punkt offen zu bleiben, und auch andere Denkarten zuzulassen. Die Lösung kann aber auch darin liegen, dass Sie sich ganz bewusst für einen Standort entscheiden, an dem die Vielfalt von Lehrmeinungen gelebt wird. Diese Inseln gibt es, sie sind nicht immer leicht zu finden – und oft genug muss man für sie die Großstädte links liegen lassen, aber das ist ein anderes Thema.

Forschung und Wissenschaft finden heute gerade in Deutschland in einem hoch kompetitiven Umfeld statt, man muss seine eigenen Gedanken gegen eine Vielzahl von erfolgreichen und guten Wissenschaftlern verteidigen. Die Konkurrenz ist groß und macht das Leben nicht einfach – in einem solchen Umfeld ist es durchaus nachvollziehbar und menschlich, sich auf eine andere Weise zu entwickeln, sich deutlich abzugrenzen und eine eigene Denkhaltung in den Vordergrund zu stellen. Werden Sie immer dann besonders aufmerksam, wenn bestimmte Denktraditionen von Ihren Lehrern abgewertet werden – hier öffnet sich möglicherweise das interessanteste Spannungsfeld, das eben Ihr Lehrer für sich auch noch nicht (ganz) durchdrungen hat, das er mit seinen eigenen Bildern, Interpretationen und mit seinem Denken nicht zusammenfügen kann. So will die Regel „Hüte Dich vor dem Dogma!" verstanden wissen, sie lädt dazu ein, auch jene zu hinterfragen, auch jene in ihrem Denken in den Widerspruch zu führen, die man als Referenz für das eigene Thema erachtet.

1.5.2 Wie und Warum – mit den richtigen Fragepronomen auf die Deutungsebene

Wissenschaftliches Arbeiten aus der kritischen Distanz heraus meint vor diesem Hintergrund stets eine analytische Auseinandersetzung – so, wie dies in der Kritischen Theorie im Ansatz verwurzelt ist. Kritik ist auch hier Analyse, Durchdringen, Perspektiven zulassen. Das Ziel wäre es, immer analytisch zu hinterfragen, in bester wissenschaftlicher Tradition, ohne einen vorab fixierten „Glauben" sich einer Sache zu nähern; dabei mit Freude am Denken zu Werke schreiten, Wie- und Warum-Fragen nutzend, also jene Fragepronomen zu verwenden, die auf die Deutungsebene zwingen. So gesehen, ist die Auseinandersetzung mit einem wissenschaftlichen Sachverhalt stets von solchen Fragepronomen geprägt. Das ist etwas, das man gut üben kann. Schauen Sie sich Sachverhalte aus Ihrem Leben an – aus Ihrer eigenen Realität – und spielen Sie dann an ihnen unterschiedliche Fragepronomen durch. Sie werden sehen, dass es einen Unterschied gibt zwischen den Fragepronomen wer, was, wann und wo – sie zwingen uns in das Faktische, sie konfrontieren uns mit Eindeutigem, mit Fakten. Sobald Sie jedoch nach einem Wie und einem Warum fragen, verändert sich die Haltung, denn diese Pronomen fordern eine Interpretation, zeigen ein Geschehen, einen Ablauf und verändern aus der Eindeutigkeit heraus in ein vielseitiges Verständnis.

Betrachten Sie sich zum Beispiel den typischen Plot eines Krimis. Dann werden Sie an diesem Handlungsstrang die unterschiedliche Herangehensweise erkennen können. Auf die Fakten der Tat, die es natürlich auch zu ermitteln gilt, gibt es am Ende eindeutige Antworten: Wer war der Mörder? Wann ist der Mord geschehen? Wo ist es passiert? Die zahlreichen Indizien, die zum Beispiel eine Gerichtsmedizin zusammentragen kann, geben am Ende Antwort auf diese Fragen in eindeutiger Weise. Ein besonderer Reiz des Krimis liegt nun darin, diese Eindeutigkeit der Antwortmöglichkeiten aufzuheben, auch die Faktenlage in einen Interpretationsraum hineinzugeben, der sich aber stets durch erklärende Interpretationen leiten lässt, durch interpretationsversuche, die idealerweise erst am Ende in Klarheit aufgelöst werden. Augenzeugen, die unterschiedliche Blickwinkel zu einem gesetzten Geschehen haben, werden unterschiedliche Tathergänge schildern können, werden auf die Frage nach einem Wie des Ablaufes möglicherweise wenig deckungsgleiche Geschichten liefern. Ebenso gilt dies für ein Warum, für die Erklärungen, weshalb ein Geschehen sich entwickelt hat. Gehen Sie also für jedes Wissenschaftliche Arbeiten in die Trickkiste der Fragepronomen.

Bei der Wahl des Titels für Ihr Thema (siehe Kap. 3) – und, glauben Sie mir, das ist nicht besonders leicht –, spielen solche Fragepronomen eine wichtige Rolle. Als Faustregel können Sie für sich festhalten: Immer dann, wenn Sie Ihren Titel mit einem Erklärungsversuch verbinden, also mit einer Antwort auf eine Wie- oder Warumfrage, können Sie sicher sein, dass Sie auf dem richtigen Weg, vielleicht sogar auf der sicheren Seite sind.

1.5.3 Hinweis: Netzwerke pflegen – vom ersten Semester an

Wer vermeiden will, einem Dogma zu verfallen, wer sich nicht festfahren will, wer seine Gedanken, wie im vorangegangenen Abschnitt angeregt, immer wieder überprüfen will, der benötigt Spiegelflächen, Reflexionsgelegenheiten. Diese brauchen andere Denkhaltungen, andere Individuen, andere Meinungen. Für mich als Dozenten ist es sehr auffällig, dass sich aktuelle Studierendengruppen deutlich von jenen unterscheiden, die noch vor zehn bis 15 Jahren mit dem Studium begonnen haben. Für mich ist das immer wieder aufs Neue interessant: Während es früher deutlich selbstverständlicher war, sich über die Semester hinweg auszutauschen und zu vernetzen, so fällt dies – möglicherweise dem Bachelor-Master-System geschuldet – immer häufiger flach.

Ich habe daneben einen persönlichen Verdacht: Durch die starken Verbindungen und regelmäßigen Kontakt über Messengerdienste mit der einstiegen Peergroup in den jeweiligen Heimatorten und weit häufigeres Nach-Hause-Pendeln der Studierenden, fehlen Zeit und Gelegenheit(en), eine größere Zahl neuer Verbindungen aufzubauen und entsprechend zu festigen. Dabei gibt es kaum ein besseres Hilfsmittel, ein Studium erfolgreich zu beenden und vielleicht im Anschluss auch recht schnell einen Job angeboten zu bekommen, als intensive Kontakte zu den höheren Semestern zu pflegen.

Wenn ich also am Rande einen vorsichtigen Rat geben darf, dann vernetzen Sie sich (übrigens gerade als BA-Student) frühzeitig. Die drei Bachelorjahre gehen sehr schnell um, und ehe man es sich versieht, ist man mit der Abschlussarbeit konfrontiert – und die ehemaligen Absolventen sind längst in der ganzen Republik verstreut, um ihr Masterstudium zu absolvieren oder direkt schon berufstätig zu sein. Deshalb die dringende Empfehlung:

> Vernetzen Sie sich frühzeitig. Die meisten Studiengänge und Hochschulen bieten zwischenzeitlich Alumnivereinigungen an, in diese kann man bereits während des Studiums eintreten. Der Nutzen ist aus meiner Sicht kaum zu überschätzen, denn hier entstehen heimliche Jobbörsen, Empfehlungs- und Unterstützungsnetze, die es in sich haben.

Bedenken Sie dabei, dass all diejenigen, die das Studium vor Ihnen absolviert haben, ziemlich genau um Ihre Fähigkeiten wissen, wenn sie Ihre Noten sehen und die Schwerpunkte, die Sie im Studium gesetzt haben. Ich habe es erlebt, dass zum Beispiel eine neue Abteilung eines großen international agierenden Verlagshauses das moderne Werbeinventar-Management erst eingerichtet, dann nach und nach ausgebaut und sich dabei jeweils Absolventen derselben Hochschule bedient hat, die zuerst als Praktikanten einstiegen, dann in eine Festanstellung übernommen wurden. Dieser Hinweis soll an dieser Stelle dazu dienen, die Verbindungen zu höheren und auch zu niedrigeren Semestern zu pflegen. Es schadet selten. Die zumeist kostengünstige Mitgliedschaft in einer Alumni-Vereinigung vermittelt am Ende unbezahlbare Kontakte.

1.6 Der Writing Code ist unabhängig von Fachtraditionen

Wenn es um den Umgang mit Begriffen geht, wenn es um Verweise und damit die Gefahr von Plagiaten, um die Validität, also die Gültigkeit von Quellen und Ergebnissen Ihrer Forschungsarbeit geht, wenn Websites als Quellen zitiert werden und

1.6 Der Writing Code ist unabhängig von Fachtraditionen

im Grunde auch, wenn die Stilistik Ihrer Arbeit im Blickpunkt steht, dann spielt es keine Rolle, ob Sie im Fach Biologie, Soziologie, Geschichte oder Betriebswirtschaftslehre eine schriftliche Abgabe vorbereiten. An den Grundregeln wissenschaftlicher Arbeitsweise ändert sich nichts – und eben auch nicht an der Möglichkeit, durch die in diesem Buch beschriebene Arbeitsweise deutlich schneller zum Ziel kommen als mit allen herkömmlichen Verfahren.

Zwei Dinge sind möglicherweise dann doch so, dass man auf die Unterschiede verweisen muss: Zum einen die Zitierweise, zum anderen die Methodenwahl. Kapitel vier wird Ihnen mit Hilfe eines Entscheidungsbaumes die Methodenwahl erleichtern. Schauen Sie aber dennoch, ob Ihr Fach bestimmte Schwerpunkte setzt und verschiedene Methoden bevorzugt genutzt werden. So sind in den Naturwissenschaften das Experiment und manchmal auch, vorsichtiger formuliert, eine erste Versuchsreihe deutlich weiter verbreitet. In den Sozialwissenschaften dominieren in manchen Traditionen quantitative Befragungen. Im Kontakt mit den verschiedenen Studiengebieten habe ich erkannt, dass Psychologie wie Wirtschaftswissenschaften oft besonders anspruchsvolle Methoden entwickeln.

Der andere Punkt betrifft die Zitierweise – das kann sehr kurz erläutert und mit Links unterlegt werden. Grundlegend unterscheidet man zwischen Autor-Datum-Zitierweise und Fußnoten. Die unterschiedlichen Umsetzungen zeigen sich dann lediglich im Detail. Klären Sie also vorher, welcher Stil in Ihrer Fachdisziplin vorherrscht – und schauen Sie sich dann den im zweiten Abschnitt des fünften Kapitels angegebenen Link genauer an. Die meisten Literaturverwaltungsprogramme erstellen die unterschiedlichen „Styles" übrigens schon automatisiert per Mausklick. Auch das kann ein Grund dafür sein, eines dieser Programme wie Citavi oder Endnote für die Abschlussarbeit zu verwenden – sie organisieren nicht nur die Literatur, sie formatieren sie auch – und in den aktuellen Software-Versionen gelingt dies auch exzellent.

Kurz zusammengefasst: In den Sozialwissenschaften dominiert der Stil der amerikanischen psychologischen Vereinigung APA, die deutsche Zitierweise mit Fußnoten, Voll- und Kurzbelegen wird in den Geisteswissenschaften durchaus noch verwendet, nimmt aber in der Häufigkeit ab. Für die Geisteswissenschaften ebenfalls relevant ist der Chicago-Zitierstil (Autor und Datum (Chicago B) oder Fußnoten (Chicago A)). Erwähnenswert noch Turabian (Fußnoten- und Autor-Datum-Variante), dies wird oft in den Naturwissenschaften genutzt. In den Sprachwissenschaften wird nach den Vorgaben der Modern Language Association gearbeitet, die Harvard-Zitierweise ist Domäne der Wirtschaftswissenschaften und die Rechtswissenschaften orientieren sich am durchaus spezifischen OSCOLA-Standard.

Als Ihr Begleiter über die folgenden Seiten komme ich auch selbst aus einer Fachtradition, und es ist nicht auszuschließen, dass ich für manche Bereiche und Aspekte weniger sensibilisiert bin. Zum Beispiel bin ich als Sozialwissenschaftler im Bereich der Ingenieurwissenschaften und auch in den Naturwissenschaften weniger verwurzelt. Und selbst wenn ich über viele Jahre hinweg in der Wirtschaftsfilmproduktion überwiegend mit Fragen und Themen aus Technik, Medizin, Chemie und Physik konfrontiert war, so würde ich nicht behaupten wollen, Experte dieser Fachfamilien zu sein. Nichtsdestotrotz können Sie sich darauf verlassen, dass Writing Code auch dort funktioniert, dass Sie mit der Verfahrensweise, die in diesem Buch vorgestellt wird, auch in diesen Fächern erfolgreich punkten werden.

Mein persönliches Erfahrungsspektrum ist (was die Fächer betrifft) mehrgeteilt. Mit einem Studium der Wirtschaftswissenschaften, Journalistik-Studium und Promotion in Dortmund sowie viele Jahre der Hochschullehre mit ‚venia legendi' (das steht lateinisch für die Lehrbefugnis, die klassischerweise mit einer Habilitation verbunden ist) in den Kommunikations- und Medienwissenschaften, bin ich fraglos wirtschafts- und sozialwissenschaftlich vorgeprägt. Entsprechend wähle ich auch die zahlreichen Beispiele in diesem Buch aus jenem Feld, in dem ich mich am besten auskenne. Die Beispiele sind allerdings sehr sorgfältig ausgesucht, damit aus ihnen möglichst allgemeingültige Aspekte entnommen werden können. Alle Beispiele sind ohne Vorwissen zu erfassen. Sie müssen also kein Experte meiner Fachgebiete werden, um sie zu verstehen. Wissenschaftlich zu arbeiten ist ein systematischer Prozess der übergreifend gilt. Es ist, dies sei hier unmittelbar hinzugefügt, darüber hinausgehend, eine Haltung, mit Inhalten souverän umzugehen.

> **Die wesentliche und völlig fachunabhängige Regel in diesem Kontext lautet**
> Alles, was Sie erarbeiten, muss zu jedem Zeitpunkt überprüfbar und damit mehr als nur nachvollziehbar sein.

Das bedeutet:

- Jeder, der in gleicher Weise Ihre Vorgehensweise anwendet und Ihre Methode einsetzt (vorausgesetzt Sie arbeiten empirisch), muss am Ende zum gleichen Ergebnis kommen.
- Jeder, der die gleichen Quellen wie Sie verwendet, muss zu den gleichen Argumenten finden.
- Jeder, der sich mit Ihren Hypothesen auf die gleiche Weise beschäftigt, wird Ihrer Argumentation folgen können.
- Das bedeutet nicht, dass alle auch Ihre Frage, Ihr Thema auf die gleiche Weise bearbeiten müssen.
- Das bedeutet nicht, dass es nur einen Weg gibt, um mit Ihrer zentralen Hypothese zu arbeiten.

Aber wenn sich ein anderer Forscher darauf einlässt, Ihnen zu folgen und Ihren Weg nachzuzeichnen, muss alles, was Sie tun, einen Sinn ergeben und in diesem Falle dann tatsächlich *nachvollziehbar* sein.

> **Deshalb können wir hier einen weiteren Merksatz formulieren**
> Wissenschaftliches Arbeiten ist durch Überprüfbarkeit gekennzeichnet. Weil dies so ist, müssen Sie sehr genau, sehr logisch und nachvollziehbar arbeiten.

Sie können die Einhaltung dieses Merksatzes gut überprüfen, indem Sie auf die Verben schauen, die Sie verwenden möchten. Sobald Sie innerlich formulieren wollen: „Ich glaube …", „Ich finde …", „Ich halte dies für …", bewegen Sie sich nicht mehr länger im Bereich der Wissenschaftlichkeit, denn hier gelten Nachprüfbarkeit und Exaktheit. Wagner (2007, S. 123) formuliert es so: „Wissenschaft wird gekennzeichnet durch Logik, Exaktheit und Überprüfbarkeit. Moralische Argumente, Argumente des Glaubens oder der Hoffnung gehören zwar zum Leben aber nicht zur Wissenschaft. Es gibt eine Wissenschaft der Moral. Das ist die Ethik. Auch sie argumentiert mit Logik, Exaktheit und Überprüfbarkeit. Es gibt auch eine Wissenschaft des Glaubens. Das ist die Theologie. Auch sie argumentiert mit Logik, Exaktheit und Überprüfbarkeit."

1.7 Gleich zu Beginn Computerprogramme beherrschen

Egal welcher Fachtradition Sie sich zugehörig fühlen, egal, wie viel Zeit Sie für Ihre Abschlussarbeit zur Verfügung haben, egal, welche inhaltlichen Schwerpunkte Sie bereits in Vorbereitung haben. Zum Schreiben und insbesondere dann, wenn Sie empirisch arbeiten wollen, müssen Sie die verwendeten Computerprogramme kennen. Deshalb lautet eine der wichtigsten Regeln im Writing Code: Beherrschen Sie die von Ihnen verwendeten Software, **bevor** Sie mit der Abschlussarbeit beginnen. Dies betrifft die Textverarbeitung ebenso wie die Auswertungswerkzeuge für Ihre empirische Studie. Für die Transkription von Interviews gibt es ebenso recht gute Hilfsmittel, wie für die Arbeit mit Kreuztabellen (hier eignet sich sogar das Microsoftprogramm Excel recht gut für erste Auswertungen, ohne dass Sie tiefer in Statistikprogramme einsteigen müssen). Wenn Sie mit der Statistiksoftware SPSS (alternativ PSPP als offene Variante oder R für die Wirtschaftswissenschaften) arbeiten, dann empfiehlt es sich, die grundlegende Begriffe der (multivariaten) Statistik bereits zu kennen, damit Sie schnell verstehen, was das Programm kann und wie es Ihre Arbeit am besten unterstützt. Später müssen Sie dann nicht im Nebel Ihrer Daten stochern.

1.7.1 Textverarbeitung – welches ist die richtige?

Wichtig: Sie arbeiten mit den angebotenen Formatvorlagen. Das heißt, Sie arbeiten stets mit einer Hierarchie Ihrer Gedanken. Sie arbeiten mit einer Gliederung, die Überschriften unterschiedlicher Ordnung kennt – zumeist sind für eine Haus- und eine Bachelorarbeit drei Überschriftenebenen ausreichend, Masterarbeiten und selbst Dissertationen können ebenfalls mit drei Ebenen auskommen. Die Empfehlung aber wäre, sobald Sie die Zahl von 50 Seiten überschreiten, über eine vierte Gliederungsebene nachzudenken.

Denken Sie daran: Je mehr Gliederungsebenen Sie einfügen, desto detaillierter und feingliedriger können Sie Ihre Gedanken ordnen. Im Sinne des Writing Code ist das gut, denn Sie können zu jeder Zeit Gliederungsebenen hinzufügen, um sie vielleicht im finalen Dokument wieder aufzulösen. In erster Linie dient die Gliederung zur Strukturierung Ihrer Gedanken. Das heißt eben auch, dass diese Gliederung frei und flexibel ist. Sie können in jedem Moment ändern, anpassen, tiefer gliedern, Abschnitte zusammenführen oder streichen. Sie können notierte Gedanken vertiefen oder an eine andere Stelle verschieben. Sie werden merken: Im Verlauf wird sich sowohl Ihre Haltung zum Thema als auch Ihr Wissen verändern, verschieben, vertiefen. Darauf müssen Sie in und mit der Gliederung Ihrer Arbeit vorbereitet sein und Flexibilitätsreserve vorsehen.

Sie dürfen zu jedem Zeitpunkt Ihre Überschriften verändern, wenn sich der Tenor des Abschnittes verändert und verschiebt oder wenn Sie bei seiner Bearbeitung zu neuen Erkenntnissen gelangen.

> **Regel**
> Sie arbeiten von Anfang an in der Gliederungsansicht – und mit Formatvorlagen für mehrere (Empfehlung: mindestens drei) Ebenen von Überschriften. Sie nutzen die standardmäßig vorgegebenen Vorlagen Ihrer Textverarbeitung und passen diese ihrem grafischen Anspruch an. Wer sich auskennt, erstellt auf Basis der formalen Anforderungen eine eigene Vorlage.

> **Erfahrungsbericht: „Etwa fünf Gliederungen, bis schließlich alles fix war …"**
> Ich kann mich noch sehr gut an das Verfassen meiner Bachelorarbeit erinnern. Ich muss zugeben, dass ich das sogar gerne tue, weil ich es zu keinem Zeitpunkt als „Stress" empfunden habe. Gut, ab und zu kam der Gedanke: „Hoffentlich bekomme ich genügend Seiten mit dem Thema in der kurzen Zeit voll!", aber

sobald ich mit dem Schreiben eines neuen Kapitels begann, war ich mir sicher, dass das schon irgendwie klappt. Erfolgsgeheimnis? Während der Bearbeitungsphase war es mir wichtig, alles schriftlich zu fixieren. Der rote Faden waren meine Gliederung und die Überschriften der Kapitel. Die Gliederung war zu keinem Zeitpunkt fix, sondern konnte und musste immer wieder verändert werden. Insgesamt hatte ich etwa fünf unterschiedliche Gliederungen, bis letztlich alles fix war. Die Kunst ist es, den Überblick darüber zu behalten. Dazu halfen mir handschriftliche Notizen, genauer: kleine „To-Do-Listen", „Reminder". Auf diese Listen kam alles, was mir in den Sinn kam, und alles, was ich noch zu erledigen hatte. Dort stand zum Beispiel auch, dass ich im Fazit daran denken muss, aus Kapitel XY genau diese Stelle zu erwähnen, um die Aussagekraft der Studie zu erhöhen. Nebenbei: Der Prozess samt Notizen, Gliederungen, etc. umfasst einen ganzen Semesterordner. Deshalb sollte man auch immer etwas zu Schreiben dabeihaben oder wenigstens sein Handy mit einer Kalender-App. Vor allem unterwegs kamen mir wichtige Gedanken, Fehler oder Diskussionspunkte, die meine Arbeit bereichert haben.

Man sollte die Arbeit auch gelegentlich mit Abstand betrachten und sich dazu bewusste Pausen setzen, um Gedanken neu zu ordnen: „Sind meine Gliederung und mein Thema logisch?" oder „Warum mache ich die Gliederung so und nicht anders?": Das sind Beispielfragen, die ich mir dann gestellt habe. Der Austausch über das Geschriebene war mir auch sehr wichtig, entweder mit Bekannten, Kommilitonen oder zur Not auch mit mir selbst. Tatsächlich habe ich mir auch einen festen Terminplan gemacht, wann ich welches Kapitel abgeschlossen haben möchte. Beispielsweise habe ich im Kalender einen Termin pro Tag von 8 bis 18 Uhr (mit Pausen!) eingetragen und mit dem zu schreibenden Kapitel beschriftet. Ich habe mich natürlich nicht immer an die Zeiten gehalten. Dennoch galten sie für mich als Richtwert. Wie gesagt, ist es wichtig, den Überblick zu behalten, und dafür benötigt man auch ab und zu eine Auszeit. Ständiges ‚Nochmallesen' ist für mich auch ein Mittel, den roten Faden nicht zu verlieren, Doppelungen auszuschließen und nicht auszuschweifen.
Chris Hennecke ◄

1.7.2 Digitale Textverarbeitung und die Gliederung

Grundsätzlich können Sie nach dem Writing Code auch ohne digitale Textverarbeitung – also nur mit Papier – arbeiten. Dann müssten Sie allerdings wie Niklas Luhmann, der berühmte Systemtheoretiker des vordigitalen Zeitalters arbeiten und

Zettelkästen einsetzen.[2] Was ähnlich wie bei den Zettelkästen funktionieren sollte: Ihr Text ist und bleibt über die gesamte Arbeitszeit hinweg ein Baukastensystem, das kaum linear bearbeitet wird. Das heißt aber auch, Sie müssen Rubriken schaffen können, die sie leicht zusammenfassen, austauschen, verschieben, streichen, kürzen, ganz generell eben immer und immer wieder bearbeiten können. Das wird nur funktionieren, wenn Sie ein gutes Ablage- und Organisationssystem für Ihre Inhalte schaffen – oder eben die Fähigkeiten Ihrer Software nutzen. Denn die aktuellen Textverarbeitungen am Markt haben im Regelfalle viel mehr Optionen als jene, die Sie bislang täglich nutzen. Am weitesten verbreitet sind zwar noch immer Microsoft-Produkte, hier soll zusätzlich sehr kurz auch auf Alternativen eingegangen werden, die nicht weniger leistungsfähig sind. Gerade bei der Gestaltung von Gliederungen ist Microsoft Word aus meiner Sicht keine erste Wahl – die Gestaltung der Listen ist fieselig, man muss sich durchaus intensiv einarbeiten, bis man die Gliederung so gebaut hat, wie man es für den finalen Text benötigt. Dennoch zahlt sich jede investierte Minute unbedingt aus. Wichtig ist, dass Formatvorlagen gleich zu Beginn angelegt werden.

> **Von der ersten Minute an gilt**
> Sie arbeiten ausschließlich in und mit einem einzigen Dokument, das Sie am besten in der Cloud gespeichert halten – so sind und bleiben Sie überall arbeitsfähig.

Um kurz auf die verschiedenen Alternativen einzugehen: Viele Wissenschaftler schwören auf LaTex – hierfür gibt es unterschiedliche Editoren, die man abhängig vom Betriebssystem einsetzen kann. Wer einmal gelernt hat, mit diesem ursprünglich Unix-basierten System zu arbeiten, wird sich kaum mehr Alternativen widmen. Schließlich kann er dann alle Textbestandteile sehr individuell auszeichnen und über direkt im Editor eingegebene Befehle exakt steuern, wie der Text hinterher aussieht. Vor allen Dingen in Fachbereichen, die mit komplizierten Formeln arbeiten,

---

[2] An dieser Stelle empfehle ich, ein sehr schönes Video aus einer alten TV-Dokumentation anzuschauen. In dieser wird der berühmte Autor und Hochschullehrer Niklas Luhmann zu seinen Zettelkästen befragt – er führt die Funktionsweise im Film direkt vor und macht für Zuschauer heute sehr gut nachvollziehbar, wie wissenschaftliche Publikationen aus der Auseinandersetzung mit unzähligen anderen Quellen und Inhalten ihre eigene Linie und Ausdruckskraft finden, wobei die genutzten Verweise stets in eine eigene inhaltliche Auseinandersetzung überführt werden. Das Niklas Luhman-Archiv hat das Prinzip hier sehr gut aufbereitet: https://niklas-luhmann-archiv.de/nachlass/zettelkasten. Hier findet sich auch ein Video mit einem Einblick in den Zettelkasten. Er selbst erklärt in der Dokumentation „Beobachter im Krähennest", wie seine Zettelkastenlogik funktioniert: https://www.youtube.com/watch?v=qRSCKSPMuDc.

wird man an LaTex kaum vorbeikommen. Allerdings: Man muss schon ein wenig Zeit aufwenden, bis man die Steuerfunktionen so gut beherrscht, dass LaTex hervorragende Ergebnisse bringt. In Fächern wie Informatik, Mathematik oder auch Physik dürften die meisten Abschlussarbeiten mit Hilfe von LaTex-Editoren entstehen. In den meisten anderen Fächern haben Standardanwendungen die Nase vorn.

Nach wie vor ist Microsoft Office mit seinem Urgestein Word die unter Studenten am weitesten verbreitete Software zur Textverarbeitung. Das Programm – so wenig nutzerfreundlich zum Beispiel die Gestaltung von Gliederungen auch ist – hat einen unschlagbaren Vorteil: Die Gliederungsansicht. Wenn Sie also dieses Programm ausgewählt haben, gilt der folgende Merksatz.

> Sie arbeiten nach Möglichkeit dann in der Gliederungsansicht, wenn Sie an der Struktur und am Aufbau Ihres Textes arbeiten, wenn Sie sich grundlegend Gedanken darüber machen, was an welchem Punkt der Arbeit verhandelt, dargestellt, diskutiert werden soll.

Es gibt noch einen anderen, zwischenzeitlich durchaus interessanten Aspekt, der über die Wahl der Textverarbeitung entscheidet: Die Referenzierungsprogramme Citavi oder auch EndNote sind voll in Word integrierbar. Das heißt, Sie können Citavi und EndNote direkt aus Ihrem Textverarbeitungsprogramm heraus steuern und die entsprechenden Verweise einfügen oder anlegen. Die Plugins und Microsoft Word bilden ein – man darf es gestehen – vergleichsweise unschlagbares Team für diejenigen, die mit einer sehr großen Zahl an Quellen arbeiten. Denn mit dieser Software genügt bei Büchern zum Beispiel die Eingabe der sehr oft verfügbaren doi. oder auch der ISBN-Nummer. Ein kleiner Wermutstropfen: Sie müssen, obwohl die angelegte Datenbank Ihr mit dem Text abgeglichenes Literaturverzeichnis zum Abschluss noch einmal komplett durchgehen, da manchmal über den Algorithmus und die im Web eingesammelten Informationen nicht alles korrekt abgebildet wird. Aber diese Fleißarbeit ist am Ende ein Leichtes, da Sie nicht mehr aufwändig die verwendete Literatur abgleichen müssen.

> **Hinweis**
> Alle Inhalte an der These prüfen! Denken Sie daran, dass normalerweise jede Arbeit zum Ende hin noch einmal darauf überprüft wird, ob alle Inhalte auch an der zentralen These gemessen werden können. Das bedingt, dass gute Abschlussarbeiten in der Schlussphase tatsächlich um bis zu 20 bis 25 % gekürzt werden können. Dieser forschungsfragenmotivierten „Säuberung" fallen dann regelmäßig zitierte Quellen zum Opfer. Wenn Sie mit Indizes und Referenzierung arbeiten, ersparen Sie sich, alles final noch einmal abzugleichen.

Ergo: Egal, für was Sie sich entscheiden, Ihre Abschlussarbeit wird in einer einzigen Textverarbeitung angelegt. Sofern verfügbar, wird in diesem Programm stets in einer Bildschirmansicht gearbeitet, mit der Gliederungspunkte leicht verschoben werden können. Die Open-Source-Software OpenOffice eignet sich hier auch – bedingt zumindest (siehe unten), Pages von Apple hat sich obwohl exzellent in der Formatierungsgeschwindigkeit (siehe ebenfalls im weiteren Verlauf dieses Abschnittes) selbst ins Aus geschossen.

Ich kann hier nur für mich selbst sprechen – aus meiner Sicht ist der Marktführer für Office-Software leider noch immer ungeschlagen. Ich behaupte also: Mit dem Microsoft-Produkt Word fahren Sie aktuell am besten, und zwar egal, welches Betriebssystem und welche Plattform Sie installiert haben. Leider ist auch hier nicht alles optimal. Das merkt jeder, der sich ein wenig von den Standards entfernen will und Listen einrichtet, neu sortiert und Nummerierungen anpassen will. Aber vom Ansatz her gesehen, ist es sehr komfortabel in der Gliederungsansicht mit dem kleinen Pluszeichen neben einer Überschrift den Abschnitt, das Unterkapitel oder das Kapitel einfach auf- beziehungsweise zuzuklappen.

Die Arbeit in und mit der Gliederungsansicht ist natürlich nur dann sinnvoll, wenn sie richtig vorbereitet ist. Das erfordert Disziplin, denn Sie müssen möglichst passende und zielführende Formatvorlagen für alle Anforderungen entwickeln. Die wichtigsten dabei: Überschriften in verschiedenen Ebenen – vier sollten Sie mindestens vorsehen. Nutzen Sie hier nicht die Standard-Formatvorlagen von Word, da diese oft mehrfarbig arbeiten und zum Beispiel hellblaue Überschriften einfügen. Sie können aber die Formatvorlagen sehr schnell und leicht anpassen, wenn Sie mit dem Formatvorlagenfenster arbeiten – dazu klicken Sie einfach „Bereich Formatvorlagen" in der Start-Auswahl an. Bauen Sie Ihre Formatvorlagen für die Überschriften nach Möglichkeit auch so, dass Sie beim schnellen Scrollen durch den Text gut erkennen, auf welcher Ebene Sie sich bewegen. In der Gliederungsansicht wird die Formatierung nicht wie in der finalen Druckdatei angezeigt.

> Dies alles ist nur dann sinnvoll, wenn Sie die Liste Ihrer Formatvorlagen intelligent zusammengestellt haben – und mögliche Formatvorlagenfriedhöfe bereinigt haben.

Für die Verwendung der Gliederungsansicht ist es in jedem Falle elementar, dass Sie unbedingt (vorhandene oder selbst definierte) – hier darf es keine Ausnahmen geben – Formatvorlagen für Überschriften jeder Ebene nutzen. Sie können alle Gliederungsebenen einzeln nach Hierarchie anzeigen lassen, Sie können zum Beispiel alle Überschriften bis Ebene vier anzeigen und dann einzelne Abschnitte quer über die Arbeit hinweg verschieben, ganz einfach in dem Sie diese anklicken und verschieben. Kein anderes Textverarbeitungsprogramm bietet hier eine ähn-

1.7 Gleich zu Beginn Computerprogramme beherrschen

liche Flexibilität. Auch wenn es mir als Autor und Open-Source-Fan schwerfällt: wer sich mit den komplexen Auszeichnungsroutinen bei LaTex nicht auskennt und sich hier auch nicht einarbeiten will, für den ist Microsoft Word nach wie vor der Goldstandard für die Abschlussarbeit. Dies ist aber nur der Fall, wenn man nach dem Writing Code arbeitet. Wollen Sie Ihre Arbeit einfach von vorne nach hinten „durchschreiben", dann müssen Sie sich keine weiteren Gedanken machen, das geht im Zweifel mit einem einfachen RTF-Texteditor.

Falls Sie nicht mit Word für Windows arbeiten, bietet sich als leistungsstarke Alternative – zumindest auf dem Mac – trotz allem noch immer auch Pages von Apple an. Der Hersteller hat in der Vergangenheit, wie bereits erwähnt, eine sehr kuriose Strategie verfolgt: Mit der Verankerung der Bürosoftware-Angebote in der iOS-Welt – also der Optimierung von Pages, Keynote oder Numbers für mobile Endgeräte – sind sehr hilfreiche Features schon vor einigen Jahren weggefallen und auch bei Updates (bis ins Jahr 2023) nicht wieder aufgetaucht. Das ist sehr schade, da kein anderes Textverarbeitungsprogramm auch große Texte schneller formatieren lässt. Der Wermutstropfen: Man kann in den neuen Versionen keine Zeilennummern mehr einfügen, und es gibt auch keine Gliederungsansicht mehr – beides war in älteren Versionen mit MacOS-Ausrichtung vorhanden. Seit Jahren warten Pages-Anwender auf die lieb gewonnenen Funktionen. Für Abschlussarbeiten und große Manuskripte eignet sich damit leider Pages heute nicht mehr. Das verwundert umso mehr, als Apple ja durchaus auf die Verknüpfung von Pages mit iBook – also einem Programm zur Herstellung von Büchern setzt.

Eine Alternative, die hier nicht vernachlässigt werden soll, findet sich im ebenfalls bereits erwähnten Programm OpenOffice. Eine ähnlich komfortable Gliederungsansicht wie bei Word sucht man zwar vergebens – aber, es gibt eine ernst zu nehmende Variante. In der Hauptauswahlzeile findet sich ziemlich in der Mitte ein Kompass-Symbol. Klickt man dieses an, dann öffnet sich der Navigator. Dieser zeigt alle Gliederungsebenen an – und man kann einzelne Abschnitte oder Kapitel nach unten oder oben stufen. Damit empfiehlt sich Open Office als konkurrenzlos günstiges Konkurrenzangebot.

Damit kein Gedankengang verloren geht, sollten Sie mindestens einmal pro Woche eine bestehende Fassung mit Datum versehen ins Archiv stellen. Erstellen Sie zudem zu festgesetzten Tageszeiten ein Backup auf einem Datenträger, einem USB-Stick zum Beispiel oder einer SD-Karte. Tragen Sie dieses Backup stets bei sich.

Arbeiten Sie in der Cloud und gerne auch mit unterschiedlichen Endgeräten an Ihrer Datei, wenn dies Ihrer Arbeitsweise entspricht. Testen Sie unterschiedliche Arbeitsumgebungen und Plätze. Fühlen Sie sich in die Orte hinein, an denen Sie arbeiten (vgl. Abschn. 8.3). Entscheiden Sie nach Ihren eigenen Prioritäten, ob Sie in der Bibliothek, zu Hause am Arbeitsplatz, bei Freunden, gemeinsam in einer Arbeitsgruppe oder vielleicht sogar an belebten Orten wie in Cafés arbeiten möchten. Auch in diesem Punkt kennt Individualität keinerlei Beschränkung!

Wenn Sie Ihre Arbeit immer und überall dabeihaben wollen, dürfen Sie auch hier kreativ bleiben. Der Writing Code geht davon aus, dass Sie sich auch in der großen Aufgabe herausfordern, messen und ausprobieren wollen, und dass Sie Ihre Arbeit immer bei sich haben und mit sich führen. Ihre Textverarbeitung haben Sie in der Tasche dabei. Profis arbeiten mit einem Onlinedokument aus der Cloud, auf das Sie über das Netz von überall her zugreifen können und dies eben auch von unterschiedlichen Endgeräten aus – im Idealfall können Sie den Text auch direkt im Webbrowser bearbeiten. Das funktioniert mit Google-Docs recht gut, eine exzellente Lösung ist für mich die deutsche Cloudlösung Powerfolder. Hier greift der Webclient auf Onlyoffice zu – und zwar egal, ob das Dokument mit Word oder mit Open Office erstellt wurde. Man kann dann direkt online arbeiten und die Version wird gesichert. Auch das ist ein Vorteil dieser Cloud, man kann gezielt die Zahl der aufzubewahrenden Versionen einstellen. Die Cloud speichert hier bis zu 25 zurückliegende Versionen, das kann im Falle eines Falles ebenfalls sehr sinnvoll sein. Ein weiterer Vorteil, gerade in der Korrekturphase (und natürlich auch schon vorher) können Sie Ihr Dokument für „Mitleser" öffnen und Zeit sparen, indem Sie kollaborativ an der Endfassung arbeiten.

> **Regel**
> Wenn Sie unterschiedliche Endgeräte zur Arbeit nutzen (Tablet, Smartphone, Notebook, Stand-PC), dann arbeiten Sie zwingend mit einem Onlinedokument.

1.8 Schreibtechnik: Lieblingsplätze, Lieblingsgeräte und Zehn-Finger-System

Der vorangegangene Abschnitt hat Sie zur Software geführt, nun geht es um Handfestes. Dieser Abschnitt und seine Inhalte mögen den einen oder anderen überraschen. Vielleicht wird er sogar irritieren, denn hier geht es nicht um die Inhalte und die Vorgehensweise zur Gestaltung Ihrer Arbeit. Es geht vielmehr um viel einfachere Dinge, um ihr Schreibgerät, um Endgeräte, Tastaturen, Zehn-Finger-System und die Frage, wo Sie am besten arbeiten, und ob es nicht an der Zeit wäre, sich neue Schreib- und Arbeitsorte zu erschließen. Also los geht's! Sie können an jedem Ort der Welt, unterwegs im Netz oder ganz statisch in der Bibliothek, in Ihrem persönlichen oder einem gewachsenen Archiv arbeiten.

Ebenso, wie Sie sich klar und jeweils für sich selbst definieren können, welche Ablenkungen Sie zulassen, welchen Ausgleichssport Sie treiben, welche Unterbrechungen Sie begrüßen wollen, werden Sie auch Ihre „Orte" definieren können.

1.8 Schreibtechnik: Lieblingsplätze, Lieblingsgeräte und Zehn-Finger-System

Die Fähigkeit, Leistung zu erbringen, ist ortsabhängig. Suchen Sie sich also jenen Ort, der für Sie am besten ist, an dem Sie glauben, konzentriert arbeiten zu können. Und dann besteht der zweite Teil der Kunst in der Selbstverpflichtung darauf.

Aufgabe
Dies ist eine Reflexions-Übung. Denken Sie an schriftliche Abgaben der Vergangenheit.

Beantworten Sie dazu die folgenden Fragen:
Wo entstanden sie – die Hausarbeiten, Seminararbeiten?

- Saßen Sie stets an einem festen und immer gleich gestalteten Arbeitsplatz?
- Haben Sie in der Bibliothek, in der Cafeteria, zu Hause oder in einem Büro an Ihren Texten gearbeitet?
- Haben Sie Recherche und Umsetzung jeweils am gleichen Platz durchgeführt oder an unterschiedlichen Orten?
- Wie sah es dort aus? Welche Geräusche, Gerüche gab es? Wie war das Wärme- oder auch das Sicherheitsempfinden? Konnten Sie ganz bei sich bleiben? Was hat Sie abgelenkt?

Fühlen Sie sich noch einmal in diese Arbeitsweise(n), ein und schreiben Sie nun mindestens fünf Punkte auf, die Sie bezogen auf eine oder unterschiedliche Arbeitssituationen als positiv verbuchen würden.

Wenn Sie versuchen, sich tatsächlich in die Situation hineinzuversetzen, werden Sie erkennen, dass Sie wie selbstverständlich positive und beziehungsweise oder negative Gefühle mit einer Gesamtsituation oder einzelnen Aspekten daraus verbinden. Orientieren Sie sich dann ausschließlich an diesem Empfinden. Versuchen Sie aus diesen Erfahrungen zu eruieren, welche Bedingungen für Ihre Arbeit optimal sind. Überprüfen Sie dann, welche Aspekte Sie unabhängig von den äußeren Bedingungen jeweils mitnehmen können.

Die innere Einstellung und die Kombination von ortsunabhängigen Wohlfühleffekten erscheint mir zumindest deutlich wichtiger als das von vielen beschworene feste Arbeitsumfeld und eine selbstkasteiende Disziplinierung. Sie werden solche An- und Aufforderungen in vielen Ratgebern zu besserer Arbeitsstrukturierung finden, also jene nach einem festen Arbeitsplatz, an dem Ihnen nichts anderes begegnet als Ihre Arbeit, an denen Sie nichts stört oder ablenkt, an denen Sie die Scheuklappen aufsetzen. Ja, das kann für bestimmte Arbeitstypen sinnvoll sein.

Ich persönlich allerdings bin zu der Erkenntnis gelangt, dass sich gute Schreibergebnisse auch in der Sonne auf einem Liegestuhl mit einer Bluetooth-Tastatur und einem landläufigen Smartphone erzielen lassen. Auf diese Weise ist zumindest meinerseits tatsächlich schon einmal ein gut 200-seitiges Manuskript entstanden. Natürlich musste dieses überarbeitet, mussten Tipp- Rechtschreib-, Grammatik- oder auch Stilfehler beseitigt werden, da Sie in einer solchen Arbeitssituation nicht ständig auf das Display schauen wollen, vielleicht schneller über bestimmte Sätze „hinwegschreiben". Ein anderes Beispiel: Meine Nichte fuhr im Studium (in Darmstadt) für anspruchsvolle Denkaufgaben immer an den Frankfurter Flughafen, weil sie dort die Bewegung, die Atmosphäre und die Lebendigkeit mochte. Mit der Aufgabe von oben werden Sie auch die für Sie nahezu perfekte Schreibsituation besser ermitteln können. Die Botschaft wäre: Verlassen Sie sich unbedingt auf Ihr Bauchgefühl! Gerade dann, wenn es um Wohlfühlen und die richtige Arbeitssituation geht, trügt es selten.

Gestatten Sie mir noch einen persönlichen Hinweis: Gute Studierorte sind für mich Bibliotheken. Das mag daran liegen, dass Onlinerecherche für meine Generation im Studium noch die Ausnahme war. Im Jahr 1991 beispielsweise, als ich meine Diplomarbeit im Studium der Wirtschaftswissenschaften verfasste, war ich an der Universität Mannheim einer der ersten, der in US-amerikanischen Datenbanken nach Quellen über das Internet recherchierte. Damals musste man noch einen Antrag stellen, und die eigentliche Recherche übernahm ein Mitarbeiter der Bibliothek, mit dem man gemeinsam vor einem Bildschirm mit grüner Leuchtschrift saß.

Dennoch glaube ich bis heute, dass Bibliotheken nach wie vor – also auch im Zeitalter der Onlinerecherche – gute Lern- und noch bessere Schreiborte sind. Denken Sie daran, wenn Sie in der Bibliothek arbeiten, sich Kopfhörer oder Geräuschdämpfer als Ohrenstöpsel mitzunehmen, um alle Ablenkungen auszuschalten.

Sie können dabei an den Mann denken, der sich in der Wohnung einen Anzug und ein frisches Hemd anzieht, seine Tasche nimmt, um im Keller seines Hauses bei künstlichem Licht dem Schreiben nachzugehen. Ortswechsel und vielleicht auch Kleidungsroutinen verändern ungeheuer viel. Sie können das In-die-Disziplin-Kommen nachhaltig unterstützen und stärken. Sie suchen also sehr bewusst einen anderen Ort auf und verbinden diesen die konzentrierte Arbeit an Ihrem Manuskript. Solche „Programmierungen" funktionieren, vorausgesetzt, man lädt den neuen Arbeitsplatz gewissermaßen auf, man verknüpft sehr konkrete Handlungsweisen damit. Zum Beispiel legt man sich das Verbot auf, soziale Netzwerke zu öffnen oder Mails zu lesen, oder man schaltet die W-LAN-Funktion am Rechner gleich komplett aus. Man kann sich auch darauf verpflichten, das Handy auszuschalten oder gar nicht erst mitzunehmen. Wichtig dabei erscheint mir, dass man dies von Anfang an sehr konsequent durchführt, dass man grundsätzlich diszipliniert bleibt. Dann kann das funktionieren.

Bei der Suche nach einem passenden Lernort geht es vor allen Dingen darum, Routinen zu durchbrechen, gewohnte Umgebungen loszulassen, die für die „alte" Arbeitsweise stehen. Eine klare Empfehlung für einen Schreibort kann der Writing Code natürlich nicht geben – das bleibt am Ende eine sehr, sehr individuelle Angelegenheit!

Erfahrungsbericht: „… am besten zuhause, alleine in meinem Zimmer!"

Nach einem Jahr war ich am Ende. Ich hatte viel zu viel Zeit damit verbracht, herauszufinden, worüber ich eigentlich schreiben wollte. Immer und immer wieder habe ich meine Forschungsfrage verändert, hier und da ein bisschen, irgendwann auch völlig. So wird man nie fertig. Deshalb: Feile so lange an deiner These, bis du genau weißt, was du untersuchen willst. Dann erst richtig mit der Recherche anfangen.

Die Bibliothek ist ein herrlicher Ort – aber nicht, um sich zu konzentrieren. Das konnte ich am besten zu Hause, allein in meinem Zimmer. Dort verbrachte ich lesend und schreibend gut drei Stunden am Vormittag, verließ das Haus zur Mittagspause und machte dann noch drei Stunden weiter. Am Abend, klar, wieder raus.
Maria Lang ◄

1.8.1 Auch die Tastatur spielt eine Rolle

Die Entwicklung technischer Möglichkeiten spielt Ihnen in die Hand, denn Sie können auch lange Passagen oder generell umfangreiche Texte heute selbst auf dem Smartphone bearbeiten. Hierzu empfehle ich die Anschaffung einer Bluetooth-Tastatur, die Ihnen ergonomisch entgegenkommt. Probieren Sie ruhig die eine oder andere Tastatur aus, um die für Sie beste zu finden. Tastaturen mit kleinen Tasten, die nicht dem Standard entsprechen und nicht nur kleiner und näher beieinander liegen, empfehle ich grundsätzlich nicht – doch dazu gleich mehr. Mehr über die verschiedenen Arten von Schreibgeräten und ihren Nutzen erfahren Sie in dem verlinkten Video (Abb. 1.4).

Wichtig bei der Auswahl der Eingabegeräte ist, dass Sie tatsächlich einen Druckpunkt auf der Taste verspüren, dass sich jede einzelne Type nicht ohne Gegendruck herunterdrücken lässt. Warum ist dies wichtig? Ganz einfach: Getane Arbeit ist für uns Menschen mit einem Erfolgserlebnis verbunden, der Tastendruck belohnt das Hirn und gibt ein mechanisches Signal. Um das zu erreichen, bedarf es auch der Arbeit, die im archaischen Verständnis insbesondere mit Bewegung und

Abb. 1.4 Das richtige Schreibwerkzeug (▶ https://doi.org/10.1007/000-c4y)

Motorik verknüpft ist. Am Rande: Auch das Wachstum von Spiegelneuronen, wurde ja (vgl. Rizzolatti et al. 1996, S. 131 ff.; Rizzolatti und Sinigaglia 2008) insbesondere mit Bezug auf motorische Fähigkeiten nachgewiesen.

Wir haben ein deutlich stärkeres Befriedigungs- oder Erfolgsgefühl, wenn wir mechanisch-motorisch etwas geleistet haben. Viele der ersten elektrischen Schreibmaschinen hatten keinen Druckpunkt, wer damit arbeitete, erhöhte das Risiko von Tippfehlern, weil er versehentlich auf die Tasten kam und diese das Typenrad oder den Kugelkopf auslösten – es handelte sich also um sofort gedruckte Tippfehler, die aufwändig behoben werden mussten. Zusätzlich aber hatten Typisten an diesen Maschinen das Gefühl, am Ende des Tages weniger geleistet zu haben. Sie waren schneller frustriert und mit ihrer Arbeit weniger zufrieden. Dies änderte sich, wenn die Tasten zwar leichtgängig blieben, aber nun tiefer heruntergedrückt werden mussten und einen sanften Druckpunkt besaßen. (vgl. dazu die Forschungen von Martin et al. 1996, S. 654–664 und vor allem auch die dort angegebenen Quellen mit zahlreichen historischen Verweisen).

Interessanterweise beschäftigen sich viele der historischen Ergonomie-Studien in der Folge eher mit Ermüdungserscheinungen (vgl. u. a. Radwin und Ruffalo 1999 und dort angegebene Quellen) und ermitteln dabei regelmäßig, dass wir oft viel härter auf die Tasten hauen, als diese es erfordern würden. Dennoch plädieren die berühmtesten Studien für eine eher moderate Einstellung der Belastungskräfte für die Tasten von 0,47 N (vgl. et al. 1997, S. 800). Doch die Ausübung verstärkten

Drucks, die vermutlich auch von der aktuellen Gemütslage abhängig ist, kann für die Erkenntnis oder These sprechen, dass die motorisch vermittelte Ableitung oder Befriedigung eine nicht zu unterschätzende Rolle spielt.

Die erkennbaren Druckpunkte finden sich heute bei allen Computersystemen, selbst bei jenen, die sehr flache Tastaturen besitzen, wie dies zum Beispiel bei Apple-Produkten der Fall ist. Die Frage ist, wie sich Touchscreens und Displaygeführte Tastaturen in diesem Punkt langfristig auswirken werden. Eventuell sind hier auch Trainings- und Gewöhnungseffekte zu berücksichtigen. Interessanterweise sind immer wieder auch Menschen zu beobachten, die mit durchaus intensiver Härte die plane Glasfläche ihres Tablet-Computers bearbeiten.

1.8.2 Mechanische Schreibmaschinen und Textroutinen

Ältere Journalisten berichten regelmäßig vom erfüllenden Gefühl, Texte auf mechanischen Schreibmaschinen erstellt zu haben. Die Tatsache, etwas geleistet zu haben, erlebten sie um ein Vielfaches stärker als beim Schreiben in elektronischen Systemen. Sollten Sie die Möglichkeit haben, dies für sich selbst auszutesten, wäre hier die Empfehlung, dies auch zu tun. Auch ich habe das Schreiben auf einer mechanischen Schreibmaschine erlernt und zum Beispiel meine Off-Texte für Fernsehbeiträge bis in die 2000er-Jahre immer und durchgängig auf mechanischen Schreibmaschinen geschrieben (zum Leidwesen der Kollegen sei angemerkt). Dies hatte zwei wesentliche Gründe:

1. das beschriebene Gefühl der Arbeitszufriedenheit, das Gefühl, tatsächlich etwas bewegt, geleistet zu haben,
2. die Verpflichtung auf einen anderen Denkprozess, der Formulierungen im Kopf bereits sehr gut vorbereitet und ausformuliert.

Der zweite Punkt erscheint mir dabei noch erklärenswert, da er sehr deutlich macht, wie sehr Denken und Schreiben aufeinander bezogen sind. Deshalb sei an dieser Stelle ein vertiefender Exkurs erlaubt.

1.8.2.1 Wie „fertig" ist die Formulierung im Kopf?

Die achtziger Jahre des vorigen Jahrhunderts haben im Kern eine Revolution gebracht – wobei dies vielleicht tatsächlich ein falscher Begriff ist, da sich der Prozess zwar als schnell, doch dennoch evolutionär präsentiert. Im Ergebnis aber ist er radikal. Sie können dies an sich selbst nachvollziehen.

Stellen Sie sich vor, Sie schreiben einen Brief, eine Karte mit der Hand. Dann müssen Sie den Aufbau und die Form und zumindest den ungefähren Satzbau und die logische Textfolge im Kopf konzipieren, bevor Sie mit der Niederschrift beginnen. Wenn es besonders wichtig ist, besondere Bedeutung für Sie besitzt, dann schreiben Sie den Text vielleicht sogar einmal vor, um ihn zu korrigieren, abzuändern, anzupassen und dann in Reinschrift niederzulegen.

Nun projizieren Sie dies auf einen größeren Text bis hin zu einer Abschlussarbeit. Sie werden auch dort eine Rohfassung erstellen wollen, die später dann noch einmal überarbeitet und am Ende final abgetippt wird. Wenn Sie nun noch den Aspekt zeitkritischer Produktion hinzunehmen, wird es noch besser nachvollziehbar, denn hier werden Sie nicht unbedingt alles mehrfach schreiben wollen. Dies trifft im Normalfall auf die Produktion journalistischer Texte zu.

Leider verfüge ich nicht über empirische Daten zu diesem Kontext, aber meine Erfahrung aus den 1980er-Jahren zeigt: Journalistische Texte, die in eine (mechanische) Schreibmaschine geschrieben wurden, unterschieden sich elementar von jenen, die sofort elektronisch in ein Computersystem hinein erfasst wurden.

Mein Urteil damals war, dass direkt und unmittelbar in den Computer geschriebene Texte bestimmte Qualitätsmerkmale anders erstellter Texte nicht erfüllten, wenn im Anschluss nicht *mehrfach* über den Text gearbeitet wurde. Ich führe das auf die unterschiedliche Arbeitsweise zurück. Wir texten anders, wenn uns bewusst ist, dass wir alles korrigieren, löschen, verändern, neu fassen, überarbeiten können, ohne dadurch bestimmte Arbeitsschritte mehrfach ausführen zu müssen.

Für viele Alltagstexte bedeutet das: Es wird erst einmal drauflos geschrieben, weil man ja weiß, dass später alles noch veränderbar ist. So kommen viele Randaspekte in den Text hinein, die man bei vorausgehendem Nachdenken schon eliminiert hätte. Ebenso ergeben sich viel häufiger chronologische Abläufe, wo doch oft eher das Erfordernis bestünde, nach Bedeutung und Wichtigkeit zu ordnen. Am Computer arbeitet man nur vermeintlich schneller. Das Risiko ein suboptimales Darstellungsergebnis zu produzieren, ist dort größer. Ich habe später festgestellt, dass auch mit und am Computer brillante Texte entstehen können. Diese waren jedoch stets von den Autoren verfasst, die sich im Vorfeld eine Struktur ihres Beitrages skizziert haben und sehr sorgfältig den Aufbau der Texte planten, oder aber jene, die sehr konzentriert, oft schnell, aber eben mit höchster Aufmerksamkeit und mehrfach ihre Texte überarbeitet haben, umgebaut, gestaltet, komponiert.

Diese Überarbeitungen am Computer führten in diesen Beispielen zu einer Reduktion der Textmenge in zweistelligen Prozentraten. Ich schätze, ohne dies empirisch belegen zu können, dass der Anteil der Kürzungen mindestens 30 % ausmachte. Dieser kleine Exkurs an dieser Stelle des Buches erschien mir deshalb wichtig,

1.8 Schreibtechnik: Lieblingsplätze, Lieblingsgeräte und Zehn-Finger-System

- damit Sie die unterschiedlichen Arbeitsweisen erkennen können,
- damit sie verstehen, wie wichtig Schritte der Überarbeitung und am Ende das Kürzen sind,
- damit Sie erkennen, dass Schreiben nicht gleich Schreiben ist, und
- damit Sie am Ende Ihren eigenen Rhythmus und Stil finden müssen.

Dieser Abschnitt soll Sie darauf hinweisen und auch verpflichten, sich intensiv Gedanken darüber zu machen, wie Sie arbeiten.

Sie können die beiden Extreme, „Sie schreiben erst, nachdem Sie den vollständigen Satz im Kopf konstruiert haben!" und: „Sie texten in einer Rohfassung und akzeptieren einen weiteren intensiven Überarbeitungsschritt!", nutzen, um sich zu orientieren.

Kombinationen aus diesen beiden Haltungen: Zwischenformen jeder Couleur sind möglich.

1.8.2.2 QWUERTZ: Noch mehr Pragmatik

Bei solch pragmatischen und praxisorientierten Überlegungen angelangt, sei es erlaubt, einen weiteren Aspekt hinzuzufügen. Legen Sie dafür den kleinen Finger der linken Hand auf das Q der Tastatur. Für die meisten Menschen ist dies reichlich ungewohnt, da Autodidakten sehr selten den kleinen Finger zum Schreiben einsetzen und dieser entsprechend wenig trainiert ist. Dabei bekommt er es auch im Zehn-Finger-Schreib-System vergleichsweise einfach gemacht, denn die Tasten der „qwertz"-Tastatur, benannt nach den nebeneinander liegenden Buchstaben der oberen Buchstabenreihe, sind nach Häufigkeit ihres Gebrauchs geordnet (vgl. ausführlich zu taktilen Interfaces und zur Geschichte der QWERTZ-Tastatur und möglichen Alternativen Stapelkamp 2013, o.S.).

Das vielleicht größte Problem beim Verfassen längerer Texte: Ihre Finger sind viel zu langsam für Ihren Geist. Dieser ist schon zwei oder drei oder vier Gedanken weiter, hat Sprünge vollzogen, verschiedene Kapitel miteinander verschränkt und Ideen verknüpft. Ihre Finger können dies nicht nachvollziehen und zwingen das Hirn, langsamer zu arbeiten, den Gedanken, der gerade aufgeschrieben werden muss, zu Ende zu führen, niederzulegen. Das heißt aber: Der zeitbezogene Flaschenhals (neudeutsch: Bottleneck), durch den alle Gedanken hindurchmüssen, und der eine Engstelle bedeutet, die den gesamten Prozess verlangsamt, ist weder im Intellekt noch in der Speicherkapazität Ihres Gehirns zu finden, sondern allein der motorischen Umsetzung geschuldet.

Wenn Sie also Ihre Finger trainieren, wenn sie die Mechanik optimieren, läuft am Ende tatsächlich alles, zumindest was die direkte Umsetzung betrifft, wie geschmiert. Sie ahnen es, die Empfehlung lautet also ganz einfach: Lernen Sie, so viele Ihrer Finger einzusetzen wie möglich. Am besten, Sie trainieren mit allen zehn Fingern zu schreiben. Das kostet Mühe, ich weiß, und es dauert eine scheinbare Ewigkeit, bis man auch nur ansatzweise das Tempo erreicht, das man sich mit zwei oder drei Fingern jeder Hand angewöhnt hat. Wenn es jedoch einmal „Klick!" gemacht hat, werden Sie die Fähigkeit nicht mehr missen wollen; weil Sie nämlich dann ein unglaublich effizientes Werkzeug besitzen. Dieses können Sie so trainieren, dass sie eventuell nicht ganz aber beinahe das Tempo erreichen, in dem Sie sprechen. Sie kommen so spielerisch Ihrem schnellen Denken näher.

Fingertraining und Optimierung der Mechanik wirkt über weite Strecken hinweg exponentiell. Das heißt, jene Energie, die Sie in das Training stecken, hat einen verstärkenden Effekt.

1.8.2.3 Tastentraining: nur Übung macht …

Wenn ich ehrlich bin: Ich persönlich bin bis heute sehr dankbar, dass mich meine Mutter im Alter von 14 Jahren einfach gemeinsam mit meinem Bruder in einem Schreibmaschinenkurs bei der Volkshochschule angemeldet hat. Glücklicherweise hat sie hier keinerlei Diskussion zugelassen und sogar ihre alte „Alpina"-Kofferschreibmaschine als Übungswerkzeug „spendiert". Mit meinem Bruder und dieser Maschine pilgerte ich dann einmal die Woche, um „asdf jklö" und später einfache Wörter und Texte zu hämmern. Der eigentliche Effekt stellte sich aber erst ein, als ich begann, Songtexte meiner Lieblingsbands zu sammeln und – natürlich mit der Schreibmaschine – aufzuschreiben (mein Glück, dass es damals noch nicht das Internet und algorithmisiert eingespielte „Lyrics" gab).

Motorische Übungen, auch und gerade feinmotorische, benötigen intensives Üben! Erinnern Sie sich noch daran, wie Sie in den ersten Schuljahren Schreiben gelernt haben? Der Vorteil ist, dass sich bei solchen Übungen Ihr Geist von den Strapazen des wissenschaftlichen Arbeitens erholen kann, denn es werden ganz andere Hirnregionen beansprucht, und die mechanische Übung ist Erholung für das Nachdenken, so, wie Sie eben bei sportlicher Betätigung gut entspannen können.

Meine klare Empfehlung
Beginnen Sie so früh wie möglich im Studium, sich ein Zehn-Finger-Schreibsystem anzueignen, auch dann, wenn es am Anfang noch schwerfallen sollte. Es zahlt sich aus!

1.8 Schreibtechnik: Lieblingsplätze, Lieblingsgeräte und Zehn-Finger-System

Ich würde für meinen Lebensweg heute behaupten, dass nahezu meine gesamte spätere Karriere mit auf dieser früh erlernten Fähigkeit basierte. Ich hätte nie neben der erfolgreichen Arbeit als Journalist, Autor, Berater und Wirtschaftsfilmproduzent also neben voller Berufstätigkeit studieren, promovieren und habilitieren können – ohne die Fähigkeit, meine Gedanken schnell und effizient zu erfassen und zu verarbeiten. Das soll hier jetzt nicht „Fishing for Compliments" sein, nicht als überzogene Selbstdarstellung verstanden werden. Ich möchte den Hinweis damit nur besonders eindringlich platzieren, denn ich kann tatsächlich heute behaupten und formulieren: Vermutlich hat mir in meinem Leben allein eine (fein-)motorische Fähigkeit den größten Ertrag eingebracht. Wenn ich dies so schreibe, überrascht mich das selbst.

> Wenn Sie wollen, bekommen Sie hier noch einen, zugegeben banalen, **Merksatz**: Im modernen Leben der „Geistesarbeiter" zahlt sich ein Zehn-Finger-Schreibsystem in höchstem Maße aus.

Es gibt zwischenzeitlich eine ganze Reihe von Websites, die – auch kostenlose – Trainer für Zehn-Finger-Schreibsysteme anbieten. Geben Sie dazu einfach „Zehn-Finger-Schreiben"+„Trainer" in die Suchmaschine Ihrer Wahl ein.

Es gibt hierfür einen Test, der sehr einfach ist und Ihnen dabei hilft, die eigenen Fähigkeiten einzuschätzen.

> Motorische Fähigkeiten zeichnen sich insbesondere dadurch aus, dass wir, wenn wir sie einmal erlernt haben, über diese nicht mehr aktiv nachdenken müssen. Unsere Aufmerksamkeit ist nicht länger gebunden.

Beim Radfahren können wir über andere Dinge nachdenken, es sei denn, eine Ausnahmesituation erfordert unsere ganze Präsenz. Beim Schwimmen haben wir es einmal gelernt, müssen wir nicht mehr nachdenken, es sei denn, wir wollen aktiv unseren Stil verbessern und an diesem etwas verändern. Gleiches gilt für das Autofahren wie eben für die motorische Fähigkeit, Tasten auf einer Tastatur in der richtigen Reihenfolge zu drücken.

Aufgabe
Die Überprüfung ist leicht: Schreiben Sie mehrere Sätze auf Ihrer Tastatur, und prüfen Sie, ob die Suche nach Buchstaben ein aktives Nachdenken, also aktuelle Aufmerksamkeit, von Ihnen fordert. Ist dies der Fall, ist ein Training von hohem Nutzen.

Ein Problem: Wenn Sie sich schon eine ungünstige Routine angeeignet haben, fällt es schwer, aus dem Automatenmodus herauszukommen. Das ist dann wie bei einem Leistungssportler, der an ganz feinen Rädchen drehen muss, um vielleicht eine oder zwei Zehntelsekunden auf 100 m herauszulaufen. Die Umgewöhnung ist komplex und schwer. Sie fordert für den Moment hohe Leistungen ab. Langfristig aber zahlt sich die Veränderung aus. Verstehen Sie Aufgabe und Hinweis hier als eine Einladung!

Der Aha-Effekt mit der „Gaming-Tastatur"
Zum Ende dieses Exkurses möchte ich noch von einem echten Aha-Erlebnis berichten: Nach der Lektüre eines Magazinbeitrages im farbigen Wochenendmagazin der F.A.Z., habe ich die mechanische Tastatur wiederentdeckt. Früher war das der Normalfall: Jede einzelne Taste hatte einen Druckschalter – heute bestehen die meisten Tastaturen aus so genannten „rubberdomes", das heißt die Basis der Tastatur ist eine Gummimatte mit kleinen nach obenstehenden Blasen für jede Taste. Dies soll hier nicht vertieft werden – die Neuausgabe des Writing Code entsteht auf einer Tastatur mit mechanischen Schaltern („blue" – es gäbe auch noch „brown" und „red") Die „Blauen" haben den Vorteil, sie haben einen ganz feinen Druckpunkt. Bei mir ist das Schreiben noch einmal locker um einen einstelligen Prozentbetrag schneller geworden – etwas, das ich nie für möglich erachtet haben. Die regulär als Gaming-Tastaturen verkauften Geräte arbeiten deutlich präziser, sie lösen sehr genau aus und sind dabei ebenso leichtgängig wie durch die hohe Druckhöhe sehr befriedigend. Wenn Sie die Möglichkeit haben, probieren Sie Gaming-Tastaturen aus und prüfen Sie Ihr Schreibtempo. Es lohnt sich!

1.9 Strukturen schaffen: Vom ersten Tag an sinnvoll gliedern

Je nachdem, welchen Schreibtypen (vgl. Kap. 2) Sie repräsentieren, fällt Ihnen die Arbeit leichter oder schwerer. Insbesondere Strukturen schaffende Typen, werden diese Regel als große Aufgabe wahrnehmen. Ihnen kommt allerdings dann entgegen, dass die einmal erstellte Gliederung ja nie fest ist – sondern mit dem Arbeitsfortschritt variieren kann, darf und sogar muss. Deshalb: Erstellen Sie unmittelbar nach Themenfindung, nach dem Formulieren der Forschungsfrage und der Entwicklung einer These daraus eine Gliederung. Diese ist nicht final und zeigt ledig-

1.9 Strukturen schaffen: Vom ersten Tag an sinnvoll gliedern

Abb. 1.5 Abschlussarbeiten strukturieren (▶ https://doi.org/10.1007/000-c4z)

lich die Strukturierung Ihrer Gedanken und ersten Überlegungen. Mehr über die Strukturierung einer Hausarbeit erfahren Sie im Video, das über die SN Media App in Abb. 1.5 verlinkt ist.

> Arbeiten Sie die Gliederung bereits an den ersten Tagen bis auf die dritte Abschnitts- beziehungsweise Überschriftenebene aus.

Natürlich gilt: Die Bezeichnungen für Kapitel und Abschnitte verstehen sich jeweils als Arbeitstitel, als einen ersten Orientierungspunkt, der noch vielen Veränderungen unterworfen sein darf und kann. Wofür braucht es diese frühe Fixierung? Ganz einfach: Ihr Hirn liebt es, Strukturen zu schaffen, frei mäandernden Gedanken eine Form zu geben, sie festzuhalten. Und genau das macht Ihre erste Gliederung. Sie fixiert die vermutlich noch weitestgehend offene und fluide Gedankenwelt, sie ermöglicht Rahmen und Richtung – und sie lässt Sie eine zu breite Anlage der Arbeit schnell erkennen (genau das ist übrigens der Hauptgrund, warum es so empfehlenswert ist, frühzeitig ein strukturiertes Dokument zu erstellen). Oftmals sammeln sich in einer ersten Gliederung Aspekte der Theorie, die eigentlich mit einem einfachen Quellenverweis einzubinden wären – doch plötzlich als eigenständiges Kapitel einen erheblichen Bedeutungsgewinn erfahren. Auf diese Weise erkennt man schon in der Frühphase des Arbeitsprozesses die Gefahrenzonen, in denen das Risiko besteht, die Arbeit ausufern zu lassen.

Eine gute erste Gliederung ersetzt jedes Exposee. An anspruchsvollen Instituten, Lehrstühlen und Professuren, wird von Abschlussarbeitern regelmäßig ein aussagekräftiges Exposee verlangt oder zumindest gewünscht. Auch das kann helfen, Ihre Gedanken in Ordnung zu bringen. Ich persönlich bin eher ein Freund guter früher Gliederungen – aus ihnen erschließt sich zumeist der Gedankengang gut. Andererseits geben ausgearbeitete Exposees die Möglichkeit, auch schon einmal zu schauen, auf welche Literatur die Arbeit reflektiert.

Wichtig ist
Frühe Gliederungen zahlen sich nur dann aus, wenn sie möglichst konkret sind, wenn sich aus den Überschriften die geplanten Inhalte sehr genau erschließen lassen.

Eine Gliederung, die lediglich allgemein zu nennende Überschriften wie „Einleitung" oder „Fazit" enthält, ist überflüssig, anders formuliert: nach der Vorgehensweise gemäß Writing Code obsolet.

1.9.1 Gliederung: Erkenntnis strukturieren

Dieser Abschnitt beginnt mit einer Regel, die einen zentralen Erfolgsfaktor des ‚Writing Code' repräsentiert und damit Ihren Zeitsparplan adressiert. Es hängt von Ihrer konkreten Arbeitsweise ab: Doch für viele „Abschlussarbeiter" ist die folgende Regel zentral und eine der größten Hürden in der Umsetzung der hier vorgestellten Arbeitstechnik.

Regel
Schon dann, wenn Sie lediglich einen ersten, groben Überblick über Ihr Themenfeld haben, entwickeln Sie bezogen auf Ihre Forschungsfrage eine Gliederung, die bereits in die Tiefe geht. Diese Gliederung spiegelt stets Ihren Erkenntnisgewinn. Sie wächst, schrumpft, wird gröber oder feiner. Sie bleibt auf Dauer wandlungsfähig – so wie Ihr Denken.

Diese Regel zu befolgen, ist deutlich wichtiger, als frühzeitig über die Methode Bescheid zu wissen.

Unser Hirn liebt es, in Strukturen zu denken, sich Ordnungen zu schaffen, nach dem Grad der Wichtigkeit zu sortieren. Diesem Wunsch sollten Sie so früh wie möglich nachkommen. Moderne Textverarbeitung macht dies leicht möglich. Interessanterweise entwickeln Studierende früh ein Gefühl, welche Aspekte bezogen auf ihr Thema von großer, welche von eher beiläufiger Wichtigkeit sind. Dies geschieht wie selbstverständlich im Hinterkopf.

Nutzen Sie diese Fähigkeit Ihres Gehirns voll aus, und erstellen Sie so früh wie möglich eine Gliederung für Ihre Arbeit.

Regel
Es ist wichtig, dass Sie bei den Inhalten für Ihre Gliederung einen Bezug zur zentralen These herstellen. Inhalte, die nicht mit Ihrer These in Verbindung stehen, sind überflüssig und können weggelassen werden. Bei der Fülle an Material, das Sie finden und durcharbeiten, wirkt diese Basisregel erlösend. Noch einmal: Nehmen Sie nichts in die Gliederung auf, das nicht direkt mit Ihrer zentralen Frage und These in Verbindung steht. Überprüfen Sie die Einhaltung dieser Regel von Zeit zu Zeit.

Wenn Sie bis dato ausschließlich einen Überblick über die theoretischen Zusammenhänge (und noch keine finale Entscheidung über den Einsatz einer zusätzlichen erfahrungswissenschaftlichen Methode getroffen) haben, dann konzentrieren Sie sich jetzt genau darauf, und gliedern Sie den Theorieteil Ihrer Arbeit. Gehen Sie hierbei sehr selbstbewusst vor, und schreiben Sie alles auf, was Ihnen in den Sinn kommt. Dies ist wichtig, um sich am Ende auf das Wesentliche konzentrieren zu können, um bereits zu diesem Zeitpunkt erste Entscheidungen darüber zu treffen, was man getrost weglassen kann. Ich selbst erinnere mich hier stets an den zwischenzeitlich verstorbenen Fernsehkoch Peter Finkenwirth, dessen schönste Sendungs-Passagen, vom süddeutsch-badischen Idiom geprägt, die Möglichkeit beschrieben, dass man dies oder das eben auch weglassen könne. Das trifft den Nagel auf den Kopf. Denn manchmal ist weniger deutlich mehr, und ein sparsam gewürztes Essen, bringt vielleicht ein deutlich intensiveres Geschmackserlebnis hervor.

Dies ist ein gutes Bild, zu dem Sie gerne zurückkommen können. Gute Abschlussarbeiten sind wie ein ausgezeichnetes Menü, abgerundet vom Geschmack, abgestimmt von der Reihenfolge, sehr ausgewogen. Sie starten fulminant, um ihre Krönung im Hauptgang zu erfahren und servieren als Fazit einen süß-nachhaltigen Abgang, der Geschmack auf mehr und damit vielleicht folgende Forschung macht.

1.9.2 Mit Struktur das Selbstbewusstsein stärken

Sie haben einen Tag in der Bibliothek mit Ihrem Thema verbracht? Dann ordnen Sie Ihre Gedanken, schaffen Sie erste Strukturen. Schließlich ist es wichtig, möglichst schnell von Ihren Ängsten zu lassen. Dies erreicht man am besten, wenn man sich inhaltlich-systematische Sicherheit verschafft.

> **Regel**
> Verbringen Sie nicht mehr als maximal zwei Tage mit dem Einarbeiten. Es geht darum festzustellen, ob Ihr Thema „funktioniert" (vgl. dazu dann auch Kap. 3).

Sie merken, dies ist hier schon leicht redundant hervorgehoben. Dies liegt nicht etwa an der Vergesslichkeit oder an Schlamperei des Autors, sondern daran, dass diese Regel beim ersten Mal gerne überlesen wird. Wir Menschen neigen dazu, das Feld Schritt für Schritt immer weiter zu fassen und schon in den ersten Tagen in die Uferlosigkeit abzutreiben, sich von der Linie abzuspalten, um viele Seitenstränge zu integrieren. Ein solches Gefühl birgt hohes Stresspotenzial in sich und will frühzeitig abgewendet sein.

Ihre erste Aufgabe besteht also darin, möglichst schnell und zielstrebig zu einem Arbeitstitel oder zu einem grob skizzierten Thema zu kommen. Innerhalb von nur einem einzigen Tag kann und sollte eine erste Gliederung stehen, die sich natürlich daran orientiert, welche Literatur Sie gefunden haben und welche Inhalte zur Begutachtung Ihrer These als wichtig erachtet werden – und zwar von Ihnen selbst!

> **Merksatz**
> Eine Arbeit, die nicht von der ersten Zeile weg Selbstbewusstsein der Autoren spiegelt, wird im Regelfall deutlich schlechter bewertet.

Was bedeutet dies? Ganz einfach: Sie sind stets derjenige, der das Heft in der Hand hat. Sie führen durch Ihren Gedankengang, lassen den Leser an Ihren Ideen, Überzeugungen, Argumenten teilhaben. Sie sind der Chef des Verfahrens und dokumentieren das auch. Die Praxis zeigt, dass die Ergebnisse der Arbeiten sehr oft selbst ein deutlich stärkeres, forderndes und polarisierenderes Fazit erlauben würden. Doch „verkaufen sich" Studierende regelmäßig unter Wert. Deshalb ist es aus meiner Sicht so wichtig, dass Sie sich vernetzen, dass Sie sich austauschen, dass Sie mit anderen über Ihre Arbeit, Ihre Hypothesen und Argumente sprechen, dass Sie auf diesem Weg mehr Sicherheit erlangen. Dies bildet die Basis dafür, eben auch selbstsicherer aufzutreten.

1.9.3 Von der Kunst, nie fertig zu sein

Steht Ihre erste Gliederung? Dann wäre dies der Zeitpunkt, sich noch einmal mit Ihrem Betreuer abzustimmen. Dies ist wichtig, da er zu diesem Zeitpunkt wissen muss, in welche Richtung Ihre Überlegungen gehen. Und zumeist wird er noch einige Ideen haben, welcher Punkt tiefer zu behandeln ist, welche Aspekte eher schwer zu beleuchten sein werden und an welchem Punkt die Arbeit in die Tiefe gehen darf. Präsentieren Sie die Gliederung, und dokumentieren Sie das Gespräch oder den Mailverkehr für sich sehr gut, damit Sie direkt die Gliederung anpassen und verändern können. An all jenen Stellen, an denen Sie noch nicht sicher sind, erstellen Sie Platzhalter, oder schreiben in die Überschrift, was Sie für diesen Part noch an Vorstellungen haben. Dies dient nur Ihnen und Ihrer Orientierung, aber es ist wichtig, dass Sie auch zu diesem Zeitpunkt bereits alles genau dokumentieren – und zwar direkt in Ihrer Arbeitsdatei. Egal, ob Sie mit eigenen Daten oder ausschließlich mit fremden Materialien arbeiten: Alle gewonnenen Erkenntnisse werden unmittelbar in Ihre Arbeitsdatei, in Ihr aktuelles Manuskript übernommen. Denken Sie daran, dass Ihre Gliederung zu jedem Zeitpunkt beliebig zu erweitern oder zu reduzieren ist. Sie können Abschnitte neu gestalten, Unterabschnitte einfügen, können Bereiche zusammenlegen oder trennen. Ihr Dokument ist ein flexibles Instrument, das Ihr Denken und Ihre Gewohnheiten unterstützt. Lassen Sie sich nicht von den auch hier vermeintlich zu nennenden formalen Begrenzungen einschränken.

> **Regel**
> Alles, was Sie schreiben, notieren, exzerpieren, aufzeichnen, ja selbst das, was Sie sich überlegen, geschieht direkt und unmittelbar in Ihrem Dokument. Punkt.

Deshalb ist es so wichtig, dass Ihre Gliederung – also der Stand Ihrer Denkstrukturen – möglichst frühzeitig erstellt wird. Dieses zentrale Dokument ist Ihre Arbeitsplattform, es ist Ihre Garantie dafür, dass nun nichts mehr verloren geht: kein Gedanke, keine Quelle, kein Zitat, kein Argument. Diese Regel ist besonders wichtig, sie steht für einen Vertrag, den Sie mit sich selbst schließen. Es existieren keine weiteren Kompendien, Sammlungen, Materialhinweise, Exzerpte etc. außerhalb Ihres Dokumentes.

> **Regel**
> Ihr Dokument ist nie fertig – auch in Einzelteilen nicht. Sie dürfen zu jedem Zeitpunkt an jeder Stelle dieses Dokumentes eingreifen und weiterarbeiten.

Sie geben sich damit die Chance, das Maximum herauszuholen und bis zum Schluss in einem Überarbeitungsmodus zu bleiben, der absichert, dass sie selbst die Tageszeitungslektüre des Abgabetages (falls Sie dann die Ruhe zum Zeitunglesen haben) oder auch Hinweise aus Ihrer Social-Media-Timeline, die zu Ihrem Thema passen einzubinden, sinnhaft zu integrieren.

Das bedeutet, Sie schreiben auch nicht einzelne Kapitel „fertig". Sie erstellen also nicht die Arbeit seriell und nacheinander mit logischen, aufeinander aufbauenden Strukturen. Sie bringen mit jedem Tag, den Sie an Ihrem Thema arbeiten, ein wenig mehr Ordnung in die Strukturen und ein wenig mehr Struktur in Ihre Ordnung.

Ansonsten: Lernen Sie das Chaos zu lieben. Chaotische Arbeitsweisen haben einen großen Vorteil: Sie erlauben mehr Kreativität und geben einen größeren Freiraum zur Entwicklung. Allerdings: Man darf es nicht übertreiben. Denn die Prozesse der Assimilation und der Akkommodation, also im Grunde empirisch gewonnene Überlegungen zur Organisation von Lerneinheiten in unserem Hirn, zeigen uns, dass der Mensch grundsätzlich Strukturen liebt und sich an ihnen orientiert.

> Deshalb bleiben Sie in der Struktur, bleiben Sie Ihrer Gliederung treu, und halten Sie diese so offen und flexibel wie möglich und dies bis genau zu jenem Grad, den Sie noch ertragen. Sobald Sie merken, es wird problematisch, die Übersicht zu halten, steuern Sie dagegen, indem Sie weitere Gliederungsebenen einziehen.

Wichtig ist, dass Sie Ihre Arbeit als lebendiges Wesen sehen, als stets und ständig veränderbar, als eine lernende Plattform. Sie werden bald verstehen, dass Ihnen der ‚Writing Code' eine hervorragende Methode liefert, diese Plattform zu einer „effizient" lernenden zu machen.

1.10 Drei Perspektiven: Quick-Tipps und ein Erfahrungsbericht

Der Writing Code lebt ja auch von den immer wieder eingestreuten Erfahrungsberichten aus der Praxis. Diese Erfahrungsberichte entstanden durchgängig auf Einladung des Autors – und der erhielt dann auch von Maja Bahrke eine solch zielführende Zusammenstellung, dass diese hier als eigener Abschnitt zum Ende des ersten Kapitels aufgenommen werden soll. Die Besonderheit: Maja Bahrke schaut mit zwei unterschiedlichen Perspektiven auf unterschiedliche Arbeitsphasen – erstens aus der Perspektive einer wissenschaftlichen Mitarbeiterin, die an Hochschulen auch wissenschaftliches Arbeiten lehrt, zweitens aus der Selbsterfahrungsperspektive als Masterandin.

1.10.1 Perspektive 1: Die Dozentin

1. **Bald geht es los – der Beginn der Abschlussarbeit ist eine Frage der Haltung**

Viele meiner Studierenden in höheren Fachsemestern wissen ziemlich genau, was sie interessiert und wofür sie sich begeistern. Oft trägt dazu Praxiserfahrung bei, die viele neben dem Studium und in der vorlesungsfreien Zeit erwerben. Steht die Abschlussarbeit bevor, ist es daher zunächst wichtig, sich über die eigene Rolle innerhalb dieses Projektes klar zu werden. **Sie sind nun Wissenschaftlerin und Wissenschaftler.** Damit geht eine **kritische Grundhaltung** und das **Selbstverständnis eines Forschenden** einher: Was spricht gegen eine Theorie oder eine vertretene Position? Was spricht auf logischer Ebene dagegen (Gibt es Widersprüche zwischen Aussagen?), was auf faktischer Ebene (Gibt es Ergebnisse empirischer Studien, die der Position zuwiderlaufen?)? Lassen Sie sich also gedanklich auf Ihre forschende Rolle ein, streben Sie größtmögliche Objektivität an, öffnen Sie sich für unterschiedliche Aspekte und Standpunkte. Sie sind im Forschungsprozess die Person, die sich einer konkreten Fragestellung **methodisch-systematisch** nähert und auf Basis einer logischen Überprüfbarkeit (Intersubjektivität!) **Erkenntnisarbeit** leistet.

2. **Sich nicht beirren lassen – der Abschlussarbeit mit Offenheit und effizienten Routinen begegnen**

In Ihrem Kopf wird es gerade zu Beginn der Arbeit eine Menge an unsortierten Ideen und Gedanken rund um das Abschlussarbeitsthema geben. Möglicherweise hat sich noch kein roter Faden herauskristallisiert; alle Aspekte des Themas liegen offen. Meine Empfehlung lautet hier: **Öffnen Sie sich und gehen Sie in den Austausch.** Ein Gespräch mit Kommilitoninnen und Kommilitonen, mit Freunden und Bekannten, aber auch mit den Prüfern führt oft zu einer grundlegenden Strukturierung Ihrer Ansätze. Holen Sie sich Feedback zu unterschiedlichen Ansätzen ein oder schlafen Sie einfach einmal eine Nacht über vermeintlich Unlösbarem.

Schaffen Sie sich ein erstes Fundament, indem Sie Textpassagen aus recherchierten Quellen exzerpieren. Beginnen Sie dabei mit einer Quelle, die Ihnen zentral erscheint. Das wird in der Regel kein Handbuch sein, sondern eine wissenschaftliche Theorie oder eine in Fachzeitschriften publizierte Studie, die nah an Ihrem eigenen Forschungsgebiet anzusiedeln ist *(Verweis Kapitel Volltrefferquelle/ Schneeballprinzip?)* Zentrale Passagen können Sie in direkten Zitaten und Paraphrasen direkt einem Ihrer Gliederungspunkte zuordnen. Im fortschreitenden Arbeitsprozess reichern Sie Ihr Dokument um weitere Quellen an, sodass Sie die jeweiligen Aussagen der Texte zu etwas Neuem aggregieren können. Stetig wächst Ihre gedankliche Auseinandersetzung mit dem Thema, sodass Ihr Fundament zunehmend stabiler wird und Ihnen Struktur gibt.

3. **Fast fertig? – Jetzt ist die Vogelperspektive gefragt**

Hinten raus ist die Zeit oft knapp, planen Sie daher frühzeitig Kapazitäten für die Ergebnisinterpretation und das Fazit ein. Das Ende der Arbeit sollte keinesfalls unterschätzt werden – hier werden alle Stränge zusammengeführt, diskutiert und pointiert dargestellt. Gerade im Fazit lässt sich zeigen, dass Sie von Ihrer bearbeiteten Forschungsfrage ausgehend abstrahieren und auf die **Metaebene** gehen können. Punkten Sie damit, indem Sie die Erkenntnisse Ihrer Forschung in einen größeren Kontext einordnen. Glänzen Sie mit Ihrer Fähigkeit, **logische Ableitungen zu treffen**, **Verbindungen zwischen Erkenntnissen** zu ziehen und so gegebenenfalls zu neuen Schlüssen zu kommen. Beziehen Sie dabei sowohl den theoretischen als auch empirischen Teil Ihrer Arbeit ein und nennen Sie zentrale Quellen. **Ein sehr gutes Fazit hebt den Wert der wissenschaftlichen Abschlussarbeit enorm.**

1.10.2 Perspektive 2: Die Masterstudentin

1. **Bald geht es los – Motivation entwickeln und sich auf die Abschlussarbeit freuen**

Der Start ins Abschlussarbeitsthema war für mich die größte Herausforderung im gesamten Arbeitsprozess. Was genau will ich eigentlich untersuchen? Wie grenze ich mein Thema so ein, dass es zum vorgeschriebenen Umfang der Abschlussarbeit passt? Interessiert mich das alles überhaupt? Wie kann ich methodisch vorgehen? – Hilfe, wie fange ich an!?

Grundsätzlich empfehle ich Dir noch vor dem Beginn Deiner Arbeit eine **positive Grundhaltung der Abschlussarbeit gegenüber** zu entwickeln. Unabhängig von Thema, Forschungsfrage und Methode bietet sie Dir unglaublich viele Möglichkeiten zur Selbsterfahrung, zur fachlichen und persönlichen Weiterentwicklung. Sei Dir bewusst, dass Du selten im Leben die Chance haben wirst, Dich über Wochen so intensiv mit einem Thema auseinandersetzen zu dürfen. Du entwickelst Dich in dieser Zeit zu einer Expertin, einem Experten auf diesem Gebiet. Du wirst damit Deine **Urteilsfähigkeit** stärken, in methodischen Fragen Deine **Entscheidungskompetenz** herausfordern, Dich in **Zeit- und Selbstmanagement** schulen. **Es kommt also auf das WIE an, nicht auf das WAS.** Ziemlich befreiend, oder?

2. **Sich nicht beirren lassen – mittendrin im Arbeitsprozess sind Fokus und Ausgleich gefragt**

Nimm Dir genügend Zeit für die **tiefgehende Auseinandersetzung** mit Deinem Forschungsthema. Lies und recherchiere umfassend in Bezug auf Deine Forschungsfrage. Gerate nicht in Panik, wenn sich das zunächst nach „nicht wirklich Vorankommen" anfühlt, da noch kein Text produziert wird und sich die Seiten nicht füllen. Vertraue vielmehr darauf, dass sich die in die Recherche investierte Zeit am Ende absolut auszahlen wird. **Du wirst eine Arbeit mit Substanz und Mehrwert erschaffen** – und darauf kommt es schließlich an.

Übernimm Verantwortung für Dein Abschlussarbeitsprojekt. Du wirst im Laufe der Bearbeitungszeit viele Entscheidungen für DEINE Forschung treffen müssen/können/dürfen! Du willst unbedingt auf Englisch schreiben, um Dich selbst herauszufordern und eine internationale Publikation anzustreben? Tu es! Du möchtest methodisch ganz neue Wege gehen und Dich auf bisher unbekanntes Terrain begeben? Überlege Dir logische Argumentationen für Deinen Weg und gehe ihn! **Denke in Möglichkeiten, nicht in Hindernissen.**

3. **Fast fertig? – Letzte Kräfte bündeln und mit Sorgfalt schließen**

Die Freude auf den herannahenden Tag der Abgabe wächst und Du willst die Arbeit einfach nur noch loswerden? Oder kannst Du Dich so gar nicht von Deiner Untersuchung trennen und möchtest sie weiter perfektionieren? **So oder so empfehle ich, die Arbeit kurz vor der Abgabe wegzugeben.** Lass sie gegenlesen und Fehler in Rechtschreibung und Zeichensetzung von anderen korrigieren. Dafür fehlt Dir mittlerweile der Blick. Du kannst Dir in der Zwischenzeit in Ruhe Gedanken darüber machen, worin der Kern dessen besteht, was Du mit Deiner Arbeit herausgefunden hast. Plane Dein Fazit genau, vielleicht möchtest Du mit einer **Mindmap** Deine Erkenntnisse bündeln, sortieren und Querverbindungen identifizieren? Schreibe Deine Einleitung und stimme Sie auf das

Fazit ab. Falls Du zu den Arbeitstypen gehörst, die mit der Einleitung begonnen haben, betrachte am Ende Deiner Arbeit Fazit und Einleitung dennoch als eine Einheit und passe sie bei Bedarf an. Nimm Dir auch Zeit für die Reflexion – sei Dir den Grenzen Deiner Forschung bewusst und benenne sie. Damit wertest Du Deine Arbeit nicht ab, im Gegenteil. Der kritische Blick auf die eigene Forschung und ihre wissenschaftliche Güte zeugt von einem hohen Reflexionsvermögen und Wissenschaftsverständnis.

1.10.3 Quick-Tipps für die Ablaufplanung

1.10.3.1 Quick-Tipps für die Zeit VOR der Abschlussarbeit:

- Übe die Routinen des wissenschaftlichen Arbeitens VOR der Arbeit am Abschlussarbeitsthema ein. Lies den Writing Code, bevor du mit Deiner Forschung beginnst.
- Mache Dich mit Recherchemöglichkeiten (VPN-Zugänge, Datenbanken, wissenschaftliche Fachzeitschriften etc.), Literaturverwaltungsprogrammen (z. B. EndNote, Citavi, Zotero) und Arbeitsroutinen wissenschaftlichen Schreibens (Paraphrasieren, Zitieren, Formulieren) vertraut.
- Lies wissenschaftliche Studien zur Vorbereitung, um Dich mit dem systematischen und methodischen Vorgehen vertraut zu machen und ein Gespür für Form und Stil einer Forschungsarbeit zu entwickeln.

1.10.3.2 Quick-Tipps für die Zeit WÄHREND der Abschlussarbeit

- Du hast Sorge, Dich auf eine qualitative Herangehensweise einzulassen, da Du bisher immer quantitativ geforscht hast (oder umgekehrt)? Nutze die Chance der Horizonterweiterung und arbeite Dich auch in Dir noch unbekannte Forschungsmethoden ein.
- Finde Dinge, Inhalte, Routinen, Aspekte an der Abschlussarbeit, die Du gern machst, die Dich vielleicht sogar entspannen. Fokussiere Dich auf diese Tätigkeiten, wenn Du gerade in einem Tief bist. Morgen ist ein neuer Tag, Du schaffst das!
- Pausen sind wichtig, Dein Kopf braucht auch mal Abstand. Triff Freunde, koche Dir etwas Leckeres oder genieß eine spannende Serie. Du darfst entspannen, auch während der Abschlussarbeitszeit.

1.10.3.3 Quick-Tipps für die Zeit NACH der Abschlussarbeit:

- Sei stolz auf Dich selbst und feiere Deine Leistung!
- Gewinne vorerst Abstand zur Arbeit, um ihr mit frischem, selbstkritischen Blick in der Abschlussarbeitsverteidigung zu begegnen.
- Du befindest Dich im Bewerbungsprozess und Dein Abschlussarbeitsthema passt zur ausgeschriebenen Stelle? Nimm Deine Forschung in Lebenslauf und Motivation mit auf und bring Dich mit Deinen Erkenntnissen und Deiner Expertise bei zukünftigen Arbeitgebern ins Gespräch.

Prokrastinieren: Am Ende bleibt niemand verschont! 2

Es ist immer ein wenig schwer, die Zielgruppe auszuwählen, sich eine Vorstellung davon zu machen, wer am meisten von Aufgeschriebenem profitieren wird. Für den vorliegenden Fall soll darüber hinaus die Zielgruppe möglichst weit gefasst sein, sollen denkbar viele Betroffene in ihren ganz individuell erscheinenden Problemstellungen ‚abgeholt' werden. Das macht es nicht gerade leicht, dieses Arbeitsbuch zu konzipieren, seinen Inhalt zu organisieren und den richtigen Ton zu treffen. Ich habe mich für eine sehr persönliche Ansprache entschieden, da ich der Überzeugung bin, dass gerade schriftlich verfasste Werke in zunehmendem Maße heute auch an ihrer Mündlichkeit gemessen werden, also daran, wie sich der Text anhört, welche Vorstellung man vom Autor entwickelt und wie es diesem gelingt, sehr persönlich durch das gewählte Thema zu führen. Und – dieses Buch ist natürlich auch in der im ersten Kapitel herausgestellten „Gliederungsansicht" entstanden. Diese Anmerkung ist deshalb von Bedeutung, weil das hier eingefügte, zweite Kapitel durch das Buch gewandert ist. Erst stand es ganz am Anfang, dann wurde es kurz vor Schluss eingefügt und nun, sehr zentral, gleich nach einer ersten Einführung platziert. Es hat sich gezeigt: Hier ist es richtig positioniert. Denn, wenn ich eines bei der Betreuung von Abschlussarbeiten gelernt habe, so ist es das: Die Psyche spielt am Ende die Haupt-, der Intellekt eine Nebenrolle. Wer für eine stabile Psyche sorgen kann, wird nach Abschluss des Prozesses immer zufrieden sein – auch dann, wenn keine Eins vor dem Komma bei der Bewertung steht.

Ergänzende Information Die elektronische Version dieses Kapitels enthält Zusatzmaterial, auf das über folgenden Link zugegriffen werden kann [https://doi.org/10.1007/978-3-658-45072-4_2]. Die Videos lassen sich durch Anklicken des DOI-Links in der Legende einer entsprechenden Abbildung abspielen, oder indem Sie diesen Link mit der SN More Media App scannen.

Bevor also einzelne inhaltliche Aspekte, die Sie bereits in Kap. 1 kennengelernt haben, in den folgenden Kapiteln vertieft werden, will dieses Kapitel Ihre Psyche unterstützen und Ihr Selbstbewusstsein stärken. Denn darin – so meine Überzeugung – liegt die eigentliche Kraft des Writing Code. Dies geschieht hier auch deshalb, weil sonst vielleicht das Risiko bestünde, dass Sie das Buch zur Seite legen (schließlich haben Sie keine Zeit zu verlieren und müssen sich ja wieder einmal viel zu spät und deshalb dringend an Ihre Haus- oder Abschlussarbeit setzen). Das wäre dann so wie bei jenem Waldarbeiter, der mit stumpfem Sägeblatt im tiefen Wald Bäume fällt, natürlich mit mäßigem Erfolg und vergleichsweise langsam. Ein zufällig Vorbeikommender, der sieht, wie sich der Mann müht, erkennt schnell das Problem und fragt: „Guter Mann, wollen Sie nicht den Kilometer hinunter zur Mühle laufen? Dort gibt es einen Schleifstein, der Ihre Säge schnell wieder zu alter Form bringen wird!". Wie lautet die Antwort des Arbeiters? Wir ahnen es: „Das ist nett – und vielen Dank für den guten Rat, aber ich habe keine Zeit dazu. Ich muss Bäume fällen!"

Betrachten Sie den Writing Code also ganz einfach im übertragenen Sinne als Schleifstein für Ihre Arbeitstechnik. Garantiert: Sie werden nach der Lektüre Ihre ausgewählten Themenbäume ziemlich effizient fällen können.

Erfahrungsbericht: „Das Schwierigste ist anzufangen!"

Lerneffekt: Auch Aufgaben, die man sich eigentlich erst mal nicht zutraut, sind zu schaffen. Das Schwierigste ist anzufangen.

Allem voran steht ein Exposee, das vom Betreuer abgesegnet worden ist. Damit Untersuchungsgegenstand und zu erkennende Ergebnisse nicht aus dem Blickwinkel verloren werden: regelmäßig nachlesen und mit der Arbeit abgleichen. Das erspart Frust auf der Zielgeraden.

Zeitplan erstellen und dabei genügend Reserven einbauen. Irgendetwas Unvorhergesehenes kommt bestimmt dazwischen.

Ich habe einfach mal so drauflosgearbeitet und mir nicht die Mühe gemacht, das Dokument einmal in Ruhe zu formatieren. Das hat mich mittendrin total viel Zeit gekostet, die sehr unnötig war.

Vorher überlegen, wie die Zeit finanziert wird (Nebenjob, Studienkredit etc.). Mit Existenzdruck arbeitet der Kopf nicht so erfolgreich.

Arbeitsweisen optimieren: Interviews lassen sich mit Diktierfunktion oder Transkribierprogrammen deutlich schneller transkribieren. Von anderen zeigen lassen, wie sich schöne Grafiken etc. bauen lassen.

Regelmäßige Datensicherung. In der Schlussphase tun selbst zwei zerschossene Schreibtischstunden weh, wenn konzentriert gefeilt wurde. Kosten-

lose Mail-Adresse einrichten und Dokumente mit Tagesdatumsspeicherung regelmäßig (in der Finalphase habe ich das, glaube ich, dreimal täglich gemacht) hinschicken. Das ist bei Bedarf von jedem Rechner abrufbar.
Arbeitsatmosphäre schaffen und Ablenkung abstellen. Vorher Schreibtisch aufräumen, Wohnungsputz erst nach „Schreib-Feierabend", Facebook, Mailpostfach etc. schließen.
Herausfinden wann der beste Konzentrationszeitpunkt ist: frühmorgens oder spätabends, und das Zeitfenster optimal ausnutzen: Bei mir ist es ganz früh am Morgen. Das frühe Weckerklingeln tut zwar verdammt weh, aber wenn der Schweinehund erst mal überwunden war, war ich total effektiv.
Zeit für Schönes einplanen: egal ob Treffen mit Freunden, Sport oder Party – dem Kopf bewusst die Chance geben, frei zu werden.
Mit anderen austauschen: egal ob inhaltlich über das Forschungsthema oder einfach nur zum gemeinsamen Schreiben verabreden. Gemeinsame Treffen sorgen zwar auch für Prokrastination, aber eben doch auch für Schreibdisziplin.
Alexandra Rank ◄

2.1 Hand in Hand – Überforderung und Prokrastination

Die größte Angst – oder nennen wir es Respekt – den größten Respekt also haben Studierende regelmäßig vor der Größe der Aufgabe, vor dem Berg, der schon zu Beginn unüberwindbar erscheint. Ja, und das gilt im Übrigen schon bei einer gut strukturierten und gestalteten Hausarbeit, die vielleicht 20 oder 30 Seiten umfassen soll. Einer schriftlichen Abgabe mit einer höheren Zeichen- oder Seitenzahl darf man mit einem gewissen Respekt begegnen. Schließlich gilt es, das gewählte oder zugewiesene Thema zu verstehen, es sich zu erschließen und im besten Sinne anzueignen. Oft hat man vom Inhalt kaum vorher etwas gehört, geschweige denn so viel, dass man in einer tiefer gehenden Diskussion mitreden könnte. Nun soll man auch noch eine inhaltlich anspruchsvolle Arbeit verfassen, die im Idealfall sogar über das Wissen des Dozenten und Betreuers und die Erkenntnisse des Faches hinausreicht. Um das Gefühl des nicht zu bezwingenden Arbeitsberges zu überwinden, gibt es am Ende nur eine Lösung. Die Aufgabe muss gewissermaßen „kleingerechnet" werden. Sie verliert ihre bedrohliche Macht, wenn statt ihrer eine ganze Reihe überschaubarer und damit vielleicht leichter abzuarbeitender Pakete auf dem Schreibtisch liegen. Die zentrale Methodik des ‚Writing Code', von unten nach oben zu arbeiten, hat auch dieses zum Ziel: Sie können Ihre Arbeit zu jeder Zeit und an jedem denkbaren Ende und Bereich Ihrer Verschriftlichung fortführen, und Sie finden an jedem dieser Punkte, kleine und überschaubare „Pakete" vor, die

Abb. 2.1 Wie Prokrastination entsteht (▶ https://doi.org/10.1007/000-c55)

Sie nach und nach, Schritt für Schritt abarbeiten. Das bedeutet auch: Sie benötigen kein großes Hineindenken, mit dem Sie oft einen Arbeitsbeginn verschieben oder das Nichtarbeiten rechtfertigen. Mehr über die Entstehung von Prokrastination erfahren Sie auch in dem über die SN Media App verlinkten Video in Abb. 2.1.

Die erste Maßnahme, der Prokrastination zu begegnen, jener Aufschieberitis, die sich gerne im Kleid der „großen Aufgabe" verbirgt: aufgaben teilen (dazu weiter unten gleich mehr, vgl. Abschn. 2.2). Dabei muss man beachten, dass Prokrastination heute tatsächlich der Fachbegriff für das „pathologische" also das „krankhafte" Aufschieben ist. Den Hang, Dinge aufzuschieben, haben wir alle mehr oder weniger stark. Interessant erscheint die große Zahl derjenigen zu sein, die sich im Studium befinden und die bezogen auf das Aufschieben tatsächlich „pathologische Züge" entwickeln (vgl. dazu den folgenden Praxisbericht). Für eine große Aufgabe nämlich – so meint man – benötigt man viel Zeit am Stück. Man muss sich hineinarbeiten und dann möglichst lange daran festhalten. Und weil dieser Zeitumfang gefühlt nie zur Verfügung steht, der eben ein Einarbeiten, ein Dranbleiben und ein Finalisieren gleichermaßen ermöglicht, wird die Aufgabe geschoben, bis der Zeitraum zur Erledigung auf ein Minimum zusammengeschrumpft ist. Die Erfahrung zeigt jedoch, dass selbst im kleinsten Zeitraum noch irgendetwas zu reißen ist, dass man selbst in einer durchschriebenen Nacht noch eine Hausarbeit so zusammenführen kann, dass man zumindest nicht durchfällt. Doch ein gutes Gefühl bleibt bei heftigem Prokrastinieren nie zurück.

2.1.1 Praxisbericht Prokrastination – mit dem Top-Tipp fester Zeitfenster!

Die Prokrastinationsambulanz
Die folgenden Tipps und Zitate hat Larissa Lee Beck (vgl. 2016) für die Deutsche Presse Agentur zusammengetragen: „Markus Bittmann kennt dieses Gefühl. Der Sinn einer Aufgabe erschließt sich einfach nicht, Motivation und Antrieb fehlen. Statt sie zu erledigen, schiebt er sie lieber auf. Jedes Mal, wenn er die Aufgabe unterdrückt und vertagt, wird er frustrierter. Wenn die Deadline näher gerückt ist, fragt sich der Student aus Heidelberg: „Warum hast du nicht mal früher angefangen?"

Prokrastination nennt sich dieses Verhalten im Fachjargon, wenn wichtige Aufgaben nicht zeitnah bearbeitet, sondern auf einen späteren Zeitpunkt geschoben werden. Oft suchen sich Betroffene lieber eine andere stressfreie Beschäftigung und schaffen sich damit eine Entschuldigung. Nach Angaben von Hans-Werner Rückert, Leiter der Psychologischen Beratung der Freien Universität Berlin, zeigen etwa 70 bis 90 % der Studierenden dieses Verhalten. Das selbstbestimmte Lernen verleite viele Studenten zum Aufschieben. Doch wodurch wird es überhaupt ausgelöst?

Es können unklare Prioritäten sein, eine schlechte Planung oder dass man gar nicht weiß, wie man überhaupt anfangen soll, erläutert Rückert. Andere Menschen schieben ständig ihre Arbeit auf, weil sie Versagensängste haben. „Vor allem besonders langwierige, umfangreiche Aufgaben wie Bachelor- und Masterarbeit werden von Studenten oft aufgeschoben", sagt Margarita Engberding. Die Psychotherapeutin arbeitet bei der Prokrastinationsambulanz der Universität Münster. Wer herausfinden möchte, ob er ein Aufschieber ist, kann im Internet den anonymen Selbsttest der Prokrastinationsambulanz Münster machen." (Beck 2016, o.S.).

Dieser Test ist online auf den Seiten der Universität Münster leicht zu finden und vereint die Möglichkeiten, neben Prokrastination auch Depressivität und Aufmerksamkeitsstörungen zu untersuchen. Zu diesen Bereichen gibt es auf den Seiten der Hochschule Fragebögen, die in der Praxis und Forschung der klinischen Psychologie entwickelt und genutzt werden. Auf der Grundlage der Fragebögen erfolgt dann die Einschätzung einer möglichen Behandlungsbedürftigkeit, jeder erhält eine individuelle Rückmeldung, die interessanterweise auf automatischen Berechnungen beruht.

(vgl. Prokrastinationsambulanz 2023, o.S.). Die Universität erforscht pathologisches Aufschieben insbesondere um dieses besser zu diagnostizieren und zu behandeln. Deshalb werden mithilfe der Fragebögen auch weitere die Persönlichkeit betreffende Angaben abgefragt – zum Beispiel die individuell erlebte aktuelle Stressbelastung (vgl. Prokrastinationsambulanz 2023, o.S.).

Beck (2016, o.S.) dokumentiert weiter: „Markus Bittmann studierte zuerst Informatik, dann drei Jahre Chemie. Nach dem ersten Semester Chemie wechselte er von Stuttgart nach Heidelberg. Mit ein paar Monaten Leerlauf begann ein Teufelskreis. „Besonders in den Fächern, in denen ich nicht gut war, habe ich sehr schnell begonnen, Ausreden zu erfinden, statt für die Klausur zu lernen", sagt der heute 26-Jährige. Erst hat er sich Kaffee gemacht, dann musste er einkaufen und dann noch schnell einen Freund treffen. Ruckzuck war der Tag um und nichts geschafft.

Wer seinen inneren Schweinehund überwinden will, sollte sich im Klaren sein, dass er kurzfristig Unangenehmes in Kauf nehmen muss, um übergeordnete Ziele zu erreichen, sagt Rückert. Dazu gehört etwa, für eine Klausur mehrere Tage oder Wochen zu lernen und in dieser Zeit seine Freizeit einzuschränken.

Das gelingt leichter, wenn Studenten nach einem festen Zeitplan arbeiten und jeden Tag zur selben Uhrzeit beginnen. „Man sollte sich etwa zehn bis 15 min vorher Zeit nehmen, um sich innerlich auf seine Aufgabe einzustellen", rät Margarita Engberding. In dieser Zeit können Studierende ihren Arbeitsplatz herrichten und Gegenstände, die sie ablenken, wegräumen.

Hans-Werner Rückert gibt den Tipp, große Aufgaben in kleine Schritte zu zerlegen und diese kleinen Schritte auch zu notieren. Generell nehmen sich viele Menschen zu viele Aufgaben am Tag vor. Hilfreich ist dann die 50-Prozent-Regel. Betroffene sollten sich fragen: Wie viel will ich schaffen? Wer davon eine Vorstellung entwickelt hat, sollte den Umfang noch einmal um die Hälfte reduzieren, sagt Engberding. Erst dann sei die Planung in der Regel realistisch. […]

Markus Bittmann ist aus dem ständigen Aufschieben allein nicht mehr herausgekommen. Eines Tages brach er unter dem Druck und der Frustration zusammen. „Das Wichtigste war, dass ich es mir selbst eingestanden habe", sagt er. „Es konnte so nicht mehr weitergehen." Mithilfe der psychologischen Beratung seiner Universität veränderte er seinen Arbeitsstil. Zum Beispiel

> belohnt er sich heute systematisch, wenn er produktiv ist. „Ich arbeite 45 min, und dann mache ich 15 min etwas anderes", sagt er. Außerdem hat er sein Lernumfeld geändert. „Zu Hause war ich zu abgelenkt, in einer Ecke in der Uni-Bibliothek kann ich mich viel besser konzentrieren", erklärt Bittmann.
> In der Prokrastinationsambulanz Münster ist das erfolgreichste Behandlungsprogramm das der Arbeitszeitreduktion. „Hier haben Studenten nur zwei vereinbarte Zeitfenster am Tag, um zu arbeiten. Wenn sie die verpassen, müssen sie bis zum nächsten Tag abwarten", erklärt Engberding.
> Heute studiert Markus Bittmann im fünften Semester Geografie. „So viel Spaß hatte ich noch nie beim Studieren", sagt er. Manchmal merkt er dennoch, dass er aufschieben will. Dann erinnert er sich, was er gelernt hat – und fängt einfach an" (vgl. Beck 2016, o.S.).

Psychisch lässt uns Prokrastination klein werden, unvollständig erscheinen, als Mangelverwalter auftreten. Wir glauben, dass wir aufgrund des ständigen Aufschiebens kein gutes Ergebnis erbringen, dass wir nicht so gearbeitet haben, wie wir hätten arbeiten können. Und das sorgt für kognitive Dissonanzen, da dies nicht dem gewünschten Selbstbild entspricht. Als Mensch sind wir – so sagt es zumindest die Psychologie – darauf ausgerichtet, unsere Handlungen zu rechtfertigen. Ein besonders wichtiger Faktor dafür ist, dass wir danach streben, ein positives Bild von uns selbst zu erhalten, und dass dies nach Möglichkeit auch stabil ist und bleibt.

Der Begriff der kognitiven Dissonanz steht in diesem Zusammenhang für das unangenehme Gefühl, welches widersprüchliche Denkaspekte erzeugen, wenn sie direkt aufeinandertreffen und den Menschen darüber nachdenken lassen, eine Handlung durchführen zu müssen, die seinem optimalerweise positiv ausgerichteten Selbstbild entgegensteht. In diesem Fall: Prokrastination als Handlung, die dem positiven Selbstbild zuwiderläuft. Leon Festinger hat diese Dissonanzen erforscht (vgl. 1957) und den Begriff geprägt. Im weiteren Verlauf übrigens erkannte die Psychologie, dass diese Dissonanzen als besonders einschneidend erlebt werden, wenn man sich so verhält, dass das Selbstbild bedroht wird – Tavris und Aronson (vgl. 2010, S. 1) haben in diesem Kontext den Satz geprägt: „Ich habe recht, auch wenn ich mich irre: Warum wir fragwürdige Überzeugungen, schlechte Entscheidungen und verletzendes Handeln rechtfertigen." (vgl. auch Beckmann 1984 aus handlungstheoretischer Sicht).

2.1.2 Kognitive Dissonanzen bearbeiten – Verhalten dauerhaft ändern!

Welche Möglichkeiten bestehen nun, kognitive Dissonanzen zu lösen oder zumindest abzuschwächen? Hier könnten wir zum Beispiel, wie folgt, argumentieren:

- Erstens könnte man das eigene Verhalten verändern, also im beschriebenen Fall die Prokrastination aufgeben und bei der nächsten Aufgabe, die sich uns stellt, diese beherzt und sofort angehen. Wie gesagt: Man „könnte"!
- Zweitens könnte man aber – und das ist die vom Hirn bevorzugte Variante – auch versuchen, das Verhalten, die Prokrastination hier als Beispiel beibehalten, zu rechtfertigen, indem man entweder eine der beiden Kognitionen verändert oder indem man neue Kognitionen hinzufügt.

Im ersten Falle würde die Aufschieberitis erklärt werden, zum Beispiel mit der menschenunmöglichen Größe der Aufgabe: „Dies kann kein normaler Mensch leisten!"; oder mit der Erläuterung, dass andere Dinge viel wichtiger waren: „Zuerst musste ich noch dieses fertig machen!". Im zweiten Fall versucht der Mensch sich zu rechtfertigen, indem neue Kognitionen hinzugefügt werden, dem „Selbstvorwurf" wird also beispielsweise zur Seite gestellt, dass eine andere Aufgabe viel wichtiger war, dass ich als Mensch nur Prioritäten gesetzt habe – oder, dass die Prokrastination nicht einem selbst zuzuweisen ist, sondern vielmehr der Situation geschuldet und damit quasi von außen vorgegeben ist.

Um es klar zu formulieren: Prokrastination ist etwas durch und durch Menschliches. Im Wissenschaftsbetrieb, so jedenfalls mein persönlicher Eindruck, ist sie besonders akut und verbreitet. Dies mag daran liegen, dass hier in quasi allen Situationen intrinsische Motivation vorausgesetzt wird. Man geht hier also von einem inneren Verlangen aus. Der Forscher, der Studierende, derjenige, der nach Weiterentwicklung und insbesondere Erkenntnisgewinn strebt, soll alle Probleme aus sich selbst lösen können.

Ein anderer Grund liegt möglicherweise darin, dass viele Aufgaben in der Wissenschaft kaum in einen Zeitplan zu packen sind, geschweige denn auf sinnvolle Weise Meilensteine eines Projektes definiert werden können. Vielfach ist es ein Stochern im Nebel der Erkenntnis, eine Reise ins Ungewisse, weil bislang Unerforschte. Hinzu kommt, dass es ja auch durchaus mit Absicht ein geringes Maß an Kontrolle gibt, jene Instanzen bewusst vermieden werden, die

Forschung begrenzen, weil sie zu bestimmten Zeitpunkten Ergebnisse einfordern. Es ist sinnvoll, dass sich Wissenschaft und Forschung nicht begrenzen lassen.

2.1.3 Bestes Beispiel – die Polymerase-Kettenreaktion

Ein Beispiel zur Erinnerung: Die Polymerase-Kettenreaktion hat im Grunde die moderne Genforschung erst ermöglicht. Sie stellt vermutlich heute die bedeutendste Erfindung der biotechnologischen Forschung dar, dient dem Erkennen von Erbkrankheiten oder von Virusbefall und ist auch für das „Lesen" von genetischen Fingerabdrücken unverzichtbar. Kary B. Mullis ‚entdeckte' das Prinzip im Jahr 1983 bei einer langen nächtlichen Autofahrt in den USA. Zehn Jahre später war er Nobelpreisträger. Zumindest, so Mullis' eigene Schilderung, wurde die Idee „on the road" geboren (vgl. Mullis 2005, o.S.). Forschung lebt von der Gedankenarbeit. Diese kann sich oft erst in der Eintönigkeit entwickeln, braucht Phasen der Ruhe und Bereiche zur Entwicklung, in denen sich das Gehirn eher im Entspannungsmodus befindet, dann in konzentrierter Anspannung. Es gibt hier keine Regel. Aber mit möglichst vielen anderen zu sprechen, gesprochen zu haben, die bereits den Arbeitsprozess kennen, möglichst viele unterschiedliche „Blaupausen" für die eigene Arbeitsweise zu besitzen, beruhigt den Geist und bringt eine ausgewogene Selbstsicherheit – auch deshalb werden ja in diesem Buch immer wieder Erfahrungsberichte eingestreut …

Wissenschaftliche Erkenntnisse kommen vielleicht besonders in jenen Phasen, in denen das Gehirn Ruhe hat, vielleicht auch gerade in jenen Phasen, in denen wir „gesund" prokrastinieren. Mit diesem Hinweis habe ich hier selbst eine kognitive Umdeutung vollzogen und Prokrastination sogar als „systemrelevant" gekennzeichnet. Hierbei stehe ich nicht alleine. Der US-amerikanische Organisationspsychologe Adam Grant hat untersucht, wie besonders innovative Menschen handeln und denken (Grant, 2023). Er hat dabei herausgefunden, dass viele dieser Menschen eine ganze Weile prokrastinierten, bevor sie ihre originellsten Ideen entwickelten: „Prokrastination gibt dir die Zeit sehr unterschiedliche Ideen abzuwägen, in nichtlinearer Weise zu denken und unerwartete Gedankensprünge zu vollziehen" (Grant, 2023; Shin/Grant 2021).

Indes, es hilft Ihnen als Autor einer Haus- oder Abschlussarbeit nicht weiter, aber es erklärt vielleicht, warum das Aufschieben nicht nur Sie als Studierende, sondern eben auch für alle Ihre Dozenten ein Thema ist. Diese sind möglicherweise also die schlechtesten Ratgeber, um Sie aus der Aufschiebe-Spirale ausbrechen zu lassen.

Erfahrungsbericht: „Alles, aber auch wirklich alles ist nun wichtig!"

Abschlussarbeiten ... oder auch: Welche Serie kann ich als nächstes bei Netflix „durchsuchten"? Prokrastination auf ihrem Gipfel: Wohnung putzen, Nebenjob, Einladungskarten für die Geburtstagsparty in sechs Monaten – alles, aber auch wirklich alles ist nun wichtig! Aus diesem Vermeidungsteufelskreis rauszukommen ist oft nicht leicht und in Wahrheit die tatsächliche Herausforderung beim Schreiben der Abschlussarbeit. Und das, obwohl das Thema vielleicht sogar von höchstem (persönlichen) Interesse ist. Aber überhaupt erstmal einen Anfang zu finden, sich selbst und die Thematik zu strukturieren, die Fülle an Material zu sichten, zu sortieren und Wichtiges von Unwichtigem zu unterscheiden ist oft so nervenaufreibend, dass ich lieber, ja ... eine neue Serie gucken will.

Mein wichtigster Tipp ist daher die Visualisierung von Zielen und Meilensteinen (und mögen sie noch so klein sein), denn ich finde, wissenschaftliche Arbeiten in größerem Umfang zu schreiben, wirkt vor allem deshalb so demotivierend, weil so oft der Tag nach stundenlangem Bücherwälzen mit rauchendem Kopf beendet wird und dennoch bloß eine halbe Seite Notizen entstanden sind. Grandios, eine halbe Seite wirre Worte und Gekritzel, obwohl ich noch 50 Seiten wissenschaftlichen Text verfassen muss! Dass ich aber dabei schon 3 Bücher durchgearbeitet habe und 37 Post-Its bei interessanten Passagen für mögliche Zitate verteilt habe, fällt dann irgendwie unter den Tisch. Diese Arbeit aber wirklich – im wahrsten Sinne des Wortes – „abzuhaken", verschafft deutlich mehr Befriedigung, als mit einer halben Seite Notizen ins Bett zu gehen. Buch X lesen – Check. Artikel Y besorgen – Check.

To-Do-Listen abhaken macht glücklich!:)

Natürlich funktioniert das nicht immer und bewahrt sicherlich nicht vor diesen frustrierenden Tagen, an denen einfach nichts klappt und man nichts zustande bringt. Diese Tage gehören aber – so schwer das auch zu akzeptieren ist – dazu. Ich finde, es ist okay, zwischendrin einmal einen unproduktiven Tag zu haben, und es ist auch okay, 'mal keinen Bock mehr zu haben.

Dennoch haben Listen und Pläne mir in all den kleinen und größeren Arbeiten und Projekten immer viel gebracht, weil sie eine Struktur (mittels Tages-/Wochenzielen und Meilensteinen) in das ganze Chaos aus Ideen, Literatur und Gedanken an den Abgabetermin in meinem Kopf gebracht haben. Um mich selbst nicht unnötig zu enttäuschen, ist es mir dabei wichtig, wirklich realistisch zu bleiben. Inzwischen fällt mir das auch leichter als am Anfang meines ersten Studiums. Das ist sicherlich auch individuell verschieden, aber aus meiner Perspektive ist es absolut unsinnig, davon auszugehen, dass zehn Stunden am Tag in der Bib zu sitzen und dabei konzentriert zu arbeiten, machbar wäre. Statt dessen plane ich lieber nur sechs Stunden ein und gönne mir ganz offizielle Pausen, um einen Kaffee mit meiner Freundin trinken zu gehen, eine Folge ‚Big Bang Theory' zu schauen oder eben Dinge zu tun, die nun mal zum Alltag dazu gehören, wie Wäsche zu waschen, einkaufen zu gehen oder einfach mal etwas zu essen (und damit meine ich nicht diese Art Essen mit Tastatur vollkrümeln und Kaffee verschütten, während ich Literatur recherchiere). Wenn ich dann sechs Stunden am Tag für die Arbeit an meinem Projekt einplane, kann ich davon ausgehen, dass mir davon mindestens nochmal eine Stunde wegfällt – für unerwartete Zwischenfälle. Meine beste Freundin schreibt mir eine Nachricht und bittet ganz dringend um Rückruf, weil sie Liebeskummer hat; ich habe ganz plötzlich wahnsinnigen Heißhunger auf Schokoeis (aber nur auf dieses ganz Spezielle- das mit den löffelgroßen Schokoladenstücken, das es aber nur in diesem einen Supermarkt da an der Ecke, drei Kilometer von hier entfernt gibt); oder mir fällt ein, dass ich ja noch ganz dringend bei Amazon ein Geschenk für meinen Bruder zum Geburtstag bestellen muss … und all das schwirrt sicherlich auch genauso lange in meinem Kopf herum, bis ich es erledigt habe.

Daher schreibe ich mir sechs Stunden in meinen Tagesplan, setze mir aber nur Ziele, die ich in fünf Stunden erreichen kann. Und am Abend kann ich dann noch ganz entspannt und ohne schlechtes Gewissen eine Folge ‚House of Cards' schauen, anstatt frustriert zu sein, dass ich mal wieder nicht das geschafft habe, was ich mir vorgenommen hatte. Meistens.

Melanie Märsch ◄

2.2 Überforderung erkennen – Prozesse verändern!

Welche Lösungen bleiben? An dieser Stelle können dies lediglich Empfehlungen sein, denn am Ende benötigt jeder Einzelne seinen eigenen Rhythmus, sein eigenes Tempo und seine individuelle Arbeitstechnik. Dennoch sollen hier einige Punkte beleuchtet werden. Tipps für den Umgang mit Prokrastination sind ebenfalls in dem verlinkten Video in Abb. 2.2 zu finden.

66 2 Prokrastinieren: Am Ende bleibt niemand verschont!

Abb. 2.2 Prokrastination wirksam vorbeugen (▶ https://doi.org/10.1007/000-c51)

2.2.1 Aufgaben kleinrechnen, Multitasking entlarven, Disziplin halten!

Große Aufgaben bestehen zumeist aus vielen verschiedenen kleinen. Brechen Sie also die Anforderung herunter, versuchen Sie, möglichst viele kleinere Pakete zu schnüren, und arbeiten Sie diese ab. Auf diese Weise wird es bedeutend einfacher, in die Arbeit hineinzukommen und nach kürzeren oder auch längeren Unterbrechungen wieder in den Schreibrhythmus zu finden. Es ist immer die „große Aufgabe", die Angst bereitet. Kleine Aufgaben erscheinen dagegen leistbar. Unser Hirn liebt übrigens die Abwechslung, was ebenfalls für die Strategie spricht, möglichst viele Unterpunkte zu schaffen. Die Erkenntnisse aus dem Projektmanagement sind hier auch eindeutig. Um mehr über den Umgang mit Überforderung zu erfahren, sehen Sie sich auch das in Abb. 2.3 verlinkte Video an.

Meine persönliche Erfahrung zeigt auch: Es ist durchaus sinnvoll, mehrere dieser kleinen Pakete parallel zu bearbeiten. Das heißt: nicht gleichzeitig, sondern eher: in der gleichen Phase. Es gibt wenige Menschen, die sich über sehr lange Zeit auf ein und dieselbe Sache konzentrieren können. Und echtes Multitasking ist nicht möglich. Wir können uns nicht gleichzeitig auf zwei Dinge konzentrieren:

„Multitasking ist ein moderner Mythos – es ist nicht möglich, die Aufmerksamkeit zwischen zwei Aufgaben so zu teilen, dass sie mit gleicher Konzentration

2.2 Überforderung erkennen – Prozesse verändern!

Abb. 2.3 Überforderung vermeiden (▶ https://doi.org/10.1007/000-c52)

und Qualität erledigt werden. Meist leiden beide Aufgaben unter der geteilten Zuwendung. Geübte Hörer erkennen an der Stimme, ob ihr Telefonpartner während des Gesprächs noch etwas anderes macht – etwa die E-Mails an seinem PC ansieht. Sicher, wir können einige Aufgaben des Alltags mithilfe des „Autopiloten" erledigen – zum Beispiel Autofahren – und haben dann noch Kapazität für andere Aktivitäten, etwa ein Gespräch oder Radiohören. Aber schon beim Telefonieren im Auto wird es höchst gefährlich. Hinzu kommt, dass Multitasking auf Dauer nervös macht und schnell erschöpft".

Das menschliche Hirn jedoch ist so ausgestattet, dass es in Millisekunden von einer zur anderen Tätigkeit springen kann. Dies erzeugt manchmal den Eindruck von Gleichzeitigkeit. Wir können als Menschen also sehr schnell zwischen Themen, Aufgaben und eingehenden Reizen wechseln, diese für uns einordnen und kognitiv verarbeiten. Das heißt aber auch, wir können sehr schnell wieder zurück zu etwas finden, das wir uns als wichtig definiert haben, zur eigentlichen Arbeit, die wir uns vorgenommen haben. Darin besteht die Aufgabe der Disziplin, die eine besondere sein darf und muss – siehe dazu dann auch den folgenden Punkt.

Dies ist vielleicht einer der wesentlichsten Punkte von jenen, die Studierende in der aktiven Arbeitsphase berücksichtigen sollten. Es fällt meistens relativ leicht, vor Klausuren den notwendigen Druck aufzubauen, der die Prokrastination überwindet. Das Ziel ist definiert, die Aufgabe ebenfalls. Auch hier muss man sich ständig selbst motivieren, aber es erscheint vielen in der Praxis leichter als bei einer Haus- oder Abschlussarbeit, vielleicht deshalb, weil die Lernaufgabe klar formuliert ist. Bei schriftlichen Abgaben ist dies nicht immer der Fall. Studium ist eine Frage von Disziplinierung. Diese muss an der Hochschule selbst geleistet werden. Es gibt keine andere Instanz, die einen Zwang ausübt. Wir müssen unsere Selbststeuerungskräfte bemühen.[1]

Der Weg in den ersten Semestern muss für einen erfolgreichen Abschluss also hin zu einer sehr persönlichen Art der Selbstdisziplin führen. Alternativ darf man sich externe Institutionen suchen, die für Disziplinierung sorgen – aber auch dies muss man sich nun selbst organisieren. Meiner Meinung nach gilt: Wer diesen

---

[1] An dieser Stelle verweise ich gerne auf das „Lob der Disziplin", das der langjährige Schulleiter des Internats „Schloss Salem", Bernhard Bueb, geschrieben hat (vgl. 2006) – und ganz besonders aber auch auf die Replik zu diesem Buch vom damals 17-jährigen seinerzeitigen Sprecher der Kollegstufe des Internats (Klinger 2007, S. 29): „In Salem angekommen, tauchte ich Hals über Kopf in das reiche Angebot ein: Hockey, Schwimmen, Volleyball, Tanzkurs, Geige, Orchester, Politik und so fort. Schnell merkte ich, dass ich ein Zeitmanagement brauchte, um diese Dinge unter einen Hut mit Freunden und mit der Schule zu bringen. So habe ich die Selbstdisziplin entdeckt. Durch Angebote, die ich selbst wählen konnte, die mich letztendlich überfordert haben, habe ich Buebs höchste Sekundärtugend erlernt. Selbstdisziplin entsteht nicht notwendigerweise durch eingeforderte Disziplin. Salem ist auch gar nicht so streng, wie die „Bild"-Zeitung sagt. In den Naturwissenschaften genügt ein Gegenbeweis, um eine These zu widerlegen. In der Pädagogik ist das nicht ganz so leicht. Bueb muss irgendetwas vergessen haben. Das Ziel von Erziehung soll Freiheit sein. Freiheit ist nicht Unabhängigkeit, sondern, so Bueb, „sie bezeichnet den Willen und die Fähigkeit, sich selbst ein Ziel zu setzen, dieses Ziel an moralischen Werten auszurichten, mit dem eigenen Leben in Übereinstimmung zu bringen und konsequent verfolgen zu können". Diese Freiheit könne man nur durch „unendliche Stadien der Selbstüberwindung" und durch die „Umwandlung von Disziplin in Selbstdisziplin" erreichen. Nun haben meine Eltern diesen Irrtum begangen und mir diese Unabhängigkeit gewährt, damit ich selbst zu dieser Freiheit fände. Es ist nicht fehlgeschlagen; ich traue mich, von mir selbst zu behaupten, kein Rotzbengel zu sein und mich auf gutem Wege zu dieser Freiheit zu befinden, wenn mir auch noch nicht ganz klar ist, wer ich eigentlich bin und welches mein Weg ist. Dafür weiß ich ein bisschen, was der Sinn und Zweck meines Lebens ist. Wenn ich überlege, was bei meiner Erziehung entscheidend gewirkt hat, ist es der Glaube, den meine Eltern stets in mich hatten, und das hohe Vertrauensverhältnis zwischen ihnen und mir. Sie verstanden es, die großen Feinde der Erziehung (wie das Fernsehen) für mich uninteressant zu machen, indem sie mir Alternativen anboten. Bis zur zweiten Klasse dachte ich, im Fernsehen liefe nichts anderes als die „Sendung mit der Maus". Als Erwachsener muss man mit Jugendlichen auf einer Ebene umgehen, auch wenn diese stets das Recht auf Jugendlichkeit behalten müssen."

2.2 Überforderung erkennen – Prozesse verändern! 69

Abb. 2.4 Wie Selbstorganisation funktioniert (▶ https://doi.org/10.1007/000-c53)

Schritt vollzogen hat, wer in der Lage ist, sich selbst zu disziplinieren und Gratifikation (zum Beispiel sich zu entspannen, sich unterhalten zu lassen, etwas Schönes zu essen) auf einen späteren Zeitpunkt zu verschieben, hat das Studium im Grunde bereits erfolgreich abgeschlossen (Abb. 2.4).

2.2.2 Übersprungshandlungen und Ablenkung, Flow und Prokrastination

Wenn das Hirn an seine Grenzen stößt, verliert sich die Aufmerksamkeit, und es kommt zu sogenannten Übersprungshandlungen. Dieses sind Handlungen, die im Grunde völlig unsinnig erscheinen. In der Biologie dient als Beispiel oft das Eichhörnchen, das angesichts größter Gefahr und Bedrohung so tut, als würde es einen Zapfen oder eine Nuss knabbern, oder das Kaninchen, das beginnt, sich zu putzen. Ganz so dramatisch mag es nicht sein. Aber es kann tatsächlich vorkommen, dass man das Thema „Hausarbeit" anders interpretiert und zum Beispiel beginnt, Bad oder Fenster in der Wohngemeinschaft zu putzen, um bloß nicht an die ungeliebte abzugebende Hausarbeit gehen zu müssen. Damit wären wir bereits beim nächsten Punkt angelangt.

Ablenkungen liegen heutzutage näher als je zuvor. Sie liegen nämlich auf dem gleichen „Desktop", auf dem persönlichen Schreibtisch, sie sind nur einen winzigen Klick entfernt, sie sind damit jederzeit verfügbar. Wo man früher 50 Mal zum Briefkasten rannte, um nach der Post zu schauen, obwohl man wusste, dass sie regelmäßig erst um 11 Uhr am Vormittag kam, kann man es beim versucht-konzentrierten Arbeiten heute nicht vermeiden, auf eingehende Mails oder Chatanfragen zu antworten. In diesem Moment, in dem ich dieses hier aufschreibe, erinnert mich übrigens mein Handy an eine aktuell eingegangene WhatsApp-Nachricht. Es ist eine unwichtige Gruppennachricht, auf die ich weder reagieren muss noch will – interessanterweise macht mich das beinahe traurig, eine wichtige Nachricht nämlich hätte mich herausgerissen, hätte mich von der Aufgabe entfernt, die erledigt sein will, hätte mich vom Schreiben abgehalten, das ich ebenso wie Sie als anstrengend und anspruchsvoll erlebe, sodass mir Ablenkung eigentlich in diesem Moment willkommen wäre.

Im Grunde wäre hier ein ganzer Exkurs einzufügen – das erspare ich Ihnen und mir – aber es soll zumindest ein kurzer Hinweis darauf erfolgen, dass es (gerade als Geistesarbeiter) sehr grundlegend lohnenswert ist, sich dem Thema „Flow" zu widmen. Der Begriff geht auf Csikszentmihalyi (vgl. 1996) zurück und wurde seither vielfach aufgegriffen (vgl. insbesondere Goldman 1996). Csikszentmihalyi entwickelte das Konzept in den 1970er-Jahren (vgl. 1996, vgl. Csikszentmihalyi und Csikszentmihalyi 1992). Im Flow scheint man gleichsam in der Situation, im Geschehen, in der Arbeit aufzugehen. Alles geht leicht von der Hand, fügt sich wie von selbst. Dabei entstehen Gefühle von Glück, beinahe Ekstase, Zufriedenheit und sogenannte Funktionslust (ein Begriff, den weit früher der Entwicklungs- und Bildungsforscher Jean Piaget bereits verwendet hat (vgl. Kohls 2011, S. 22)). Man ist mit sich und der Welt im Reinen und fühlt sich ausgeglichen, im Gleichklang mit den Dingen, die einen umgeben, die man tut. Mehr über den Flow erfahren Sie in dem in Abb. 2.5 verlinkten Video.

In Flow-Zuständen sind wir fähig, uns rückhaltlos auf unsere Tätigkeit zu konzentrieren, wir sind ihr gewachsen, und wir richten uns an den Zielen aus, die Aktivität selbst wirkt unmittelbar auf uns zurück, und wir haben das definitive Gefühl, dass wir unser Tun auch kontrollieren können; im gleichen Moment verschwinden mit der Aufgabe verbundene und unverbundene Sorgen und Zweifel, noch auffälliger: Wir nehmen zeitverändert wahr, die Tätigkeit ist autotelisch, das heißt, sie findet ihre Begründung in sich selbst (vgl. Goleman 1996; vgl. Nakamura und Csikszentmihalyi 2014; vgl. Csikszentmihalyi 1996; vgl. Csikszentmihalyi und Csikszentmihalyi 1992).

Wer sich nun mit Flow-Zuständen unter aktuellen Rahmenbedingungen beschäftigt, muss die Tatsache einrechnen, dass „Stress durch Ablenkung stark zugenommen" hat (Kocher 2015, 40′). Kocher wertet Daten der App „Menthal" aus, die zeigen, dass Studierende alle 12 min ihr Smartphone aktivieren, dieses unter-

2.2 Überforderung erkennen – Prozesse verändern!

Abb. 2.5 In den Flow kommen (▶ https://doi.org/10.1007/000-c54)

bricht also ständig Berufs- und Privatleben. Montag (2015, 40′50″) verweist darauf, dass es nicht mehr gelänge, in den Flow zu gelangen, da es Zeit benötigen würde, in diesen hineinzufinden – Unterbrechungen durch das neben dem Arbeitsplatz liegende Smartphone über WhatsApp und Mail, akustische Eingangssignale würden Aufmerksamkeit abziehen „ob wir wollen oder nicht" (ebd.). Die Erkenntnisse basieren auf der Auswertung von rund 50.000 „Menthal"-Anwendern, die eine Applikation mit diesem Namen installiert haben, um ihr Smartphone-Verhalten für die wissenschaftlich motivierte Psychologie analysieren lassen (vgl. auch Bingmann 2015, o.S.).

Was an dieser Stelle noch aufzulösen wäre, ist ein Widerspruch, den der Writing Code beim Verweis auf Flow-Zustände geradezu provoziert. Im Zuge der hier vermittelten Arbeitsweise wird empfohlen, möglichst kleine Arbeitspakete zu definieren und diese durchaus durchmischt und spontan zu bearbeiten. Das ist natürlich keinesfalls im Sinne des Flow. Der Widerspruch ist nur ein scheinbarer, denn für den Flow muss man nicht vorsorgen. Wenn es Ihnen gelingt, Ihre Arbeitszeiten so zu organisieren, dass dieser möglich ist, wenn Sie alle Ablenkungen abschalten oder ausblenden, wenn Sie Prokrastinationstendenzen völlig hinter sich lassen können, dann definieren die meisten Ratschläge dieses Buches vermutlich nur ein nettes „Add on". Die Aufteilung der Arbeit und das empfohlene „Kleinrechnen" ermöglicht es Ihnen eben auch dann recht schnell voranzukommen, wenn Sie keine Idealbedingungen schaffen können, wenn der Flow ein Fremdwort bleibt.

> **Erfahrungsbericht: „Time Management", „Flow" und „Elektronik"**
>
> *Time Management:* Projekte detailliert planen und in einzelne Aufgaben aufteilen. Die bekommen eine (realistische) Deadline, mit Raum für Unvorhergesehenes. Deadlines einhalten. Soviel Aufrichtigkeit und manchmal Härte sich selbst gegenüber sollte sein, gerade bei Schwierigkeiten mit Prokrastination. Selbst einen gewissen Druck erzeugen hilft, wenn man unter Druck besser arbeitet. Gute Planung schadet kaum einem Projekt, aber das ist eine recht deutsche Ansicht, die von kaum anderen Nationalitäten geteilt wird.
>
> Aus der konzeptionellen Auseinandersetzung ergeben sich auch Fragen, die am besten mit dem Betreuer zu klären sind.
>
> *Flow:* Kennt jeder! Wenn man einmal angefangen hat und sich erste Erfolge einstellen, fängt es an, Spaß zu machen. Sogar Aufgaben abhaken kann Erfolgsgefühle vermitteln und Motivation steigern. Gilt für den einzelnen Tag wie auch für Zeitspannen über Wochen und Monate.
>
> Das Schlimmste für ein Projekt: schleifen lassen. Rahmenbedingungen ändern sich, Ziele oder Anforderungen ändern sich, Projektbeschreibung wird im schlimmsten Fall unklar, angefangene Arbeit muss geändert werden.
>
> Pausen sollten wirklich Pausen sein. Wenn man unter Zeitdruck alle Wochenenden durcharbeitet, geht das auf Kosten der Leistungsfähigkeit und führt zu Frust.
>
> *Elektronik:* Nichts stört so sehr wie E-Mail, SMS, Telefon, WhatsApp, Facebook ... Am besten abschalten oder im Spind lassen.
>
> Wenn ich einen Lerneffekt beschreiben sollte: Große Projekte sofort und so rasch wie möglich abarbeiten. Nicht warten. Zeit wird hinten hinaus auch von selbst knapp. Da muss man nicht noch durch Warten beitragen. Für Detailverliebte: Das große Ganze nicht aus den Augen verlieren und Wichtiges von dem trennen, was auch interessant, aber nicht entscheidend ist.
>
> Ich habe mir viel Zeit gelassen, die Diplomarbeit berufsbegleitend geschrieben und bin großer Prokrastinierer – während ich das aufschreibe, warten missliebige Aufgaben ...;)
> **Benjamin Krieger** ◄

Seien Sie versichert – und daran wird sich nichts ändern: Schriftliche Abgaben im Studium lieben die Ablenkung. Alle gängigen Betriebssysteme erlauben heute die Einrichtung verschiedener Desktops oder auch Identitäten. Wenn Sie mögen, können Sie sich also einen eigenen Desktop für die Situation „Hausarbeit" einrichten. Oder, in manchen Umgebungen noch besser: Sie schaffen eine neue Identität als gesonderter Benutzer, und hier wären dann bestimmte Programme gar nicht aus- und anwählbar. All dies hat wenig Sinn, wenn Sie nicht ein klein wenig Disziplin selbst aufbringen, da die größten Ablenkungen – um genau zu sein: Social Media – über den Browser verfügbar sind, den Sie natürlich für Ihre Arbeit (oft genug vermeintlich) dringend benötigen. Eine Strategie kann sein, Ablenkungen zu reduzieren und stattdessen klare Belohnungsstrategien auszuarbeiten, die in Wenn-Dann-Beziehungen münden: „Wenn Du zwei Seiten geschrieben hast, darfst Du ...!" – so oder ähnlich könnte man formulieren. Damit wären wir beim Punkt Nummer Sechs angelangt.

2.2.3 Katzenvideos, Selbstverpflichtung und immer wieder: Reden!

Schaffen Sie sich bewussten Ausgleich für die erlebten Strapazen. Feiern Sie jedes kleine Kapitel, das Sie bearbeitet haben als „erledigte" Leistung. Belohnen Sie sich mit Kleinigkeiten, z. B. damit, zehn Minuten Katzenvideos zu schauen. So etwas soll übrigens – empirisch bewiesen – tatsächlich die Aufmerksamkeit erhöhen; Dozierende, die in Japan ihre Vorlesungen von „niedlichen Tierbildern" unterbrechen ließen, konnten tatsächlich höhere Aufmerksamkeitswerte für die Gesamtveranstaltung messen (vgl. Nittono et al. 2012). Das signifikante Ergebnis der spannenden Studie: Tierbilder steigern Leistungsbereitschaft und Produktivität. Hiroshi Nittono, Professor für kognitive Psychologie (2012): „Niedliches löst positive Emotionen aus, wir wollen diesen Dingen näher kommen, achten mehr auf Details". Alleine durch das Betrachten entstehe ein Zustand fokussierter Aufmerksamkeit, der über das Anschauen selbst hinausgehe; die Erklärung dafür nennt sich „Kawaii" – aus dem Japanischen übersetzt heißt das in etwa „Kraft des Niedlichen" (vgl. Nittono et al. 2012). Mehr über Selbstfürsorge erfahren Sie in dem in dem in Abb. 2.6 verlinktem Video.

Für ihre Studie haben die Wissenschaftler Freiwillige in drei Gruppen eingeteilt, sie mussten verschiedene Aufgaben erledigen, z. B. Geschicklichkeitsspiele lösen; als „Appetizer" durften sie Fotos von Tieren, Tierbabys oder gutem Essen betrachten, und am Ende brachten Fotos mit Tierbabys das besten Ergebnis (vgl. ebd.): Die Probanden waren „deutlich schneller, genauer und geschickter" (Nittono et al. 2012, o.S.). Wen wundert es: Am schlechtesten schnitten die Probanden mit den Mahlzeit-Fotos ab, und während die das Betrachten von erwachsenen Tieren die Produktivität um fünf Prozent anhob, brachten es Tierbabys auf eine Steigerung von rund zehn Prozent (vgl. Nittono et al. 2012). Ergo: „Niedliche Stimuli schärfen die Aufmerksamkeit, aber überreizen Sie es nicht! Nutzen sie kleine Pausen dafür. Unsere Testpersonen haben die Bilder 90 s lang betrachtet, das ist wirklich effektiv" (Nittono et al. 2012).

Abb. 2.6 Stressbewältigung und Selbstfürsorge (▶ https://doi.org/10.1007/000-c50)

Also: Bilder von niedlichen kleinen Tieren rund um Ihren Arbeitsplatz platzieren und ab und an ein nettes Katzenvideo anklicken … Oder: Gönnen Sie sich Kleinigkeiten, belohnen Sie sich für konzentrierte Recherche, Auswertung oder Verschriftlichung der Erkenntnisse. Denken Sie daran, auch hier das richtige Maß zu finden. Überlegen Sie sich ein „ökonomisches Modell", was welche Leistung tatsächlich wert ist.

> **Am Ende gilt immer**
> Planung ist Selbstverpflichtung

Dieser Ratschlag entfaltet seine Leistung tatsächlich nur bei bestimmten Arbeits- und Lerntypen. Planung wäre in diesen Fällen gleichzusetzen mit einer Selbstverpflichtung. Wer für sich annehmen kann, dass der Kalender regiert, für denjenigen ist die Umsetzung dieser Strategie hilfreich. Hier werden in Form eines Tageskalenders klare Zeiten für die Aufgabenerfüllung definiert, mit Arbeitseinheiten und Pausenregelungen. Die Arbeitsweise ist dann vergleichbar mit einem Job am Fließband, für den Arbeits- und Pausenzeiten fest definiert vorliegen. Allein das fordernde „Band", das kaum die Möglichkeit gibt, sich auf andere Dinge zu konzentrieren, steht für das Verfassen von wissenschaftlichen Arbeiten nicht zur Verfügung. Mehr zur Selbstorganisationskompetenz erfahren Sie in dem in Abb. 2.5 verlinkten Video.

2.2 Überforderung erkennen – Prozesse verändern!

Aber, wie bereits betont, dies ist eine Methode, die nur für bestimmte Arbeitstypen funktioniert – schauen Sie selbst, ob sie Sie voranbringt. Problematisch wird es dann, wenn man einzelne für das Schreiben vorgesehene Zeitfenster ignoriert. Das kann positiv erlebt werden und für mehr Disziplin sensibilisieren, aber auch für zusätzlich Stress sorgen und damit kontraproduktiv wirken, da ein kumulativer Effekt entsteht.

> Suchen Sie das Gespräch – es hilft dabei, sich selbst zu sortieren. Thematisieren Sie immer wieder Ihre Arbeit – nicht wie sehr Sie darunter leiden, sondern, was Sie gerade bearbeiten, tun, umsetzen, recherchieren, schreiben. Diese Gespräche helfen Ihnen dabei, sich selbst zu sortieren!

Studierende tendieren dazu, den Prozess auch in ihrem Umfeld zu thematisieren – den Inhalt aber diskutieren sie eher selten. Kehren Sie dieses Verhältnis genau um. Sprechen Sie mit möglichst vielen Menschen über den Inhalt Ihrer Arbeit, nicht über die Problematik, dass Sie zu wenig Zeit finden, dass alles zu schwer ist, dass Sie nicht hineinfinden oder vorankommen.

Sie werden merken, wenn Sie inhaltlich diskutieren, wenn Sie aussprechen, was Sie bereits erforscht haben, wird sich Vieles leichter darstellen. Das Ausformulieren in mündlicher Rede unterstützt die kognitiven Verarbeitungsprozesse, das heißt, Sie eignen sich den Stoff leichter an, setzen sich intensiver mit ihm auseinander und müssen komplexe Inhalte verständlich ausformulieren – ohne, dass Sie schon druckreif sprechen müssen (vgl. dazu auch Abschn. 2.4.1, insbesondere den Inhalt der dort eingefügten Fußnote). Erinnern Sie sich noch an die Ausführungen im zweiten Kapitel: Je mehr Hirnregionen beteiligt und „angesprochen" sind, umso mehr bleibt „hängen"? Das gilt auch hier: Die „Vermündlichung" Ihrer Erkenntnisse bezieht eine weitere sprach- genauer: „sprech-" bezogene Hirnregion ein. Dies hilft Ihnen dabei, schneller voranzukommen.

Nach meiner Erfahrung vereinsamen Studierende regelmäßig in dieser Studienphase und damit entsteht über ihrer Abschlussarbeit auch eine emotionale Leere. Wie wichtig positive Emotionen für die erfolgreiche kognitive Verarbeitung sind, war ebenfalls im ersten Kapitel ein Thema. Zumindest besteht in diesen Phasen oft eher wenig Kontakt zu Kommilitonen – ein Fehler. Suchen Sie bewusst in diesen Zeiten den direkten Austausch mit jenen, die in der gleichen Lage sind, die vor der gleichen Aufgabe stehen. Vermeiden Sie aber in eine gegenseitige Bemitleidungsspirale zu kommen, bleiben Sie eher auf der Inhaltsebene. Verteidigen Sie selbstbewusst Ihr Thema, treten Sie entsprechend auf, und erläutern Sie den Gang Ihrer Untersuchung, immer und immer wieder. Redundanz wird hier zum Freund, der mit jeder Wiederholungsschleife das Thema prägnanter fasst. Oft ergeben sich

Abb. 2.7 Es sich leicht(er) machen (▶ https://doi.org/10.1007/000-c56)

Lösungen für ganz elementare Probleme bereits, nachdem Sie die ersten Sätze formuliert haben. Probieren Sie es aus! Versuchen Sie, die Hemmungen loszulassen, die Sie davon trennen, sich selbst als Wissenschaftler zu sehen. Mehr zu diesem Thema erfahren Sie in dem Video, das in Abb. 2.7 verlinkt ist.

> **Erfahrungsbericht: „Mehr Feedback im Detail holen!"**
>
> Ich sehe mich sofort wieder an meinem Leipziger Schreibtisch sitzen. Und Facebook auf- und zumachen. Das gab es leider damals schon, genau wie einen Job, bei dem ich netterweise Negativstunden ansammeln durfte. Also schrieb ich vier Tage die Woche und ging an dreien arbeiten. Das hat geholfen, dem ganzen etwas Zeitdruck zu verleihen, und trotzdem stand ich mir so oft selbst im Weg. Rückblickend würde ich nicht nur Facebook einfach offen lassen (nützt ja nix), sondern auch weniger für mich allein schreiben. Ich hätte mir zwischendrin mehr Feedback im Detail holen sollen, auch wenn's weh tut. Nicht unbedingt von meinem Betreuer, der war eher fürs große Ganze zuständig, sondern von geschätzten Kommilitonen. So ärgere ich mich über einige unreflektierte Passagen heute noch. Was mich dagegen freut: Die Grundprämisse meiner Arbeit hat sich (leider) bewahrheitet, Musikmagazine sind tot. Generell hat mir die Arbeit sehr viel mehr Spaß gemacht mit einem Thema, das mich wirklich interessiert hat. Hach, ich sollte sie einfach nochmal schreiben.
> **Julia Menger** ◀

2.3 Typische Glaubenssätze – und Argumente gegen sie

Erinnern Sie sich noch an die Sache mit den kognitiven Dissonanzen und wie wir diesen als Menschen begegnen können? Es gibt eine Strategie, die wir hier regelmäßig anwenden, und ich bin mir nicht sicher, ob es die wirklich passende ist. Aber entscheiden Sie selbst:

Kennen Sie das noch aus der Schule? Man hat sich denjenigen angeschlossen, die eine Klassenarbeit besonders schwer fanden, man hat selbst betont, wie schlecht man da durchgekommen ist und wie schwierig man es mit der Lösung hatte, obwohl, wenn man ehrlich mit sich war, das keinesfalls der Wahrheit entsprach. Wir wollten uns ermöglichen, dass wir selbst einen mäßigen Erfolg noch dazu nutzen konnten, unseren Selbstwert stabil zu halten. Auch wenn dies, ehrlich betrachtet, irrational ist, so ist dies ein typisches menschliches Vorgehen und Verhalten.

Auf ganz ähnliche Weise finden wir jede Menge irrationaler Affirmationen, die sich auf das Studium beziehen. Ich will nicht alle dieser Glaubenssätze, die wir mit jedem Denken mehr oder weniger stark verfestigen, hier aufzählen. Aber einige dieser Affirmationen sollen doch genannt sein, damit Sie das Prinzip erkennen, damit Sie erkennen, welche Wirklichkeiten Sie sich durch regelmäßiges Wiederholen selbst schaffen und in sich selbst manifestieren. Bereits in Kapitel Zwei haben wir schon das „große" Thema „Glaubenssätze" angesprochen. Hier nun soll es noch konkreter werden. Wer sich selbst reduziert, kann am Ende sagen: „Ich habe es ja gleich gewusst, ich habe es gleich kommen sehen. Es war gut, dass ich so skeptisch war. Das negative Denken hat mich gerettet!"

Blöderweise blockieren uns solche Glaubenssätze recht nachhaltig, sie sind zumeist hartnäckiger als der Zweifel, aus dem sie geboren sind. Übrigens: In diesem Moment, in dem ich dieses aufschreibe – und damit gewissermaßen ausspreche – macht sich selbst der innere Zweifler stark. Er fragt: „Kann ich das wirklich aussprechen? Ich will hier eine sehr praktische und von Fakten untermauerte Arbeitsweise präsentieren und beschreiben und beschäftige mich erst einmal mehr oder weniger ausschließlich mit psychologischen Fragestellungen und Kontexten?"

Merken Sie, wie Sie innerlich nicken? Ich weiß: Sie wollen ein Kochrezept, schnell und ohne sich mit inneren Zuständen beschäftigen zu müssen. Ich nehme mir die Freiheit, an dieser Stelle dennoch auf die problematischen Affirmationen hinzuweisen, weil es mich meine Erfahrung lehrt: Wenn es gelingt, diese Sätze umzuformen, sich eine neue Wirklichkeit zu denken, schafft das nicht nur eine völlig neue Weltsicht. Es befreit gleichermaßen und gibt einen Antriebsschub, mit dem man nicht rechnet, der einen jedoch nachgerade beflügelt. Wer gleich das Kochrezept will, bitteschön, auch dieses hält das Buch, wie versprochen bereit. Brechen

Sie an dieser Stelle also ab – und **lesen Sie in** Kap. 5 (Abschn. 5.5) weiter. Allen anderen – ich hoffe, Sie sind neugierig geworden und bleiben es – empfehle ich die Auseinandersetzung mit den eigenen Glaubenssätzen. Weitere Informationen zum Umgang mit negativen Glaubenssätzen (Abb. 2.8) und zur Entwicklung positiver Affirmationen (Abb. 2.9) erfahren Sie in den verlinkten Videos.

Abb. 2.8 Mit negativen Glaubenssätzen umgehen (▶ https://doi.org/10.1007/000-c57)

Abb. 2.9 Positive Affirmationen entwickeln (▶ https://doi.org/10.1007/000-c58)

2.3 Typische Glaubenssätze – und Argumente gegen sie

Ich habe Ihnen einige Sätze aufgeschrieben – aber natürlich keine Ahnung davon, wie es wirklich in Ihnen selbst aussieht. Entlarven Sie also Ihre persönlichen und eigenen Affirmationen – dazu gleich mehr. Hier nun erst einmal die gewählten Beispielsätze:

2.3.1 Nur eine Bachelorarbeit

„Das ist ja „nur" eine Bachelorarbeit. Sie hat wenig Bedeutung, wird nicht gelesen, noch nicht einmal von meinen Gutachtern so richtig. Es ist also im Grunde auch nicht wichtig, was hierbei herauskommt." (Gerne wird in einer solchen Affirmation auch auf den ‚Wert' verwiesen, der möglicherweise gleich in ‚CP', in ‚Credits' angegeben wird: „… hat ja nur 12 Credits und beeinflusst meinen Schnitt maximal um 0,3 Notenpunkte").

Moderne, kapitalistische Gesellschaften tendieren dazu, Vieles zur „Ware" zu machen, einen Tauschwert statt eines Gebrauchswertes zu definieren. Wir selbst als Teile solcher Gesellschaften können uns diesem nicht entziehen. Die Tradition einer solchen Betrachtungsweise findet sich bei Karl Marx (vgl. unter dem Aspekt der Entfremdung Marx und Engels 1932, S. 29–172; vgl. Marx 1932) ebenso wie bei Erich Fromm, dessen „Haben oder Sein" (vgl. 2011) aus dem Jahr 1976 bis heute eine ungeheure Strahlkraft entwickelt. Aus meiner Sicht hilft dieses Werk auch Studierenden dabei, sich selbst und ihre Berufung zu finden. Es wäre also eine passende „Kontrapunkt"-Lektüre, wenn Sie gerade Ihre Schreib-Motivation eingebüßt haben.

Zurück zur Affirmation: Können Sie sich sicher sein, dass dies auch stimmt? Nein!

Ich persönlich habe erlebt,

- dass die Ergebnisse von guten Bachelorarbeiten zur Diskussion in deutschen Leitmedien geführt haben,
- dass Bachelorarbeiten den wissenschaftlichen Diskurs nachhaltig beeinflusst haben,
- dass sich Personalverantwortliche in Unternehmen gar nicht die finale Note, sondern ausschließlich die Abschlussarbeit anschauen und danach ihre Entscheidung treffen,
- dass sich Gutachter von Bachelorarbeiten zu Forschungsprojekten inspirieren lassen,
- dass aus Bachelorarbeiten erfolgreiche wissenschaftliche Bücher entstehen.

Und was, wenn Sie die Abschlussarbeit nur schreiben, um sich selbst zu beweisen, für sich das Beste geben? Was kümmert Sie das Urteil der anderen, wo Sie doch selbst wissen, dass Ihr eigenes Urteil viel schärfer, vielleicht sogar vernichtender ist als das all derjenigen, die Ihre Arbeit lesen und begutachten müssen?

2.3.2 Wenig gelernt – da kann nichts herauskommen

> „Ich habe nicht das Gefühl, im Studium so viel gelernt zu haben, dass jetzt eine gute oder sehr gute Abschlussarbeit herauskommen kann oder soll."

Ja, das mag so sein, dass der gesamte Studienverlauf eher mediokre Ergebnisse brachte. Doch in der Praxis erlebe ich es tatsächlich häufig, dass bei „großen" schriftlichen Arbeiten bei Studierenden eine nachhaltige Veränderung zu beobachten ist, dass Studierende das eigene Studium erst am Ende mit neuen Augen sehen lernen, dass Sie Verknüpfungen zum Alltag sehen, Ansatzpunkte und Möglichkeiten der Vertiefung.

Sie haben die Zeit! Begrüßen Sie das neue Gefühl, mit „Ihrem" Studium mehr anfangen zu können als zuvor, und selbst wenn Sie sich in Ihren Modulen und Kursen tatsächlich wenig Wissen angeeignet haben, so wissen Sie zumindest, an welchen Stellen und in welchen Quellen Sie das nötige Wissen abgreifen können. Vielleicht genügt das. Im ersten Kapitel war von ‚Sinn' die Rede – schriftliche Abgaben in größerem Umfang können dabei helfen, dem großen Ganzen Ihres Studiums mehr Sinn zu verleihen. Je mehr Sinn Sie Ihrer Arbeit geben, umso leichter fällt Ihnen die Arbeit, mit umso mehr Freude gehen Sie ans Schreibwerk, und umso eher sind Flow-Erlebnisse möglich. Noch eines vielleicht: Vergleichen Sie sich und Ihre Arbeitsweise nicht zu sehr mit anderen. Sie sind als Individuum einzigartig, und auch die Art und Weise, wie Sie arbeiten und welchen Dingen Sie Sinn verleihen möchten, ist es.

2.3.3 Ich werde nie zum „Wissenschaftler"

> „Mein Thema, meine Frage, meine These – das klingt alles so banal, das wird nie wissenschaftlich anspruchsvoll genug sein können!"

Bezogen auf diesen Glaubenssatz kann man leicht Abhilfe schaffen – indem man liest. Christoph Giesen, heute Redakteur der Süddeutschen Zeitung im Wirtschaftsressort, berichtet in Vorträgen vor Studierenden gerne von seiner Erfahrung an der

London School of Economics: Im Masterstudiengang konfrontierte eine der Professorinnen ihre Studierenden regelmäßig damit, dass Sie nichts anderes erwarte, als täglich (!) 150 Seiten wissenschaftlicher Werke zu lesen. Das klingt im ersten Moment viel – mit ein wenig Übung gelingt es jedoch vergleichsweise schnell, sich hier systematisch zu trainieren. Lesen ist nach wie vor bezogen auf Studierleistungen die Kulturtechnik Nummer Eins. Nehmen Sie sich die Zeit, und lesen Sie. Lesen Sie Beiträge in wissenschaftlichen Fachzeitschriften, lesen Sie Bachelorarbeiten, die sehr gut bewertet wurden, schauen Sie sich in diesen den Gang der Argumentation an, und überlegen Sie sich eine vergleichbare Abfolge von Argumenten für das Thema, das sich Ihnen stellt. Wenn dies nicht möglich erscheint, dann „drehen" Sie ein wenig am Thema selbst, versuchen Sie vielleicht mithilfe eines Untertitels nachzujustieren. Sie werden merken, dass allein die Lektüre von anderen wissenschaftlich orientierten Abschlussarbeiten Sie verändern wird. Sie werden erkennen, dass nahezu alle anderen Arbeiten mit herausragenden Noten ähnliche Strukturen aufweisen, einen klaren Argumentationsgang besitzen – und dass ihre Autoren Vokabular benutzen, das Sie kennen. Was hindert Sie also, es auf ähnliche Weise zu tun? Eine gute Übung ist es, parallel zu einer hervorragenden Arbeit eine eigene Gliederung zu entwickeln, sich also direkt am Muster zu orientieren. Dies ist selbst dann möglich, wenn man noch nicht allzu tief in das eigene Thema eingestiegen ist, was daran liegt, dass wir uns auch dann, wenn wir nicht bewusst unser Thema im Kopf bewegen, viele Gedanken sozusagen ‚im Hintergrund' machen.

2.3.4 Am Ende ist doch alles hier nur Formsache

> „Ich habe nicht das Gefühl, dass meine Betreuer viel Ahnung vom Thema haben, was muss ich mich also hier beweisen – das ist ja nur Formsache."

Das kann im einen oder anderen Fall sogar stimmen – und ist dann auch nachgerade gewünscht, denn am Ende sind stets Sie diejenigen, die das Thema nicht nur beherrschen, sondern eben alle Ihre Leser, ob begnadet oder nicht, an Ihre These heranführen und durch den Argumentationsgang begleiten. Ihre Leser (und die jeweils „ersten" Leser sind vermutlich Ihre Betreuer und Gutachter) müssen keine konkrete Ahnung vom Thema haben – und werden dennoch Ihre Arbeit fair beurteilen können. Denn sie wissen um den Prozess und erkennen, wann ein Thema wissenschaftlich gut aufbereitet ist, wann ein Thema durchdrungen ist.

Sie als Autoren können aus dieser Not sogar eine Tugend machen: Führen Sie Ihre Leser so durch das Thema, dass diese Ihren Gedankengang zu jedem

Zeitpunkt nachvollziehen können, arbeiten Sie klar und transparent, formulieren Sie Ihre Sätze verständlich, schaffen Sie Abschnitte, in denen Sie wesentliche Erkenntnisse noch einmal zusammenfassen, und gehen Sie ganz bewusst davon aus, dass Sie alle Ihre Leser „abholen", durch Ihren Gedankengang „führen" müssen. Wenn Sie mit dieser Einstellung ans Werk gehen, kann im Grunde nichts mehr schief gehen. Ein häufiger Fehler liegt darin, zu viel vorauszusetzen. Erinnern Sie sich stets daran: Sie sind der Experte! Sie kennen das Thema und niemand, den Sie kennen, hat diese spezifische Fragestellung tiefer, reifer, wissender durchdrungen! Wenn Sie Ihre Leser (und damit auch die ersten Leser, die Gutachter nämlich) nicht verlieren wollen, müssen Sie die Balance zwischen „Was setze ich voraus?" und „Ich erkläre alles von Grund auf!" halten. Im Zweifel sollten Sie dazu tendieren, eher weniger Vorwissen vorauszusetzen. Diese Linie abzustecken, darf übrigens auch Bestandteil der Vorabsprachen mit den Betreuern sein.

2.3.5 Praxis? Fehlanzeige!

> „Ich muss nur schauen, dass ich hier durchkomme. Für die spätere Berufspraxis bringt mir das Ganze doch sowieso nichts. Ob ich mir hier besondere Mühe gebe oder nicht, spielt da keine Rolle."

Diese Affirmation ist sehr verbreitet und betrifft nicht nur schriftliche Ausarbeitungen im Studium. Hier springt wieder das Thema „Sinn" ins Auge, wenn Sie den Dingen, die Sie tun, keinen Sinn zu geben wissen, wird das Lernergebnis tatsächlich suboptimal sein. Wenn dieser „Durchkommen"-Satz zutreffen sollte, warum achten dann Praktiker in den Personalabteilungen oft viel stärker auf Thema, Ausarbeitung und Note der Abschlussarbeit als auf die tatsächliche Abschlussnote? Warum nehmen in unzähligen Vorstellungsgesprächen die Bachelor- oder Masterarbeit und deren Thema breiten Raum ein?

Hinzu kommt noch etwas anderes: Sie bearbeiten gerade im Rahmen der Abschlussarbeit ein „großes" Thema, und zwar selbstständig und eigenverantwortlich. Wer dies sogar in einem gegebenen Zeitrahmen mit Auszeichnung schafft, der empfiehlt sich auch für andere „große" Aufgaben im Unternehmen, denn schließlich hat er sich als Projektmanager schon bewährt. Hier vertrauen Vorgesetzte schneller und setzen dies auch um. Viele Ihrer späteren Chefs werden einen ähnlichen Weg gegangen sein wie Sie. Das heißt, auch sie haben ähnliche Erfahrungen während des Studiums gemacht, und sie können später gut beurteilen, welchen Wert dies für sie selbst hatte.

2.3.6 Mir ist nicht zu helfen!

„Andere können mir hier nicht helfen. Das Thema ist so spezifisch – und ich bin mir ja selbst unsicher, wenn sie einzelne Kapitel oder Inhalte kritisieren, zieht mich das noch weiter runter. Ich weiß ja, dass es im Grunde nicht gut ist!"

Das ist eine harte Nuss, und sie ist schwer zu knacken. Menschen tendieren dazu, ihr Selbstwertgefühl zu beschützen, indem sie es vermeiden, ihre Werke dem Urteil anderer auszusetzen, bevor sie nicht selbst ganz zufrieden sind damit. Das Problem dabei ist: Man selbst ist am schwersten von allen zufriedenzustellen, sodass es bis zum Abgabetag vielleicht lediglich dazu kommt, die Arbeit von einem anderen auf Rechtschreibung und Zeichensetzung gegenlesen zu lassen. Dabei ist es wichtig, sowohl inhaltliche wie auch formale Korrektur- und Überarbeitungsschleifen vorzusehen.

Diese Grundeinstellung zu überwinden, ist nicht leicht. Es geht am besten dann, wenn man bereits früh im Studium Erfahrungen mit Lerngruppen gemacht hat. Partner aus einer geübten Lerngruppe eignen sich perfekt für den Austausch über fachliche Inhalte. Hier muss man die Kommunikationsebenen für einen inhaltlichen Austausch nicht erst noch schaffen. Alternativ sucht man sich „Sparringspartner", die sich in der gleichen Situation befinden. Das dürfte nicht weiter schwerfallen, da viele der Mitstudierenden in der gleichen Haus- oder Abschlussarbeitenklemme stecken. Ich finde den Begriff des Sparringspartners übrigens treffend gewählt. Im Sparring wird der Boxkampf simuliert, man geht weit, manchmal sehr weit, um dem Partner zu zeigen, was im echten Boxkampf auf ihn zukommen kann. Dabei ist aber klar, dass man sich gegenseitig gewogen bleibt, dass man das Gegenüber auf sich offenbarende offene Flanken hinweist. Im echten Kampf wäre das anders. Dennoch „funktioniert" ein solches Sparring nur dann, wenn wir wissen, dass wir den anderen nicht schonen dürfen, denn schließlich muss er uns auch auf unsere Schwächen und Schwachpunkte hinweisen, wenn wir im Kampf nicht versagen wollen.

Wir schützen unseren Sparringspartner also nicht, wenn wir Schwächen in seiner Arbeit erkennen – und sie nicht aussprechen, weil wir Angst haben, dass er dies vielleicht nicht erträgt. Behalten Sie sich das Bild von den Sparringspartnern im Boxring vor Augen, wenn Sie sich mit Ihrem gewählten Partner abstimmen, wenn Sie sich auf jemand anderen einlassen. Hier wäre noch der Hinweis anzubringen: Achten Sie unbedingt darauf, dass Ihr Sparringspartner Ihnen nicht zu ähnlich ist. Je weiter Sie voneinander „entfernt" sind, umso besser. Denn dann werden auch jene Problemstellen offensichtlich, die Sie selbst garantiert nicht gefunden hätten. Arbeiten Sie doch ganz einfach mit jemandem zusammen, mit dem Sie während Ihres Studiums noch nie näher konfrontiert waren. Sie werden sehen, das wird Sie bereichern.

Aufgabe 4
Nun wäre der Zeitpunkt gekommen, an dem Sie sich selbst Gedanken über Ihre Affirmationen machen.
Finden Sie mindestens fünf Glaubenssätze, von denen Sie denken, dass sie
… Ihre Arbeit erschweren,
… Prokrastination unterstützen,
… Sie klein machen,
… Ihre gestellte Aufgabe abwerten.
Anschließend machen Sie ein Selfie von sich!

Aus meiner Erfahrung ist es wirklich wichtig, diese Sätze aufzuschreiben, damit man sie sich auch später noch einmal anschauen, ergänzen, verändern kann. Der Vorteil des Aufschreibens beinhaltet auch, dass man sich gleichermaßen durch den Akt des Notierens von ihnen frei machen kann. Man gibt sie ab, indem man sie niederschreibt und damit aus dem Hirn auf das Papier führt. Das funktioniert natürlich nicht so leicht, und am Ende ist es harte Arbeit, negative durch positive Affirmationen abzulösen. Aber es ist ein Anfang.

In einem nächsten Schritt ist es wichtig, diese Sätze quasi umzudrehen – aus den negativen tatsächlich positive Überzeugungen zu formulieren. Hierzu müssen Sie jeweils Argumente finden, die die neue These stützen können. Sonst, und das ist das eigentliche Problem, glauben Sie wieder einmal sich selbst weniger als anderen.

Bezogen auf die hier bearbeiteten Affirmationen, könnten im Gegenzug folgende positiven Entwürfe funktionieren:

„Ich will mich hier beweisen, ich mache das für mich! Ich suche bewusst analytische Denker als Kritiker, als optimale Sparringspartner, die mich auf inhaltliche und argumentative Schwächen meiner Arbeit hinweisen, mich mit meinen unlogischen Ableitungen konfrontieren und gemeinsam mit mir über Lösungswege dafür nachdenken. Ich nehme meine Arbeit ernst und wichtig, und ich glaube an den wissenschaftlichen Ertrag, der sich aus der Anwendung meiner Methode ergibt. Ich weiß darum, wie sich die Bearbeitung meiner These in das Fach einfügt und kenne mögliche konkurrierende Ansätze, die ich in meiner Arbeit auch aufgreife. Egal wie stark mein Thema an der Theorie orientiert ist, ich weiß, die Abschlussarbeit wird mir dabei helfen, einen für mich passenden und guten Job zu finden. Sie kann und wird mich dabei unterstützen, mich selbst von meiner besten Seite zu präsentieren – und ich kann über das Thema bei einem Bewerbungsgespräch befreit und wissend referieren."

Merken Sie, wie sich Ihr Denken verändert, schon allein bei der Lektüre dieses Abschnittes?

Aufgabe 5
Nun ist es wieder an Ihnen, mit Ihren persönlichen Affirmationen zu arbeiten!
Nehmen Sie sich das Blatt mit den fünf Glaubenssätzen aus der vorangegangenen Aufgabe, und formulieren Sie diese um – ganz ähnlich, wie ich es Ihnen im vorangegangenen Absatz für einige der von mir deklinierten Affirmationen vorgeführt habe. Nehmen Sie die Arbeit ernst, und lassen Sie sich ruhig ein wenig Zeit. Lesen Sie zum Abschluss die umformulierten, neuen und positiven Affirmationen noch einmal aufmerksam durch. Beenden Sie auch diese Übung mit einem Selfie.

Vergleichen Sie das nach dieser Aufgabe angefertigte Bild mit dem vorangegangenen! Hat sich etwas verändert? Wie wirken Sie jetzt auf sich?

2.4 Verzweiflungsmomente – und wie Sie daran wachsen

2.4.1 Kritische Phasen zeigen: Sie sind auf dem richtigen Weg!

Die folgende Regel mag unvorstellbar klingen, mag Sie irritieren und überraschen. Aber, und leider kann ich es nur aus der persönlichen Erfahrung und derjenigen von zahlreichen Kollegen ableiten, sie ist eine wichtige Regel, die Ihnen im Falle eines Falles auch Trost spenden kann.

> **Regel**
> Die besten Arbeiten entstehen, wenn ihr Autor durch ein tiefes Tal der Verzweiflung gegangen ist; wenn die eigenen Zweifel so stark geworden sind, dass er am Rande des Denkmöglichen angelangt ist.

Wer darum weiß, kann nun daran arbeiten, die Selbstverständlichkeit dieses Zustandes zu akzeptieren. Sie werden sehen, stecken Sie in der Krise, ist das kaum möglich. Dennoch sollten Sie sich auch dafür eine passende Affirmation mit in das Abschlussarbeitengepäck nehmen, denn je schneller Sie die Krise überwunden haben, umso schneller sind Sie wieder (voll) arbeitsfähig.
Wie stellen sich solche Krisen dar?

- Sie haben das konkrete Gefühl, nichts von den Dingen, die Sie bislang getan haben, ergibt einen Sinn.
- Sie zweifeln insbesondere an der Sinnhaftigkeit des Themas und daran, Ihre Forschungsfrage beantworten zu können.
- Sie halten die Ergebnisse Ihrer Forschungsarbeit für zu wenig aussagekräftig oder banal.
- Sie stellen Ihre Struktur, die Gliederung und Ihre Vorgehensweise infrage.
- Sie verstehen nicht mehr, warum Sie bestimmte Dinge auf diese Weise bearbeitet haben.

Noch einmal: Verstehen Sie diese Phase als Geschenk, als eine Auszeichnung, die beweist, dass Sie auf dem richtigen Weg sind. Wichtig ist es allerdings, diese „Verzweiflung", wie ich es nenne, von reiner Prokrastination zu unterscheiden. Während letztere eher diffuse Ängste und ein ungeheures Druckgefühl erzeugt, das irgendwann unerträglich wird, bezieht sich erstere auf den Inhalt, auf die Vorgehensweise, sie hat einen klaren thematisch-intellektuellen Bezug, sie haben plötzlich das Gefühl, dass Sie nichts mehr richtig erfassen können und dass Ihr Denkvermögen nicht mehr ausreicht, um die komplexen Strukturen und Gedankengänge nachzuvollziehen, die Sie ausgelegt haben.

Erfahrungsbericht: „Es kommt trotzdem immer irgendwann eine Panik-Phase ..."

Zeitlicher Stress: Der kommt ohnehin immer. Und dabei ist es egal, ob durch Aufschieberei oder durch externe Einflussfaktoren. Eine Abschlussarbeit geht ja schließlich immer mit einem Abschluss einher. Und dadurch fängt meistens etwas Neues an. Das heißt, dass sich die Welt im Zweifelsfall während der Schreibphase für die Abschlussarbeit weiterdreht und man allerlei Dinge „nebenbei" erledigen muss. Seien das Bewerbungen, die dann doch ein wenig mehr Zeit in Anspruch nehmen, Vorbereitungen für einen Umzug oder sogar bereits ein neuer schon angefangener Job, mit dem man die Schreibzeit für die Abschlussarbeit irgendwie vereinbaren können muss. Deshalb macht es tatsächlich Sinn, sich einen ordentlichen und für sich selbst auch wirklich realistischen Zeitplan aufzustellen. Und den sollte man tatsächlich an seiner eigenen Arbeitsweise orientieren und nicht an dem, was in irgendeinem Lehrbuch steht oder was der Kommilitone gesagt hat.

Aus meiner Erfahrung kommt trotzdem immer irgendwann eine Panik-Phase in der man glaubt, es auf keinen Fall rechtzeitig zu schaffen, aber wenn man sich diese Panik zunutze macht und diese in Motivation umwandelt, schafft man es auf jeden Fall. Eine Verlängerung zu beantragen kostet am Ende nur Zeit und Nerven, die man auch für die Arbeit hätte nutzen können. Sinnvoll ist so eine Verlängerung wahrscheinlich wirklich nur, wenn es große Probleme mit der Stichprobe gibt oder der Laptop geklaut wurde und alle Sicherheitskopien in der Dropbox, auf der externen Festplatte und im Mailprogramm verschwunden sind.

Bei massivem Zeitdruck hilft es eventuell, auch manchmal schon die eigenen Ansprüche nochmal zu überdenken und gegebenenfalls anzupassen. Das heißt nicht, dass die Qualität darunter leiden sollte, aber meistens geht man an so eine Arbeit ohnehin mit zu hohen Ansprüchen heran.

Betreuer: Es ist zwar im ersten Moment sinnvoll, sich den Prüfer oder Betreuer herauszusuchen, bei dem man immer die besten Noten bekommen hat. Am Ende hilft es aber viel mehr, jemanden auszuwählen, der sich mit dem Thema gut auskennt und der einen auch gut unterstützen kann. Und das ist völlig unabhängig davon, wie intensiv man sich während der Arbeit mit seinen Betreuern austauscht. Für mich hat es beispielsweise gut funktioniert, nur wenige Treffen mit meinen Betreuern auszumachen, um das Thema zu besprechen und festzumachen, und dann nach einiger Zeit noch einmal hinzugehen, um zu schauen, ob ich auf dem richtigen Weg bin. Das kommt aber jeweils individuell auf die eigene Arbeitsweise an. Trotzdem kann es oft nicht schaden, mit den Betreuern noch einmal Absprache zu halten, weil sie meistens sofort erkennen, ob man sich in einer Sache verrennt und ob man sich zu viel vorgenommen hat.

Die wichtigste Erkenntnis für mich ist auf jeden Fall, dass man immer den besten Weg für sich selbst finden muss. Und der sieht meistens doch ganz anders aus als der Weg, den die anderen gehen. Wenn die anderen dreieinhalb von fünf Monaten Prüfungszeit darauf verwenden, den Forschungsstand zu beschreiben und immer wieder zu überarbeiten und nach einem Monat schon 70 Seiten geschrieben haben, heißt das nicht, dass das für einen selbst das Maß aller Dinge sein muss. Wenn man schnell schreibt und mehr Zeit braucht, Zusammenhänge für sich selbst im Kopf herzustellen, zu lesen und auszuprobieren, ist es nicht schlimm, nach dreieinhalb Monaten erst 40 Seiten zu haben. Solange sich das mit der eigenen Arbeitsweise vereinbaren lässt und man die Arbeit auch in sechs Wochen noch vollständig runterrocken kann, ist das in Ordnung und auch nicht besser oder schlechter als bei den anderen, die zum Ende hin Probleme mit ihrer Auswertung bekommen. Damit einher geht auch, dass man seine eigene Arbeitsweise auch nicht mehr ändern wird. Wenn man während des Studiums die Hausarbeiten vor allem über Nacht an den

Tagen kurz vor der Abgabe geschrieben hat, wird es bei der Abschlussarbeit nicht anders sein, auch wenn man sich das vornimmt. Und das ist auch okay, man muss das nur so realistisch in den eigenen Zeitplan einplanen – und sich dieser Tatsache bewusst sein.
Anne Quader ◄

2.4.2 Zweifel überwinden und zurück ins Leben finden!

Wie nun aber kommen Sie aus dieser Phase heraus? Wie überwinden Sie die Lähmung, die sich in der Verzweiflung einstellen kann?

Es gibt ein einen recht hilfreichen Mechanismus, der zwar nicht zwingend garantiert, dass die Verzweiflung verschwindet, den Sie aber ausprobieren sollten, weil er sie in die Lage versetzt, Ihr Denken „wieder einzufangen".

- Öffnen Sie Ihre Ausgangsdatei. Speichern Sie diese unter einem anderen Namen, der Ihnen verdeutlicht, dass es hier um einen Test geht.
- Wählen Sie die Gliederungsansicht Ihres Dokumentes. Stellen Sie die zweite Gliederungsebene zur Ansicht ein.
- Nun beginnen Sie mit bereits fertig „geschriebenen" Abschnitten auf der zweiten Gliederungsebene – öffnen Sie einen beliebigen, lesen Sie den in der ersten Fassung bereits finalisierten Text, klappen Sie den Text in der Gliederungsansicht anschließend wieder ein.
- Nun verschieben Sie innerhalb der Kapitel diesen Abschnitt. Ihre Aufgabe ist es, einen anderen sinnvollen Ort für das gewählte Unterkapitel zu finden.
- Gehen Sie dabei gerne wahllos vor, und fassen Sie nun andere Unterkapitel an, verschieben Sie diese mutig. Erstellen Sie eine neu gegliederte Arbeit.
- Fragen Sie sich: Ergibt diese neue Struktur Sinn? Was habe ich mir bei der Gliederung gedacht? Gibt es Bereiche, die vielleicht wirklich an anderer Stelle besser aufgehoben sind?
- Öffnen Sie Ihre Originaldatei,– und vergleichen Sie beide Dateien. Gibt es Bereiche, die nach dem Umbau besser sind als zuvor? Gibt es Abschnitte, die nun leichter zu finalisieren wären? Welche Gedanken haben sich beim Verschieben eingestellt? Wie intuitiv sind Sie vorgegangen?
- Vergessen Sie nicht, nach diesem „Test" die neu angelegte Datei wieder zu schließen (und vielleicht auch zu löschen), damit Sie nicht versucht sind, in dieser weiterzuarbeiten. Es sei denn, es haben sich hier Geistesblitze aufgetan, die Sie in jedem Falle berücksichtigen wollen.

2.4 Verzweiflungsmomente – und wie Sie daran wachsen

Das mutige Aufbrechen der Arbeitsstrukturen spiegelt ein Aufbrechen gewohnter Denkmuster. Verzweiflung am Inhalt und an der Vorgehensweise verweisen zumeist auf festgefahrene Denkmuster und das Erfordernis, neue Strukturen auszubilden, also Akkommodation[2] zu ermöglichen. Die beschriebene Methode zwingt Sie zurück in die Struktur, und lässt Sie mit dem weiterarbeiten, was in einer logischen Abfolge bereits vorliegt.

Das ist das Wichtige: Die Verzweiflung darf, im Schreiben angekommen, für Sie etwas Normales sein, so brutal sich dies anhören mag. Wie Sie mit ihr zurechtkommen, ob Sie sie überwinden können, liest man am Ende Ihrer Arbeit an. Und künftige Arbeitgeber sind in diesem Punkt sehr sensibel. Für sie ist es schließlich ein wichtiger Hinweis, ob Sie in der Lage sind, auch in inhaltlich-kritischen Situationen wieder in die zu erledigende Projektarbeit zurückzufinden.

Ein paar sehr praktische Tipps sollen hier zusätzlich dazu dienen, sich schnell wieder zu beruhigen:

- In einer solchen Phase werden Sie von Stresshormonen überschwemmt. Am besten bauen Sie diese – evolutionsbedingt – über körperliche Betätigung ab. Sport wäre also ein erster Schritt.
- Sorgen Sie für ausreichend Schlaf; gute Tiefschlafphasen sind für Gedächtnisprozesse elementar (vgl. Born 2000, S. 198 ff.).[3]

---

[2] Assimilation und Akkommodation verweisen sind jene beiden Prozesse, die im Sinne einer Didaktik Strukturen aufbauen. Assimilation heißt dann so viel wie: Neue Informationen und neues Wissen werden an die bestehende Struktur angepasst in sie integriert, eingeordnet, das ist nicht passiv, sondern ein aktiver Prozess, ein „handelndes Einwirken". Akkommodation läuft in umgekehrter Richtung, hierbei wird die vorhandene Struktur, also das Assimilationsschema an neue Informationen angepasst (Anderseck 1988, S. 35), die neue Struktur erweitert (Skemp 1987). Vielleicht sollte man mit Anderseck (1988) und auch Aebli (1977) gleich noch Kant (1781/1867) integrieren und auf seine „apriori" hinweisen, denn im Grunde sind diese ja auch nichts anderes als Assimilationsschemata. Diese Auffassung führte in der Pädagogik weg von einer „Abbildtheorie" des Erkennens, das die Assoziationspsychologie predigte, hin zu einem „aktiven Gestalten" zu einer „Einwirkung" (Piaget 1973, S. 23).

[3] Zu den folgenden Ausführungen: vgl. Born (2000, S. 198–208): Die Tiefschlafphasen, insbesondere jene des frühen Schlafes, haben Einfluss auf die sogenannte „deklarative Gedächtniskonsolidierung". Verantwortlich dafür sind Prozesse in einem bestimmten Hirnbereich, dem Hippocampus. Der wissenschaftlich interessanteste Aspekt dabei: In der frühen Schlafphase ist die Cortisolfreisetzung gehemmt, die Rezeptoren für das Hormon bleiben inaktiv – eine Aktivierung dieser „hippocampaler Glucocorticoidrezeptoren" hemmt den Konsolidierungsprozess – also die Gedächtnisbildung. Früher waren sich Forscher sicher, dass die Konsolidierungsprozesse vorwiegend während des sogenannten REM-Schlafs stattfinden, also in den Phasen, die aufgrund der schnellen Augenbewegungen abgrenzbar sind.

- Trinken Sie obergäriges Bier – gerne auch alkoholfrei. Ein bescheuerter Tipp, der hier nur aufgenommen wird, um zu überprüfen, ob Sie das Buch auch sorgfältig lesen? Nein! Obergärige Biere liegen zumeist noch auf der Hefe, das heißt, sie enthalten eine Reihe von B-Vitaminen – darüber hinaus, und das ist für die Wirkung entscheidend, wirkt der Hopfen beruhigend. Sie können für die Beruhigungswirkung auch Tee aufgießen. Schließlich ist Bier nichts anderes als kalter, (nicht zwingend) alkoholisierter Hopfenblütentee.
- Achten Sie auf Ihre Ernährung: Wenn Sie beispielsweise am Abend noch jede Menge Eiweiß (Fisch oder Fleisch) und Rohkost zu sich nehmen, dann können Sie zumeist den folgenden Morgen vergessen, denn Ihr Körper muss sich, weil sich die für die Verarbeitung notwendigen Organe, sprich: Dünndarm und Leber, in der Nacht eine Pause verschafft haben, erst einmal um die Aufgaben des vergangenen Abends kümmern. Das entzieht Leistungsfähigkeit, die Sie in dieser Lebens- und Arbeitsphase dringend auf anderen Gebieten benötigen. Wenn Sie ihre Leber grundsätzlich in der anstrengenden und stressreichen Phase unterstützen wollen, empfiehlt die Pflanzenheilkunde übrigens gerne Mariendistelsamen: diese dann einfach kleinmörsern und dem Essen beifügen; sprechen Sie diesbezüglich aber stets vorher mit Ihrem Arzt oder Apotheker.
- Vermeiden Sie Kaffee (vgl. Poldrack et al. 2015, o.S.)[4].

Solche Schlafphasen häufen sich in der zweiten Hälfte des nächtlichen Schlafs, die erste Hälfte ist eher von längeren Tiefschlafphasen geprägt. In der Fachsprache liest sich das dann mit Bezug auf Born (2000) so: „Ein Vergleich der Gedächtnisleistungen der Untersuchungspersonen nach Phasen des frühen bzw. späten Schlafs führt nun zu folgenden Ergebnissen: Hippocampal vermittelte deklarative Gedächtnisleistungen werden in verstärktem Maße durch die Tiefschlafphasen der ersten Nachthälften gefördert. Das deklarative Gedächtnis wird dabei als ein System gesehen, das bei Speicherungsprozessen vorwiegend auf hippocampale und angrenzende Temporallappenstrukturen rekurriert. Gespeichert werden Fakten und Episoden (semantisches und episodisches Gedächtnis), wobei der Zugriff auf Gespeichertes willentlich erfolgt. Das non-deklarative Gedächtnissystem hingegen wird als eine Sammlung impliziter Gedächtnisprozesse definiert, bei denen es ohne willentliche Anstrengung allein durch das wiederholte Einüben zur Abspeicherung kommt (vgl. Priming und klassisches Konditionieren). Ein willentlicher Zugriff auf dieses von hippocampalen Strukturen unabhängige Gedächtnis ist in der Regel nicht möglich. Ob und in welchem Ausmaß REM-Schlaf für die non-deklarative Gedächtniskonsolidierung relevant ist, konnte aufgrund der durchgeführten Untersuchungen nicht abgeklärt werden".

[4] Russel Poldrack, Wissenschaftler der Stanford-Universität ließ über 18 Monate hinweg jeden Dienstag und Donnerstag das eigene Hirn scannen. Insbesondere die kleinen Dinge, minimale Veränderungen in der Hirnstruktur haben ihn dabei interessiert, diese werden zum Beispiel durch tägliche Routinen verursacht. Deshalb kam er in seiner gut dokumentierten Studie auch auf die Idee, die Wirkung von Koffein zu untersuchen, seine Tasse Kaffee zum

2.4 Verzweiflungsmomente – und wie Sie daran wachsen

- Sie können zusätzlich Vitamine zur Unterstützung verschiedener Körperfunktionen zuführen. Auch bezogen auf die Aspekte dieses Unterpunktes reden Sie vorweg bitte mit Ihrem Arzt oder vielleicht auch einem Apotheker. Lassen Sie sich beraten, und verweisen Sie auf die besondere Lebens- und Stresssituation, in der Sie sich befinden. Folsäure und Vitamin B 12 wären zwei Kandidaten, die in besonders intensiven Tiefphasen Energie bringen. Wenn Sie eher zu negativem Denken neigen, dann knabbern Sie Cashew-Kerne neben dem Schreiben. Darin ist mit Tryptophan eine essenzielle (also eine vom Körper nicht selbsttätig herstellbare) Aminosäure enthalten, die im Körper zu Serotonin umgewandelt wird. Deshalb auch wird ihr eine stimmungsaufhellende Wirkung nachgesagt: Der Serotoninspiegel erhöht sich, und eine leicht antidepressive Wirkung wird wahrscheinlich.
- Eine gute Methode Ausgleich zu schaffen, besteht darin, sich damit zu belohnen, nach draußen gehen zu dürfen, Sport zu treiben. Die archaische Reaktion auf Stress war jeweils Flucht oder Kampf – beides Dinge für die viel Energie zur Verfügung stehen musste. Heute wird uns Stress im geistigen Sinne zugemutet, und die beiden Optionen stehen zumindest auf der Körperebene nicht zur Verfügung. Steigt das Stresspotenzial über ein gewisses Maß – hier müssen Sie selbst sensibel werden –, dann kann es sinnvoll sein, einmal um den Häuserblock zu joggen, für eine Stunde ins Fitnessstudio zu gehen oder 50 Kniebeugen oder Ähnliches zu absolvieren. Sie werden merken, dass dies besser ausgleicht und schneller wieder ruhig werden lässt als alles andere, einfach weil die Evolution unserem veränderten Stressaufkommen noch nicht nachgekommen ist und Cortisol so am leichtesten abzubauen ist.
- Viele Studierende profitieren auch von bewussten Atemtechniken, die gerne in Entspannungskursen trainiert werden. Insbesondere im traditionellen Yoga finden sich zahlreiche Möglichkeiten, wie mithilfe von Atemübungen, Stress abgebaut und der Geist beruhigt wird.[5]

Frühstück. Das Ergebnis: Koffein beeinflusst, wie verschiedene Teile des Gehirns miteinander kommunizieren; und je niedriger die tägliche Dosis war, desto stärker war der Austausch. Insbesondere die Verbindung zwischen dem sogenannten somatosensorischen Netzwerks (also die Körperwahrnehmung, die durch Haut, Organe, Muskeln oder Gelenke vermittelt wird) und jenen Hirnbereichen, die für das Sehen zuständig sind, hing von der Koffeinzufuhr ab – die Versuchsbeschreibung, die zum Nachweis dieses Zusammenhangs führte ist übrigens absolut lesenswert und auch aus Sicht der Dokumentation wissenschaftlicher Arbeitsprozesse spannend (vgl. zur gesamten Fußnote: Poldrack et al. 2015).

[5] Sie können eine dieser Übungen gleich einmal ausprobieren. Sie nehmen dazu die rechte Hand, klappen Zeige- und Mittelfinger nach innen, dann atmen Sie ein paar Mal vollständig ein und aus. Schließen Sie dann mit dem Daumen das rechte Nasenloch, atmen vier Sekun-

- Hinweis: Sport und Entspannung – und doch „immer bereit"! Nehmen Sie zum Sport und ganz generell stets einen Notizblock oder Ihr Handy mit, um sich schnell etwas aufschreiben oder eine Sprachnotiz aufnehmen zu können. Häufig funktioniert das Gehirn im Loslassen besser. Bei anscheinend monotonen Sportübungen wird man plötzlich kreativ, man erkennt Zusammenhänge und hat hervorragende Ideen für den Text. Man schlägt innere Brücken und entdeckt logische Zusammenhänge. Erinnern Sie sich einfach an die Polymerase-Kettenreaktion als „Idee" einer langen nächtlichen Autofahrt. Aha-Effekte „passieren" regelmäßig in den Entspannungsphasen, also: Seien Sie vorbereitet!
- Aus meiner Sicht sind gerade deshalb die Entspannungs- oder vielleicht besser Umorientierungs- beziehungsweise Stressabbauphasen von elementarer Bedeutung für das Gelingen Ihres Projektes. Wer gut im Planen ist, und wer sich dann auch an die eigenen Pläne hält, der sollte in regelmäßigem Rhythmus diese Phasen direkt mit einplanen.

2.4.3 Heilsames Schreiben – Homöopathisch Texten

Dieser Abschnitt ist ein Plädoyer! Ein Plädoyer für eine Übung, ein Verfahren, das mit vielen zielsicheren und treffenden Argumenten zu torpedieren wäre. Ich weiß darum – es ist aber ein Verfahren, dessen Wirkmächtigkeit eben nur am eigenen Körper, im eigenen Bewusstsein erlebt werden kann, das Ausdauer und Regelmäßigkeit benötigt. Alle jene, die damit arbeiten, die sich darauf eingelassen haben, haben sich von den Morgenseiten auch verändern lassen – jedenfalls alle, die ich kenne. Meine Frau hat mir nach einigen Jahren Erfahrung mit den Morgenseiten einmal den folgenden Satz mit auf den Weg gegeben: „Glaub' mir, diese Seiten sind mächtiger, als Du Dir je vorstellen wirst können!". Ein für mich bis heute bemerkenswerter Satz.

---

den durch das linke Nasenloch ein. Dann schließen Sie mit dem Ringfinger auch das linke Nasenloch und halten den Atem acht Sekunden lang an, um dann den Daumen zu lösen und den Atem acht Sekunden lang durch das rechte Nasenloch ausströmen zu lassen. Atmen Sie dann wieder vier Sekunden lang ein, diesmal durch das rechte Nasenloch, schließen Sie dieses, halten Sie den Atem acht Sekunden, öffnen Sie das linke Nasenloch, und atmen Sie acht Sekunden lang aus. Führen Sie diese Übung mindestens drei Minuten lang durch. Im Yoga nennt sie sich „Wechselatmung" oder auch „Anuloma Viloma Pranayama". Diese Atmung schafft inneren Ausgleich, beruhigt Ihre Gedanken und wirkt stresslösend. Wenn Sie merken, dass der Müdigkeitspegel steigt, können Sie übrigens auch ausprobieren, einmal drei Minuten lang nur durch das rechte Nasenloch zu atmen.

2.4 Verzweiflungsmomente – und wie Sie daran wachsen

Homöopathie ist eine alternative – und in der Schulmedizin umstrittene – Heilkunst. Begründet von Samuel Hahnemann (vgl. Hahnemann 1881) ist sie aller Kritik zum Trotz in vielen Haushalten angekommen, vielleicht auch, weil die zugrunde liegende Idee ebenso simpel wie einleuchtend ist: Simila similibus curantur (Hahnemann 1881). Gleiches wird mit Gleichem geheilt. Deshalb werden von klassischen Homöopathen zum Teil Gifte in hohen bis höchsten Verdünnungen – einzelne Moleküle sind nicht mehr nachweisbar – verabreicht. Verursacht ein solches Gift in hoher Dosis einen Hautausschlag, dann wird das homöopathische Mittel, das aus diesem Gift gewonnen wird, gegen ähnliche Formen von Hautausschlägen verwendet. Dies ist das Grundprinzip der Heilmethode. Der Körper erhält jene Informationen, die seine Selbstheilungskräfte in Bewegung setzen. Doch warum die lange Vorrede über Komplementärmedizin?

In diesem Abschnitt möchte ich Ihnen ein bewährtes Mittel zur Psychohygiene empfehlen, das zumindest dann, wenn Sie im Schreiben Ihrer Abschlussarbeiten aus meiner Perspektive ein ähnliches Wirkprinzip verfolgt wie die Homöopathie. Das heißt, Sie dürfen Schreibprobleme, vielleicht auch Schreibhemmungen und die Angst vor der großen schriftlichen Aufgabe mit eben jenem bekämpfen, was vielleicht die größte Hürde darstellt: mit Schreiben.

Es gibt hier ein aus meiner Sicht hervorragendes Verfahren, das die US-amerikanische Autorin Julia Cameron (2000, 2003) – unter anderem Dozentin für Kurse im kreativen Schreiben – dokumentiert hat. In der deutschen Übersetzung nennt sich das Prinzip „Morgenseiten" und ist eine Übung, die gleich auf mehreren Ebenen wirkt (vgl. Cameron 2000, S. 33): Die Übung selbst könnte einfacher nicht sein: Man schreibe jeden Morgen, recht nah am Aufstehen, also ohne bereits richtig in den Tag gekommen zu sein, handschriftlich drei Din-A4-Seiten Text. Fertig.

Sie können darin über nachschwingende Träume sinnieren, über anstehende Aufgaben des Tages nachdenken oder Ihrem Ärger Luft machen. Sie können auf den drei Seiten auch gerne 125 Mal den gleichen Satz aufschreiben oder kleine Geschichten erzählen. Wichtig aus meiner Sicht ist, dass Sie bei dieser Übung nach Cameron (2000) nicht lange nachdenken, dass Sie einfach anfangen zu schreiben. Niemand wird diese Seiten lesen dürfen, sie sind ausschließlich für Sie selbst gedacht, enthalten Ihre Geheimnisse und Wünsche, hier dürfen Sie Ihr Innerstes nach außen kehren und sich insbesondere von negativen und belastenden Gedanken befreien (Cameron 2000, S. 36–38): „Halten Sie sich an die folgende Regel: Denken Sie immer daran, dass die negativen Meinungen Ihres Zensors nicht der Wahrheit entsprechen. Das erfordert Übung. Indem Sie die negativen Meinungen jeden Morgen nach dem Aufstehen hochkommen lassen und zu Papier bringen, lernen Sie, dem Zensor auf die Schliche zu kommen. Da es keine falsche Art gibt, die Morgenseiten zu schreiben, zählt die Meinung des Zensors nicht, der diese Morgenseiten bewerten könnte." (Cameron 2000, S. 36). Und weiter: „Die Morgenseiten werden Ihnen zeigen, dass Ihre Stimmung in Wirklichkeit keine Rolle spielt. Einige der besten kreativen Werke entstehen genau an den Tagen, an denen Sie das Gefühl haben, dass das, was Sie tun, der letzte Mist ist. Durch die Morgenseiten werden Sie lernen, mit dem Urteilen aufzuhören und sich einfach nur selbst schreiben zu lassen."

Tatsächlich wird dieser Akt des „Herausschreibens" vielfach als Befreiung erlebt. Aus meiner persönlichen Perspektive – es gibt viele Lebensphasen, in denen ich sehr konsequent jeden Morgen auf diese Weise geschrieben habe und inzwischen habe ich einige Notizbücher gefüllt – wirkt die Übung auf mehreren Ebenen:

- Sie haben ein sehr einfaches Instrument, um sich Dinge von der Seele zu schreiben, sie loszuwerden, auch, wenn es erst einmal nur für den Moment ist.
- Ein wesentlicher Sinn liegt in der Regelmäßigkeit. Sie disziplinieren sich in einem Bereich, von dem Sie wissen, dass er Ihnen guttut. Doch diese selbst gewählte und leichte Disziplinierung macht es Ihnen auch auf anderen Gebieten leicht, in die Disziplin zu finden. Sie können der einen Routine (Morgenseiten) die andere (Arbeit an Haus- oder Abschlussarbeit) folgen lassen. Dies ist der gleiche Effekt, den Sie bei Kindern erleben, die mit festen Aufgaben in das Familienprogramm eingebunden sind (Geschirr abspülen, Müll hinausbringen, Betten machen, Wäsche sortieren, etc.). Diejenigen, die in ihren Familien regelmäßig mit eigenen Tätigkeiten betraut werden (diese dürfen nicht zu groß und nicht zu umfangreich sein), trainieren nichts anderes als Disziplin – etwas, das sich auch auf spätere und andere Aufgaben überträgt.
- Aus meiner Sicht ist es auch wichtig, die Übung konsequent handschriftlich durchzuführen. Sie können dies gerne ausprobieren – und die gleiche Textmenge einmal in ein Computersystem schreiben. Sie werden sofort feststellen: Die feinmotorische Führung der Hand über die Seiten besitzt einen zusätzlichen Effekt. Da beim Schreiben unzählige Kompetenzen zusammenspielen (Becker-Mrotzek und Schindler 2007, insbes. S. 41–62), ist es nicht leicht, die (neurophysiologisch vermutlich bedeutsame) Rolle von Handschrift zu ermitteln. Wer allerdings den von Eva Odersky (2018, S. 5–99) zusammengetragenen Forschungsstand mit der Ausrichtung Handschrift und Automatisierung des Handschreibens studiert, kann sich kaum der Einschätzung entziehen, dass beim handschriftlichen Schreiben durch das Zusammenwirken von Kognition, Motorik und Sprache mit Motivation und Konzentration (Odersky und Speck-Hamdan 2017) besondere Kompetenzen ausgeprägt werden.

2.4 Verzweiflungsmomente – und wie Sie daran wachsen

- Denken Sie nicht nach, was Sie schreiben sollen! Normalerweise schreiben wir nur Dinge auf, die zum späteren Lesen gedacht sind. Die Morgenseiten-Texte müssen Sie nicht wieder lesen. Sie dürfen dies. Die Empfehlung von Cameron lautet (vgl. 2000), erst nach einigen Wochen oder Monaten, vielleicht nach einem Vierteljahr das Geschriebene wieder hervorzuholen und mit wachem Bewusstsein zu analysieren. Sie werden in der Rückschau häufig die Relativität Ihrer Probleme und Fragen erkennen, aber dies muss aus meiner Erfahrung heraus nicht einmal so erfolgen. Sie können die Seiten auch dauerhaft in den Tresor legen oder vernichten.
- Die Inhalte der Seiten werden sich verändern, wenn Sie diese zu unterschiedlichen Tageszeiten schreiben. Der Übergang aus dem nächtlichen Verarbeitungsrhythmus in die Tagesaktivität ist, aufgrund meiner ganz persönlichen Erfahrung, tatsächlich die perfekte Zeit, um sich in das Schreiben zu begeben, da man an beide Felder, an Nacht und Tag, anknüpfen kann. Probieren Sie es aus. Es ist tatsächlich ein Unterschied, wann Sie sich zum Schreiben verpflichten.
- Selbstverpflichtung benötigt Übung, Übung ist Selbstverpflichtung. Halten Sie einige Tage durch, auch wenn es schwerfällt. Wenn Sie sich einmal darauf eingeschwungen haben, werden Sie feststellen, dass Ihnen etwas fehlt, wenn Sie auf die Morgenseiten verzichten müssten.
- Ich persönlich habe die Erfahrung gemacht: Insbesondere in psychisch fordernden Zeiten – und eine Abschlussarbeit eben auch zum Abschluss zu bringen, fordert den Menschen, jeden, stark – dienen Morgenseiten dem Erhalt der Denk- und Leistungsfähigkeit. Cameron selbst (2000) sieht die Übung auch als wesentliche Stütze für den Erhalt und die Entwicklung der eigenen Kreativität.
- Morgenseiten dienen meines Erachtens insbesondere der Reinigung. Vergleichen Sie dies mit einer Dusche. Sie werden vermutlich auch häufiger in der Woche unter der Dusche stehen. Morgenseiten wirken ähnlich wie die morgendliche Dusche oder das Zähneputzen. Deshalb bezeichne ich diese Übung auch gerne (wie oben schon) als einen Akt der Psychohygiene. Sie reinigen Ihren Geist, bevor Sie sich an komplexe Aufgaben wagen.
- Ihr Gedanke wird nun sein: Das kostet mich viel zu viel Zeit! Sie benötigen je nach Tag zwischen 20 und etwa 45 min Zeit. Doch diese Übung wirkt wie ein Beschleuniger – und meines Erachtens sparen Sie mehr als die aufgewendete Zeit am Ende ein. Reduzieren Sie stattdessen Ihren Medienkonsum, verzichten Sie auf Ihre Lieblingsserie, reduzieren Sie das Studium der Facebook-Timeline auf ein Minimum. Schließen Sie hierzu einen inneren Vertrag mit sich, Sie werden sehen, der Tag hat reichlich Zeit, wenn Sie Ihrem Geist ermöglichen, ins Fließen zu kommen.

- Weniger als drei Seiten? Meine eigene Erfahrung sagt klar: Nein! Warum, kann ich Ihnen nur damit erklären, dass es jeden Morgen ein wenig Zeit benötigt, um in den Modus hineinzufinden, um sich wieder an die Übungsform zu gewöhnen. Mir passiert es bei den Morgenseiten immer wieder, dass ich nach etwa einer geschriebenen Seite spüre, es verändert sich etwas, das Thema nimmt eine Wendung, die Haltung verändert sich. Manchmal, das sind dann immer große Momente, entsteht das Gefühl, man würde gar nicht selbst schreiben, und stattdessen schreibt ein anderer. Ich kann mir das logisch nur so herleiten, dass andere Hirnregionen, die tiefer liegen als unser bewusstes Sein, die Regie übernehmen. Das aber würde bedeuten, dass wir diese Bereiche aktivieren – und damit vielleicht auch für die folgende Arbeit verfügbar halten.

2.5 Intuitiv, planvoll oder ganz chaotisch: Welcher Schreibtyp sind Sie?

Der Writing Code weiß um die Individualität jedes Menschen – und er folgt damit lediglich den Erkenntnissen moderner Schreibforschung und daraus abgeleiteter Schreibdidaktik.

2.5.1 Schreibtypen 1 – Strukturen schaffen oder Strukturen folgen?

Gerd Bräuer ist vermutlich einer der bekanntesten Schreibdidaktiker in Deutschland. Auf ihn geht ein Konzept zurück, das man am bestens als Schreibhandlungsstruktur bezeichnen kann. Er unterscheidet hierbei zwischen zwei Polen – auf der einen Seite stehen die Strukturschaffer, auf der anderen die Strukturfolger (Bräuer 2013, S. 182–184). Für das von ihm aufgebaute Schreibzentrum an der Pädagogischen Hochschule Freiburg hat er auch einen Test entwickelt, mit dem man leicht herausfinden kann, welche Variante bei einem selbst überwiegt (https://bit.ly/3LvaXr4). Natürlich existieren am Ende beide Schreibtypen nie in Reinform, das Konzept hilft aber bei der Einschätzung seiner eigenen Arbeitsweise mit allen ihren Stärken und Schwächen. Mehr über Strukturschaffer und Strukturfolger erfahren Sie auch im verlinkten Video (Abb. 2.10).

Strukturschaffer wollen viel Text in kurzer Zeit produzieren, die Textstruktur ergibt sich erst sukzessive während des Schreibens. Folgerichtigerweise beginnt der Strukturschaffer schnell mit dem Schreiben, er produziert viel Text und muss sich später zumeist von einigen Passagen wieder trennen – was eher schwerfällt.

2.5 Intuitiv, planvoll oder ganz chaotisch: Welcher Schreibtyp sind Sie? 97

Abb. 2.10 Den eigenen Schreibtyp kennen (▶ https://doi.org/10.1007/000-c59)

Vorteilhaft ist die Arbeitsweise, weil der Strukturschaffer immer wendig, reaktionsschnell und flexibel bleibt. Das Risiko: Die Struktur ufert aus, wird ständig erweitert, man kommt nicht zum Ende, zu viele Einzelstränge werden entwickelt, Material wird auch sinnfrei integriert und am Ende fehlt es komplett an Struktur in der Arbeit und Überblick beim Schreiber. Der Writing Code nutzt zahlreiche Aspekte des strukturschaffenden Schreibens – wie von Bräuer beschrieben, verfassen Strukturschaffer die Einleitung bei wissenschaftlichen Texten erst nach der Fertigstellung des Haupttextes, und das wiederum ist eine der Regeln, die Sie auch im Writing Code wiederfinden (vgl. Bräuer 2013, S. 182–185).

Strukturfolger legen sehr früh im Arbeitsprozess eine Textstruktur an. Dies ist ebenfalls im Writing Code quasi eine Pflichtaufgabe. Doch während hier weitestmögliche Flexibilität und Überarbeitungsmöglichkeit empfohlen wird, hängen Strukturfolger oft verbissen an der gewählten und aufgeschriebenen Struktur. Als Schreibtyp liebt der Strukturfolger ein Vorgehen nach Plan, ein Abarbeitung von gegliederten Inhalten, zumeist mag er auch Mindmaps und Abbildungen aus anderen Büchern oder Beiträgen, oft ist das Handeln des Strukturfolgers jedoch nur scheinbar effizient und zielführend, denn wissenschaftliche Arbeiten leben vom Diskurs, der sich oft erst nach einiger Zeit mit dem Thema ergibt. Sehr interessant bleibt auch das Konzept, den Schreibtypen Lerntypen entgegenzustellen, indem Akkomodation dem strukturschaffenden und Assimilation dem strukturfolgenden Typ zugeordnet werden. Damit wird Schreiben auf der einen Seite zum Werkzeug des Erfahrens, während es bezogen auf das Strukturfolgen zu einem Werkzeug des Abstrahierens wird (Kolb 1984 zu den Lerntypen, Opdenacker et al. 2009, S. 54 ff. zum Typenabgleich).

2.5.2 Schreibtypen 2 – intuitiv, strategisch, redaktionell und affektiv

Ein anderes Typenkonzept entwickeln Grieshammer, Liebetanz, Peters und Zegenhagen in ihrem Zukunftsmodell Schreibberatung (2019). Sie unterscheiden intuitive, strategische, redaktionelle und affektive Typen, die hier lediglich in Stichworten präsentiert werden sollen.

Intuitive Typen haben keine Sorgen, wie sie anfangen müssen, das leere Blatt ängstigt sie nicht, sie haben oft einen ganz eigenen Stil zu formulieren, der schwer nachzuahmen ist, zu Beginn achten sie eher weniger auf Genauigkeit und Korrektheit, dies kann ja später noch nachgeholt werden. Der „Intuitive" muss allerdings zumeist sehr intensiv nacharbeiten und wenn dies nicht geschieht, bleibt die spontan-unstrukturierte Vorgehensweise auch in der Endfassung erhalten, was die Texte in der Rezeption schwer lesbar erscheinen lässt. Intuitive Typen haben idealerweise von Beginn des Schreibprozesses an Ihren Leser im Auge, schreiben für eine genau definierte Zielgruppe (was sich ja beim wissenschaftlichen Arbeiten leicht umsetzen lässt).

Affektiv angelegte Schreibtypen sind, was ihre Texte angeht, sprunghaft, in höchstem Maß flexibel – und damit dem intuitiven Typen verwandt. Noch stärker ausgeprägt ist jedoch hier die Tendenz, unvermittelt im Text hängenzubleiben und an genau dieser Stelle dann weiterzuarbeiten. Von diesem Schreibtyp kann man in jedem Fall lernen, wie man Schreibblockaden verhindert, der Affektive ist immer schreibbereit, hat keine Probleme anzufangen. Nur dann, wenn es um Überblick, Gliederung, Zeitmanagement und verlässliche Strukturen geht, wird es eng. In der Literatur wird auch beschrieben, dass Texte von affektiven Schreibtyp häufiger als oberflächlich einzustufen sind und den nötigen Tiefgang vermissen lassen.

Redaktionelle Typen nach diesem Konzept schreiben zwar ebenfalls einfach drauflos – sie sind dann jedoch höchst akribische Überarbeiter, in unzähligen Iterationen entsteht so der finale Text, der oft tiefgehend und elaboriert verfasst ist. Wenn während der Überarbeitungen auch der angestrebte Leser im Blick bleibt, sind in diesem Verständnis redaktionell erstellte Texte von hoher Dichte und Klarheit. Leider verfangen sich redaktionelle Typen oft in der Dauerkorrektur, sie drehen Schleife um Schleife und stellen sich nie selbst zufrieden, die Tragik liegt in der Beurteilungsfähigkeit, ob der Text mit der Überarbeitung wirklich besser wird. Redaktionellen Typen sei deshalb empfohlen, sich gute Sparringspartner zu suchen.

Strategische Typen planen sehr sorgfältig, sie legen zumeist eine sehr gute Gliederung im Vorfeld fest, arbeiten sich sehr intensiv ins Thema ein und arbeiten die einzelnen Bereiche sehr genau ab, wobei das grundlegende Ziel der Texte auch beim Leser immer stringent vor dem inneren Auge bleibt und Exkurse, Wiederholungen oder weites Abschweifen keine Chance hat. Was diesem Schreibtyp fehlt, ist die Reaktionsschnelligkeit der Intuitiven, die Kreativität, auch randständige Aspekte in Exkursen aufscheinen zu lassen. Es wird auch davon berichtet, dass das Risiko für Schreibhemmungen bei den Strategen wächst (ebd.).

2.5.3 Schreibtypen 3 – Strategien zum Nachdenken

Sehr attraktiv in diesem Kontext ist auch der Zugang von Hanspeter Ortner (2000), für ihn ist Schreiben eine besondere Form von Verhalten, und er entwickelt auf dieser Basis verschiedene Typen (Ortner 2000, S. 346 ff.), die er als solche auch bezeichnet, doch wäre hier eventuell besser von zehn Verhaltensstrategien für das Schreiben zu sprechen. (2000) (vgl. Girgensohn 2007; Girgensohn und Sennewald 2012, S. 39). Seine Erkenntnisse hat er auf Basis von vielen Tausend Interviews, Tagebüchern, Briefen und anderen Selbstzeugnissen von Schriftstellern gewonnen, was zu seiner wesentlichen Erkenntnis führt, dass alle Schreibstrategien personengebunden sind. In seinen Verhaltensstrategien sieht er „keine angeborenen Schreibstrategien, sondern von einzelnen Personen erprobte und bewährte Verfahren zur Bewältigung von Schreibaufgaben" (Girgensohn und Sennewald 2012, S. 39).

Zu dieser Einschätzung mag beitragen, dass sich Ortner vor allen Dingen mit Autoren fiktionaler Texte beschäftigt hat. Man kann dies jedoch auch als These übertragen: Studierende folgen unterschiedlichen Schreibstrategien, und Erfolg stellt sich immer dann ein, wenn die (Schreib-)Aufgaben der individuellen Vorgehensweise entgegenkommen und, wo dies nicht der Fall ist, folgt das „Scheitern beim Schreiben häufig aus der fehlenden Bindung zwischen Aufgabe und Strategie" (Baurmann 2002/2008, S. 78).

Die von Ortner (2000) gewonnenen Verhaltensstrategien bzw. Schreibstrategien haben dabei, wie bei den meisten anderen Konzepten dieser Art hypothetischen Charakter und sind nicht durch empirische Untersuchungen quantitativ belegt (Egle 2020, o.S.). Insofern ist, auch wenn die Leistung Ortners unbestritten ist, keineswegs bewiesen, ob seine zehn Schreibstrategien generell auf die Produktion von Texten aller Art angewendet werden kann. Er unterscheidet das Schreiben in einem Zug, bei dem Texte ohne längeres Nachdenken direkt niedergeschrieben werden, der Arbeitsprozess wird nicht aufgeteilt und das zerlegende Schreiben, wobei letzteres auf Aktivitäten und auf Produkte bezogen werden kann (ebd.).

Die zehn Strategien in aller Kürze

- Beim nichtzerlegenden Schreiben wird ein Text ohne längeres Verweilen und Nachdenken sowie ohne Zwischenkorrekturen in einem Rutsch heruntergeschrieben.
- Wenn ein Text zu einer Idee geschrieben wird, dann geht die Textproduktion von einem klar definierbaren Thema aus, diesem kann ein Argument, eine Idee, eine These zugrunde liegen. Schüler lernen diese Strategie, wenn sie zum ersten Mal Aufsätze schreiben sollen (Egle 2020).
- Wenn im Rahmen der strategischen Vorgehensweise Mehrversionen oder Neuversionen geschrieben werden, dann entstehen im Arbeitsprozess mehrere Varianten, die der Autor zur Ausgangsthese oder Fragestellung entwirft. Die ersten Versionen werden nicht überarbeitet, es wird direkt eine neue Version verfasst.
- Man kann auch bestehende Versionen redigieren, dann gibt es eine erste Fassung in Rohtext. Diese wird dann in einer oder mehreren Iterationen überarbeitet. Der Text könnte im Rahmen dieser Strategie auch neu gefasst oder an einzelnen Punkten oder Argumenten überarbeitet werden.
- Das planende Schreiben folgt von Anfang bis Ende einer Struktur, einer Gliederung, einem definierten Entwurf. Man kann eine Schreibaufgabe im Übrigen auch mit Hinweisen zur Gliederung erstellen, um planendes Schreiben vorsichtig zu intendieren.
- Beim Niederschreiben aus dem Kopf wird ein schon im Gedächtnis vorstrukturierter Text niedergeschrieben
- Die Textproduktion wird der Produktionslogik Schritt-für-Schritt-Schreiben folgend so in zerlegt, dass eine definierte Reihenfolge möglich ist. Insbesondere umfangreiche Schreibaufgaben lassen sich in bestimmte Handlungen übersetzen, hier lassen sich Tätigkeiten unterscheiden, die im Vorfeld schon definiert werden können.
- Working by Chaos – im synkretistischen Schreiben entsteht der Text weitgehend intuitiv, man erstellt zum Beispiel neue Textteile, bis man das Gefühl hat, dort nicht mehr weiterzukommen, dann nimmt man sich einen anderen Textteil vor; das eher unsystematischen Zusammendenken benötigt dann eine starke Hand bei der Zusammenführung der unterschiedlichen Textteile.

2.5 Intuitiv, planvoll oder ganz chaotisch: Welcher Schreibtyp sind Sie?

- Statt in der später einzureichenden oder zu veröffentlichenden Reihenfolge der Textteile, werden diese ganz unabhängig davon verfasst, insbesondere kollaborative Schreibprojekte, die in Zeiten des vernetzten Arbeitens vergleichsweise leicht zu realisieren sind, profitieren von dieser Strategievariante.
- Das Schreiben nach dem Puzzle-Prinzip ist ein produktzerlegender Prozess. Es gibt keine vorgegebene Struktur und keine Gliederung. Ein Risiko besteht darin, dass der Text nie beendet werden kann, weil sich Ende der Textproduktion nicht ergibt.

Sie haben nun eine ganze Reihe von Möglichkeiten kennengelernt, wie man sich selbst als Schreibender einordnen kann.

Zweifeln: Von alten Gewohnheiten zu neuen Glaubenssätzen! 3

Um in aller Konsequenz die Linie dieses Buches durchzuhalten, muss ich Sie als Leser von einer Illusion befreien, von jener weit verbreiteten nämlich, dass Sie mit ihrem Problem alleine stehen, dass kein anderer auf den gleichen herausfordernden Berg an Inhalten und Ideen blickt, niemand anderes genau das sucht, was Sie im Moment benötigen. Egal, was Sie jetzt erwidern wollen, ich kann Ihnen versprechen: Sie sind nicht allein!

> Es gibt Fragen, die nachgerade übergreifend typisch sind. Sie treffen auf jedes Fach zu, und sie treffen am Ende jeden, der sich für ein Studium entschieden hat. Dies gilt, obwohl viele Fächer ihre eigene Nomenklatura, ihre eigenen Regeln und Gesetze besitzen.

Die Umstellung von Magister- und Diplomstudiengängen auf das Bachelor-Master-System hat im Übrigen die Zahl der erstellten Abschlussarbeiten exorbitant erhöht, sodass sich prozentual deutlich mehr Studierende in einer solchen Arbeitsphase befinden als noch vor der Bologna-Reform. Schließlich müssen all jene, die einen Master-Abschluss anstreben, im Regelfalle eine Bachelor- und eine Masterarbeit abliefern. Ich persönlich übrigens halte dies für eine der wenigen zielführenden Verbesserungen, die „Bologna" ermöglicht hat. Dies mag daran liegen, dass meine seinerzeitige Diplomarbeit zu einem Marketingthema (Key Account-Management, vgl. Rau 1994) für mich eine großartige Erfahrung darstellte. Das Studium der Wirtschaftswissenschaften – stark an Klausuren orientiert – gab mir hier zum ersten Mal die Gelegenheit, Wissen in einem größeren Zusammenhang zu verknüpfen, Ideen und Konzepte über einen

Zeitraum zu entwickeln, ebenso systematisch wie kreativ zu arbeiten. Wenn ich persönlich zurückdenke, dann hat sich in dieser Phase meines Studiums alles noch einmal zu einem großen Ganzen gefügt und abgerundet, vieles war plötzlich anwendbar und auch für die Praxis von Relevanz, ohne die Erfahrungen aus der Schlussphase des Studiums mit der Diplomarbeit wäre ein ganz anderer Eindruck zurückgeblieben.

Doch zurück zur Ausgangsfragestellung: Wenn Sie sich unter Ihren Kommilitonen umschauen, dann wird Ihnen auffallen, dass viele in ähnlicher Weise sozialisiert sind, vergleichbare Erfahrungen aus der Schule teilen und durchaus zusammenpassende Einstellungen besitzen. Warum sollte es diesen Menschen anders gehen als Ihnen? Warum sollten sie andere Erfahrungen machen, das Schreiben von Texten anders bewerten? Das mögen banale Fragen sein, aber sie helfen ultimativ dabei, die eigene Situation zu relativieren. Sie werden auch feststellen, dass manche im „System" Hochschule schneller „ankommen", sich besser im Studentenleben zurechtfinden als andere, und auf diese Weise auch schneller „scheinfrei" sind, schneller Prüfungen hinter sich bringen und ihnen Vieles eben besser „von der Hand geht".

> Dies kann unter anderem daran liegen, dass sie die aus schulischen Zusammenhängen bekannten und gewohnten Arbeitsweisen schneller ablegen, dass sie möglicherweise neben oder nach der Schulzeit andere Erfahrungen gesammelt haben, beispielsweise im Rahmen einer Ausbildung oder generell von Berufstätigkeit.

Warum aber ist es falsch oder schlecht, so zu denken, wie man es von der Schulzeit her gewohnt ist? Dazu im Folgenden einige Gedanken, die dabei helfen sollen, das eigene Studium besser zu strukturieren und für sich anzunehmen. Aus meiner Erfahrung sind es die hier mit aufgenommenen Punkte, die auch erfolgreiche Hausarbeiten verhindern, die Studierende hemmen und Leistungen erbringen lassen, die am Ende in der Selbsteinschätzung unter ihrem Niveau und unter ihren eigentlichen Fähigkeiten bleiben.

Drei Punkte sollen hiervon ausgehend in den folgenden Abschnitten angesprochen werden

1. Das Verhältnis der Beteiligten und wie es den Lernerfolg beeinflusst (mehr dazu gleich in Abschn. 2.4),
2. die innere Haltung, und wie sich unser Hirn steuern lässt (mehr dazu im folgenden Abschn. 2.5),
3. das Konzept der Enttrivialisierung (mehr dazu dann in Abschn. 3.5.2.2).

3.1 „Da vorne steht der Feind!" Wirklich?

In diesem Abschnitt steht ein zentrales Moment des Bildungskontextes an Hochschulen im Zentrum der Auseinandersetzung. Es geht um die innere und äußere Haltung und wie sie das Erreichen selbst gesteckter Ziele be- oder sogar verhindern kann. Die Basiserfahrung in der Hochschullehre ist nach wie vor die gleiche: Der „Lehrer", der zwar möglicherweise anders als in der Schule agiert, bleibt Gegenpol, das Feindbild, das, beziehungsweise der Andere. Aus dieser Konstellation ergibt sich vielfach eine, transaktionsanalytisch betrachtet, komplementäre Kommunikationsbeziehung zwischen Kindheits- und Eltern-Ich.[1] Das bedeutet letzten Endes: Der Hochschullehrer wird als Autorität wahrgenommen, mit Abstand betrachtet und in seiner Wirkung auf die eigene Psyche als fordernd, (maß)regelnd, paternalistisch, vielleicht sogar übergriffig erlebt. Studierende fühlen sich demgegenüber klein, unbedeutend, vielfach – wie eben das kleine Kind auch – hilf- und schutzlos ausgeliefert. Zusätzlich müssen wir davon ausgehen, dass Vieles im situativen Erleben „konstruiert" ist, von unserem Hirn „erschaffen" wird.

Das können wir als Allgemeinplatz bezeichnen: Unser Hirn und seine Leistung hängen von unserem psychischen Zustand ab, und unsere Einstellung(en) entscheiden darüber, wie und mit welchen Konnotationen etwas abgespeichert wird. Dazu der Psychologe Hans J. Markowitsch (Markowitsch 2006, S. 28, vgl. auch Markowitsch und Welzer 2008): „Gedächtnis und Gehirn sind nicht vergleichbar mit Information und Computer. Das Gedächtnis, insbesondere das menschliche Gedächtnis, ist hochgradig dynamisch, es ist zustandsabhängig; wir schaffen uns unsere Erinnerungen selbst, sie entsprechen nicht unbedingt dem, was zuvor in der Außenwelt, in der Umwelt abgelaufen ist. In einem depressiven Zustand beispielsweise rufen wir eher negative Erlebnisse ab oder färben diese negativ ein, in einem euphorischen Zustand dagegen die positiven. Gleichzeitig bedeutet die Zustandsabhängigkeit und Subjektivität von Erinnerung, dass sich unser Gedächtnis im Lauf des Lebens modifiziert, dass Erinnerungen mit jedem Abrufen auch wieder in dem gegenwärtigen Zustand neu eingespeichert werden und damit auch wieder den ursprünglichen Charakter verändern. Das kann im Extremfall dazu führen, dass es zu dem, was man in der Wissenschaft ‚False Memory Syndrom' nennt, kommen kann, also zu fehlerhaften falschen Erinnerungen, was insbesondere natürlich bedeutend ist in Situationen, wo es um Zeugenaussagen geht. Auch im Alltag kann ein ‚False Memory Syndrom' auftreten, wenn man beispielsweise stark ermüdet oder erschöpft ist, man bringt dann z. B. oft Ort, Zeit und Personen durcheinander."

---

[1] Zu einer intensiven Auseinandersetzung mit der Transaktionsanalyse sei hier ausdrücklich eingeladen. Einen einführenden Überblick gibt es im UTB-Taschenbuch „Einladung zur Kommunikationswissenschaft" vom Autor.

Die Erkenntnisse, die Markowitsch hier (2006, S. 23–40) zusammenträgt und begründet, sind auch im Kontext wissenschaftlichen Arbeitens von hohem Interesse, da sie gut die Konstruktion von Erinnerung und damit auch Lernen mit hirnphysiologischen Abläufen zusammenführt. Stellt sich ein innerer Zustand wieder ein, tauchen damit auch längst vergangene Informationen wieder auf (Markowitsch und Siefer 2007, S. 104). In ihrem Beitrag für den Funkkolleg Psychologie (vgl. Markowitsch und Welzer 2008) berichten die Autoren beispielsweise von einer 93-jährigen Frau, die plötzlich im Alter jene vor vielen Jahrzehnten auswendig gelernte Gedichte wieder fehlerfrei aufsagen kann. Dies liege hier allerdings nicht nur an einer Art Regredieren in die Jugend, in der eben auch emotional verknüpfte Details abgerufen werden, sondern auch möglicherweise am Abbau von Neuronen in der Hirnrinde, die zuvor als „irrelevant bewertete Materialien" nicht mehr länger unterdrückten und diese wieder ins Bewusstsein vordrangen (Markowitsch und Siefer 2007, S. 105). Zustandsabhängigkeit, so die Psychologen, kann den Abruf von Informationen auch hemmen (ebd.): „Studenten können so etwas erleben, wenn sie zu Hause den Prüfungsstoff, entspannt auf dem Sofa liegend und nebenher ein Glas Wein trinkend, pauken. In der Prüfungsatmosphäre mit Professorin, Beisitzer und Protokollant kommt es dann zum Zungenphänomen – der Abruf ist blockiert."

Solche Blockaden können auch langfristig bestehen bleiben (ebd.); diese Situations- und Emotionsabhängigkeit aller Hirnaktivitäten und Speichervorgänge liefert im Kontext dieses Buches einen wichtigen Hinweis für Studierende, denn darauf aufbauend können sie nun Arbeitsorte und ihre „Schreibumgebung" aktiv gestalten und an ihrer inneren Einstellung arbeiten.

Ein paar weitere knappe Hinweise seien an dieser Stelle gestattet: Unser Hirn speichert besser, wenn ein Ereignis die Eiweißstruktur des Gehirns tatsächlich verändert, je länger ein Reiz andauert – oder je häufiger er sich wiederholt (vgl. Singer 2000) – dies ist für Lernerfahrungen wichtig zu wissen. Aber auch für das Schreiben von Abschlussarbeiten ist dieser Aspekt nicht irrelevant. Insbesondere dann, wenn man zusätzlich berücksichtigt, dass sich das Erlebte festigt, wenn mehrere Bereiche des Gehirns an diesem Ereignis beteiligt sind (ebd.). Nach dieser Erkenntnis gilt: Insbesondere Emotionen spielen hierfür eine wichtige Rolle, emotional verortete Informationen werden schneller und definitiver gespeichert – sie sind leichter wieder abzurufen, interessanterweise kann übrigens auch Muskelaktivität bei der Speicherung unterstützen (vgl. ebd.). Dieser Aspekt wird hier deshalb aufgegriffen, weil Sie am meisten von Ihrer „Text-Arbeit" im „Studierzimmer" dann profitieren, wenn Sie Lesen und Schreiben in einem angemessenen und für Sie individuell bestimmbaren Rhythmus kombinieren. Denn während das sogenannte Broca-Areal, eine Hirnregion, beim Lesen generell aktiviert ist, sind das Wernicke-Areal und der Gyrus angularis bei der Übersetzung von Buchstaben in Laute gefragt, für das Übertragen alphabetischer Codes (Wernicke-Areal) und die Verknüpfung gesprochener und geschriebener Wörter (Gyrus angularis); hinzu kommt das Wortformareal, das als Hirnregion für das Speichern und Abrufen ganzer Wörter zuständig ist (vgl. Ligges 2002). Will sagen: Sie dürfen beim Lesen auch einmal laut vor sich hinsprechen, um Ihre Hirnleistung zu optimieren und die verarbeiteten Texte noch besser zu verstehen. Getreu dem Motto: Je mehr Bereiche beteiligt sind, umso eher können Sie das Gelesene speichern und für Ihre Texte abrufen.[2]

3.2 Das Erwachsenen-Ich und die innere Einstellung

Abgeleitet aus solchen auch auf der physiologischen Ebene nachgewiesenen Erkenntnissen, wie sie im vorangegangenen Abschnitt thematisiert wurden, und aus vielen Jahren der Erfahrung mit Studierenden, würde ich heute behaupten: Ein erfolgreiches Studium hängt von unzähligen Faktoren ab, einer der wichtigsten dabei ist die innere Einstellung. Beim Blick auf konkrete Affirmationen in diesem Kapitel wird darauf noch näher einzugehen sein. Mein persönliches Fazit jedoch sei schon an dieser Stelle getroffen: Mit der richtigen Einstellung wird aus jeder eingereichten, schriftlich verfassten Arbeit ein persönlicher Erfolg, selbst dann, wenn die Note nicht hundertprozentig zufriedenstellt!

Zum Einstieg in den übergeordneten Abschnitt habe ich Sie bereits mit der Transaktionsanalyse konfrontiert, um das Lehrer-Schüler-Verhältnis zu beschreiben. In einem solchen liegt neben der komplementären Transaktion, die wir mit einer Kommunikationsautobahn zwischen Eltern- und Kindheits-Ich (Extero- und Enteropsyche) vergleichen können, auf der psychologischen Ebene oft eine Überkreuz-Transaktion vor (vgl. zu den Ausgangspunkten der Transaktionsanalyse Berne 1961, zum populären Hauptwerk „Spiele der Erwachsenen" Berne 1992; eine gute Einführung bieten Joines und Stewart 2015, einen hervorragenden Überblick Rüttinger 2013). Diese könnte sich ungefähr wie folgt darstellen: Der Schüler will sich nicht länger als Kind sehen, will aus dem System ausbrechen, wappnet sich innerlich und begegnet in dieser Innerlichkeit dem Eltern-Ich mit dem eigenen Eltern-Ich. Dies führt auf der Ebene der möglichen Transaktionen zu einem sehr komplexen Beziehungs-

---

[2] Man kann solche Zusammenhänge dann erkennen, wenn man wie eben Ligges Hirnaktivitäten mithilfe der funktionellen Magnetresonanztomografie (fMRI) misst und hierbei zum Beispiel Menschen mit ‚normaler' Lese- und Rechtschreibfähigkeit und jene mit Lese-Rechtschreibschwäche anhand der über die fMRI erzeugten Bilder der Hirnaktivität vergleicht (Ligges 2002, S. 31 – zu einem neuronalen Modell für das ungestörte und gestörte Lesen).

geflecht, das menschliche Kommunikation und damit menschliches Zusammenleben seit jeher bestimmt. Die Transaktionsanalyse kennt noch einen weiteren Ich-Zustand, das Erwachsenen-Ich, dieses prägt sich erst im Laufe der Zeit aus (vgl. Harris 2001): Zusammenarbeit wird oft dann besonders erfolgreich, wenn sich die Partner auf Augenhöhe – und dann eben auch im Erwachsenen-Ich – begegnen. In diesem Ich-Zustand wird Vieles rational erklärt, man setzt sich argumentativ mit seinem Gegenüber auseinander und ist offen für neue Sichtweisen, man fühlt sich zudem weniger schnell angegriffen und ist eher nicht an rein affektives Handeln gebunden.

In den erweiterten Forschungen zur Transaktionsanalyse hat sich zudem gezeigt, dass Transaktionen dann besonders gelingen, wenn wir unser Gegenüber ebenso akzeptieren wie uns selbst (vgl. Harris 2001) – der Grundzustand des Menschen ist jedoch eher ein anderer, wir fühlen uns schnell persönlich angegriffen und reagieren entsprechend emotional in Entero- oder Exteropsyche. Der alleinige Schlüssel ist hier im Sinne der Transaktionsanalyse tatsächlich, den anderen so stehen zu lassen und ohne Interpretation anzunehmen, wie er ist (Harris 2001), und im gleichen Moment auch „Ja!" zu sich selbst zu sagen. Während alle anderen Zustände bereits in der Kindheit angelegt werden, so ist dieses „Ich bin okay – Du bist okay" (so auch der erfolgreichste Buchtitel des Vertreters der Transaktionsanalyse Thomas Harris, vgl. 2001), etwas, was wir nach den Erkenntnissen der Psychologen als Menschen erst in der Adoleszenz lernen und leben können, das heißt, in jenen Jahren, die regelmäßig das Ende der Schulzeit und den Beginn eines Studiums ausmachen.

In dieser Phase starker Veränderungen – man zieht von zu Hause aus, muss sich um Ernährung, Wohnen, Wäsche und unzählig viele Dinge mehr kümmern, setzt seine eigenen Prioritäten, darf selbstverantwortliche Lebensgestaltung genießen – beginnt ein Studium und prägt sich im gleichen Atemzug die Fähigkeit aus, Selbstwert auf einer neuen Stufe zu entwickeln (vgl. Rüttinger 2013; Joines und Stewart 2015).

Die Voraussetzungen sind also im Grunde bestens, um eingefahrene Muster aus der Schulzeit abzulegen, um für sich Arbeitstechniken und Methoden zu entwickeln, die ein produktives Miteinander an der Hochschule beschleunigen und damit die Beziehung(en) zu Lehrenden, zu Mitstudierenden und zu Vertretern einem bislang fremder Fächer auf eine neue Stufe zu stellen.

Erfahrungsbericht: „Aber wie jeder Junkie, der einfach immer weiter macht ..."

Während meiner Diplomarbeit habe ich mich ja wissenschaftlich um den ‚Faktor Ich' bei der Gründung von Magazinen kümmern sollen. Allerdings ist es gleichzeitig auch zu einer intensiven Bekümmerung um den eigenen ‚Faktor Ich' gegangen. Am Anfang war ich euphorisch: Ich darf mir ein Thema frei wählen, ich

3.2 Das Erwachsenen-Ich und die innere Einstellung

darf mir meine Zeit frei einteilen, ich darf mir einen Betreuer wählen, ich darf meine eigenen Gedanken entwickeln und formulieren. Beschwingt stürzte ich mich in die Literatur, fühlte mich förmlich intellektuell reifen, wenn ich mich in die ehrwürdigen Hallen der Bibliotheken zurückzog und stapelweise Material durchwühlte. Das Thema wurde mit jeder Zeile, die ich von großen und wichtigen Experten rezipierte, selbst größer und wichtiger. Ich war da an was ganz Dickem dran! Ich saugte und saugte, das Thema blähte und blähte. Ich sprach mit jedem Menschen darüber, den ich in der Uni, im Park, in der Kneipe traf. Die Gespräche mit dem Betreuer liefen auch gut, ich war ja vollgedröhnt mit Materie.

Aber wie jeder Junkie, der einfach immer weiter macht, weil der Kick der Erkenntnis doch zu schön ist, kannte auch ich das Ende nicht. Und so sniffte ich, was ich unter die Finger bekam und verlor mich. Erst fiel es mir kaum auf. Schließlich hatte ich doch schon so ein schönes Masterdokument angelegt mit These und Gliederung und Quellenverzeichnis. Aber als ich ab und zu hineinlas, was ich da so sammelte, offenbarte sich ein hässliches, zusammengeflicktes, unsinniges Diplommonster. Es war derartig fett geworden, dass es mir absolut nicht mehr einfiel, was ich eigentlich wissen wollte. Je mehr ich mir das Dokument durchlas, umso weniger wusste ich es. Alles war wichtig. Und nichts. Wieder und wieder las ich es mir durch, versuchte mich zu beruhigen, sprach mit Vertrauten, versuchte mich zusammenzureißen. Aber es half nichts: Das Monster fraß mich.

Jetzt möchte natürlich jeder gern wissen, wie genau ich es geschafft habe, mich aus dem Bauch des Monsters zu befreien, es zu schlachten, filetieren und mit einer ordentlichen Note bestempelt in den Wissenschaftsbetrieb eingespeist zu haben. Aber das lässt sich nicht in ein paar gut gemeinten Ratschlägen erklären. Ich habe in dieser Zeit viel meditiert, gekocht und ja, geraucht. Es war wichtig, dass ich mich von meinen damaligen Mitbewohnern habe ablenken lassen. Dass ich nicht völlig allein in meinem Kopf war. Dass ich nicht völlig allein mit diesem Monster war. Ich erinnere mich noch an einen Abend. Die WG-Küche war wieder voll mit Leuten, die gerade selbst ihre verqueren sozialwissenschaftlichen Abschlussarbeiten schrieben oder es gerade getan hatten. Überall standen Weinflaschen herum, und die Aschenbecher quollen über. Immer musste man über Hegel reden oder Sex. Ich hatte meinen monsterschweren Kopf bereits wieder auf die Tischplatte sinken lassen, da setzte sich eine Frau neben mich, streichelte mein Haar und sagte: „Versteh doch, Greta, bei der Abschlussarbeit geht es genau darum. Um dieses Ringen, dieses Monsterbezwingen, dieses Wachsen. Es geht nicht um deine Ach-so-tollen-Erkenntnisse, sondern um den Prozess. Wie bei einer Feuertaufe: Wer das durchlebt hat, gehört dazu. Das ist der Unterschied zwischen Student und Absolvent."

Greta Taubert ◀

3.3 Formulierungsvorschläge für veränderte Selbstkonzepte

Schule wird in der heutigen Form spätestens mit dem Übergang zur Pubertät von vielen Schülern als Zwang erlebt, als Disziplinierungsmaßnahme, die einem eingefahrenen – andere würden sagen, bewährten – System entspringt, gegen das man als Einzelner wenig ausrichten kann. Gegen die Lehrer als „ewige Besserwisser" grenzt man sich ebenso ab wie gegen Mitglieder der eigenen Familie. Pädagogen werden zum Feindbild, weil sie Herrschaft über die Notengebung haben, die, bezogen auf die eigene Person, als ungerecht empfunden wird. Wir kennen dies alle. Und dies ist eben auch eine Haltung, die gerne nahtlos auf das Leben an der Hochschule übertragen wird.

Dabei ist dort vieles anders

- **Erstens** fällt der Zwang weg: Ein Studium ist stets freiwillig und selbst gewähltes Programm zum weiteren Erkenntnisgewinn.
- **Zweitens** sollte das Studium weniger Festlegung kennen als die Schulausbildung und in diesem besten Sinne auch innerhalb des Curriculums Wahlmöglichkeiten bieten (das ist in Bologna-Zeiten ein eher problematisches Feld).
- **Drittens** gibt es niemanden mehr, den man für das eigene Nichtlernen und Nichtstudieren verantwortlich machen könnte, so sehr man sich auch darum bemühen mag.
- **Viertens** sollte ein Studium im Idealfall interessengeleitet erfolgen, also mit Sinn unterlegt sein, den man ihm selbst gibt. Dies ist der höchste Lernmotivator, den wir als Menschen kennen.
- **Fünftens** ist inhaltlich Vieles deutlich diskursiver und weniger feststehend angelegt (vgl. Abschn. 2.6 zum Thema „unerlaubte Fragen").
- **Sechstens** sind Dozierende nicht immer jene, die am „meisten" wissen. Jeder Studierende kann sich in gleicher Weise zu einem Experten in einem Spezialgebiet entwickeln und die Forschungsleistung im Fach voranbringen. Regelmäßig ist dies bereits auf der Ebene der Bachelorarbeiten der Fall.
- **Siebtens** müssen sich Hochschullehrer nicht an einen Lehrplan halten. Es gilt das Prinzip der Freiheit, und zwar in der Lehre wie in der Forschung. Die Lehrer hier sind im Handeln frei. Diese Freiheit findet auch in den sehr aufwändigen Verfahren zur Berufung von Professoren ihren Ausdruck. Hochschulen wollen sichergehen, dass sie für bestimmte Bereiche diejenigen berufen, die Impulse geben, das Fach voranbringen und ihre Forschungsleistungen auch in der Lehre gut umsetzen können.

Diese und einige Aspekte mehr unterscheiden die Hochschule von einem klassischen Schulbetrieb. Ich gebe allerdings all jenen Recht, die im Bachelor-Master-System eine stärkere Verschulung des Studiums sehen. Das hat Vor- wie Nachteile, die hier nicht weiter zu diskutieren sind. Meines Erachtens jedoch ist die Hochschule nach wie vor ein Lernort, der einer gewissen Freiheit verpflichtet ist, und der Angebote unterbreitet, die angenommen oder abgelehnt werden können.

3.4 Die lebendige Hochschule: Die Emanzipation vom Feindbild!

Besonders erfolgreich sind Lehrveranstaltungen dann, wenn sich Studierende mit Lebenserfahrung und dynamischer Wissensaneignung einbringen, wenn sie den Diskurs vorantreiben und gesellschaftliche Realitäten ihrer Generation zu vertreten wissen. Das wäre meine Meinung und versteht sich als Konsequenz aus dem vorangegangenen Abschnitt. Dies macht Hochschule lebendig und führt am Ende zu lesenswerten Bachelor- oder Masterarbeiten, die aus Interesse entstehen und den Forscher, den Wissenschaftler im Studierenden entwickeln. Studierende unterschätzen regelmäßig, dass die Freiheit des Hochschulwesens auch ihnen Freiräume eröffnet, die sie füllen, genauer: gestalten können. Die Abschlussarbeit bietet sich vor diesem Hintergrund als ultimativer Schritt zur Emanzipation als selbstständiger Wissenschaftler an.

3.4.1 Bildungsbegleiter und Unterstützer als Alternativen zum „Endgegner"

Im Abschn. 2.4 wurde das „Feindbild Lehrer" entwickelt und die Probleme ausgebreitet, die daraus für Sie und Ihren Studienerfolg resultieren. Sie können nun selbst den Test für sich durchführen: Verlassen Sie für einen Moment die Haltung, dass vorne im Hörsaal oder am Pult im Seminar jemand steht, der Ihrer Entwicklung entgegensteht. Stellen Sie sich in einem ersten Schritt stattdessen vor, dass Sie mit der Immatrikulation gleich Ihren Abschluss erhalten. Richtig: im Moment, in dem Sie der Brief zur Annahme für ein Studium in den Händen halten, bekommen Sie das Abschlusszeugnis mit dem Votum „bestanden" gleich mit in die Hände gedrückt. Wollen Sie dies wirklich, so ganz ohne sich selbst zu beweisen, so ganz ohne Arbeit hineingesteckt zu haben? Wollen Sie den Abschluss geschenkt? Nein? Dann genießen Sie die Herausforderungen, die sich im Studium stellen. Ein Kollege von mir formuliert gerne in seinen Veranstaltungen: „Wenn Sie hier alles verstehen, dann sind Sie falsch!" – denn dann müssten Sie schließlich bereits einen oder vielleicht auch zwei Kurse weiter sein.

Nun überlegen Sie sich in einem zweiten Schritt, welche alternativen Rollenbilder Sie dem Lehrer angedeihen lassen können, welche Rolle für Sie auf „Resonanz geht" und damit passt. Wollen Sie im Dozenten alternativ einen „Trainer" sehen, der Ihre persönliche Entwicklung begleitet und Ihnen regelmäßig Angebote unterbreitet, oder jenen „Coach", der Sie zu Höchstform antreibt und aus der Lethargie reißt? Gehen Sie lieber in eine Konsumhaltung, oder wollen Sie aktiviert werden (Letzteres ist bezogen auf den Lernerfolg zumeist erfolgreicher)?

Egal, wie Sie es drehen und wenden: Studium, und das sollte jedem, der sich darauf einlässt, bewusst sein, fordert heraus, führt einen bis an seine Grenzen und manchmal darüber hinaus. Darin liegt der Reiz, aber auch die Not, die man als Teil des Systems in sich spürt. Aber das ist es auch, was ein Studium ausmacht: die selbst gewählte Reise zu den Grenzen des eigenen Denkvermögens.

Es ist Ihre Entscheidung, wem Sie auf welche Weise begegnen, wen Sie ernst nehmen und von wem Sie sich herausfordern lassen wollen. Die Einladung, die ich hier aussprechen kann, ist diejenige, diese Aufgabe ernst zu nehmen, die Beziehungen klar zu definieren, sich auch klar darüber zu werden, dass Hochschule auf andere Weise „funktioniert" als Schule, dass der Wechsel an die Universität oder Fachhochschule Ihnen auch die Möglichkeit gibt, sich selbst neu zu definieren. Ohne Zweifel, auch in diesem System unterliegen Sie zahlreichen Zwängen, unterliegen Sie dem Druck, bestimmte Zusammenhänge und Konzepte lernen zu müssen, diese sich in mühevoller Arbeit des Memorierens einzuprägen. Kein Studium kommt ohne diese aus.

Einen sinnvollen Schlüssel bieten hier Affirmationen. Sie beeinflussen unser Denken und Handeln, und in Abschn. 3.2 werden wir uns gemeinsam intensiver mit passenden oder unpassenden ihrer Varianten auseinandersetzen. Es handelt sich dabei um positive ‚Programmiersätze', die dabei helfen sollen, Unbewusstes im besten Sinne „umzuprogrammieren". Auf diese Weise könnten Blockaden, Störungen und festgefahrene Strukturen gelöst und hindernde Glaubensmuster geändert werden (Meyer 2009, S. 3). Affirmationen sollten nach Ansicht von Ruth Meyer immer positiv formuliert werden, da das Unbewusste das Wort „nicht" nicht verstünde. Als Beispiel könnte man hier angeben: „Ich bin gesund" statt „Ich bin nicht mehr krank". Die Arbeit mit solchen positiven Glaubenssätzen, die tatsächlich durch regelmäßige Wiederholung in das Bewusstsein einsickern, hat zwischenzeitlich eine durchaus bemerkenswerte Karriere gemacht, wobei hier immer wieder auch auf Joseph Murphy verwiesen wird, der als einer der Protagonisten der Neurolinguistischen Programmierung, der NLP-Techniken, gilt. Diese Techniken sind in psychologischen Fachkreisen hoch umstritten. Insbesondere ihre mangelnde Wissenschaftlichkeit wird immer wieder hervorgehoben (vgl. z. B. Bordi 2009, S. 32–35). An dieser Stelle soll nur der Hinweis auf die Möglichkeit gegeben werden, mit positiven Affirmationen zu arbeiten, die sich als Glaubenssätze fest im Hirn verankern lassen. Welche unterstützenden Maßnahmen dazu dienen können, wurde in diesem Abschnitt ebenfalls erörtert. Wie erwähnt wird Abschn. 3.2 an diesen Aspekten „andocken". Zuvor sei jedoch ein wenig pädagogisch-konstruktivistisches Gedankengut verbreitet.

3.4.2 Mit Sinn und Verstand – noch mehr Hirnphysiologie!

Es war in den beiden vorangegangenen Abschnitten schon die Rede davon, dass „Sinn" einen wesentlichen Faktor darstellt, der alle Studienleistungen verbessert. Wenn wir als Menschen Sinn in etwas sehen, wenn wir diesem Etwas Relevanz verleihen, verändert sich die Perspektive darauf. Wir führen automatisch Aufmerksamkeit zu, und diese beeinflusst entscheidend, was und wie wir Dinge behalten. Für mich persönlich war der Text des Grundschullehrers Falko Peschel etwas, in dem ich mich wiederentdeckte. Er beschrieb Erfahrungen aus dem offenen Unterricht, beschrieb das Leid, das er als Lehrer erfahren hat, die Herausforderungen, die solchermaßen verstandene Pädagogik beinhaltet – und er zeigte mir, wie sehr Hochschuldidaktik dann am Ende doch an die Frage guter Pädagogik anknüpft, die sich schon im Grundschulalter stellt. Unter den zahlreichen Beispielen, die dieser kurze Text enthält (Peschel 2002, S. 9), sei an dieser Stelle eines herausgegriffen: „M. lernt nicht. Ist M. nicht schulreif? Es wird vorsichtshalber eine Rückstellung beantragt. M. kann sich gut selbst beschäftigen. Aber nicht mit Lernsachen. Nicht so wie die anderen. Im Herbst sieht M. Schreibschrift. Das will sie auch machen. Ich sage ihr, dass sie zuerst schreiben und lesen können muss. Am nächsten Tag kann sie schreiben und lesen. Mathe interessiert sie leider nicht."

Wir kennen dieses Phänomen, es gibt Dinge, zu denen müssen wir uns zwingen, weil wir den tieferen oder weiteren Sinn nicht innerlich erfahren, weil wir der Aufgabe keinen Sinn geben können und uns auch gegenseitig in der Peer-Group darin bestätigen, diesen Sinn nicht sehen zu können. Dabei bringt Interesse und Aufmerksamkeit unser Hirn in Bewegung. Kinder lernen beispielsweise sehr schnell Fahrrad zu fahren, wenn sie sich für Radfahrer begeistern, wenn sie diese aufmerksam mit Blicken verfolgen. Bereits in diesem Moment, im Moment der motivierten Beobachtung werden Spiegelneuronen angelegt (zu diesem Phänomen und den dazugehörigen Forschungen vgl. Rizzolatti et al. 1996 und insbesondere die hervorragende Zusammenführung der Spiegelneuronenforschung Rizzolatti und Sinigaglia 2008).

Es wachsen also allein durch begeistertes Zuschauen Nervenzellen, die später für die Bewegungsabläufe zuständig sein werden. So legt das Hirn automatisch über unsere Aufmerksamkeit Potenziale an. Die intensive Erforschung unseres Sehsinns hat zum Beispiel ergeben, dass die Reaktion auf einen gegebenen Reiz ansteigt, wenn dieser beachtet wird (Treue 2015, S. N 2): „Gleichzeitig präsentierte Reize, die nicht beachtet werden, lösen dagegen schwächere Reaktionen in den Nervenzellen aus. Dieser Effekt lässt sich bereits in den frühesten visuellen Verarbeitungsarealen der Großhirnrinde nachweisen. Er nimmt dann mit jedem Verarbeitungsschritt, also in der Kaskade hintereinandergeschalteter Verarbeitungsareale zu, bis dann in Arealen des Frontallappens die sensorischen Qualitäten gegenüber der Verhaltensrelevanz, also der Frage, ob ein Reiz beachtet oder unbeachtet ist, völlig zurücktreten."

Dies alles führe dazu, dass ein beachteter Reiz in den Sinnesarealen der Großhirnrinde stärkere Reaktionen und damit eine bessere interne Repräsentation verursache als ein unbeachteter Reiz: „Das physiologische Korrelat von Aufmerksamkeit ist damit ein Selektionsprozess. Dieser verstärkt die Verarbeitung all derjenigen Reize in unserer Umwelt, deren Eigenschaften (Position, Farbe, Bewegungsrichtung) mit dem momentanen Aufmerksamkeitszustand übereinstimmen." (Treue 2015, S. N 2).

Wie nicht anders zu vermuten, konnten die Hirnforscher auch die Umkehrung nachweisen. Die Verstärkung der Reize reduziert sich für alle Situationen, in denen diese Übereinstimmung nicht gegeben ist und Stefan Treue verweist in diesem Kontext auf den Psychologen William James der 1890 schon geschrieben habe: „Jeder weiß, was Aufmerksamkeit ist. Es ist die Besitzergreifung des Geistes in klarer und lebendiger Form durch eine von vielen scheinbar gleichzeitig möglichen Objekten oder Gedankengängen. Fokussierung, Konzentration des Bewusstseins sind seine Essenz. Aufmerksamkeit impliziert die Abwendung von einigen Dingen, um mit anderen effektiver umgehen zu können" (ebd.).

3.4.3 Aufmerksamkeit und kontemplative Techniken

Aufmerksamkeit ist der Regelungsmechanismus, um uns denjenigen Dingen zuzuwenden, die wichtig erscheinen. Ich habe hier bewusst das Verb „erscheinen" gewählt. Denn Aufmerksamkeit kann man auch lenken. Man kann sich ausrichten und sie üben. Das ist aus meiner Sicht eine interessante Tatsache, weil sie uns gerade in konzentrativen Phasen unseres Lebens – und das Verfassen einer Abschlussarbeit ist fraglos eine solche – helfen kann.

So hat der Mainzer Philosoph Thomas Metzinger interessante Versuche zu Selbstkonzept und Körperlichkeit durchgeführt und dabei auch regelmäßig meditative Praktiken berücksichtigt. Er bezeichnet es als „Standardproblem", dass der Meditierende jener ist, der die Achtsamkeit oder die Aufmerksamkeit halten wolle und gleichzeitig dieses Immer-Wollen hinter sich lassen müsse (Metzinger 2012, S. 29). An dieser Aussage kann man meines Erachtens sehr gut nachvollziehen, wie sehr Arbeitstechniken dieser Art auch dabei helfen könnten, sich in Zeiten, wo dies erforderlich ist, zu fokussieren. Und wann wäre dies wichtiger als in intensiven Phasen eines Studiums.

Metzinger (ebd.): „Ein wichtiger Aspekt dieses Problems ist der folgende: Unsere mentalen Ressourcen sind begrenzt, und die neuere Forschung zeigt den Menschen eigentlich als ein System von lauter kleinen Agenten, die ständig durcheinanderschreien. Die neuen Modelle des Geistes zeigen, dass das, was in uns abläuft, am ehesten einem Marktplatz gleicht. Viele rufen gleichzeitig und kämpfen um den Fokus der Aufmerksamkeit: Du musst noch den anrufen – warum bist Du so müde? – Du könntest auch mal wieder ein Stück Schokolade essen – jetzt aber erst mal fertig spülen ... Unterschiedliche Impulse und Sub-Selbste kämpfen um Aufmerksamkeit und letztendlich um die Kontrolle des Verhaltens, das schließlich am Ende dieses Prozesses steht. Dabei sieht es sehr danach aus, dass es so was wie ein Selbst gar nicht gibt, sondern Myriaden von gleichzeitigen Handlungsimpulsen und Wunschvorstellungen. Ähnlich wie Vögelchen, die alle im Nest ihren Schnabel nach oben recken, wenn die Mama angeflogen kommt. Alle schreien: Aufmerksamkeit, Aufmerksamkeit, Aufmerksamkeit! Haben, Haben, Haben! Gerade so, als ob die Evolution, der grausame Wettkampf zwischen den Lebewesen um das pure Dasein, auch in uns noch einmal stattfindet. Also: Wettbewerb gibt es nicht nur außen, sondern in unserem eigenen Geist. Variation und Selektion, Tod und Wiedergeburt. Und das ist natürlich eine unschöne Entdeckung" (zum Kontext vgl. auch Metzinger 2014).

Es ist hier nicht der Ort, die hilfreichen Unterstützungsleistungen und Versuche zur Ordnung des Aufmerksamkeitschaos durch meditative Praxis auszubreiten. Es gibt jedoch zwischenzeitlich eine ganze Reihe wissenschaftlich valider Erkenntnisse, die beispielsweise Ott (2015) zusammenfasst und mit einer Einführung in die Meditationspraxis verbindet. Es soll hier auch nicht das Lob meditativer Arbeitstechniken gesungen und alle Erkenntnisse zum Zusammenhang von Meditation und Aufmerksamkeit zusammengetragen werden. Aber der Hinweis ist aus meiner Sicht sehr wertvoll: Die meisten Meditationstechniken trainieren auf gewisse Weise die Fokussierung, indem sie den Menschen schulen, „nichts" mehr zu denken, den unendlichen Strom der Gedanken zu durchbrechen und für eine gewisse „Erdung" zu sorgen. Dies ist aber nichts anderes, als eine aktive Übernahme der Aufmerksamkeitskontrolle, also perfekte Schulung für die anstehende Aufgabe, bei der die Aufmerksamkeit schließlich auf die zu verfassende Arbeit gelenkt werden soll. Zwischenzeitlich konnte die Psychologie auch nachweisen, dass regelmäßige Meditation für eine durchaus positive Veränderung der Hirnstrukturen sorgt (vgl. Ott 2015; vgl. Metzinger 2014).

3.5 Selbstverpflichtung: Die aktive Beseitigung des Zweifels!

In ähnlicher Weise ist eine der aus meiner Sicht wirksamsten Techniken angelegt, die Studienerfolg ermöglichen. Eine Technik, die auf die gleiche Weise auch für den Prozess der Abschlussarbeit oder einzelne ausgewählte Lernaufgaben anwendbar ist.

Es ist die Technik der Selbstverpflichtung. Diese hat fraglos etwas mit Autosuggestion zu tun. Aber, und das ist die Hauptsache, denke ich, sie funktioniert. Ein gesellschaftliches Phänomen der jüngeren Zeit ist es, dass eine möglichst große Zahl an Vertretern eines Jahrganges auch an die Hochschulen gehen soll, um zu studieren.

Über Sinn und Unsinn solcher Forderungen und die Folgen, die dies für die Entwicklung von Institutionen wie die Hochschulen hat, soll hier nicht weiter sinniert werden. Aber die über verschiedene für Absolventen des Schulsystems bedeutende Meinungsträger formulierte „Erwartung" an junge Menschen, ein Studium aufzunehmen, führt am Ende dazu, dass Schulabgänger keine Alternative zu einem Studium sehen, auch wenn sie nicht oder noch nicht wissen, welche Richtung sie einschlagen sollen oder welches Fach sie vielleicht wählen könnten.

Erfahrungsbericht: „Quälerei, mühselig, frustrierend und oft nicht befriedigend!"

Das Problem mit dieser Art Arbeit ist ja, dass es kaum Routinen gibt. Es gibt nicht DEN Tagesablauf. Man kann sich zwar vornehmen, jeden Tag um acht Uhr aufzustehen und in die Bibliothek seiner Wahl zu gehen. Allerdings sind die Tage oft sehr unterschiedlich. An manchen recherchiert man nur, an manchen liest man nur. Furchtbar demotivierend ist dabei eigentlich, dass man oft das Gefühl hat, fast gar nicht voranzukommen. Auch stört es oft, dass die intellektuelle Höchstleistung wegbleibt. Man transkribiert oder sitzt vor SPSS. Das ist ein bisschen wie Grafikdesign, nur dass das Ergebnis nie „cool" aussieht. Außerdem fängt man an, tonnenweise Bücher mit sich herumzuschleppen und darüber zu verzweifeln, dass es dann manchmal Quellen gibt, die man gar nicht oder nur über die Fernleihe bekommt, obwohl man sie doch jetzt gerade braucht.

Kurzum: Wissenschaftliches Arbeiten, vor allem alleine mit sich und dem PC, ist oft eine Quälerei, ist mühselig, frustrierend und nicht befriedigend. Die Empfehlung, die ich geben kann, ist ziemlich einfach: Entspann dich! Einen Tag nur Artikel in Datenbanken gesucht und sortiert? Ist halt so. Zwei Tage lang nur Artikel gelesen, in denen das Gleiche drinstand wie in einem bereits gelesenen? So funktioniert Wissenschaft nun einmal. Es sind kleine Schritte, die man macht, aber man muss Sie machen: „Word nervt? Nimm Pages oder ein anderes Schreibprogramm wie Ulysses oder Open Office. Ständig auf Facebook oder SPON? Blockier Domains mit http://selfcontrolapp.com/ Das Beste ist: Die Zeit läuft auch nach einem Neustart weiter. Zitationsprogramme helfen ungemein: Citavi oder Endnote sind super. Am Wichtigsten ist sich einzurichten, und damit meine ich: den Rechner." Ich lenke mich immer gerne mit „nützlichen Sachen" ab: Erst einmal die Datei einrichten, den Desktop aufräumen etc.: Macht das von Anfang an! Probiert aus, was am besten läuft! Und kommuniziert: Sucht euch Leidens-

3.5 Selbstverpflichtung: Die aktive Beseitigung des Zweifels!

genossen, und trefft euch immer abends auf eine Stunde! Den ganzen Tag reden Leute über Bücher zu euch, da will man dann auch antworten." Das klingt jetzt alles irgendwie wohlmeinend, aber den meisten geht es genau wie euch. Wissenschaft ist mühselig, und leider erfindet niemand mit einer Bachelor oder Masterarbeit die Welt neu, aber es muss gemacht werden, und wenn man es gut macht, hat es auch einen Mehrwert, der über die Note hinausgeht, auch wenn der Mehrwert nur für euch selbst besteht.

Bennet Piecha ◀

Zumeist wählt man in einer solchen Situation „irgendetwas", ein Fach, das so halbwegs passen könnte, mit dem man eine Vorstellung verbindet. Die Erwartungshaltung derjenigen aber, die einen „im System" begrüßen, die die Hochschule vertreten, können sich kaum in eine solche Situation hineinversetzen, denn sie gehen davon aus, dass das Studium und vor allem das spezifische Fach aus tiefem Interesse und in vollem Bewusstsein gewählt wurde. Sie rechnen demzufolge mit engagierten, motivierten und begeisterungsfähigen jungen Menschen, die sich in ähnlicher Weise für die Inhalte und Fragestellungen des Faches interessieren, wie sie selbst. Ein Dilemma, das zu gegenseitigen Frustrationen führt. Auf der einen Seite wird wie selbstverständlich damit gerechnet, dass die gegebene Motivation auch zu Höchstleistungen führt. Auf der anderen Seite fällt das Barometer der Überforderung auf Frustrations-Sturmwerte, ein Teufelskreis. Doch man kann diesen tatsächlich zumindest im Ansatz durchbrechen, indem man sich in Akzeptanz übt.

Das mag etwas altmodisch klingen, ist aber in der Tat die treffendste Formulierung. Was bedeutet dies? Man kann (s)ein Studium annehmen, man kann ganz einfach damit aufhören, die getroffene Wahl infrage zu stellen, ständig nach Auswegen zu suchen, alternative Möglichkeiten abzuprüfen, die eigenen Talente erforschen. Das erscheint gleichermaßen banal wie unvorstellbar? Mag sein, dass dies auf den ersten Blick so ist. Wer sich jedoch darin trainiert, wird ohne Frage Erfolg damit haben können. Stellen Sie sich vor, wie viel Gedankenzeit und -kapazität zusätzlich zur Verfügung stehen, wenn Sie von Ihren Zweifeln lassen. Was und wer hindert Sie, sich ganz einfach zu entscheiden, festzulegen, dass Sie Ihr Studium beenden, ohne ständig Fragen danach zu stellen, ob dieser Weg der richtige ist, ob ein anderes Fach nicht leichter, zielführender ist oder Sie „employabler" macht und künftig mehr Geld verdienen lässt?

Oder wenn Sie den Traum von einem anderen Studienfach, der sich aufgrund von Numerus-Clausus-Regelungen nicht realisieren ließ, einfach einmal zu den Akten legen, um sich auf das zu konzentrieren, für das Sie sich spontan entschieden haben? Es gibt eine gute Mentaltechnik, die uns Menschen in diesem Punkt zur Verfügung steht. Ein guter Satz ist aus meiner Sicht der folgende: „Das Leben ist erst im Rückblick zu verstehen, aber es muss nach vorne gelebt werden!". Er entspringt der spirituellen Tradition, dass sich Vieles erklärt, dass Vieles einen Sinn ergibt, wenn man es erst einmal durchlebt hat, wenn man hindurchgegangen ist. Oft empfinden auch Menschen schwere Krankheitsphasen im Rückblick als wertvoll und wichtig für ihr Leben, weil sie vielleicht eine Wendung herbeigeführt haben, weil sie ihnen die Augen geöffnet, weil sie Veränderung ermöglicht haben.

3.5.1 Höhere Regie – und eine ganz persönliche Erfahrung

Ebenso können Sie jetzt autosuggestiv für sich annehmen, dass vielleicht irgendjemand Höheres für Sie Regie führt – und genau den richtigen Studienplatz ausgewählt hat. So zu denken, ist leichter, als Sie meinen. Probieren Sie es aus! So, wie man auf diese Weise ein Studium beschleunigen kann, kann man auch die Abschlussarbeit unterstützen: Stellen Sie einfach nicht mehr Ihr Thema, Ihre zentrale Fragestellung oder These, Ihren inhaltlichen Schwerpunkt, Ihre eigenen Fähigkeiten oder auch die Wahl ihres Betreuer infrage. Konzentrieren Sie sich darauf, die Dinge abzuarbeiten, die nun anstehen. Glauben Sie mir, dies ist eine besondere Art der inneren Befreiung.

Vielleicht hilft es Ihnen, wenn ich an dieser Stelle ein wenig persönlicher werde und Ihnen von der Wahl meines Studienfaches berichte. Ich hatte unmittelbar nach dem Abitur ein Volontariat bei einer Tageszeitung angeboten bekommen. In der damaligen Zeit geburtenstarker Jahrgänge war dies ein Geschenk des Himmels. Allerdings dachte ich: „Jetzt bist Du direkt nach dem Abitur so gut im Lernen drin, jetzt hast Du endlich einmal Methoden entwickelt, die Dich am Lernen halten – und jetzt geht es doch gleich wieder in die Praxis!" Um also im Lernen zu bleiben, schrieb ich mich an der staatlichen Fernuniversität in Hagen ein. Aus heutiger Sicht – also im Rückblick – das Beste, was ich machen konnte.

Da die meisten Fächer, die mich wirklich interessiert haben – zum Beispiel Literaturwissenschaften – an der Uni dort ausschließlich mit Erziehungswissenschaften zu kombinieren waren, habe ich mir gedacht: Das ist nicht dein Ding – und mich für Wirtschaftswissenschaften eingeschrieben. Aber schließlich war es ja egal, mir ging es ja darum, nicht aus dem Lernen herauszukommen. Heute bin ich mir sicher: Allein diese Einstellung, hat mich am Ende durch das Studium – und es war durchaus hart und mühevoll – getragen. Interessanterweise habe ich mich schließlich mit dem Fach angefreundet und sehr gewissenhaft studiert. Die vielleicht wichtigste Erkenntnis war, dass man in jedem Studienfach Schwerpunkte findet, die einen interessieren.

Heute könnte ich mir Vieles vorstellen – hätte Lust darauf, Biologie oder Chemie zu studieren und Literaturwissenschaften und Psychologie und – ja, nun auch tatsächlich – Pädagogik, weil ich darum weiß, dass ich in all diesen Fächern Nischen finden werde, die mich besonders begeistern. Insofern verschenken Sie nichts, wenn Sie sich erst einmal mit dem gewählten Studienfach verbinden, dieses ernst nehmen

3.5 Selbstverpflichtung: Die aktive Beseitigung des Zweifels!

und sich aktiv dafür entscheiden, ohne Wahl und das eigene Vermögen, das „Ich kann!" infrage zu stellen. Probieren Sie es einmal in der Praxis aus, vielleicht nur für eine Stunde. Verbieten Sie sich jeden Zweifel, gehen Sie in die volle Akzeptanz, und wenn es Ihnen gefällt, verlängern Sie den Zeitraum Stück für Stück.

Wir dürfen bei alledem nicht vergessen, dass der Zweifel nicht nur menschlich, sondern eben auch sehr wichtig zum Überleben und zur Weiterentwicklung ist, gesunder Zweifel ist gut und richtig, er macht Gutes noch besser, er lässt uns reifen und wachsen, aber wir müssen das richtige Zweifelmaß kennen, insbesondere dann, wenn wir an eine solch große Aufgabe wie an eine Abschlussarbeit herangehen wollen. Entscheiden Sie sich einfach einmal zur Probe, und bestätigen Sie sich: „Das ist das richtige Thema, dies die richtige und passende Methode!" Nicht vergessen: Zweifel sind hartnäckig, sie kommen immer wieder, und sie verfolgen uns. Wer aktiv mit solchen Autosuggestionen arbeitet, muss lange üben, bis sie greifen. Meine Empfehlung: Geben Sie dabei nicht auf. Es lohnt sich!

3.5.2 Unerlaubte Fragen? Ja, die gibt es!

Sie alle sind im Wesentlichen durch das gleiche Schulsystem gegangen, haben auf die Hochschulzugangsberechtigung hingearbeitet. Natürlich geht dies in Europa auf verschiedenen Wegen. Auch in Deutschland ist dies zwischenzeitlich nicht mehr allein durch den Besuch der Schulform Gymnasium möglich. Doch egal welchen dieser Wege Sie gegangen sind, es standen und stehen stets feste Lehrpläne im Zentrum. Es war und ist vergleichsweise klar, was ein Abiturient am Ende seiner Schulzeit können sollte. Man konnte sich über all die Schuljahre hinweg sicher sein, dass jemand – oft der Lehrer – die Antwort auf die Fragen, die er im Unterricht gestellt hat, auch beantworten konnte. Schule ist also eine Einrichtung, die uns mit bereits gewonnenen Erkenntnissen konfrontiert und uns dazu bringen will, diese Erkenntnisse in unser Denken einzubinden. Es gibt einige Freiräume, wo das Denken etwas freier angelegt wird: bei Erörterungen im Deutschunterricht zum Beispiel, die regelmäßig sinnreiches Argumentieren und die Fähigkeit zu einem Abwägen, zu einem Diskurs trainieren wollen. Oder auch im Politikunterricht, der zumeist so angelegt ist, dass bestimmte Fragen von aktueller politischer Relevanz von unterschiedlichen Seiten betrachtet werden. Darüber hinaus bemühen sich einige Reformschulen und solche mit alternativ-didaktischen Konzepten um eine andere Art und Weise der Vermittlung.

3.5.2.1 Trivialisierung durch illegitime Fragen

Dennoch werden in der Schule in überwiegendem Maße sogenannte „unerlaubte Fragen" gestellt. Dies ist ein Begriff aus der Wissenschaftstradition des Konstruktivismus und wurde von einem ihrer großen Lehrer, von Heinz von Foerster, einem in die USA emigrierten Österreicher, formuliert (v. Foerster 1993, S. 208). Er nennt sie dort „illegitime Fragen". Unerlaubte Fragen sind in diesem Verständnis jene, auf die der Fragende bereits die aus seiner Sicht passende und richtige Antwort weiß, mit denen er sein Gegenüber prüft oder auch (weiter)bilden will. Wenn der Schüler in diesem System Erfolg haben will, „dann müssen die Antworten, die er auf unsere Fragen gibt, bekannt sein. Diese Antworten sind die ‚richtigen' Antworten." (ebd.) – und v. Foerster fügt als passendes Beispiel an:

„F „Wann wurde Napoleon geboren?"
A „1769."
Richtig! (weil erwartet)
Schüler → Schüler
Aber:
F „Wann wurde Napoleon geboren?"
A „Sieben Jahre vor der amerikanischen Unabhängigkeitserklärung."
Falsch! (weil unerwartet)
Schüler → Nicht-Schüler" (v. Foerster 1993, S. 208).

Auf jene „unerlaubten" Fragen werden ganz bestimmte Antworten erwartet. Im konstruktivistischen Verständnis von Pädagogik – und dies wird häufig auch als Kritik formuliert – gibt es in der Schule viel zu viele solch unerlaubter Fragen. Damit wird die Bildungsinstitution zu einem Ort der Trivialisierung: „Tests sind Instrumente, um ein Maß der Trivialisierung festzulegen. Ein hervorragendes Testergebnis verweist auf vollkommene Trivialisierung: der Schüler ist völlig vorhersagbar und darf daher in die Gesellschaft entlassen werden. Er wird weder irgendwelche Überraschungen noch auch irgendwelche Schwierigkeiten bereiten." (v. Foerster 1993, S. 208).

Viele Fragen aus dem Bildungskontext begrenzen den Möglichkeitenraum für Antworten. Eine sogenannte „triviale Maschine" ist im Konstruktivismus jene, bei der man in jenem Moment, in der man den Input definiert, weiß, wie der Output aussieht. Also: Ich schütte beispielsweise Weizenkörner in eine Mühle und weiß, dass bei optimaler Einstellung Mehl in definierter Körnung herauskommt, eine triviale Maschine, auch wenn der ein oder andere Müllermeister jetzt heftig widersprechen möchte. Aber auch der Mahlprozess wird von so vielen verschiedenen Dingen beeinflusst, sodass eine rein triviale Beziehung jeweils sehr schwer zu definieren ist. Aber hier soll es um das Prinzip gehen. Kennt man den Input bei einer trivialen Maschine, kennt man den Output. Dann weiß man also, was am Ende herauskommt.

Nun füttert man den Schüler mit Mathematikaufgaben, bringt ihm Lösungswege bei und stellt ihm Fragen. Hat er richtig gelernt, so wird er in der Prüfung alles richtig machen können. Mit dem Input ist der Output bei solchen Prüfungen festgelegt. Das kann und wird bei vielen Dingen nicht zu vermeiden sein. Nicht von ungefähr wurde

3.5 Selbstverpflichtung: Die aktive Beseitigung des Zweifels!

hier ein Beispiel aus der Mathematik verwendet. Aber am Ende ist dieser Prozess das Verfahren der Wahl für die meisten schulischen Prozesse, eben weil hier Lehrpläne definiert sind und weil ein bestimmtes Bildungsniveau erreicht sein will. Menschen werden also wie triviale Maschinen behandelt.

Wer den Denkmodellen des Konstruktivismus folgt, wird dies als im Grunde unethisches Verhalten klassifizieren müssen. Auf den ersten Blick wird das den Leser an dieser Stelle irritieren. Doch den sogenannten radikalen Konstruktivisten geht es stets um die Erweiterung des Denkbaren, um die Ergänzung der Wirklichkeiten. Heinz von Foerster formuliert einen ästhetischen und einen ethischen Imperativ, also grundlegende Lehrsätze, nach denen man im Sinne des konstruktivistischen Denkens handeln darf.

Der ästhetische Imperativ nach von Foerster lautet demnach: „Willst Du erkennen, so lerne zu handeln!" Alle Welterfahrung wird also durch ein Tätigwerden in dieser Welt generiert, und auch unser Bewusstsein für die Schönheit der Welt wird erst durch unsere Handlungsfähigkeit ermöglicht (vgl. v. Foerster 1993, S. 49).

Der ethische Imperativ lautet in Erweiterung dieser Welterfahrungsmöglichkeit: „Handle stets so, dass die Zahl der Möglichkeiten wächst!" (vgl. v. Foerster 1993, S. 49). Das ist insofern besonders interessant, da es dem humanistischen Ideal nach dem kategorischen Imperativ von Kant ein neues Denkmodell gegenüberstellt. Wurde dort noch vom Individuum ein Handeln gefordert, das gleichsam zur Maxime aller Menschen, quasi zum Gesetz avancieren kann, so geht es den Konstruktivisten tatsächlich um die bedingungslose Erweiterung des Möglichkeitenraumes. Zieht man den Schluss, so kann man eben verkürzt auch darstellen, dass in einem solchen Denken am Ende auch die unerlaubten Fragen, die Trivialisierung eines Menschen, unethisches Handeln an diesem ist.

> **Erfahrungsbericht: „Der Findungsprozess ist das Wichtigste überhaupt!"**

Ich hatte bei der Ausarbeitung meines Exposés die größte Mühe. Ich hatte eine Version, dann habe ich sie wieder verworfen, nochmals neu angefangen, das wieder überarbeitet ... Während dieser Zeit war ich sehr unzufrieden mit mir selbst, da ich normalerweise ein sehr zielorientierter Mensch bin. Ich dachte mir: Wenn du schon für das Exposé so lange brauchst, kriegst du das nie gebacken. Erst viel später habe ich realisiert, dass dieser Findungsprozess das Wichtigste überhaupt und der Aufwand dafür absolut nicht vergebens war. Und als das Exposee stand, schrieb sich dann die Arbeit praktisch von selbst. Daher mein Tipp: Solange am Exposee feilen, bis ihr wirklich davon überzeugt seid. Ihr werdet euch selbst beim Schreiben sehr dankbar dafür sein.

Nathaly Tschanz ◄

3.5.2.2 Wissenschaft als Akt der Enttrivialisierung

Warum diese theoretische Exkursion zu diesem frühen Zeitpunkt in diesem Buch? Das ist schnell erklärt. Studierende dürfen hier erkennen, dass mit dem Studium zwar immer wieder durchaus triviale Inhalte zur Verfügung gestellt werden, also solche Inhalte, die reproduziert werden wollen, die mehr oder weniger rezeptiv zu lernen sind. Denken Sie zum Beispiel an das Periodensystem in der Chemie: Dieses auswendig zu können, ist in der anorganischen Chemie die Grundvoraussetzung zum Weiterdenken. Der Forscher, der sich mit neuen Verbindungen beschäftigt, mit Isotopen und Elementen, er wird kreativer, wenn er bei der Arbeit mit diesen weiß, wo sie im Periodensystem zu verorten sind, weil er dann Zusammenhänge schneller erkennt, Ähnlichkeiten besser vergleichen kann und bei Überlegungen zu anorganischen Verbindungen sich sehr schnell im Periodensystem bewegen kann. Das macht den Chemiker in der Forschung wendiger.

Das „triviale" Wissen, das man bequem auch mit den „unerlaubten Fragen" abprüfen kann, ermöglicht hier vertiefte Forschung und damit die Erweiterung des Sets an Möglichkeiten. Problematisch wird das Studieren aus Sicht konstruktivistischer Pädagogik oder Didaktik dann, wenn Trivialisierung das Weiter- und das über gegebene Kenntnisse hinausweisende Denken behindert oder gar zunichtemacht, wenn am Ende alles Wissen – beispielsweise durch systematische Vereinfachung – trivialisiert wird. Nun muss deutlich geworden sein: Studieren bedeutet im Idealfall – und vom Ende her gedacht – stets eine Enttrivialisierung, eine Erweiterung der Möglichkeiten und ist damit ein zutiefst ethisch durchdrungener Prozess.

Dies gilt für Sie selbst, für die Abschlussarbeit und für Ihr Verhältnis zu den Lehrenden. Deshalb ist es auch ein Unterschied, ob Sie es mit Lehrern oder Hochschullehrern zu tun haben. Idealerweise ist der Freiheitsgrad, mit dem Sie sich Ihr Fach erschließen, an der Hochschule deutlich höher als im regulären Schulbetrieb. Doch Inhalte, die eigentlich zum freien Denken einladen sollen, werden in Module gepackt, die schließlich sehr konkret in Modulhandbüchern beschrieben werden müssen, damit Studierende ebenso konkret wissen, was das jeweilige Fach, die ausgewiesene Lehrveranstaltung beinhaltet.

Es ist hier nicht der Ort, um über Sinn oder Sinnhaftigkeit des Bachelorstudiums zu sinnieren. Fakt ist: Der große Unterschied zwischen Lehrer und Hochschullehrer liegt in der Freiheit der Lehre, also darin, dass der Hochschullehrer zwar den Modulen folgt, aber darin frei ist, wie er diese ausgestaltet, also auch frei darüber entscheiden kann, welche Schwerpunkte er setzt, welche Forschungsergebnisse er integriert und welche vielleicht auch dogmatische Ausrichtung er wählt. So sind in der Vergangenheit großer Denktraditionen und Schulen entstanden. Studierende von heute können sich sehr frei dafür entscheiden, welche dieser Traditionen sie folgen wollen.

Ich denke hier zum Beispiel sehr konkret an die kritische Theorie auf der einen, die Systemtheorie auf der anderen Seite. Beides sind auf die Gesellschaft bezogene

Theorien. Ihr Zugang und ihre Interpretationen jedoch könnten unterschiedlicher nicht sein. Der trivialisierte Studierende wird einem Dogma folgen. Wer aber mit Heinz von Foerster weiterdenkt und stets so handelt, dass die Zahl der Möglichkeiten wächst, wird mit Freude neben einem Dogma, also einer verfestigten Lehrmeinung, eine zweite begrüßen, wird sich darüber freuen, dass Gesellschaft als Phänomen auch noch auf eine andere Weise zu durchdringen ist.

3.5.2.3 Die Konsequenz des Konstruktivismus in der Pädagogik für die Abschlussarbeit

- **Erstens:** Wenn Sie sorgfältig begründen, dann können Sie jedwede Denktradition zum Beispiel für die Definition von Begriffen heranziehen.
- **Zweitens:** In der Wissenschaft gibt es selten ein: „So ist es!". Stattdessen werden Sie viel häufiger ein: „So könnte es sein! Es könnte aber auch so sein!" finden. Wenn sie also sehr konkrete Anweisungen und Hinweise Ihrer Betreuer einfordern, kann das in Gesamtbetrachtung für die Beurteilung Ihrer Arbeit durchaus kontraproduktiv wirken.
- **Drittens:** Gute Betreuer freuen sich – so jedenfalls meine Erfahrung – sehr über Arbeiten, die ihren Möglichkeitenraum, ihr Wissen erweitern, die ein bekanntes Thema aus einer anderen Theorierichtung betrachten oder eben ganz grundsätzlich den bisher bekannten Wissensstand ausdehnen, vielleicht etwas durchaus dem Kanon Entsprechendes sogar infrage stellen.
- **Viertens:** Es gibt bei einer Abschluss- oder Hausarbeit selten ein konkretes „Richtig" oder ein konkretes „Falsch". Viel eher gibt es sorgfältig abgeleitete Hypothesen und eine dazu passende Diskussion, die viele Argumente zusammenführt.
- **Fünftens:** Sie selbst sind die eigentlichen Experten – bezogen auf das von Ihnen gewählte, oder das Ihnen zugeteilte Thema. Dies bedeutet auch ein hohes Maß an Verantwortung – und genau deshalb dürfen Sie auch so viele Formalia berücksichtigen. Denn nur dasjenige, was formal mit anderen Zugangsweisen und Argumentationen vergleichbar ist, wird im Gesamtsystem Wissenschaft auch ernst genommen.
- **Sechstens:** Sie müssen in einer Haus- oder auch in einer Bachelorarbeit nichts selbstständig erforschen, müssen also nicht zwingend eigenständige wissenschaftliche Erkenntnisse generieren. So zumindest lautet die generelle (und meines Erachtens faire) Einschätzung von Qualifizierungsarbeiten. Dennoch kann dies auch in der typischen Form einer Abschlussarbeit gelingen, insbesondere dann, wenn der Absolvent eigene Daten generiert, also empirisch arbeitet. Eine Studie sollten Sie deshalb immer so anlegen, dass dies grundsätzlich auch möglich ist. Tatsächlich zeigt sich in der Praxis immer wieder, dass substanzielle Beiträge zur Wissenschaft von jungen Studierenden am Ende eines Bachelorstudiums erbracht werden. Also: Nur Mut!

Was also können Sie vor diesem Hintergrund von den weiteren Kapiteln in diesem Buch angesichts der aufgeführten Punkte konkret erwarten? Ganz einfach: Es ist ein Buch, das Sie zur effizienten Umsetzung von schriftlichen Abgaben einlädt. Das mag auf den ersten Blick ein sperriger und ungewöhnlicher Begriff sein, aber er trifft tatsächlich den Kern, denn auch die folgenden Kapitel unterscheiden selten zwischen unterschiedlichen Formen der Verschriftlichung, die Ihnen im Studium begegnen und die im Regelfalle zu Hause oder an einem von Ihnen selbst gewählten Arbeitsplatz entstehen.

Das bedeutet konsequenterweise: Vielleicht werden Sie auch für die eine oder andere Klausur profitieren können. Der Schwerpunkt jedoch liegt in einem ersten Schritt auf Haus-, Seminar und Qualifizierungsarbeiten, auf Bachelor- wie auf Master- oder Promotionsniveau. Dieses Buch kann Sie also getrost durch Ihre wissenschaftliche Karriere begleiten, wie lange und intensiv Sie diese auch betreiben wollen.

Anfangen: Thema, Frage, These und ein Titel! 4

Dieses Kapitel führt Sie in kurzen und übersichtlichen Abschnitten zu allen Regeln und Merksätzen, die der Writing Code kennt. Ein Teil davon wird im weiteren Verlauf des Buches noch einmal aufgegriffen und vertieft – so zum Beispiel die Themenfindung und die Titelgebung, die inhaltlich-theoretische Recherche und die intensive Arbeit mit den richtigen Quellen, die Diskussion von Begriffen und die Wahl einer passenden Methode.

> Keine Sorge also, die wichtigen Aspekte aus diesem Kapitel werden noch einmal aufgegriffen und weiter vertieft – alle, die sich jedoch sehr schnell und zielgerichtet einen Überblick verschaffen wollen, sind in diesem Kapitel erst einmal richtig. Nach der Lektüre können Sie Ihre Arbeitsweise schon anpassen und den Writing Code aktiv und gewinnbringend anwenden.

4.1 Schaffen Sie Distanz!

Die erste Regel – sie steht deshalb am Anfang, weil sie Ihr Themenauswahlhandeln bestimmt, und meistens beginnt ein Abschlussarbeitsprojekt im Studium genau damit: Man macht sich Gedanken über das Themenfeld. Falls Sie selbst Ihr Thema

---

Ergänzende Information Die elektronische Version dieses Kapitels enthält Zusatzmaterial, auf das über folgenden Link zugegriffen werden kann [https://doi.org/10.1007/978-3-658-45072-4_4]. Die Videos lassen sich durch Anklicken des DOI-Links in der Legende einer entsprechenden Abbildung abspielen, oder indem Sie diesen Link mit der SN More Media App scannen.

für die Abschlussarbeit wählen dürfen, dann wählen Sie ein Thema, für das Sie sich nicht schon seit längerer Zeit interessieren. „Hupps", mögen Sie denken, „das klingt erst einmal absurd", denn gerade das soll doch ein Thema, Ihre inneren und eigenen Interessen widerspiegeln, damit Sie auch durchgängig motiviert bleiben. Deshalb schwäche ich nach dem ersten Schreck die Regel doch etwas ab (auch, wenn sie im Kern sehr richtig ist) und formuliere: Die vielleicht wichtigste Regel im Writing Code ist, halten Sie (wissenschaftliche) Distanz zum Thema, immer und überall.

> Distanzieren Sie sich immer und immer wieder, machen Sie sich nicht gemein mit der Sache. Sehen Sie sich dazu auch das verlinkte Video an (Abb. 4.1).

Nehmen wir zum Beispiel an, Sie schreiben über ein Thema, das wichtige gesellschaftliche Themen, die positiv unterlegt sind, im Blick hat: die Heilung von Krankheiten, die Verbesserung von CO_2-Bilanzen, die Linderung sozialer Ungerechtigkeit. Alle diese Themen tragen ein Risiko in sich. Jenes, den Abstand zu verlieren, das Thema nicht aus der Distanz sehen zu können. Man verliert damit die Möglichkeit, verschiedene – und eben auch kritische – Perspektiven einzunehmen. Noch einmal also: Schaffen Sie Distanz!

Abb. 4.1 Distanz zum Thema schaffen (▶ https://doi.org/10.1007/000-c5b)

> Wählen Sie (wenn Sie schneller vorankommen und vor allen Dingen streng systematisch arbeiten wollen) lieber ein Thema, von dem Sie wenig oder sogar keine Ahnung haben, ein Thema das Sie *emotional* nicht besonders stark berührt. Dies lässt Sie bei der Bearbeitung neutraler und unvoreingenommener vorgehen, das stärkt die Wissenschaftlichkeit.[1]

Das heißt beileibe nicht, dass Sie ihre Interessen ganz beiseite schieben sollen. Ganz im Gegenteil – Sie wählen ein Feld, ein Gebiet, einen Teilbereich Ihres Faches, der Sie fasziniert und im Studium begeistert hat. Studieren Sie zum Beispiel Betriebswirtschaftslehre, dann wählen Sie einen Betreuer, einen Lehrstuhl, eine Professur, die Module angeboten haben, die Sie begeistern. Das können zum Beispiel die folgenden Themenfelder sein: Marketing und eventuell spezifischer: Online-Marketing, Betriebswirtschaftstheorie oder betriebliches Steuerwesen. Das konkrete Thema folgt dann Ihrem Interessenfeld, und Sie müssen sich keine Sorgen machen, dass Sie auch bei innerer Distanz nicht hineinfinden werden.

4.2 Finden Sie eine zentrale Frage und These!

Die hier empfohlene Arbeitstechnik folgt einem spezifischen Standard, der sich stark von jenen Arbeitsweisen unterscheidet, die Sie aus Ihrem schulischen Kontext kennen. Studierende, die nach dieser Methode arbeiten, können bis zu 30 % jener Arbeitszeit einsparen können, die sie mit klassischen, nicht so deutlich systematisierten Arbeitsweisen benötigt hätten – um am Ende eine Arbeit in ähnlicher Qualität abzuliefern. Wenn Sie bereits wissenschaftliches Denken gelernt und verinnerlicht haben, werden Sie an dieser Stelle anmerken wollen: Wo ist der empirische Beweis, wo ist der Beleg für eine solche Aussage? Als Autor muss ich Ihnen diesen schuldig bleiben. Jene 30 % stellen einen Erfahrungswert dar, den ich bei der Betreuung von unzähligen wissenschaftlichen Arbeiten im Sinne von schriftlichen Abgaben im Studium in den vergangenen Jahrzehnten entwickelt

---

[1] Hierbei handelt es sich um eine durchaus umstrittene Regel des ‚Writing Code'. Das werden Sie auch im einen oder anderen Erfahrungsbericht nachlesen können, in denen das Eigeninteresse hervorgehoben wird. Tatsächlich wäre dies kontrovers zu diskutieren. Ein Grundinteresse ist gut und wichtig. Entscheidend ist, dass Sie noch nicht so tief im Thema „stecken", dass Sie vorgefasste Meinungen und Überzeugungen entwickelt haben. Denn dies behindert zumeist das Fortkommen und jene Neutralität, ohne die wissenschaftliches Arbeiten nicht denkbar ist.

habe. Sie können sich mit Hilfe des Writing Code und seinen Angeboten möglicherweise auch das eine oder andere Seminar zum Wissenschaftlichen Schreiben sparen, wobei der Vorteil einer seminaristischen Zugangsweise immer ist, dass Sie dort auch in kleinen Paketen üben und mit konkreten Aufgaben operieren können.

Sicher wird auf den folgenden Seiten auch die ein oder andere Kreativtechnik diskutiert. Aber im Blick stehen hier vornehmlich jene Anforderungen, die eine typische Auseinandersetzung mit einem wissenschaftlichen Thema benötigen. Essays zu schreiben erfordert tatsächlich noch einmal andere Qualifikationen. Der Unterschied ist insbesondere im Deutschen wichtig. Hinter dem, was im englischsprachigen Ausland oft als Essay eingefordert wird, verbirgt sich oft das, was wir im Deutschen als wissenschaftliche Hausarbeit bezeichnen würden.

Dieses Buch wählt einen *ganzheitlichen* Ansatz. Es betrachtet jede einzelne Tätigkeit, die Sie während des Schreibens durchführen müssen, stets vom Gesamtergebnis her. Es zerlegt Prozesse, wo dies sinnvoll erscheint, und es führt diese zusammen, wo dies als notwendig erachtet wird. Ganzheitlich bedeutet im Kontext dieses Arbeitsbuches aber auch: Alle Ihre Erkenntnisse, aller Fortschritt in der Arbeit wird regelmäßig an der Ausgangsfragestellung gemessen.

Damit haben Sie bereits einen der wesentlichen Merksätze kennengelernt:

> Jede Aussage, jede erweiterte Erkenntnis muss auf Ihre zentrale und immer in der Einleitung verankerte Ausgangsfragestellung oder These zurückzuführen oder anzuwenden sein. Ist dies nicht der Fall, verlieren Sie Ihre wichtigsten Leser – die Gutachter, die Ihre Arbeit am Ende bewerten.

Deshalb auch steht hier im zweiten Kapitel genau das im Mittelpunkt – wie finden Sie ein Thema, das über eine Frage definiert ist, zu der Sie eine Haltung entwickeln.

Denn für diese „ersten Leser" steht jeweils das zentrale Erkenntnisinteresse, das im Titel und in der Forschungsfrage formuliert ist, im Mittelpunkt. Alles Beiwerk wird darauf überprüft, ob es nötig ist, um die Ausgangssituation zu präzisieren, zu erläutern oder zu bewerten. Wenn Sie sich diese Regel zu Herzen nehmen, und wenn Sie dementsprechend alle Ihre Unterkapitel, Unter-Unterkapitel und einzelnen Abschnitte genau daraufhin überprüfen, können Sie nicht falsch liegen, und Sie müssen sich keine Sorgen machen. Sie können sogar so weit gehen und jeden einzelnen Absatz daraufhin überprüfen, ob er die Antwort auf die zentrale Fragestellung präzisieren hilft. Auf diesen Aspekt wird im weiteren Verlauf zurückzukommen sein. Verstehen Sie die Hinweise an den entsprechenden Stellen als Reminder für eine der wichtigsten Regeln, die den wissenschaftlichen Arbeitsprozess begleitet.

4.3 Ihr individueller Weg zum passenden Thema!

Es gibt mehrere Strategien, die Sie anwenden können. Drei davon sollen hier kurz angerissen werden. Alle drei sind gleichermaßen „richtig", und die Liste erhebt keinen Anspruch auf Vollständigkeit. Im folgenden Abschnitt dann wird der Fokus noch einmal verändert und wir unterscheiden dann zwischen Themenvergabe und Themenauswahl – beide Abschnitte ähneln sich, es verändert sich lediglich der Fokus. Weitere Tipps zur Themenwahl bekommen Sie auch im verlinkten Video (Abb. 4.2).

- Erstens: In laufende Forschungsprojekte einsteigen.
- Zweitens: Die Menschen wählen – und weniger den Inhalt.
- Drittens: Mit selbstorganisierter Recherche ins Feld eintauchen.

4.3.1 Erstens: Der Weg über ein Institut

Erstens: Sie orientieren sich an einem der für Sie interessanten Institute Ihrer Hochschule und schauen, welche Forschungsprojekte dort gerade bearbeitet werden. Nahezu alle dieser Projekte haben eine Vorgeschichte, und im Regelfalle gibt es schon Publikationen, die auf das Projekt einzahlen – seien sie im Vorfeld verfasst oder schon von den ersten Projektergebnissen bestimmt. Bevor Sie Kontakt aufnehmen gilt:

Abb. 4.2 Das richtige Thema finden (▶ https://doi.org/10.1007/000-c5a)

Lesen Sie sich ein – das geht online meistens sehr schnell. Schauen Sie dabei nicht ausschließlich auf die direkten Publikationen, schauen Sie vor allen Dingen darauf, was und wer zitiert wird. Die Literaturliste der Beiträge ist also hier besonders wertvoll. Hier werden Sie immer zu den wesentlichen theoretischen Bausteinen und Konzepten geführt, finden Sie alternative Forschungsansätze und Menschen, die sich in der Vergangenheit mit ähnlichen oder sogar gleichen Fragestellungen auseinandergesetzt haben. Daraus folgt sogar ein ganz genereller Merksatz:

> Unterschätzen Sie ganz generell nie die Literaturlisten Ihrer Quellen. Zumeist erkennen Sie die Qualität einer Quelle schon an den darin zitierten Beiträgen und Autoren.

Haben Sie die Ausrichtung des Projektes verstanden, können Sie sich mit ihm anfreunden? Dann los – schreiben Sie (ohne zu lange darüber nachzudenken) fünf bis zehn Fragen auf, die Ihnen dazu einfallen. Schauen Sie, ob diese schon innerhalb des Projektes adressiert werden – also gibt es hier schon erste Hinweise in den Publikationen. Wenn Sie eine Frage gefunden haben, wo dies nicht der Fall ist, dann: Los! Vermutlich können Sie auch die Projektmitarbeiter für diese Frage begeistern. Sie haben den ersten Einstieg ins Thema gefunden – und können dies nun mit den ihrerseits interessierten Projektverantwortlichen final entwickeln. Herzlichen Glückwunsch!

4.3.2 Zweitens: Der Weg über die Menschen

Um ganz ehrlich zu sein – dies war mein Weg. Niemand hatte mich im Studium so von seinem Fach überzeugt wie Alfred Kuß. Er lehrte (und forschte intensiv zu wichtigen Fragen des Faches) Marketing. Ich habe ihn als brillanten Didaktiker erlebt, habe mich sehr schnell in seinem Denken wiedergefunden, und, ja, er war knallhart und intellektuell ebenso bestechend wie unbestechlich. Er hatte ein am Lehrstuhl ein außergewöhnlich interessantes Team, zugewandte Menschen, die sich für „ihre" Studenten interessierten und einsetzten. Auch, wenn mich er und dieses Team nicht immer gut bewertet hat, die Menschen haben mich überzeugt. Ich habe es dann nie bereut, mich auf den Rat von Iris Schopphoven zu verlassen, die mich als Mitarbeiterin des Lehrstuhls mit Nachdruck zum Thema meiner Abschlussarbeit führte. Heute kann ich sagen: Danke dafür! Mittlerweile bringt Iris Schopphoven-Lammering übrigens für die Universität Duisburg-Essen Studierende und potenzielle Arbeitgeber in Speed-Dating-Veranstaltungen zusammen, nur eine Facette ihres Jobs, der didaktische inhaltliche Kompetenzen zusammenführt. Wie auch immer – dieses hier zugegebenermaßen sehr persönlich gehaltene Beispiel zeigt vermutlich sehr gut, wie man eben auch vorgehen kann.

> Wissenschaftliche Mitarbeiter und Professoren haben im Regelfall ein gutes Gespür für Themen und Inhalte, die in ihrem Fach gerade wichtig sind. An vielen Lehrstühlen und Professuren gibt es sogar Themenlisten mit Abschlussarbeiten.

Machen Sie sich das zunutze – und keiner der potenziellen Betreuer wird Sie ablehnen, wenn Sie mit ehrlichem Interesse auf ihn zugehen. Sie dürfen dort auch ganz ehrlich sein: Sie können aussprechen, dass Sie noch keine Idee von einem Thema haben, dass Sie aber ganz bewusst die Person, die Menschen wählen wollen, die für das Themenfeld an Ihrer Hochschule stehen. In einem kurzen Gespräch – zumeist benötigt man hier nicht länger als 15 bis 20 min – findet sich dann der erste Themenrahmen, der immer so gefasst sein wird, dass er Ihnen einen gewissen Spielraum lässt.

Wollen Sie diese Strategie anwenden, dann ist ein Hinweis wichtig: Führen Sie niemals konkurrierende „Parallelverhandlungen" über Themen für eine Abschlussarbeit. Im Zweifelsfalle spricht sich das bei Betreuern schnell herum – und Sie stehen am Ende ohne Thema da. Die beschriebene Exklusivität der Betreuer-Student-Beziehung würde unmittelbar verloren gehen.

4.3.3 Drittens: Der Weg in die Forschung

Bei der Themenwahl orientieren Sie sich nun (und viele halten das für den Königsweg) an den Ausgaben der für Ihr Fach einschlägigen wissenschaftlichen Fachzeitschriften oder Sammelbände, die Tagungsergebnisse zusammenfassen. Bevor Sie sich auch nur für einen größeren Bereich entscheiden, durchforsten Sie drei bedeutende wissenschaftliche Fachzeitschriften. Davon sollte mindestens eine internationalen Anspruch besitzen. Beschränken Sie sich ausschließlich auf Zeitschriften, lesen Sie keine Monografien. Wählen Sie aus den solchermaßen „gescannten" Beiträgen einen aus, der Ihr spontanes Interesse geweckt hat, Sie müssen ihn nicht ganz verstanden haben, aber das Thema hat Sie angesprochen. Schauen Sie in dessen Hinweisen zur Literatur und den genutzten Quellen, ob Sie ohne großen Zeitaufwand Zugriff auf darin genannte, weitere Werke haben. Lesen Sie auch in diese hinein.

Überlegen Sie sich nun in einem nächsten Schritt fünf bis zehn verschiedene Fragen, die nicht unmittelbar in den Quellen beantwortet werden – aber eine hohe Verwandtschaft besitzen. Welche dieser Fragen aus den in den von Ihnen genutzten Texten genannten Quellen – deren Titel sind bei wissenschaftlichen Fachzeitschriften unter Literatur oder „References" am Ende des Textes stets aufgeführt – ist aus Ihrer spontanen Sicht am leichtesten zu bearbeiten? Das ist ein feiner Unterschied: Sie müssen entscheiden, was am leichtesten zu bearbeiten, nicht was am leichtesten zu beantworten ist. Formulieren Sie aus dieser Frage ein Thema – et voilá!

Die Daumenregel lautet
Sie arbeiten mit den letzten zwei bis drei Jahrgängen einer spezifisch ausgewählten (möglichst internationalen, englischsprachigen) Zeitschrift – und schauen ganz einfach wie erläutert per Schneeballsystem zuerst das Inhaltsverzeichnis, dann das Literaturverzeichnis durch.

Achten Sie darauf, dass es sich um einschlägige Zeitschriften mit höherer oder hoher Reputation handelt – dort werden die Beiträge im Regelfalle nur in einem langwierigen Begutachtungsprozess von Fachexperten in sogenanntem Peer Review ausgewählt.

Fragen Sie sich: Spricht das Themenfeld eines der Beiträge mit mir? Verstehe ich bei einer Überschrift erst einmal nur Bahnhof? Finde ich eine der gewählten Forschungsmethoden interessant? Diese Fragen weisen Ihnen eine Richtung.

Dies ist ein sehr einfaches Verfahren, sehr schnell und systematisch zu einem bearbeitbaren Thema zu kommen. Sie werden darüber hinaus feststellen, dass Sie für ein auf diese Weise gewähltes Thema sehr schnell und zielgerichtet einen Betreuer finden werden.

Hinweis:
Diese Strategievariante eignet sich auch exzellent für Arbeitsgruppen. Sollten also Kommilitonen in der gleichen Situation sein, vernetzen Sie sich!

Der Aspekt „Interesse" sei hier noch einmal gesondert angesprochen. Denn meistens wird es besonders schwer, wenn Lehrende viel Freiheit lassen, wenn der das Themenfeld begrenzende Rahmen sehr weit gesteckt wird. Die Falle in die die meisten Studierenden dann tappen heißt dann in der Tat schlicht und einfach: Interesse. Sie wählen ein Thema das sie „interessiert". Und damit fängt das Übel an, denn bei solchen Themen haben wir Menschen zumeist schon eine Ahnung und eine gefasste Meinung – für die wissenschaftliche Arbeit ist das also eher kontraproduktiv, denn an Themen, die uns „interessieren" gehen wir im ersten Schritt keinesfalls wissenschaftlich neutral und als Suchende heran, wir versuchen vielmehr die von uns bereits gefasste Meinung in irgendeiner Weise zu bestätigen.

Sie können alternativ oder zusätzlich die Neuerscheinungen der drei wichtigsten Verlage für Ihren Fachbereich durch. Findet einer der Beiträge, eines der Bücher Ihre Aufmerksamkeit (lesen Sie nicht das ganze Buch!), und Sie fragen sich innerlich bereits beim Lesen: „Was könnte darüber hinaus gedacht, entwickelt, weiter erforscht werden?" –, dann sind Sie einem guten Thema schon sehr nahegekommen. Noch ein wenig feilen – und die Abschlussarbeit steht bereits in ihrem Gerüst.

Sollten Sie diesen Weg wählen, lesen Sie bitte unbedingt im Abschn. 2.3.2. weiter. Dort werden mit dem Fokus auf eine eigenständig gesteuerte Themenwahl alle entscheidenden Aspekte in der gebotenen Tiefe behandelt. Eine leichte Redundanz ist hier übrigens gewünscht – es zeigt, dass unterschiedliche Perspektiven auf einen Aspekt am Ende gewählte Vorgehensweisen bestätigen.

4.4 Themenwahl oder Themenvergabe – beides ist gut

Gute wissenschaftliche Arbeiten, erarbeiten sich einen Titel, das heißt, die Festlegung auf einen Titel erfolgt nicht gleich am Anfang, sondern sie entwickelt sich über einen Zeitraum hinweg. Natürlich gibt es auch hier die Varianten vorgegebener Titel oder Themen (Abschn. 2.4.1). Aber auch hier ist meistens eine flexible Komponente erhalten, also Raum zur eigenen Konkretion, zur Veränderung oder Anpassung. Loten Sie bei gegebenen Themen diesen Spielraum aus, dies können Sie gemeinsam mit Kommilitonen versuchen – oder aber im Gespräch mit einem Betreuer oder Dozenten für Ihre Arbeit. In einigen Fällen aber delegieren Ihre Lehrer ganz selbstverständlich die exakte Formulierung des Themas an Sie – dies sollten Sie als Auszeichnung betrachten, denn ohne Vorgaben wächst neben dem Spielraum auch Ihre Verantwortung für ein Thema (vgl. Abschn. 2.4.2). Nehmen Sie diese Verantwortung an, nehmen Sie die Möglichkeiten an und sehen Sie diese als Chance, sich zu entwickeln – an und mit Ihrem Thema.

Besonders leicht werden Sie sich tun, wenn Sie mit Dozenten zusammenarbeiten, die Fragestellungen einfordern, die von Ihnen zuerst einmal wissen wollen, welche Frage Sie beantworten wollen, welche Frage Sie sich bezogen auf den Themenraum stellen. Das macht die Arbeit nämlich bedeutend leichter, Sie werden auf diese Weise durch den Prozess der Themenfindung geführt, und Sie erkennen dabei schnell, welche Fragen gewissermaßen „funktionieren", welche Fragen sinnvoll sind und einen Erkenntnisgewinn versprechen. Das ist die erste Voraussetzung für eine gute Frage: Erkenntnisinteresse, also jenes, was den bisher bekannten Stand der Dinge erweitern wird, das bislang bekannte neu interpretiert oder auf eine andere Weise sehen lässt. All dies wird in diesem Kapitel vertieft.

Was zeichnet eine gute Forschungsfrage aus? Es ist insbesondere die Chance, schon vor dem Beginn der eigentlichen Forschungsarbeit eine Antwort zu entwickeln. Das mag auf den ersten Blick unsinnig erscheinen, führt Sie aber zu einem wichtigen Schritt wissenschaftlichen Denkens. Sie können auf diesem Weg nämlich eine Haltung zum Thema entwickeln. Eine gute wissenschaftliche Frage lässt sich in eine These umformulieren. In dieser These ist Ihre Haltung, ist Ihre bislang im Studium zusammengetragene Überzeugung enthalten. Ihre These hält Ihr Thema offen. Der Vorteil dieses Schrittes ist nun, dass Sie ein klares Ziel formulieren können. Denn Thesen lassen sich verifizieren oder falsifizieren, also bestätigen oder ablehnen. Beides ist im wissenschaftlichen Prozess richtig. Vielfach wird es Ihnen auch nur möglich sein, eine These unter Bedingungen zu bestätigen, auch das ist ein gutes wissenschaftliches Ergebnis Ihrer Arbeit. Je mehr Bedingungen sie jedoch zusammentragen müssen, umso schwieriger dürfte der Ansatz sein. Versuchen Sie deshalb sehr präzise eine Forschungsfrage zu formulieren, die es Ihnen erlaubt, eine Haltung einzunehmen, also eine Antwort zu prognostizieren. Formulieren Sie stets aus den Fragen aktiv Thesen. Dies können Sie auf eine Weise durchführen, dass Sie zu Beginn Ihrer Forschungsarbeit möglichst viele Fragen aufnotieren, um zu schauen, welche der gewählten Fragen den höchsten Grad der Konkretion erreicht. Diese wählen Sie schließlich. Sie wählen also Fragen, die bewusst ein abstraktes Oberthema – und die meisten Wissenschaftlichen Arbeitsthemen sind vergleichsweise abstrakt gehalten – auf konkrete Ebenen herunterbrechen. Wenn Wissenschaft stets kritisches Auseinandersetzen bedeutet, so bedeutet Forschungsarbeit eine Reise aus der Abstraktion in das gänzlich Konkrete.

Wenn Sie den vorangegangenen Abschnitt sorgfältig gelesen haben, dann bleibt am Ende als Quintessenz:

1. Sie erhalten ein bereits vorgegebenes Thema – beziehungsweise Sie müssen aus einer Liste mit möglichen Themen auswählen.
2. Sie erarbeiten sich die Themenstellung selbst, schlagen Ihr Thema einem ausgewählten Betreuer vor, der dieses ablehnt oder annimmt.

   Auch bezogen auf diese beiden Aspekte kann man nicht sagen, welches der beiden Prinzipien für Sie günstiger ist. Vom Schwierigkeitsgrad her gesehen „schenken" sich die Varianten nichts. Aber es ergeben sich daraus unterschiedliche Arbeitsroutinen.

4.4.1 Vorgegebenes Thema – das bedeutet es für Sie!

Falls Sie die Möglichkeit haben, nicht nur ein Thema schlichtweg akzeptieren zu müssen, sondern aus einer Liste von Themen auszuwählen, dann sollten Sie versuchen, diese etwas länger studieren zu können, um

1. die unterschiedlichen Themen einzeln für sich zu bewerten und um
2. eine weitere Kontaktmöglichkeit mit Ihrem Betreuer zu schaffen.

Übliche Fehler – es wird ein Thema gewählt,

- von dem man glaubt, Ahnung zu haben,
- das man als im Vergleich zu den anderen als eher leicht zu bearbeiten bezeichnen würde,
- das man auf Anhieb versteht,
- das einen sofort interessiert.

Diese Aufzählung mag überraschen. Warum sollte man eben genau solche Themen vermeiden?

1. Ein Thema, von dem man glaubt, Ahnung zu haben knüpft zumeist an die großen Linien des Faches oder Fachbereiches an. Das bedeutet, dass bei solchen Themen das Risiko zunimmt auszuufern, in die Breite zu gehen. Aufgabe einer systematisch angelegten wissenschaftlichen Arbeit ist jedoch der Gang in die Tiefe. Breit angelegte Arbeiten werden langweilig, weil sie viele Dinge beschreiben, die vielleicht „auch noch" relevant sind.
2. Ein Thema, das man als „leichter" einschätzen würde, ist meistens sehr eingängig formuliert. Diese vermeintlich leichten Themen aber haben es zumeist in sich, da sie die großen Fragen berühren und möglicherweise eine sehr umfassende Einarbeitung erfordern. Je schwerer ein Thema „wirkt", umso spitzer ist es zumeist formuliert, das heißt, es greift sich einen kleinen Mosaikstein der Fachtradition heraus und erlaubt es dem Forscher, sich zu fokussieren und präzise zu arbeiten. Je umfassender ein Themengebiet angerissen wird, umso schwieriger wird es werden, sich zu fokussieren. Es ist also deutlich leichter, sich mit der konkreten Rolle und den messbare n Auswirkungen von Schlaf auf Gedächtnisleistungen zu befassen als mit einer übergreifenden Neurophysiologie des Gedächtnisses. Bei letzterem kommt man vom Hundertsten ins Tausendste und findet möglicherweise kein Ende.

3. Ein Thema, das sofort zu verstehen ist, hinterlässt bei Ihnen den Eindruck, dass es verständlich und leicht zu durchdringen ist. Das Risiko besteht dann, dass man wichtige Ebenen und Elemente – die die Betreuer und Gutachter am Ende erwarten würden – ausblendet und eher an der Oberfläche kratzt, als in die Tiefe zu gehen.
4. Ein Thema, das Sie sofort und spontan interessiert birgt, wie oben unter der Aufforderung, sich selbst vom Thema zu distanzieren die Gefahr einer Überformung. Das heißt – alle bisherigen Einstellungen, Haltungen, Bewertungen und Auffassungen, die dieses Thema begleiten, fließen mit ein. Man geht also nicht frei von Vorurteilen an die Frage und das Thema. Für eine wissenschaftliche Arbeit keine ideale Voraussetzung. Andererseits bleibt unbenommen, dass ein vorausgehendes Interesse zumindest den Einstieg in die Arbeit erleichtert. Dennoch: Dies ist ein zweischneidiges Schwert. In der Wahl zwischen Themen, die in Ihnen ein starkes Interesse auslösen und solchen, denen Sie neutral bis ahnungslos gegenübertreten, sollten Sie stets den letzteren die größere Chance zur Auswahl einräumen.

Zumeist sind auf den Listen möglicher Abschlussarbeiten die Themen in einer kurzen Zeile angegeben. Die Kürze führt oft zu Missverständnissen. Sie sollten also nach einigen Tagen noch einmal Kontakt zu Ihren Betreuern suchen, insbesondere jenen, die die Themen auch verfasst haben, um herauszufinden, welche Interpretationen und welches Verständnis diese von dem Thema haben. Dieser Schritt sollte allerdings erst dann erfolgen, wenn Sie sich schon grob eingearbeitet haben, vielleicht genügt es sogar, dass Sie erst dann den Kontakt suchen, wenn bereits eine Gliederung steht. Wenn Sie nach dem Writing Code arbeiten, dann haben Sie zu diesem Zeitpunkt ja bereits einen oder zwei Tage in der Bibliothek – beziehungsweise generell mit Recherchearbeiten – verbracht und, Sie haben schon einige Gedanken zusammengeführt. Häufig stellt sich heraus, dass Ihre Betreuer inhaltlich etwas anderes im Sinn hatten, als Sie dies interpretiert haben. Das macht nichts und bereichert Ihr Denken. So etwas ist durchaus üblich in einer wissenschaftsbasierten Kommunikation. Sie können in diesem Fall zwei Strategien verfolgen:

a) Verteidigen Sie Ihre Interpretation, und überzeugen Sie Ihr Gegenüber von der Richtigkeit und der Sinnhaftigkeit Ihrer Vorgehensweise. Dies können Sie immer nur dann gut leisten, wenn Sie bereits im Thema argumentieren können, wenn Sie erste Quellen studiert und Ihre Argumentationskette schon vorbereitet haben – gemäß Writing Code: wenn Ihre erste Gliederung schon verfasst ist.

4.4 Themenwahl oder Themenvergabe – beides ist gut

b) Sie übernehmen die Auffassung Ihrer Betreuer und versuchen im Gespräch sie dazu zu bringen, möglichst konkrete Aufgabenpakete zu formulieren. Das erleichtert Ihnen die spätere Arbeit – wird aber, das sei hinzugefügt – den Betreuern der Arbeit keine allzu große Freude bereiten. Wenn Sie geschickt agieren, dann übernimmt Ihr Betreuer aus gewohnter Routine in sehr kurzer Zeit eine Menge Arbeit für Sie – er strukturiert, präzisiert und führt. Das ist unbezahlbar und mit einem für Sie deutlichen Zeitgewinn gepaart.

4.4.2 Thema selbst wählen – das bedeutet es für Sie!

Sie dürfen das Thema frei und selbstständig wählen. In diesem Fall wären zwei wesentliche Strategien zu unterscheiden:

1. Sie wählen den Betreuer und passen Ihr Thema entsprechend an (vgl. dazu auch im vorangegangenen Abschnitt den Unterpunkt 2.2.2).
2. Sie wählen das Themenfeld und suchen dann einen Betreuer zu dessen Spektrum es passen könnte (vgl. im vorangegangenen Abschnitt den Unterpunkt 2.2.3).

In beiden Fällen müssen Sie einen intensiven Rechercheschritt vollziehen, bevor Sie in Kontakt mit dem Lehrstuhl oder Professor treten, der die Arbeit betreuen soll.
Vorbereitung bei Strategiewahl 1:
Sie recherchieren bezogen auf den ausgewählten Betreuer ...

- dessen Publikationen in wissenschaftlichen Fachzeitschriften
- dessen veröffentlichte Bücher
- eventuell von ihm eingeworbene drittmittelfinanzierte Forschungsprojekte
- freie Forschungsprojekte oder Angaben zu Forschungsinteressen
- Interviews zu aktuellen Fragestellungen des Faches, die Publikumsmedien mit Ihrem Betreuer geführt haben.

Erst ganz zum Schluss schauen Sie sich noch einmal die angebotenen Lehrveranstaltungen an – beginnen Sie mit Seminaren und Projektveranstaltungen und schauen Sie erst ganz zum Schluss auf etwaige Vorlesungen.
Diese Vorgehensweise sollte Ihnen eine Vielzahl von Anknüpfungsmöglichkeiten bieten, um ein Thema zu finden, das sich einem oder mehreren dieser Ansatzpunkte nähert. Diese Recherche haben Sie natürlich vor der Festlegung auf ein Thema durchgeführt.

Schauen Sie insbesondere danach, womit sich der potenzielle Betreuer aktuell beschäftigt. Oft ergeben sich Schnittmengen zu Seminaren oder Vorlesungen – das heißt, Sie können direkt an Ihr bereits im Studium erworbenes Wissen anknüpfen. Ihr nun zu formulierendes Thema sollte das, was Sie gefunden haben ergänzen, erweitern und darauf ausgerichtet sein, neue Erkenntnisse in einem der identifizierten Forschungsschwerpunkte zu generieren. Das wird das Interesse und die Bereitschaft wecken, Ihre Arbeit betreuen zu wollen. Sie können dabei sehr entspannt vorgehen und beim Lesen der Texte in der obigen Auflistung jeweils ein Notizblock bereitlegen auf dem Sie alle Fragen erfassen, die Ihnen beim Lesen durch den Kopf gehen. Besonders Fragen, die auf die Deutungsebene gehen (Pronomen: wie und warum), sind dabei von besonderem Interesse. Schauen Sie sich die Fragen an – beziehen Sie diese auf den Aufsatz oder das Buchkapitel. Und formulieren Sie aus diesem Abgleich verschiedene Arbeitstitel – es sollte eine Fülle von Themen am Ende herauskommen.

Planen Sie für diesen Arbeitsschritt einen Arbeitstag ein – also zwischen acht und zehn Stunden. Länger sollten Sie nicht benötigen.

4.4.3 Wunsch und Wirklichkeit – nehmen Sie Abschied von der Vergangenheit!

Egal, ob Sie bei den vorangegangenen Abschnitten immer einmal wieder genickt haben oder nicht: Standardmäßig gehen Studenten bei der Themen- und Titelwahl für ihre Arbeit wenig strategisch vor. Stattdessen sind oft Fragen wie die folgenden handlungsleitend:

1. Für was habe ich mich am meisten im Studium interessiert?
2. Wo will ich am liebsten arbeiten?
3. Welches Thema und welche Frage werden in der Lage sein, mich über einen längeren Zeitraum von drei Monaten „bei der Stange zu halten"?
4. Welche Arbeitsweise und Methode wird am Ende das beste Verhältnis aus Arbeitseinsatz und Note bringen?

Die Suche nach einem Thema erfolgt also stark intuitiv und eben, wie bereits zweifach angesprochen, interessegeleitet. Der Writing Code empfiehlt dagegen die konsequent strategische Vorgehensweise, die Distanz als wesentliches Element besitzt und damit das eigene Interesse erst einmal zurückdrängt.

4.4 Themenwahl oder Themenvergabe – beides ist gut

Ein gutes Beispiel bietet hier ein Seminar, das wir an meiner Hochschule regelmäßig in unserem Studienprogramm anbieten: Erstes Semester, Bachelorstudiengang, die Lehrveranstaltung nennt sich „Wissenschaftliches Arbeiten", die Prüfungsleistung besteht in der schriftlichen Abgabe einer Hausarbeit, die auf Basis des gelernten Arbeitsprinzips geschrieben wurde. Man kann hier besonders leicht feststellen, welche der Teilnehmer dieses Kurses sich mit ihrem Fach schon tiefer auseinandergesetzt haben, es mit großem Interesse und viel Energie ausgewählt haben, um nach dem Abschluss in der Medienbranche nachhaltig Fuß zu fassen. Die Aufgabenstellung lautet, dass man sich ein beliebiges Thema aus dem Fach (und zwar so, wie es die Studierenden selbst verstehen) suchen darf, das man im Rahmen einer zwanzigseitigen Hausarbeit entwickeln muss.

Trotz vielfacher Warnhinweise, die Fächer eben in ihrer ganzen Breite zu verstehen, häufen sich im konkreten Beispiel – hier geht es um Medienmanagement und Medienkommunikation – Arbeiten, die sich mit Internetsucht, Nutzung von Social-Media-Kanälen und welche psychischen Konsequenzen dies besitzt, Influencer-Marketing und auch Medienkompetenz bei Schülern beschäftigen. Dies alles sind Themenstellungen, die offenbar naheliegen, weil sie doch ins Herz des Faches zu führen scheinen. Ok, es mag sein, dass dies Themen sind, die die Gesellschaft kontrovers bewegen, gerade das Forschungsfeld Medienmanagement verweist indes auf eine riesige Fülle und Bandbreite von Fragen, die sich in ganz unterschiedlichen Kontexten stellen. Zum Beispiel kann man sich ganz betriebswirtschaftlich an die Organisation Medienunternehmen heranwagen, die in einem Spannungsfeld agieren, das für die Inhalteproduktion neben der unternehmerischen Aufgabe Gewinne zu erzielen, auch eine gesellschaftliche Dimension der Medienarbeit berücksichtigt. Oder man konzentriert sich auf klassisches Management und damit auf unternehmerische Prozesse wie Personal, Buchhaltung, Kostenrechnung oder Controlling und Marketing.

Sie sehen, es gibt eine unbegrenzte Zahl sinnreicher Fragen und Problem, die man bearbeiten kann. Sie werden eher selten gewählt. Nun mag es für einen Studierenden des ersten Semesters durchaus eine Herausforderung darstellen, ein Thema zu identifizieren, das eben genau auf 20 Seiten zusammengeführt und bearbeitet werden kann.

Das ist es in der Tat – und man darf die Aufgabe nicht unterschätzen. Ich bin indes der Überzeugung, dass ein frühes Heranführen Erfolg bringt. Der Writing Code liefert ja genau für diese Fragestellung ein sehr einfaches und hoffentlich einleuchtendes Verfahren, das es auch einem Anfänger und erklärten Laien des Faches leicht macht, vernünftige schriftliche Abgaben zu produzieren.

> **Der praxisnahe Hinweis wäre**
> Für eine souveräne Themenfindung zu einer Hausarbeit benötigt man nicht mehr als etwa eine Stunde in einer gut ausgestatteten Bibliothek (egal, ob online oder direkt am Ort). Die Methode ist schließlich immer zielführend – ganz unabhängig vom Fach.

4.4.4 Schnelle Themenwahl – hier noch einmal in der Übersicht!

Hier wird noch einmal der „sachlich" orientierte Weg zu einem Thema zusammengefasst – es ist in der Tradition des Writing Code der Königsweg. Sie können auch noch einmal zu Abschn. 2.2.3 springen – hier ist das methodisch-strategische Vorgehen mit anderem Blickwinkel ausgeführt.

Hier nun also die Prozessroutine der Themenwahl bei einer – heute sehr weit verbreiteten – Variante, die es Studierenden erlaubt, ein Thema selbst auszuwählen und vorzuschlagen.

1. Sie suchen sich eine anerkannte Fachzeitschrift Ihres Faches. Dies muss eine wissenschaftliche Fachzeitschrift sein, die eben auch in Ihrer Disziplin anerkannt ist. Sie können im Zweifel Ihren Dozenten fragen, welche Variante aus seiner Sicht sinnvoll wäre.
2. Sie nehmen sich den aktuellen Jahrgang und schauen, ob es Beiträge gibt, die dem Gesamtzusammenhang Ihres Themenfeldes in der Lehrveranstaltung entsprechen.
3. Werden Sie im laufenden Jahrgang nicht fündig, erweitern Sie die Suche auf die beiden vorangehenden Jahrgänge. Spätestens dann sollten Sie einen passenden Basisartikel gefunden haben. Lesen Sie diesen aufmerksam.
4. Meistens gibt es sowohl deutschsprachige als auch internationale Fachzeitschriften. Schauen Sie hier insbesondere auf die Nomenklatura Ihres individuell gewählten Faches. In den Naturwissenschaften werden im Regelfalle ausschließlich internationale Magazine als besonders gewinnbringend und weiterführend angesehen. In den Geistes- und Sozialwissenschaften finden Sie durchaus auch deutschsprachige Fachzeitschriften, die einen hohen Stellenwert haben und im Fach anerkannt sind.
5. Haben Sie Respekt aber keine Angst vor großen Namen und Forscherpersönlichkeiten, lassen Sie sich nicht davon irritieren, dass Sie die gefundenen Texte erst einmal nicht oder nur wenig verstehen. Sie können sich während eines Studiums Ihr Fach nach und nach erschließen und sich Schritt für Schritt zu einer zielführenden Arbeitsweise hin entwickeln.

4.4 Themenwahl oder Themenvergabe – beides ist gut

Haben Sie einen Beitrag gefunden, den Sie für neu und passen erachten, dann stellen sie sich ganz einfach die Frage, welche Rand- oder Seitenaspekte in diesem Beitrag vielleicht weniger beachtet sind – oder welche Fragestellung zusätzlich angebracht wäre, um das Gesamtziel des Beitrages zu erweitern. Sie können auch die gleiche Fragestellung vielleicht noch einmal von einer anderen Seite betrachten und andere als die dort gewählte Literatur, einen anderen theoretischen Ansatz wählen, um die Forschungsfrage zu beantworten. Oder Sie schauen nach ähnlichen Studien und Beiträgen aus weiter zurückliegenden Jahren um im Sinne einer Metastudie die Ergebnisse zusammenzuführen.

Sie sehen, die Möglichkeiten sind nahezu unbegrenzt, und Sie können sich sicher sein, dass Sie mit diesem Verfahren stets auf der Höhe Ihres Faches operieren, dass Sie sich mit Fragen auseinandersetzen, die von besonderem Interesse für Bereich Ihrer Disziplin sind.

Was man für die Anwendung dieses Verfahrens tun muss? Ganz einfach: Lesen Sie!

- Erschließen Sie sich die Themen schnell und lassen Sie ebenso schnell von einem gefundenen Ansatz. Sie treffen eine erste Auswahl bei der oberflächlichen Durchsicht des Inhaltsverzeichnisses, den aus Ihrer Sicht interessantesten Artikel wählen Sie aus und lesen den Abstract – also die zusammenfassende Einleitung.
- Wenn das Interesse weiter bestehen bleibt, wenn Sie weiter den Eindruck haben, das könnte ein guter Ansatz sein, den man in einer eigenen Hausarbeit weiterdenken kann, dann bleiben Sie dran und lesen das Fazit am Ende des Artikels.
- Wenn auch dieses vielversprechend klingt, dann schauen Sie auf die Methode, die die Autoren gewählt haben, schauen Sie darauf, wie die Ergebnisse gewonnen wurden.

Also arbeiten Sie mit dem Text, vertrauen Sie auf Ihre intellektuellen Möglichkeiten in der Auseinandersetzung mit dem Inhalt, und denken Sie immer daran, dass Sie nie linear vorgehen müssen, dass Sie sich einen Text nicht linear erschließen müssen. Sie können von vorne nach hinten und zur Seite springen, wenn es Ihrem Rhythmus entspricht. Hier gibt es auch keine Vorgabe, Lesetypen sind individuell – und es gibt viele Menschen die tatsächlich linear, einen Text von vorne nach hinten durchlesen müssen.

Die Einladung an dieser Stelle lautet: Probieren Sie sich aus, schauen Sie, wie Sie weiterkommen, schauen Sie, welches Verfahren Ihnen am ehesten liegt. Für sehr gut erachte ich persönlich die Methode, sich nach der Lektüre des Titels eines Beitrages erst einmal für zwei Minuten Gedanken darüber zu machen, was sich dahinter verbergen könnte. Hieran schulen Sie Ihr eigenes Gespür, gute Titel zu formulieren. Sie werden nämlich feststellen, dass es Autoren gibt, die im Grunde schon im Titel Ihres Beitrages den kompletten Forschungsansatz verbergen – sie verweisen oft auch auf die erfolgreiche Lösung eines Problems und geben einen Hinweis auf die Methode. Wenn Sie das in und mit Ihrem Titel der Hausarbeit oder Bachelorarbeit schaffen, haben Sie gewonnen, und Sie sind auf dem Weg, ein guter Wissenschaftler zu werden.

4.5 Themensuche schnell abschließen

Egal, für welche der drei Strategievarianten Sie sich entscheiden:

> Themensuche und Auswahl sind nach ein bis zwei Arbeitstagen abgeschlossen.

Das klingt nach einem sehr kurzen Zeithorizont, wenn Sie aber davon ausgehen, dass Sie dann aktiv rund 16 h zur Verfügung haben, relativiert sich das Ganze schon wieder.

> Wenn Sie sich mit dem Writing Code schnell für ein Thema entschieden haben, stellen Sie es nicht mehr infrage.

Dies ist eine entscheidende Regel zur Selbstverpflichtung. Sehr viel Zeit verlieren Sie nämlich stets dann, wenn Sie immer wieder neu den Zweifel regieren lassen, sich selbst ausbremsen, indem Sie sich Ihrer Themenwahl plötzlich nicht mehr sicher sind. Schieben Sie diese Gedanken beiseite. Sie werden sich, dies sei hier allerdings gleich angemerkt, öfter einmal im Arbeitsprozess einschleichen.

Aufgabe 3
Nehmen Sie sich gegen Ende der (zweitägigen) Themenauswahl eine gute Stunde Zeit und schreiben Sie möglichst viele zentrale Forschungsfragen Ihres recherchierten Themenfeldes auf. Es sollten zwischen zehn und 20 Fragen möglich sein. Formulieren Sie dann, wenn Sie alle Fragen zusammengetragen haben, die passenden Thesen (eventuell auch schon mit Gegenthesen) aus. Lernerfahrungen stellen sich meistens durch Üben ein. Auch wissenschaftliche Arbeitsweisen wollen geübt sein. Keine Sorge, die hier investierte Zeit zahlt sich für Sie aus, denn es schärft die Arbeit mit Hypothesen, die Sie bei vielen Methodenanwendungen benötigen.

4.5 Themensuche schnell abschließen

> In der Vorgehensweise hat sich bewährt: Formulieren Sie eine Forschungsfrage, bevor Sie den Titel final festlegen. Wichtig ist, dass Sie wenig später von der Frage zu einer These finden, um zu schauen, ob Sie bereits eine Haltung, eine Perspektive auf das Thema gewonnen haben.

Gemäß der ersten Regel gilt natürlich auch hier, bewahren Sie dennoch Distanz. Aber, wenn die Entwicklung einer These, eines ersten Gefühls zur Beantwortung der Forschungsfrage ganz bewusst im Prozess entsteht und nicht unbewusst oder schon im Vorhinein geprägt wird, macht dies einen sehr bedeutsamen Unterschied aus. Bei vielen Wissenschaftlern verkürzt sich der Weg von einer offenen Frage zu einer thesenhaft formulierbaren Haltung mit ihrer Erfahrung. Je mehr man sich im wissenschaftlichen Denken übt, umso schneller kann man intuitiv und sehr schnell im Forschungsprozess eine Haltung entwickeln. Wenn Sie dem Writing Code folgen, dann arbeiten Sie zuerst mit einer Frage, dann zwingen Sie sich die These zu formulieren, in der eine erste quasi spontane Haltung ihren Ausdruck findet. Dann denken Sie die Gegenthese mit und überlegen sich schon zu diesem frühen Zeitpunkt, wie These und Gegenthese zusammengedacht werden können.

Ein Beispiel

Die Zentrale Ausgangsfrage: In welcher Weise sehen Jugendliche im Alter von 15 bis 16 Jahren den eigenen Konsum sozialer Medieninhalte – gemessen am Beispiel YouTube – kritisch? Bei einer solchen Forschungsfrage ergibt sich die zu wählende Methode – darauf wird noch einzugehen sein – quasi von selbst: Man muss mit den Jugendlichen der Zielgruppe in Kontakt treten, könnte eine größere Menge mit einer standardisierten Befragung erfassen, könnte aber ebenso (fände ich spannender) eine qualitative Untersuchung mit Fokusgruppengesprächen wählen. Die These wäre in jedem Fall: Sie sind in hohem Maße selbstkritisch. Die Gegenthese lässt sich ebenso leicht formulieren: Sie nutzen soziale Medien unkritisch. An diesem Beispiel sieht man auch gut, wie ein durchaus breit gewähltes Thema durch die Altersbeschränkung der zu wählenden Stichprobe sozusagen spitzer gemacht wird. Idealerweise lassen sich nun in der Literatur verlässliche, idealerweise internationale empirische Studien identifizieren, die die These oder die Gegenthese stützen. Sie sehen an diesem Beispiel gut, wie sich durch das Wechselspiel, durch ein Pendeln zwischen den Thesen, ein großer Möglichkeitsraum eröffnet, der sich dann auch sehr gut mit theoretischen Ansätzen unterfüttern lässt.

4.6 Gute oder schlechte Titel – oder: die Wirkkräfte der ersten Zeile!

Es ist eine gute Übung: Man nehme als Hochschullehrer alle Titel von Abschlussarbeiten aus den vergangenen drei bis vier Jahren, mische sie gut durch und lasse eine Gruppe von Studierenden Noten vergeben. Die besondere Schwierigkeit – es stehen ausschließlich die Titel zur Verfügung. Die „Benotung" erfolgt über ein elektronisches Abstimmungsverfahren – der Einfachheit halber können nur ganzzahlige Noten gewählt werden. Diese Übung, durchgeführt in einem Seminar oder auch in einer Vorlesung bringt ab etwa 20 Teilnehmern recht zielsicher die tatsächliche Endnote, die auch unter dem Gutachten steht. Zumeist sind Studierende sogar noch etwas kritischer und bewerten angesichts der Titel etwas schlechter als die tatsächliche Notengebung spiegelt. Für mich ist das immer wieder erstaunlich, weil sich hier ja dann zeigt, wie stark der Titel die gesamte Arbeit und ihren Anspruch widerspiegelt. Ich bin sogar zwischenzeitlich der Überzeugung, dass man völlig fachfremd abstimmen könnte – und eine gute beziehungsweise eine schlechte Arbeit auch als Student sehr schnell allein anhand der Kenntnis des Titels identifiziert.

Man bekommt schnell ein Bauchgefühl für gute Titel bekommt – selbst dann, wenn man nicht vom Fach ist. Zur Erinnerung: Nicht an allen Hochschulen ist die Wahl des Themas frei (siehe den vorangegangenen Abschnitt), häufig wird dann auch der Titel im Vorfeld von den Betreuern festgelegt und bereits festgelegt ausgegeben – wie oben beschrieben, muss das ebenso wenig schlecht sein, wie die formaljuristische Festlegung des Titels auf einem Hochschulformular zur Anmeldung. Die Flexibilitätsanforderung des Writing Code stört sich nicht an frühen Festlegungen auf einen (funktionierenden) Titel.

Was einen guten Titel ausmacht:

1. Ein gutes Thema! Sie mögen lachen, und es mag eine Binsenweisheit sein – aber dieser Aspekt ist wirklich grundlegend. Gute Titel fallen einem bei strukturierter Themenwahl (siehe vorangegangenen Punkt) schnell und leicht ein. Oft muss man nur ein wenig an der Forschungsfrage oder der These „drehen" und der Titel fällt einem wie von selbst in die Hände. Für ein passendes und wissenschaftlich relevantes Thema, gehen einem ganz bequem und entspannt eine größere Zahl von Titeln „von der Hand".
2. Ein Haupttitel, der das Thema auf einen Blick auch für den interessierten Laien (nicht für Lieschen Müller, aber vielleicht für Lisa Müller) zugänglich macht.
3. Das ergänzende Spiel zwischen Haupt- und Untertitel. Die Empfehlung des Writing Code ist es, sowohl einen Haupt- wie auch einen Untertitel zu verfassen, während der Haupttitel mit Schwerpunkt „Verständlichkeit" verfasst,

der Untertitel mit Schwerpunkt „Präzision" gebildet wird. Diese Vorgehensweise sorgt für Ausgewogenheit.
4. Der Titel ist gewissermaßen anschlussfähig. Also: Er erfüllt die Elaboration des Faches. Schauen Sie also genau, wie Titel von wissenschaftlichen Arbeiten in Ihrem Fachbereich aussehen, welche und wie viele Fremdwörter sie einbauen, welcher Grad an „Unverständlichkeit" akzeptiert wird. Bleiben Sie dann einen leichten Moment unterhalb dieses festgestellten Grades.
5. Er lässt nicht nur ahnen, mit was sich die enthaltene Arbeit beschäftigt, sondern gibt auch einen Hinweis auf die Vorgehensweise der Untersuchung. Wird eine empirische Methode eingesetzt, so empfiehlt sich der Hinweis darauf bereits im Titel.
6. Ein guter Titel lässt auch dann kaum etwas offen, wenn die Arbeit noch nicht erstellt ist. Er lässt sich also im Vorhinein verfassen.

Die Wichtigkeit der ersten Zeile dürfte bis hierhin deutlich geworden sein – zumeist bestehen auch kaum Zweifel daran, dass diesem besondere Aufmerksamkeit gewidmet werden muss. Wie also vorgehen, wenn der Titel angegeben werden muss, bevor Sie tiefer ins Thema einsteigen können, wenn er Teil der Anmeldung einer Abschlussarbeit ist? Um diese Frage beantworten zu können, sollten wir uns nun den Prozess etwas näher anschauen und systematisieren.

4.7 Bei frühen Festlegungen mit Untertiteln arbeiten

Man darf das nicht unterschätzen: Man muss meistens seinen finalen Titel schon auf die Anmeldung der Abschlussarbeit schreiben. Und das eben vielfach auch zu einem Zeitpunkt, der so früh liegt, dass sich das Thema noch nicht so recht stabilisieren konnte und man sich nicht final sicher fühlt.

> Um sich möglichst lange alle Flexibilität zu sichern, lautet die Empfehlung des Writing Code: Arbeiten Sie mit Titel und Untertitel.

Zumeist muss schon für die prüfungsrechtlich relevante Anmeldung einer Abschlussarbeit ein Titel fest in das vorgegebene Formular der jeweiligen Hochschule eingetragen werden – das hat eine gewisse Logik, denn schließlich wird Ihnen für die Abschlussarbeit lediglich ein vorgegebener Zeitrahmen zur Verfügung stehen. In dieses Formular tragen Sie einen Haupttitel ein, der Ihnen noch genügend Möglichkeiten lässt, mit Hilfe des Untertitel das Projekt zu schärfen. Der vollständige Titel, der die eingereichte Hauptzeile ergänzt steht dann erst auf dem Cover der abgegebenen Arbeit.

Anders formuliert: Der erklärende, präzisierende und genauer zu Ihrer Arbeit hinführende Untertitel wird erst am Ende des Arbeitsprozesses festgelegt.

So bewahren Sie sich Flexibilität in der finalen methodischen und theoretischen Ausrichtung Ihrer Arbeit, und Sie können bis zum Schluss aktualisieren, nachjustieren, wenn sich aus der Recherche und der Arbeit am Text oder an der Methode Veränderungen ergeben sollten.

4.8 Von der Fragestellung zur These

Wenn Sie sich für ein Thema entschieden haben oder wenn Ihnen ein Thema zugeteilt wurde, versuchen Sie nach Möglichkeit, sich schnell und effizient – am besten in einer Bibliothek – einzuarbeiten. In diesem Abschnitt gibt es noch ein wenig Wissenschaftstheorie – insbesondere um Ihre Reflexionsfähigkeit zu erhöhen. Denn gute wissenschaftliche Arbeiten brauchen das permanente Infragestellen mit immer wieder neu gelebter Selbstverpflichtung.

4.8.1 Kritischer Rationalismus: Thesen verwerfen

Gehen Sie bei der ersten Annäherung an das Thema nicht zu tief, aber versuchen Sie den Kern zu erfassen. Entwickeln Sie möglichst schnell eine Fragestellung, die sich zu bearbeiten lohnt. Sie überführen also die erste Themenidee in einer Frage, die aus Ihrer Sicht relevant erscheint. Der nun folgende Schritt ist von großer Bedeutung und wird häufig vernachlässigt. Formulieren Sie die Frage um, sodass daraus eine Hypothese wird.

Es spielt dabei keinerlei Rolle, ob Sie davon überzeugt sind, diese These später zu validieren oder zu falsifizieren. Beides ist im wissenschaftlichen Kontext möglich, wobei wissenschaftstheoretisch oft bezweifelt wird, dass eine These überhaupt validierbar ist, deshalb sagen wir an diesem Punkt besser: ob Sie diese These später bestätigen können oder verwerfen müssen. Am besten zieht man in diesem Punkt den Philosophen Karl Popper zu Rate. Dieser sagt, dass wir immer dann, wenn es uns gelingt, eine Hypothese zu falsifizieren, im Kontakt mit der Wirklich-

4.8 Von der Fragestellung zur These

keit stehen (Popper 1958). Aber Popper wäre nicht der grandiose Denker, wenn er nicht im selben Moment das Ganze ad absurdum führen könnte: „Ich bin nicht bereit, eine Idee, eine Annahme, eine Theorie zu akzeptieren, die sich nicht durch Argumente oder die Erfahrung verteidigen lässt" (Popper 2003, S. 281). Das ist der Rationalismus. Man sehe nun aber sofort, dass dieses Prinzip des „unkritischen" Rationalismus einen Widerspruch enthalte, denn da es seinerseits weder durch Argumente noch durch die Erfahrung zu stützen wäre, so folge aus ihm, dass es selbst aufgegeben werden müsse (ebd., S. 282). Deshalb nennt Popper seinen Rationalismus einen „kritischen". Wer sich in diesem Kontext etwas merken möchte, dem sei anempfohlen, die Sache mit dem Falsifizieren im Herzen zu bewegen und sich immer dann daran zu erinnern, wenn er vielleicht leichtfertig anhand statistischer Daten eine Hypothese zu verifizieren gedenkt.

Erfahrungsbericht: „Den eigenen roten Faden verlieren ..."

Das Wichtigste am wissenschaftlichen Arbeiten ist für mich rückblickend betrachtet, dass man sich die gewählte, konkrete Fragestellung immer wieder ins Bewusstsein holt und kontrolliert, ob man bei all den Recherchen und aller Schreiberei noch einem roten Faden folgt. Den eigenen roten Faden zwischenzeitlich zu verlieren, würde ich für zukünftige Projekte unbedingt fest mit einplanen. Ich glaube, dies ist normal und gehört zum Entstehungsprozess einer guten Arbeit dazu. In diesem Fall hat es mir geholfen, alles einfach für einige Tage zur Seite zu legen und mich – mit gutem Gefühl! – anderen schönen Dingen zu widmen, anstatt in Panik zu verfallen. Dadurch habe ich den Kopf frei und auch wieder mehr Abstand zur Arbeit bekommen, und das Schreiben kam wieder in den Fluss. Die „verpasste" Zeit spielt meiner Meinung nach keine Rolle, solange man im Großen und Ganzen dem eigenen Zeitplan folgt.
Sabrina Kühne ◄

4.8.2 Arbeitsweisen: Antworten aus der Wissenschaftstheorie

Die Kapitel und Abschnitte dieses Buches haben Ihnen bis hierher schon tiefe Einblicke und eine ganze Reihe von Hinweisen für die praktische Arbeit gegeben. Was bislang noch nicht konsequent erfolgt ist, ist eine Näherung an die Frage, warum man dies alles tun sollte. Die Ausgangsfrage ist also noch nicht gestellt: Was ist Wissenschaft? Was will Wissenschaft? Was unterscheidet wissenschaftliche Fragestellungen von Alltagsfragen, von ganz praktischen Lösungen? Muss Wissenschaft immer theoretisch sein – oder können hier nicht ganz praktische Dinge gefragt werden? Welche Methoden gibt es, um zuverlässige „sichere" wissenschaftliche Erkenntnisse zu erlangen. Und ganz lebenswirklich werden solchermaßen gestellte Fragen, wenn sie sich auf den weiteren persönlichen Lebensweg beziehen: Kann die Bearbeitung solcher Fragen mich auch in meiner Karriere weiterbringen, haben diese Fragen eine Relevanz für die Praxis, hat vor allem die durchaus formalisierte Art der Bearbeitung etwas mit meinem späteren Berufswunsch zu tun?

Meine beiden Lehrer Dr. Jürgen Kromphardt, damals Professor für Volkswirtschaftslehre an der FU in Hagen und Dr. Peter Clever sind seinerzeit mit ähnlichen Fragen folgendermaßen umgegangen (vgl. 1981, S. 10): „Diesen und ähnlichen Fragen begegnet man nicht nur unter Wissenschaftlern. Politiker beschäftigen sich mit ihnen, wenn sie über die Festsetzung der Höhe der Ausgaben für Bildung, Wissenschaft und Forschung diskutieren; Schüler, wenn sie beratschlagen, ob sie studieren oder einen praktischen Beruf erlernen sollen, und wenn sie, sofern sie sich zum Studium entschlossen haben und am Numerus clausus scheitern, darüber nachsinnen, warum sie nicht studieren dürfen; Personalchefs von Unternehmungen, wenn sie die Qualifikationen von Absolventen eines Universitätsstudiums mit denen der Praktiker vergleichen; und jeder einzelne, wenn er nach den Leistungen der Wissenschaftler und ihrem Beitrag für die Entwicklung der Menschheit fragt." Antworten hierauf erhielte man nur, wenn man sich mit jenem beschäftige, was Wissenschaftler tun. Und die beiden Autoren beziehen hier Studierende rückhaltlos ein. Viele Fragen würden sich bereits klären lassen, wenn man sich denn nur „mit dem Rüstzeug des Forschers" unmittelbar an die Untersuchung eines bestimmten Bereiches wissenschaftlichen Interesses heranmache. Gleichwohl bleibt die Erkenntnis, dass man für manche Fragen hierbei keine Antwort finde – „einfach deswegen, weil diese Fragen im alltäglichen Wissenschaftsbetrieb nicht gestellt werden. Mancher sieht den Wald vor Bäumen nicht, wenn er mittendrin steht. Daher ist es zweckmäßig, von Zeit zu Zeit im wissenschaftlichen Alltagsbetrieb innezuhalten, gewissermaßen auf Distanz zu gehen und sich zu fragen: Was tun die Wissenschaftler eigentlich, wenn sie forschen?" (Kromphardt und Clever 1981, S. 10).

Die Vorgehensweise meiner Lehrer empfand ich seinerzeit als sehr zielführend und durchaus beeindruckend, sodass ich an dieser Stelle ihrer Linie gerne folgen würde, um insbesondere die Qualitäten empirischer Wissenschaft näher zu betrachten – und vielleicht auch infrage zu stellen. Interessanterweise sprach man im vergangenen Jahrhundert aus meiner Auffassung deutlich häufiger von Methodologie, wenn man Wissenschaftstheorie oder die Lehre von den Wissenschaften meinte, auch Erkenntnistheorie und Epistemologie sind Begriffe, die mehr oder weniger synonym gebraucht werden.

4.8 Von der Fragestellung zur These

Sie sehen, auch hier gehen wir nun mehr oder weniger streng wissenschaftlich vor, indem wir uns wichtige Begriffe anschauen – um mit ihnen zu operieren, um klarzumachen, welche dieser Begriffe auf welche Weise für uns „aufgeladen" sind. Nur zur Erläuterung: Epistemologie stammt aus dem Griechischen und setzt sich aus dem Wissen, das begründet ist (episteme) und aus dem Begriff Logos, der hier für eine gute Lehre steht und gleichermaßen in der Philosophie als vernünftiges Urteil, als Sinn bekannt ist. So gesehen ist also die Epistemologie, wenn man sie etymologisch ableitet, also den Wortstamm näher betrachtet, die Lehre von den Grundlagen des Wissens, so etwas wie eine Wissenschaftslehre. Sie sehen, bereits die Arbeit am Wortstamm, kann einen recht weiten Interpretationsraum öffnen. In diesem Moment wählen wir hier jene Definition, die diesem Abschnitt und seiner Aufgabe am ehesten entspricht: Wissenschaftslehre.

Schauen Sie sich noch einmal die unterschiedlichen Begriffe für das ähnliche Phänomen an: Wir haben neben die Wissenschaftslehre die Epistemologie, die Wissenschaftstheorie und auch die Methodologie und die Erkenntnistheorie gestellt. Sie sehen, obwohl es im Kern um das gleiche Phänomen geht, so schaffen die unterschiedlichen Begriffe eine durchaus unterscheidbare „Schwingung", dies hängt mit den Konnotationen zusammen, also jenen mitschwingenden Bedeutungen, die wir beim Lesen diesen Worten mitgeben. Nehmen wir zum Vergleich das Wort Methodologie, dieses setzt sich – um auch hier wieder etymologisch vorzugehen – aus dem Weg zu einem Ziel oder Ergebnis (methodos) und dem von eben bekannten „logos" zusammen. Das würde dann heißen, dass es hier um die Wege geht, wie man zu einem Ergebnis gelangt, demnach wäre hier die Betonung auf die Lehre von den Wegen, zu einem Ergebnis zu finden. Mit der Philosophie betrachtet, wären also wissenschaftliche Verfahren jene Wege, zu etwas zu kommen, das eine Aussage über etwas erlaubt. Dieses Wissen und die Kenntnis um die begrifflichen Hintergründe bringen auf dem Weg zu sinnreichen (logos) Fragestellungen für eine konkrete Abschlussarbeit keinen Schritt weiter, denn noch ist nicht klar, welche Aspekte man idealerweise auswählen sollte, um zu forschen, welche thematischen Annäherungen und Aufgaben auf en Titel beispielsweise einer Bachelorarbeit wandern sollen. Man kann sich hierbei dem so genannten Abgrenzungsproblem annähern. Dieses bezeichnet ganz einfach die Frage danach, was denn nun als wissenschaftliche Aussage zu bezeichnen ist und was nicht. Es berührt also die grundsätzliche Frage der Identität wissenschaftlichen Arbeitens. Karl Popper (1973, S. 9) ist einer der großen Wissenschaftstheoretiker des 20. Jahrhunderts, und er hat in und mit diesem Problem formuliert: Der Wissenschaft muss es um ein Kriterium gehen, das die so genannten empirische Wissenschaft von der Logik und der Mathematik mit ihren Gesetzmäßigkeiten und auch von der Metaphysik mit ihren Unerklärlichkeiten scheidet. Darauf wird hier auch insbesondere deshalb verwiesen, weil sich das vorliegende Buch insbesondere den empirischen Fragestellungen widmet, also den Erfahrungswissenschaften. „Empirisch ist nach allgemeinem Verständnis eine Wissenschaft, die sich mit der Erfahrungswirklichkeit beschäftigt. Zweifellos wird man auch Mathematik und Logik zur Wissenschaft rechnen wollen, und auch die Theologie ist als metaphysisches System eine wissenschaftliche Disziplin, aber man wird von diesen Fachrichtungen keine wissenschaftlichen Erkenntnisse über reale Vorgänge erwarten. Die erwartet man nur von der empirischen Wissenschaft." (Kromphardt und Clever 1981, S. 13–14). Wir können uns an dieser Stelle den Hinweis darauf beinahe sparen, dass die jeweilige Zuordnung – was ist eine empirische Wissenschaft, was nicht – in den meisten Fällen vergleichsweise leicht fällt. Die Human-, die Natur- und die Sozialwissenschaften arbeiten im Regelfalle empirisch, das heißt sie treffen Aussagen über beobachtbare, über reale Vorgänge. Wenn man die Wirtschaftswissenschaften als eine sozialwissenschaftliche Disziplin sehen möchte, dann wäre dies auch für diesen Fall geklärt. Allerdings scheiden sich hier schon die Geister. Wer als Leser dieses Buches also den Wirtschaftswissenschaften im weitesten Sinne zuzuordnen ist, seien auf die tiefere Diskussion dieses Themas verwiesen – in der Vergangenheit gab es zahlreiche Versuche gerade die Betriebswirtschafts- wie die Volkswirtschaftslehre mit Hilfe von Modellen stark zu „mathematisieren" und Regeln in die Nähe von Gesetzmäßigkeiten zu führen. Dass eine solche Regelbindung durchaus kritisch ist, führte nicht zuletzt die Finanzmarktkrise in den Jahren 2008 und 2009 vor Augen. Andererseits schrieb schon Joan Robinson (1972, S. 10–30) den Wirtschaftswissenschaften eine Nähe zur Theologie zu – ein Ansatz, der hier auch deshalb zitiert wird, weil er sehr gut in die aktuellen Diskussionen eines wirtschaftswissenschaftlichen Theorieverständnisses passt (vgl. auch Kromphardt und Clever 1981, S. 14).

Zurück zum Ausgangspunkt: Dieses Buch also konzentriert sich auf die empirischen Wissenschaften, diese setzen ein Erkenntnisinteresse voraus, das heißt, es muss jemanden geben, der an eine Weiterentwicklung, eine Veränderung denkt, der weiterführende Fragen stellt und dem die vorhandenen Lösungen und Fragen nicht ausreichen. So ist wissenschaftliches Arbeiten stets ein schöpferischer Prozess. Diese Denkweise geht auf Max Weber zurück, der in einem berühmten Abschnitt den Wissenschaftler mit dem Künstler vergleicht (vgl. Weber 1968, S. 592): „Die wissenschaftliche Arbeit ist eingespannt in den Ablauf des Fortschritts. Auf dem Gebiete der Kunst dagegen gibt es – in diesem Sinne – keinen Fortschritt. Es ist nicht wahr, dass ein Kunstwerk einer Zeit, welche neue technische Mittel oder etwa die Gesetze der Perspektive sich erarbeitet hatte, um deswillen rein künstlerisch höher stehe als ein aller Kenntnis jener Mittel und Gesetze entblößtes Kunstwerk – wenn es nur material- und form gerecht war, das heißt: wenn es seinen Gegenstand so wählte und formte, wie dies ohne Anwendung jener Bedingungen und Mittel

4.8 Von der Fragestellung zur These

kunstgerecht zu leisten war. Ein Kunstwerk, das wirklich ‚Erfüllung' ist, wird nie überboten, es wird nie veralten; der einzelne kann seine Bedeutsamkeit für sich persönlich verschieden einschätzen, aber niemand wird von einem Werk, das wirklich im künstlerischen Sinne ‚Erfüllung' ist, jemals sagen können, dass es durch ein anderes, das ebenfalls ‚Erfüllung' ist, ‚überholt' sei. Jeder von uns dagegen in der Wissenschaft weiß, dass das, was er gearbeitet hat in 10, 20, 50 Jahren veraltet ist. Das ist das Schicksal, ja: das ist der Sinn der Arbeit der Wissenschaft". Beim ersten Lesen dieser Zeilen kann man Weber durchaus folgen, ist dies doch genau das Verständnis, das von empirisch angelegter Forschung heute vorherrscht. Die Wissenschaft erweitert ständig das Feld der Interpretationen und Möglichkeiten und baut auf bereits bestehendem auf. Wenn man den Abschnitt ein zweites Mal liest, kommen dem geneigten Leser jedoch schon erste Bedenken – denn trotz aller Erweiterungen, trotz weiterer und höherer Erkenntnisse, ist es zum Beispiel sinnvoll, sich mit bestehenden Theoriemodellen und Ideen auseinanderzusetzen. Viele Regeln, viele vor langer Zeit empirisch nachgewiesene Zusammenhänge haben auch heute noch ihre Gültigkeit, zudem findet man über einen erneuten „Besuch" von bekannten Ansätzen eine Fülle von Anregungen – am Rande bemerkt bieten solche „revisited"-Beiträge zur empirischen Wissenschaft eine exzellente Möglichkeit für gute, ja sogar herausragende Bachelor- oder Masterarbeiten. Insofern greift Weber vielleicht ein wenig weit – dennoch kann man dem großen deutschen Soziologen am beginnenden 20. Jahrhundert folgen – denn schließlich liegt der Antrieb der Wissenschaft in der Erweiterung, in der systematischen Ausdehnung der verfügbaren Erkenntnisse. Dass hierfür häufig das Feld der Disziplinen zu erweitern ist, steht außer Frage – ein solchermaßen angelegtes „System" Wissenschaft, wird sich ausdifferenzieren und in der Erweiterung neue Wege und neue Begriffe finden müssen. Auf diesem Weg gibt es immer wieder starke Treiber, die die Art und Weise empirischer Forschung nachhaltig beeinflussen können. Die Entdeckung der Polymerase-Kettenreaktion ist für mich ein exzellentes Beispiel – ohne sie wäre die moderne Gentechnik nicht denkbar, eine große Zahl biomedizinischer Arbeiten nicht durchzuführen. Ein anderes Beispiel aus den Naturwissenschaften, das insbesondere die pharmazeutische Forschung nachhaltig beeinflusst hat, zeigt aus meiner Sicht idealtypisch, was unter empirischer Forschung zu verstehen ist: das Hochleistungs-Massen-Screening. Hier wird dem Zufall auf die Sprünge geholfen. Ein bestimmtes Target – also ein Zielaspekt der Forschung wird an unzähligen Stoffen getestet. Das geschieht vollautomatisch zumeist mit Hilfe von Robotersystemen, die die Targetsubstanz dosieren, mit den Reagenzien zusammenbringen und das Ergebnis messen. Sehr aufwändige Forschung, denn es muss hier eine „Stoffdatenbank" zur Verfügung stehen, die die Stoffe tatsächlich enthält, katalogisiert und zugriffsbereit für die automatische Dosierung. Und es muss eine Methode geben, mit der man die

Wirkung der Stoffe auf das Target messen, am besten sichtbar machen kann. Häufig geschieht dies in der biotechnologischen Praxis mit Hilfe von fluoreszierenden Substanzen, die als Marker eingesetzt werden, um eine Wirksamkeit der gewählten Stoffe nachzuweisen. Steht er Versuchsaufbau, gleicht der Rest dem systematischen Durchsuchen eines Heuhaufens. Gelingt der Nachweis eines Treffers, kann dies tatsächlich nachhaltig ein ganzes Wissenschaftsverständnis zum Beispiel von Wirkmechanismen für Medikamente beeinflussen und verändern. Hier ist es leicht, den wissenschaftlichen Fortschritt zu sehen – ähnlich geht dies auf zahlreichen anderen Feldern der Forschung. Aus Sicht der eher geistes- und sozialwissenschaftlich orientierten Wissenschaftstheorie ist es allerdings hoch umstritten, was überhaupt als solchermaßen zu definierender wissenschaftlicher Fortschritt zu bezeichnen wäre, und man kann auch davon ausgehen, dass die Interpretation jeweils unterschiedlich ausfällt, ob man den einzelnen Wissenschaftler oder die ganze Gesellschaft im Blick hat. Das forschende und entdeckende Individuum legt möglicherweise eine andere Skala an, als die Gemeinschaft, der es angehört. Hinzu kommen die Interpretationen. Schon im Kreise der Fachkollegen ist regelmäßig umstritten, ob es sich bei bestimmten (durchaus empirisch gewonnenen) Erkenntnissen um eine Weiterentwicklung oder eine Stagnation oder gar einen Rückschritt handelt. Gerade die Geistes- und Sozialwissenschaften neigen dazu, ihre eigentliche Identität aus der Kontroverse zu schöpfen, das heißt erst aus dem konkurrierenden mit- beziehungsweise gegeneinander unterschiedlicher Denktraditionen und Forschungsarbeiten, definiert sich der Fortschritt im Sinne eines Diskurses. Der aus wissenschaftstheoretischer Sicht vermutlich spannendste Diskurs der vergangenen Jahrzehnte, ist im so genannten Werturteilsstreit niedergelegt. Dieser ist aus meiner Sicht elementar für das souveräne wissenschaftliche Denken, dass die Positionen an dieser Stelle zumindest kurz eingeführt werden sollen.

4.8.3 Das Hirn liebt es: Von der Frage zur These

Warum ist es wichtig, dass Sie die Frage nicht als Frage im Raum stehen lassen? Nun, es hat ganz einfach mit den schon im zweiten Kapitel angesprochenen (vgl. Singer 2000) Besonderheiten unseres Gehirns zu tun. Wir lernen besser, wir sind engagierter dabei und unser Hirn ist wacher, leistungsstärker und schneller in der Lage etwas abzuspeichern, wenn Emotionen mit im Spiel sind. Der Übergang von der Frage zur These repräsentiert lediglich eine Nuance. Aber diese ist entscheidend, denn indem wir eine These formulieren, entwickeln wir eine Haltung zum Thema. Diese Haltung ist zumeist emotional gewichtet, das heißt, mit ihr mo-

4.8 Von der Fragestellung zur These

bilisieren wir unsere Weltsicht, unsere Überzeugungen, unsere Werte. Und diese verteidigen wir gerne ganz emotional. Wie kann das in der Praxis funktionieren?

Nun, nehmen wir an, die Forschungsfrage lautet: „Wie wirkt sich der prozentuale Anstieg von Beta-Amyloid-Ablagerungen im menschlichen Gehirn auf den Krankheitsverlauf bei Alzheimerpatienten aus?" Dann könnte die folgende These aus dieser offenen und sehr allgemein gehaltenen Frage abgeleitet werden: „Alzheimererkrankungen verschlimmern sich proportional zum Anstieg von Beta-Amyloid-Ablagerungen im menschlichen Gehirn". Wahlweise kann proportional vielleicht auch durch „exponentiell" ersetzt werden. Sie sehen, der Arbeitsauftrag wird durch die entwickelte Haltung konkreter. Sie wissen jetzt sehr genau, dass die von Ihnen zusammengetragenen Daten die These stützen können – oder sie anzweifeln.

> **Regel**
> Beginnen Sie stets ihr Thema mit einer Forschungsfrage, und formulieren Sie aus dieser eine These.

Mit dieser These werden Sie dann weiterarbeiten. Seien Sie nicht zu streng mit sich. Wenn Sie feststellen, die These funktioniert überhaupt nicht, dann formulieren Sie diese noch einmal um. Dies ist eine wesentliche Grundeinstellung beim wissenschaftlichen Arbeiten. Bis zum letzten Tag geht es um Erkenntnisgewinn, und bis zum letzten Tag kann sich noch etwas verschieben und verändern. Ihre Abgabe stellt also für Sie selbst einen Endpunkt dar, bezogen auf das Thema jedoch bildet es eine Zwischenstation ab, auf deren Basis man weitere Höhen erklimmen könnte.

4.8.4 Thesen formulieren: Perfekte Gruppenaufgabe

Der Arbeitsschritt – von der Frage zur These zu kommen – ist eine perfekte Übung für einen größeren Kreis von Studierenden. Man präsentiert die Ergebnisse der ersten, noch oberflächlichen Recherche in einem seminaristischen Umfeld, und gemeinsam entwickelt man sowohl die passende Forschungsfrage wie die dazugehörige These. Regelmäßig vereinsamen Studierende, ziehen sich in den Phasen, in denen Haus- oder große Abschlussarbeiten verfasst werden, zurück, stellen ihre gewohnte Kommunikation mit Kommilitonen und Freunden ein oder reduzieren diese zumindest.

Aus meiner Sicht ist dies ein gewaltiger Fehler, denn gerade das wissenschaftlich motivierte Gespräch mit Gleichgesinnten kann eine Arbeit stark und vor allen Dingen nachhaltig positiv beeinflussen. Wer seine Gedanken im Gespräch anderen präsentieren muss, verarbeitet diese anders.

Die These kann man auch dann erarbeiten, wenn man noch nicht allzu tief eingestiegen ist mit der Recherche. Sie sollten sich allerdings bereits grob eine Orientierung verschafft haben über das Themengebiet, das Sie beackern wollen. Erfahrungsgemäß genügt ein Tag, um sich seines Themas sicher zu werden. Viel längere Zeit – maximal eineinhalb bis zwei Tage – sollten Sie nicht investieren, ohne mit dem Schreiben anzufangen. Jeder weitere Tag ist vergeudete Zeit. Sollten Sie allein das Thema nicht „rund" bekommen, vernetzen Sie sich mit Absolventen Ihres Faches, und diskutieren Sie das Problem mit diesen.

Recherchieren: Die häufigsten Fehler in der Quellenarbeit! 5

Ist das, was man gefunden hat relevant? Ist es wissenschaftlich verwertbar? Wie viel Zeit darf ich mit der Suche nach Literatur verbringen, ohne dass ich im Anschluss in Zeitnöte komme? Diese Fragen beschäftigen Studierende regelmäßig, wenn sie an einem größeren Thema sitzen. Es sind Fragen, die auch den Profi nicht loslassen. Also selbst dann, wenn Sie viel Routine im Schreiben wissenschaftlicher Arbeiten besitzen, werden diese Fragen immer wieder eine Rolle spielen. Dieses Kapitel dient dazu, die Literatursuche zu optimieren, Ihre Arbeit wasserdicht zu machen und Sie auf die richtige Fährte zu bringen.

Die häufigsten Fehler bei der Literaturarbeit für eine schriftliche Abgabe im Studium:

1. Sie stützen sich auf zahlreiche Onlinequellen, deren Herkunft fragwürdig ist, die zum Beispiel auf Blog-Einträge verweisen und deren Inhalt selbst nicht den wissenschaftlichen Kriterien umfassender Nachvollziehbarkeit und Überprüfbarkeit entsprechen.
2. Sie verwenden jede Menge Ratgeberliteratur – aber wenige wissenschaftlich fundierte Werke.
3. Sie stützen sich in elementarer Weise auf Lehr- und Handbücher, die das Themenfeld, in dem Sie agieren, sehr übergreifend behandeln.
4. Sie nutzen jene Literatur, die sich bei einer „normalen" Suchmaschinenabfrage auf den ersten Seiten wiederfindet.

Ergänzende Information Die elektronische Version dieses Kapitels enthält Zusatzmaterial, auf das über folgenden Link zugegriffen werden kann [https://doi.org/10.1007/978-3-658-45072-4_5]. Die Videos lassen sich durch Anklicken des DOI-Links in der Legende einer entsprechenden Abbildung abspielen, oder indem Sie diesen Link mit der SN More Media App scannen.

5. Sie nutzen jede Menge Sekundärliteratur, die Primärquellen bereits interpretieren – ohne aber selbst unmittelbar und direkt auf das Ausgangsmaterial dieser Interpretationen zuzugreifen.
6. Sie verwerten (eben immer wieder auch schlechte) Haus- und Abschlussarbeiten anderer Studierender.
7. Und nach wie vor: Sie kennzeichnen die verwendeten Quellen in Ihrem Text nicht sorgfältig genug. Genauer: Sie weisen nicht nach, wie Sie genau zu bestimmten Sachaussagen kommen.

5.1 Es gibt kein Hörensagen – alles wird belegt

Bevor die genannten sieben Kardinalfehler einzeln im Blickpunkt stehen sollen, einige zentrale Hinweise und die wichtige Antwort auf die Fragen, warum man überhaupt so sorgfältig auf Quellen achten und sie sich erarbeiten muss.

Im wissenschaftlichen Betrieb ist nichts final „gesetzt" – das heißt, alles kann dem Fortschritt anheimfallen und verändert werden.

Hier gibt es kein Hörensagen – und auch keine Aussagen, wie: „das ist immer schon so gewesen", „das ist doch logisch", „das weiß doch jeder", „das muss man nicht extra erklären".

Manchmal ist man auch geneigt, all das Wissen, das die Betreuer ja längst haben müssen, schlichtweg vorauszusetzen – schließlich schreibt man die Arbeit ja zuerst einmal für die ersten Leser, also für diejenigen, die sie begutachten müssen. Natürlich kann man davon ausgehen, dass diese auch vom Fach, seinen wichtigsten Thesen und Argumentationslinien eine Ahnung haben, dass sie um zentrale Fragen wissen, bei vielem mitreden und ihre eigene Meinung vertreten können. Doch alles dies darf Sie nicht beeinflussen, darf Ihre Art und Weise, wie Sie Inhalte darstellen nicht berühren. Sie arbeiten voraussetzungslos. Das heißt jeder, der bereit ist, sich auf die Fragestellung einzulassen, wird auch mit Ihrer Arbeit etwas anfangen können, selbst dann, wenn er von Ihrem jeweiligen Fachgebiet kein tieferes Wissen hat. Natürlich wird dieser Leser sich schwertun mit Fachvokabular und wie selbstverständlich eingestreute und belegte Argumente, wird es als problematisch erachten, wenn Sie Zusammenhänge nur ansatzweise darstellen und lediglich auf die weiterführenden und erklärenden Quellen verweisen. Doch grundsätzlich gilt: Ihre Arbeit ist voraussetzungslos – und jede Sachaussage wird belegt.

Hier noch einmal als Regel
Jede Sachaussage wird belegt.

5.1 Es gibt kein Hörensagen – alles wird belegt

Ob Sie in diesem Punkt korrekt gearbeitet haben, können Sie ganz leicht feststellen: Bei der finalen Überarbeitung fragen Sie nach jedem Satz: „Warum ist das so?" und „Wer sagt das?". Wenn Sie bei der zweiten Frage geneigt sind, auszuweichen und dies einem generellen Wissensstand zuzuschreiben, können Sie sicher sein, dass hier etwas nicht ganz korrekt ist. Sie machen sich dann besser auf die Suche nach einer passenden Quelle, die den Zusammenhang nachzuweisen hilft. Ebenso gelagert ist dies, wenn Sie auf die zweite dieser Fragen mit dem Personalpronomen „ich" antworten. Dann müssen Sie sicherstellen, dass diese – Ihre – Aussage von Daten oder einer sorgfältigen Argumentationslinie gedeckt ist. Dass der Schluss aufgrund der belegten und mit Daten unterfütterten Argumentation sinnreich vollzogen werden kann.

Um hier zum Wesentlichen zurückzukommen. Wir wissen nun: Alle Aussagen, die Sie treffen, müssen belegt werden – entweder anhand von Quellen, die Sie dazu auftun, oder mit Hilfe eigener Daten – solchen zum Beispiel, die einer selbst angefertigten Studie entstammen.

In einem Roman mögen Sie schreiben, dass Ende September reife Äpfel an den Bäumen hingen, um ein möglichst treffendes Bild zu liefern und vielleicht eine eindrückliche ländliche Szenerie einzuleiten. Im wissenschaftlichen Text, der sich mit der Apfelernte beschäftigt, werden Sie differenzieren müssen – und vielleicht schreiben: Die Ernte von Äpfeln in Mitteleuropa erstreckt sich von Mitte August bis Ende Oktober (vgl. Quelle 1). Die Reife und damit die Erntezeit hängen von der jeweiligen Sorte und Züchtung ab (Quelle 2), wobei die moderne Landwirtschaft im Apfelanbau darauf geachtet hat, die Erntezeit grundlegend zu erweitern (Quelle 3), hier geht es dabei insbesondere um das Zusammenspiel von Blütezeit und Ernte – woraus regionale Unterschiede resultieren (Quelle 4), da jeweils ein regional unterschiedlich ausgeprägtes Nachtfrost-Risiko besteht (Quelle 5). Quelle X merkt dazu an, die Apfelernte sei heute ein am Lebensmitteleinzelhandel und dessen Nachfrage orientiertes Geschäft.

Und so weiter. Sie merken, dies ist ein fiktives Beispiel, aber es macht gut ersichtlich, dass im wissenschaftlichen Text selbst Banalitäten nachgewiesen werden müssen. Und zwar für jeden Satz, in dem Sie eine Sachaussage treffen. Jede Aussage wird belegt – und deshalb benötigen Sie eine Vielzahl von Quellenmaterial.

Regel
Für Selbstverständlichkeiten und eigentlich allen bekannte Grundlagen des Faches, eignen sich Lehrbücher oder auch Handbücher exzellent. Im Zweifel können Sie auch auf Fachlexika verweisen, um bestimmte allgemein bekannte oder gültige Aspekte mit einer Quelle zu verschränken.

5.2 Wie bei den alten Griechen – dialektisch denken lernen!

Eine große Herausforderung, dies zeigen immer wieder Seminare zum wissenschaftlichen Arbeiten, liegt im souveränen Umgang mit Begriffen. An ihnen kann man zumeist gute Quellenarbeit festmachen. Exzellenz zeigt sich bei Abschlussarbeiten immer in der Fähigkeit der Autoren, Begriffe zu diskutieren – um am Ende eventuell zu einem eigenen Begriff zu gelangen oder zumindest eigenständig eine Nuance herauszuarbeiten. Das bedeutet für Ihren Recherche- und Schreibprozess eine gute Nachricht: Sie sind selbst Herr über die verwendeten Begriffe. Sie können selbstsicher und zielstrebig Begriffe einen eigenen „Spin" geben, wenn sie sorgfältig in die Diskussion eintreten. Nutzen Sie dafür die unterschiedliche Zugangsweise von Autoren. In der Wissenschaft ist keiner der verwendeten Begriffe auf ewig „gesetzt". Man kann ihn lediglich in der Tradition X, Y oder Z verstehen und mit verschiedenen Autoren und Quellen diskutieren. Das ist eine spannende Aufgabe und bereichert Ihre Arbeit.

> Sie werden, wenn Sie sich in die im vorangegangenen Abschnitt beschriebene Verfahrensweise hineingedacht haben, sehr schnell erkennen, dass selbst ganz grundlegende Aussagen und eben auch Begriffe (oder vielleicht gerade diese) in ihrem Fach umstritten sind, dass es unterschiedliche Interpretationen oder Meinungen gibt, die sich manchmal schwer harmonisieren oder verallgemeinern lassen.

Genau dann wird es für Sie besonders interessant – denn dann können Sie die unterschiedlichen Aspekte gegeneinanderstellen, sie diskutieren und abwägen – um am Ende sich der einen oder der anderen Seite der Interpretation zuzuwenden oder gar beides auf einer neuen Ebene miteinander zu verschränken oder aufeinander zu beziehen.

Wissenschaftliches Arbeiten benötigt also stets ein dialektisches Denken. Dieses basiert auf der aristotelischen Triadik – das heißt man kann die Vorgehensweise bis hin zu Aristoteles zurückverfolgen, der in seinem Werk vielfach direkt auf den Begriff der Dialektik verweist und diese als besondere Kunst bezeichnet: „Meine Absicht ist gewesen, die Mittel aufzufinden, durch welche man über einen aufgestellten Streitsatz aus den möglichst wahrscheinlichen Annahmen Schlüsse aufzustellen vermag; dies ist zwar das Geschäft der Dialektik an sich, und der auf die Probe stellenden dialektischen Kunst. Da aber wegen deren Verwandtschaft mit den sophistischen Begründungen dazu auch gehört, dass man einen Andern nicht blos [sic!] dialektisch auf die Probe zu stellen

5.2 Wie bei den alten Griechen – dialektisch denken lernen!

vermag, sondern auch, dass man als ein Wissender sich zu benehmen vermag, so habe ich nicht blos [sic!] die genannte Thätigkeit [sic!] zum Gegenstand meiner Untersuchung genommen, nämlich die Fähigkeit zur Führung der Rede als Fragender, sondern auch das Geschick, mit gleichen Mitteln die Rede als Antwortender aufzunehmen und den aufgestellten Satz zu vertheidigen [sic!]. Den Grund dafür habe ich schon angegeben, da ja auch Sokrates auf diese Weise zwar Fragen stellte, aber nicht als Antwortender auftrat, weil er eingestand, dass er nichts wisse. Deshalb habe ich in dem Vorgehenden auch dargelegt, für wie Vieles und aus wie Vielem dieses Antworten geschehen und woher man das Nöthige dazu in Genüge entnehmen kann. Ferner habe ich dargelegt, wie man zu fragen und in welcher Ordnung man die Fragen zu stellen hat und wie man zu antworten und die Schlüsse des Fragenden aufzulösen hat. Ebenso habe ich über das, was sonst auch zu derselben Untersuchung der Begründungen gehört, Aufschluss gegeben. Ausserdem bin ich auch die Fehlschlüsse durchgegangen, wie ich schon vorher bemerkt habe." (Aristoteles 1882, Kapitel 34, Abschnitt 64 und 65). Der kurze Abschnitt aus „Über die sophistischen Widerlegungen" führt recht gut in die aristotelische Tradition ein.

Stets geht er in seinem Werk davon aus, dass die Wissenschaft eine dialektische sein muss, die sich an streitbaren Aussagen, an Thesen reibt, die man aus unterschiedlichen Blickwinkeln betrachten kann. Zu jeder These ließe sich im Verständnis der attischen Philosophie – und Aristoteles bezieht sich ja hier ausdrücklich auch auf Sokrates, dessen von Platon aufgezeichnete Gespräche ebenfalls dialektisches Denken einfordern – eine Gegenthese finden, die im Widerstreit liegt, und beide, These wie Antithese sind dann vom „Bearbeiter" gleichermaßen im Kopf zu halten. Der Sprecher ist gleichermaßen der Antwortende –, und im Abwägen der möglichen Schlüsse und Argumente wird am Ende eine Synthese möglich, die quasi als Ausgleich These und Antithese zusammenführt.

> Wichtig, und dies wird gern unterschlagen – die Kunst der Dialektik ist keine äußere, sie ist eine innere, das heißt, der Forscher, der Wissenschaftler selbst bildet das Spannungsfeld von These und Antithese.

An der Erfordernis, sich im Sinne der Wissenschaft einem Thema dialektisch zu nähern, hat sich bis in die Moderne hinein – und durch Hegel noch einmal nachhaltig bekräftigt – grundlegend nichts geändert. Sie, prägt das wissenschaftliche Denken bis hinein in eine Hausarbeit. Genau deshalb auch wurde hier mehrfach empfohlen, nicht ausschließlich darauf zu schauen, dass man sich für ein Thema interessiert, dass man ein Thema auswählt und bearbeitet, für das man sich begeistert. Denn genau diese Begeisterung ist es, die einem gerne einen Strich durch die Rechnung macht, indem sie den Blick trübt und blind macht für die Dialektik, die man aus dem eigenen Denken heraus leisten muss, um wissenschaftlich korrekt zu arbeiten.

Nach diesem kleinen Exkurs – zurück zu den in diesem Kapitel eingangs aufgelisteten Haupt-Fehlerquellen bei der Quellenarbeit. Möglicherweise hat sich Ihre Einstellung diesen sieben Fehlern gegenüber schon nach der Lektüre dieses und des vorangegangenen Abschnitts verändert. 1. Jede Sachaussage kann einer dialektischen Betrachtung unterzogen werden. 2. Deshalb muss die Quelle als Hinweis auf die Perspektive angegeben werden.

Gute wissenschaftliche Arbeiten belegen jede Sachaussage – das haben Sie jetzt gelernt. Das heißt aber auch: von Ihnen als „gut" gekennzeichnete Quellen folgen dem gleichen Prinzip. Das heißt, Sie sind auf der sicheren Seite, wenn in den von Ihnen genutzten Quellen genauso verfahren wird, wie bei Ihnen selbst. Viele Quellen müssen vor diesem Hintergrund als unwissenschaftlich bezeichnet werden. Sie können dann nur mit dem Hinweis auf ihren Meinungs- oder Interpretationsbezug oder unter Nutzung der dort generierten Rechercheergebnisse verwendet werden. Oft ist es besser, auf solche Quellen zu verzichten – oder man fügt einen Hinweis ein, dass es sich beispielsweise um journalistische Quellen oder Blogs handelt.

5.3 Fehler – 1: Onlinequellen

Lassen Sie uns kurz die häufigsten Fehler noch einmal betrachten und mit dem Wissen um die Dialektik, mit dem Wissen, um die Wichtigkeit, Belege zu finden, beurteilen.

Fehler Nummer 1 bezog sich auf die Nutzung von Onlinequellen, deren Herkunft und vor allem deren Datenlange sich nicht zweifelsfrei ermitteln ließen. Dieser Fehler ist bedeutsam und weit verbreitet.

Vorab ein wichtiger Hinweis – Internetquelle ist nicht gleich Internetquelle: Nahezu alle wissenschaftlichen Zeitschriftenbeiträge sowie Bücher und prä- oder im Eigenverlag publizierte Paper sind online erreichbar. Die Werke sind entweder über ein aufwendiges Prüfverfahren gegangen (Zeitschriftenbeiträge) oder durch ein Lektorat und eine wissenschaftlich orientierte Prüfung (Bücher, Monografien, Handbücher) gegangen – dies gilt zum Beispiel auch für „Springer Link", das Webangebot, über das auch der Writing Code abrufbar ist.

Die wissenschaftlich wichtigsten Online-Datenbanken für begutachtete Paper, wie zum Beispiel „Web of Science" oder SCOPUS, sind ebenfalls über das Internet abrufbar. Hier allerdings ist die Herkunft aller verschriftlichten Gedanken genauestens angegeben und die Wissenschaftlichkeit garantiert. Solche Internetquellen können Sie bedenkenlos nutzen.

5.3 Fehler – 1: Onlinequellen

Vielfach aber wird vernachlässigt, dass es sich beim Internet um ein vielschichtiges System, besser: eine Plattform handelt, die unterschiedliche Produktionsroutinen in sich vereint. Im Journalismus spricht man gerne von Konvergenz und meint damit das Zusammenfließen unterschiedlicher Kanäle auf einem einzigen Transportmittel, das heißt Fernsehen, Radio und Textbeiträge werden nicht mehr länger über unterschiedliche Kanäle genutzt – sondern allesamt über das Internet rezipiert.

Dabei ist für jeden Mediennutzer klar, dass sich damit die Unterschiede der Kanäle und Produktionserfordernisse für Print, Audio und Bewegtbild nicht wegdiskutieren lassen. Das heißt allein für den journalistischen Bereich gibt es bezogen auf das Internet unterschiedliche Produktions- und damit auch unterschiedliche Nutzungsweisen. Hinzu kommt eine Vielzahl anderer, neuer Routinen. So werden beispielsweise Blogs – die unter anderem auch von Aktivisten betrieben werden – vielfach mit journalistischen Produktionsroutinen gleichgesetzt. Das jedoch ist mitnichten der Fall – denn während im einen Fall das neutrale Informationsinteresse zur Orientierung der Gesellschaft über aktuelle Themen im Vordergrund steht, kann es bei Blogs darum gehen, für oder gegen eine gewisse Position zu kämpfen. Entsprechend muss man die Quellen unterschiedlich einschätzen. Aus einem Blog zu zitieren, kann damit für eine wissenschaftliche Arbeit sehr sinnvoll sein, um beispielsweise die aktuelle Position einer bestimmten Gruppe von Meinungsvertretern abzubilden – als wissenschaftliche Quelle jedoch taugt dies nicht.

Dies bedeutet nicht, dass Sie auf Internetquellen insgesamt verzichten müssen – bewahre. Es gibt sehr gute Inhalte, die sich perfekt in Ihre Arbeit integrieren lassen. Sie müssen eben nur besonders sorgsam mit Internetquellen umgehen, sehr sorgfältig darauf achten, wer hinter einer dort verbreiteten Botschaft steht – und dies müssen Sie jeweils auch transparent machen – klingt einfach, ist in der Praxis jedoch immer wieder mit Hürden verbunden. Deshalb die folgende Regel.

> **Regel**
> Prüfen Sie bei Internetquellen besonders genau die Herkunft und das „Interesse" des Autors. Fragen Sie stets: Wer steht hinter der Information, welches Interesse verfolgt diejenige Person?

Zu dieser „Fehlerfamilie" zählt ein weiterer nicht zu unterschätzender: Sie nutzen jene Literatur, die sich bei einer „normalen" Suchmaschinenabfrage auf den ersten Antwortseiten wiederfindet. Leider eignet sich der Suchmaschinenalgorithmus, der ebenso für eine Shopping-Recherche wie für eine aktuelle Inhaltsrecherche dienen muss, kaum für eine tiefgehende und rein auf wissenschaftliche Literatur ausgelegte Suche nach geeigneten Quellen. Die Zahl von Verlinkungen, die auf die Seite verweisen, die Häufigkeit von Aktualisierungen, verfügbare Zugriffszahlen, die Verwendung häufig angesteuerter Begriffe und Vokabeln – all dieses sind Kriterien, die einen global und umfassend ausgelegten Suchalgorithmus auszeichnen. Er wird diese Aspekte zu integrieren wissen. Für die wissenschaftliche Arbeit sind diese Aspekte auch relevant – beschränken sich aber auf sehr spezifische Quellen.

Für Sie an dieser Stelle einen pragmatischen Hinweis zur Internetrecherche: Im deutschsprachigen Raum ist die Suchmaschine Google besonders verbreitet, deshalb soll hier auch auf diese verwiesen werden. Wenn Sie sich mit dem Werkzeug intensiv auseinandersetzen, so werden Sie feststellen, dass es eine Vielzahl von Einstellungsmöglichkeiten gibt, die Sie nur im seltensten Falle auch nutzen. Besonders geeignet für die wissenschaftliche Arbeit ist die Funktion „Google Scholar". Sie ist zu finden, wenn Sie auf der Google-Hauptseite auf die Schaltfläche „mehr" klicken und dort noch einmal den Modus „noch mehr" auswählen. Hier können Sie nun eine lange Liste von spezifischen Werkzeugen entdecken, die eben auch Ihren wissenschaftlichen Anspruch erfüllt. Wählen Sie das Werkzeug „Scholar" aus und suchen Sie nach dem zentralen Begriff Ihres Themas. Sie werden erstaunt sein, mit welcher Treffgenauigkeit Google relevante Ergebnisse anzeigt.

Besonders sinnvoll ist die Abfrage mittels Google-Scholar, um die zentralen Autoren eines Themenfeldes zu identifizieren. Sie werden feststellen, dass die ersten Ergebniseinträge zumeist eine Häufung bei einem oder zwei Autoren ergeben. Sollte dies der Fall sein, dann: Herzlichen Glückwunsch! Sie haben das Themenfeld gut eingegrenzt und mit der richtigen Suchabfrage begleitet. Namen von Spezialisten des Gebietes herausgefunden zu haben, ist schon die halbe Miete. Denn nun können Sie sich die Publikationen dieser Autoren näher anschauen, abgleichen, ob die Inhalte tatsächlich zu Ihrer Aufgabe passen und dann schauen, wen wiederum die Gefundenen ihrerseits zitieren und auf welche Autoren sie verweisen. Hier decken sich Internet und klassische Bibliotheksrecherche: Es geht stets darum, die zentralen Autoren zu finden, jene, die sich mit dem Fachgebiet bereits auseinandergesetzt haben und nahe an Ihrer spezifischen Fragestellung operieren.

> **Hinweis**
> Aus meiner Erfahrung genügt es tatsächlich, einen einzigen, einschlägigen und ausgewiesenen Autoren zu ermitteln, um über die Recherche in dessen Literaturverzeichnis fünf bis zehn weiteren „Experten" auf Ihrem Gebiet zu identifizieren.

5.3 Fehler – 1: Onlinequellen

Ihre Arbeit ist am Ende des Tages so viel wert wie die erste Onlinerecherche. Das hört sich heftig an, ist aber tatsächlich so. Wenn es Ihnen in den ersten Minuten beispielsweise gelingt, einen für Ihre Fragestellung einschlägigen und sehr relevanten Beitrag in einer wissenschaftlichen Fachzeitschrift zu identifizieren, haben Sie quasi ausgesorgt. Denn dann müssen Sie mehr oder weniger ausschließlich mit dem dort angegebenen Literaturverzeichnis weiterarbeiten. Sie identifizieren daraus andere für Ihre Arbeit wesentliche Quellen. Wenn Sie sich diese besorgt haben, dann müssen Sie auch dort jeweils nicht nur den Inhalt, sondern ganz besonders das Literaturverzeichnis beachten. Auf diese Weise dringen Sie immer tiefer in die Literaturrecherche ein – und müssen sich übrigens nie wieder Sorgen darüber bereiten, ob Ihre genutzten Onlinequellen schlecht oder doch brauchbar sind.

Die aktuelle Diskussion in den Wissenschaften kommt Ihnen ebenfalls zugute. Immer mehr Wissenschaftler stellen Ihre auch renommierten Beiträge aus wichtigen Fachzeitschriften immer früher ins Netz. Vielfach wird dies auch durch veränderte Urheberrechtsregelungen in verschiedenen Ländern – zum Beispiel Europas – gestützt.

Empfehlung: Recherchieren Sie zu Ihrem Thema zum Beispiel auf den Plattformen researchgate.net oder auf academia.edu – dort haben sich inzwischen eine große Zahl von Forschern eingetragen, die aktiv in ihrem Feld unterwegs sind. Häufig werden Publikationen in bedeutenden – und nur aus der Bibliothek zugänglichen Fachzeitschriften – von kleineren Studien und oft nur online veröffentlichten Datensätzen begleitet.

> **Wichtig**
> Recherchieren Sie bei der Onlinerecherche stets zweisprachig – in Deutsch und Englisch. Sie erhöhen damit die Trefferquote exorbitant.

Abschließend noch einmal eine kleine Wiederholung: Sie sehen, wie leicht der erste Fehler zu vermeiden ist, wenn man darum weiß, dass die genutzten Quellen den gleichen Anspruch erfüllen sollten wie der eigene Text.

Da leider auch die meisten Titel für Abschlussarbeiten schon gewählt und eingereicht werden, bevor eine vertiefte Recherche stattgefunden hat, zahlt es sich aus, wenn man zumindest den Untertitel – wie in den Regeln des Writing Code vorgeschlagen – nicht festgeschrieben hat. Denn je allgemeiner der Titel formuliert ist, umso eher besteht das Risiko auszuufern und die Arbeit in die Breite zu führen.

5.4 Fehler – 2: Ratgeberliteratur

Auch Fehler Nummer zwei sollte sich längst ins Nichts aufgelöst haben, wobei dieser tatsächlich ein sehr hartnäckiger ist. Sie verwenden jede Menge Ratgeberliteratur – aber wenige wissenschaftlich fundierte Werke. Das passiert leicht – und hängt unmittelbar mit der Themenwahl zusammen. Je eher Sie das gewählte Thema an Ihrer Lebenswirklichkeit orientieren, umso eher tappen Sie in die Ratgeberfalle. Zugegebenermaßen ist dies eine Problemstellung, die insbesondere für die sozialwissenschaftlichen Fächer relevant erscheint. Bei Medizin, Chemie, Biologie, Physik oder in den Ingenieurwissenschaften gibt es keine Frage, dass die Themen und Fragen, die zu behandeln sind, der Fachtradition oder den zentralen aktuellen Problemen des Feldes folgen.

In den Disziplinen der Sozialwissenschaften ergeben sich häufiger Schnittstellen zum Alltagsleben und zu dort wahrgenommenen Fragen oder Themenfelder. Wie auch immer – Ratgeberliteratur ist stets daran zu erkennen, dass eine wissenschaftliche Zitation nur rudimentär geleistet wird. Dass das Vokabular häufig „sollen" oder „müssen" enthält, ohne dass eine aufwändige Diskussion des Sachverhaltes selbst erfolgt. Solche Literatur kann durchaus wertvoll sein, um Beispiele zu finden, praktische Anwendungen nachzulesen, etwas Neues zu lernen und Hinweise auf einen praxisorientierten Umgang – und damit eben auch die Tauglichkeit Ihres Themas für die Praxis – zu bekommen.

Sie sollten jedoch darauf achten, dass sich diese Literatur am Ende nicht in Ihrem Begründungskontext findet – dass sie also für sinnreiche Argumentationsketten eingesetzt wird. Es sei denn, es wird hier empirisch argumentiert – also aus der Erfahrung heraus mit Beispielen und Erfahrungswerten gearbeitet. Auch dieses vorliegende Werk ist mehr Ratgeber als wissenschaftliches Werk. Auch wenn hier korrekt zitiert, auf einschlägige Werke und Literatur verwiesen, über weite Strecken auch wissenschaftlich argumentiert wird, so fließt doch vieles an persönlicher Erfahrung des Autors ein, der sein eigenes Weltbild beschreibt und zahlreiche Arbeitstechniken ohne eigene Studie und ohne eine statistische Auswertung einer solchen einführt. Auch dies können Sie – so wie Ratgeberliteratur eben generell – für ihre wissenschaftlichen Ausführungen nutzen. Allerdings können Sie mit solchen Hinweisen keine grundlegenden Thesen verifizieren beziehungsweise bestätigen.

Dies alles zusammengenommen: Ratgeberliteratur kann hilfreich sein, um das Feld besser zu verstehen, um schneller in die Diskussion zu finden und um für sich eine Orientierung zu schaffen. Sie darf zitiert werden – aber man muss vorsichtig sein, wenn man aus diesen Werken gewonnene Aspekte direkt in die zentralen Argumentationen der eigenen Arbeit übernimmt. Spätestens dann muss man fragen, wie der Autor des Ratgebers zu seinen Aussagen gelangt und welche wissenschaftliche Begründung vorliegt. Wenn sie mögen, können Sie sich auch an der folgenden Daumenregel orientieren.

> **Regel**
> Ratgeberliteratur sollte einen Prozentsatz von 15 bezogen auf alle in Ihrer Literaturliste angegebenen Quellen nicht übersteigen, ein Prozentwert im einstelligen Bereich ist durchweg akzeptabel. Dann sollten Sie auf der sicheren Seite sein.

Diese Regel wurde hier auch im Bewusstsein aufgestellt, dass zu zahlreichen Gebieten, die hoch aktuell sind noch nicht in ausreichender Zahl wissenschaftliche Literatur, Zeitschriftenbeiträge und Studien zur Verfügung stehen. Dies liegt auch an den Tücken des Systems.

5.5 Fehler – 3: Breite statt Tiefe

Hier geht es um das Problemfeld eher flächig-breit als spitz und tief zu arbeiten. Lehrbücher[1] dürfen das Themenfeld vollständig in ganzer Breite ausleuchten, Ihre wissenschaftliche Arbeit darf dies nicht. Sie geht nie in die Breite und immer in die Tiefe. Das ist schon bei der Themenwahl wichtig (vgl. Kap. 2) wirkt sich aber auf allen Ebenen aus.

5.5.1 Das Kleiderständer-Kleiderhaken-Prinzip.

Bilder machen anschaulich. Ich persönlich verwende seit vielen Jahren in Kursen und Seminaren zu wissenschaftlichem Arbeiten ein aus meiner Sicht gut funktionierendes Bild. Stellen Sie sich Ihr Fachgebiet als einen großen, vielleicht mehrstöckigen Kleiderschrank vor, noch besser vielleicht als ein typisches Oberbekleidungskaufhaus. Dann findet man auf unterschiedlichen Ständern – zumeist nach einem logischen Prinzip geordnet (nach Marken oder Funktion – oder beidem) Kleidungsstücke. Stellen Sie sich nun vor, die Kleiderständer repräsentieren unterschiedliche Forschungsrichtungen des übergeordneten Faches. Sie befinden sich meinetwegen in der wissenschaftlichen Boutique „Soziologie", entdecken dort den Bereich „Stadtsoziologie" und darin einen Kleiderständer mit dem Sonderforschungsbereich „Megacities". Nun hängen auf diesem Kleiderständer jede Menge diesem Feld zugeordneter Arbeiten und Studien – zum Beispiel über das Wachstum und die Ausdehnung von Slumgebieten in Nairobi, zu Industrieflächen in Sao Paulo, Straßenkindern in Mexico City oder Sozialstrukturen in den Banlieues von Paris.

---

[1] Schlechte wissenschaftliche Arbeiten zitieren exzessiv Lehrbücher und weisen sich damit als eher breit angelegt aus.

Ihr Ehrgeiz beim Verfassen einer wissenschaftlichen Arbeit darf es nun sein, ein neues Kleidungsstück für eben diesen Ständer zu produzieren. Sie werden schnell erkennen, dass sich die Kleiderständer von Fachtradition zu Fachtradition unterscheiden werden. An manchen hängt reichlich Strickware, etwas schwerfällig, grobfädig und schnell gestrickt, an anderen dominiert eher leichte, luftige Sommerkleidung. Auch dies gilt es herauszubekommen. Schauen Sie, „wie" in Ihrem Studienfach publiziert wird, was dort als Arbeiten akzeptiert und in Fachzeitschriften veröffentlicht wird. Sie können diese Arbeiten dann mehr oder weniger als Blaupause, um in unserem Bild zu bleiben, als Schnittmuster verwenden, um Ihre eigene Bachelor- oder Masterarbeit sorgfältig anzulegen.

Wichtig am Bild des Kleiderständers ist es: Ihre Arbeit repräsentiert einen Kleiderbügel, der aktiv an diesen Ständer „gehängt" wird. Das heißt, Sie dürfen Ihre Arbeit nicht nur im generellen Fach, sondern schon in einem Spezialgebiet verorten und anschlussfähig machen. Dies geschieht dadurch, dass Sie sich an dem einen oder anderen Kleidungsstück um Sie herum orientieren. Und dann heißt es: In die Tiefe gehen. Sie verorten Ihre Arbeit erstens im Fach und im Forschungsfeld, erklären, warum diese zu an exakt jenem Kleiderständer hängen kann und gehen dann mit einem sehr spezifischen Thema in die Tiefe. Hier sind keine Grenzen gesetzt. Aber dies hat Konsequenzen für den Aufbau Ihrer Arbeit.

Wenn Sie auf diese Weise vorgehen, dann wird sich meistens daraus ergeben, dass eines Ihrer Kapitel – nämlich jenes, das die Tiefe Ihrer Arbeit repräsentiert, auch demzufolge stärker und tiefer gehend gegliedert ist. In einer guten wissenschaftlichen Arbeit hat das zentrale, weil tiefgehende Kapitel zu Ihrem Spezialthema mindestens eine Gliederungsebene mehr als die anderen Kapitel. Bei angenommen fünf erstellten Kapiteln hieße das, dass Kapitel drei oder/und vier vielleicht vier oder fünf Gliederungsebenen besitzen, während Kapitel eins bis drei mit nur drei Gliederungsebenen auskommen.

5.5.2 Flächige Themen ufern aus

Das Kleiderständer-Kleiderhaken-Prinzip soll Sie auf mehrere Dinge vorbereiten:

- Arbeiten, die eher in die breite gehen, ufern gerne aus – man kommt vom einen zum anderen und weiß am Ende nicht mehr, was noch wichtig sein könnte.
- Suchen Sie sich stets ein Thema, das weniger explorativ ein weites Feld absteckt als viel mehr ein Thema, von dem Sie der Überzeugung sind, dass sich ein kleiner Bereich in der gegebenen Zeit bis in die tiefste Tiefe bearbeiten lässt (vgl. zur Themenwahl Kap. 2).

- Studierende haben häufig noch nicht den ordnenden Überblick über ihre Fächer und einzelne Forschungsfelder. Das Kleiderhaken-Prinzip erlaubt es Ihnen, sich zu schulen.
- Sie können sich sicher sein: In mehr als 90 % aller Fälle, wird eine Themenentscheidung eher zu „breit" als zu „eng" getroffen. Dies hat einen einfachen Grund: Man hat als Studierender die Angst, nicht genügend Literatur zu finden, nicht ausreichend Material für die abzugebenden Seiten zusammenzubekommen – also wählt man die Fragestellung lieber etwas breiter – verschenkt aber damit die Chance, eine enge und damit für die meisten Wissenschaftler attraktive Fragestellung quasi final zu bearbeiten.
- Breit angelegte Arbeiten ufern nicht nur aus, sie kommen zu keinem Ende, zumeist bleiben viele ausgelegte „Linien" offen und können nur sehr schwammig beantwortet werden.

Fehler 3 konkret: Lehrbücher verfolgen das Ziel, Ihnen einen Überblick über Ihr Oberbekleidungskaufhaus zu geben, manchmal nehmen Sie sich auch nur ein einziges Stockwerk vor. Aber das Ziel ist es, Ihnen die ganze Breite eines Faches oder Forschungsfeldes vorzuführen. Sie dürfen diese Werke gerne nutzen, ohne Frage. Schließlich gilt es, Ihr spezifisch ausgesuchtes Thema, wie beschrieben, zu verankern. Bleiben Sie dort allerdings nicht „hängen" – seien Sie kreativ bei der Suche nach weiteren Quellen, die Ihr ganz eigenes Thema möglichst von unterschiedlichen Seiten beleuchten. Nutzen Sie Lehrbücher als Anregung für das Feld, das Gebiet, den „Kleiderständer", den Sie näher ins Auge fassen und zitieren Sie bei der Hinführung und an jenen Stellen, die das Thema „wichtig" machen sollen, gerne auch die einschlägigen Lehrbücher oder sogar Lexika Ihres Faches, ergänzen Sie diese Literatur aber zwingend um außergewöhnliche und einzigartige Studien, die sehr nah bei Ihrem „Kleiderhaken" hängen.

In so genannten Handbüchern (Herausgeberwerke, die die wichtigsten Autoren eines Feldes vereinigen) finden sich – je nach Konzeption – viele Beiträge, die sich sehr gut eignen, um Ihre Leser weiter hineinzuziehen und in die Tiefe Ihrer Überlegungen zu führen, dies sei hier noch einmal gesondert erwähnt.

5.6 Fehler – 4: Sekundärliteratur

Dieses Fehlerfeld beschäftigt sich mit dem Hang, jede Menge Sekundärliteratur zu nutzen, die auf Primärquellen verweist und diese zum Teil interpretiert, nicht aber direkt in die Originalliteratur, also in das Ausgangsmaterial zu schauen, um sich eigene Interpretationen zu erschließen.

Lassen Sie mich das an einem Beispiel festmachen. Kürzlich schrieb mir eine Studentin eine Mail folgenden Inhaltes: „Für unsere ‚Hausaufgabe' im Fach Konzeption und Qualitätssicherung habe ich mir das Thema Dissoziativität der Mediengüter ausgesucht. In einem sehr passenden Buch von Thomas Dreiskämpfer dazu, werden u. a. auch Sie zitiert. Der Satz lautet „Rau spricht nicht von Dissoziativität, sondern benutzt den Begriff der Schizoidität und formuliert, dass es gelte, die ‚Schizoidität in der Rollen- und Funktionsstruktur der Presseorgane' (Rau 2007, S. 28) allokationseffizient auszutarieren."

Da ich leider keinen vollen Zugriff auf das Werk habe, kann ich das Literaturverzeichnis nicht einsehen. Könnten Sie mir vielleicht weiterhelfen und mir den vollen Titel Ihrer Publikation nennen, aus der von Dreiskämpfer zitiert wurde?"!

Ich habe diese Mail aufmerksam und mehrfach gelesen, und konnte mich beim besten Willen nicht mehr erinnern, einen solchen Zusammenhang zusammengeschrieben zu haben, auch der Begriff von Schizoidität in der Rollen- und Funktionsstruktur entsprach irgendwie weder meinem Weltbild noch meiner konkreten Interpretationsweise. Zumeist formuliere ich auch in der Kritik zwar schon pointiert und klar, aber vielleicht doch eher etwas zurückhaltender.

Ich ging also auf die Suche, das Werk selbst war nicht schwer zu finden, da ja die Jahreszahl angegeben war, suchte also „Qualität in einer Ökonomie der Publizistik" aus dem Regal und blätterte dort auf Seite 28. Im Anschluss konnte ich der Studentin dann erleichtert wie folgt antworten: „das ist ein super Beispiel, das Sie gefunden haben. Hier zitiert der Autor zwar mich – Qualität in einer Ökonomie der Publizistik (das sollte auch in der Bibliothek verfügbar sein) – aber bei mir steht das etwas anders, beziehungsweise: Ich selbst verweise hier auf Röpke, das hat der gute Mann schlichtweg weggelassen. Geniales Beispiel – bringen Sie es zur nächsten Veranstaltung mit. Danke fürs Finden. Als Hinweis wäre dies noch der Originalabsatz: „Der Ökonom Jochen Röpke (nicht zu verwechseln mit einem der Wegbereiter der sozialen Marktwirtschaft Wilhelm Röpke (siehe unten), vgl. Röpke 1994) konstatiert im Jahr 1970 (S. 171 ff.) eine Schizoidität in der Rollen- und Funktionsstruktur der Presseorgane, die sowohl verfassungsrechtlich sanktionierte Institutionen mit gesellschaftlicher Aufgabe als auch streng kalkulierende Wirtschaftsunternehmen sein sollen (vgl. auch Steininger 2002, S. 263; vgl. Nußberger 1961, 1966 und 1984). Presseunternehmer verkaufen nach Röpke zwei Güter: Kollektivgüter (öffentliche Meinung) und Privatgüter (selektive Anreize) – das Medium wird zum Kuppelprodukt. Aus gutem Grund, denn es muss das rational operierende Wirtschaftssubjekt dazu bringen, Kosten für die Bereitstellung des Kollektivgutes der öffentlichen Meinung zu übernehmen. Kommerzialisierungstendenzen führen nun mit Röpke dazu, dass der Anteil des Kollektivgutes am Gesamtprodukt im Wettbewerb sinkt (vgl. 1970, S. 188). So gesehen beschreibt Röpke die in der Anpassungshypothese (vgl. Abschn. 1.4) niedergelegten Zusammenhänge (vgl. dazu insbesondere Holzer

5.6 Fehler – 4: Sekundärliteratur

1969 sowie Kiock 1972) aus Sicht des Ökonomen und liefert gleichzeitig erstmalig ein kausales Gerüst, das die schwierigen Aspekte der „Qualitätsreduktion" in einen wirtschaftstheoretischen Rahmen stellt."

Sie sehen, an diesem einfachen Beispiel: Werden Inhalte von anderen übernommen, geschieht dies nicht immer im vollen Bewusstsein aller geistigen Kräfte – und auch im Wissenschaftsbetrieb menschelt es, werden Fehler gemacht, Interpretationen auf dünnen Inhalten getroffen. In einer Abschlussarbeit weisen Sie insbesondere auch nach, dass Sie in der Lage sind, selbstständig und eigenverantwortlich ein Thema von einiger Tragweite zu bearbeiten. Das heißt, hier wird auch überprüft, ob sie korrekt und nachprüfbar zu argumentieren wissen – ergo sollten Sie gerade auf die Arbeit mit Ihren Quellen große Sorgfalt verwenden. Das hier genannte Beispiel trifft die gegebene Problemstellung noch nicht ganz. Nehmen Sie beispielsweise Autoren, die von sehr vielen anderen und nachfolgenden Vertretern des Faches zitiert werden, auf die also immer wieder verwiesen wird, die sozusagen Teil des Kanons der Zunft geworden sind. Wenn man an die Kritische Theorie und damit an die Frankfurter Schule der Soziologie denkt, dann fallen mir hier spontan Horkheimer, Adorno und dessen Schüler Habermas ein. Dies wären Autoren, die in unzähligen Studien zitiert werden, auf die sich sogar durchaus unterschiedliche Traditionen der soziologischen Forschung berufen. Trifft man nun bei der Recherche auf eine große Zahl von Autoren, die eben ihrerseits auf solche Basiswerke verweisen, dann tut man eben gut daran, in diese Werke auch hineinzuschauen, diese also direkt zu rezipieren, sich ein eigenes Urteil zu bilden. Dies ist aus mehreren Gründen ausgesprochen sinnvoll:

- Interpretationen folgen dem Zeitgeist. Auch das Lesen wissenschaftlicher Werke folgt dem Zeitgeist. Heißt: Die Rezeption und Interpretation von Werken einer bestimmten Epoche wird sich mit de Zeit verändern, kann sich verschieben und neue Schwerpunkte hervorbringen. Sie könnten zu jenen zählen, die diese neue Interpretationsweise begründen
- Nicht immer arbeiten Wissenschaftler ultrakorrekt – siehe das Beispiel oben – wenn Sie sich wirklich sicher sein wollen, dann greifen Sie besser zu den Originalquellen.
- Zumeist gibt es einen Grund, warum bestimmte Quellen einen „Kultstatus" entwickeln und von vielen anderen zitiert werden. Dann sollten Sie dies auch wertschätzen – Sie kommen in jedem Falle besser in Ihrem Fach an, sie werden quasi „heimisch" – zum Beispiel in der Abteilung für Herrenoberbekleidung – um im Kleiderständer-Bild von oben zu bleiben.
- Ein persönlicher Hinweis zum Schluss dieser Aufzählung: Ich selbst habe die Erfahrung gemacht, dass die Auseinandersetzung mit Primärliteratur in vielen Fällen einfach deshalb hochgradig spannend ist, weil die Autoren nicht nur Inhalte

auf besondere Weise kombinieren – sondern zumeist auch einen sehr eigenen Stil pflegen. Ich kann – so gesehen – nur die Lektüre von Horkheimer empfehlen (zum Beispiel seine „Kritik der kritischen Vernunft"), in dessen Werken, die Sprache auf hohem elaborierten Niveau wundervoll zu fließen weiß.

5.7 Fehler – 5: Abschlussarbeiten zitieren

Man denkt, man wird dadurch schneller, kann sich die eigene Mühe sparen, weil sich doch die ähnliche inhaltliche Aufgabe auch schon vielen anderen gestellt hat – und vielleicht sogar eine wissenschaftliche Arbeit gefunden werden kann, die sich ziemlich genau mit dem gleichen inhaltlichen Anspruch verbindet. Im Netz gibt es zahlreiche Angebote, über die sich Haus- oder Abschlussarbeiten verwerten lassen – sie nennen sich Grin oder Diploma und machen die Arbeiten für andere verfügbar. Das ist grundsätzlich zu begrüßen und eine Leistung, die perfekt auf die Onlinekommunikation zugeschnitten ist. Keine Frage: Hier finden sich exzellente Arbeiten, die auch mit entsprechend guten Noten bedacht wurden. Leider sind jedoch viele Arbeiten, die in nicht redaktionell gepflegten Speichern existieren, qualitativ eher als grenzwertig einzustufen. Wenn sie in Ihrem Literaturverzeichnis also häufig auf solche Quellen verweisen, und das müssen Sie ja, wenn Sie diese verwenden, dann werden Ihre Betreuer ohne Frage hellhörig und schauen genauer hin.

Man geht dann möglicherweise auch eher davon aus, dass Sie eben nicht in die Originalliteratur geschaut – sondern sich an Sekundärliteratur zweiten Grades bedient haben. Natürlich ist dies eine erste Unterstellung – allein für einen Betreuer liegt der Verdacht nahe. Und wie bereits erwähnt, ist das Literaturverzeichnis für den Gutachter Ihrer Arbeit ein wunderbarer Arbeitsbereich, um seine Bewertung abzusichern.

Wenn Sie also auf andere Haus- und Abschlussarbeiten treffen – und dies werden Sie beinahe gezwungenermaßen, wenn Sie sorgfältig recherchieren – dann machen Sie ganz einfach folgendes: Sie nutzen das Bewertungsraster, das in Abschn. 9.2.1 eingeführt wird, und Sie bewerten die dann vorliegende Arbeit selbst. Meine persönliche Erfahrung: Die Investition für eine Arbeit, die bei Onlineangeboten zur Verwertung von Haus- und Abschlussarbeiten hinterlegt sind – zumeist werden hier ja zweistellige Euro-Beträge fällig, die der Anschaffung eines Buches entsprechen, lohnt sich nicht. Wenn Sie darüber hinaus vermeiden wollen, dieses Werk direkt zu zitieren und in Ihrer Literaturliste anzugeben, müssen Sie sich schon erhebliche Mühe geben, Quelle und Herkunft zu verschleiern. Da es sich hier um durchsuchbare und im Netz zum suchenden Zugriff komplett freigegebene Werke handelt, wird jede Plagiatssoftware diese ab einem gewissen Grad der Ähnlichkeit auch finden.

5.8 Fehler – 6: Quellen nachträglich einarbeiten

Gerade die über nun schon viele Jahre intensiv geführte Diskussion um Plagiate, die einigen Protagonisten des politischen Betriebes schon die Aberkennung von Titeln gekostet hat, führt zu einem Fehler, der zu den häufigsten zählt, die Studierenden in ihren Abschlussarbeiten unterlaufen. Wider besseres Wissen kennzeichnen sie die verwendeten Quellen in ihren Texten nicht sorgfältig genug. Genauer: Es wird nicht nachgewiesen, wie man zu bestimmten Sachaussagen genau kommt. Und dies ist sträflich. Die wesentlichen Gründe, die dazu führen:

- **Man hat einen Aspekt bei der Recherche irgendwo gelesen, weiß ziemlich sicher, dass der Autor das auf diese Weise dargestellt hat. Man kann sich jedoch nicht mehr erinnern, wo das Ganze stand, welcher Quelle dies zuzuordnen ist.** Deshalb ist es in der Arbeit nach dem Writing Code essenziell, alle Quellen mit allen Aspekten sofort und unmittelbar in der Gliederung abzulegen, entsprechend als wichtig erachtete Stellen zu kennzeichnen und direkt in die Gliederung zu übernehmen. Wenn Sie später merken sollten, dies ist falsch platziert, so finden Sie den Aspekt über die Suchfunktion im Dokument sehr schnell – und Sie müssen nicht wild spekulierend nach der richtigen Quelle suchen.
- **Man spart sich die Primärliteratur – und zitiert großzügig aus einer anderen Qualifizierungsarbeit, in der sich jemand anderes die Mühe ja bereits gemacht hat.** Gleichzeitig ist man sich sicher, dass diese Vorgehensweise nicht auffliegt, weil man ja die übernommenen Sätze ein wenig umstellt und umformuliert. Natürlich gibt man die ausgeschlachtete Arbeit nicht als Quelle an. Das würde ja zeigen, dass man es sich hier bequem gemacht hat. Ungeschickt daran ist, dass sich in diesen Fällen zumeist der eigene Stil bei aller Mühe dennoch im Lesefluss verändert. Sorgfältige Gutachter spüren dies intuitiv und werden zumindest einmal auf die Schnelle online auf die Suche nach einer Quelle gehen, die eben die Zusammenfassung auf diese Weise vorgenommen hat. Da Sie selbst diese Quelle auch online gefunden haben, ist es zumindest ein Leichtes, darüber zu stolpern. Wenn es dann hier zu viele Ähnlichkeiten gibt und auffällt, dass nur ein paar Worte umgestellt wurden, um eventuell Suchalgorithmen zu verwirren, dann wird es eng…
- **Man hat den Modus, in dem wissenschaftliche Arbeiten zu verfassen sind, noch nicht restlos angenommen.** Es ist keine Frage, wissenschaftliche Arbeiten zu verfassen erfordert einen ganz eigenen und besonderen Stil. Und da spielt es keine Rolle, ob Sie ein Studium gewählt haben, das sich als „anwendungsorientiert" ausweist. Diese Art der Vorgehens- und Argumentationsweise ist eine spezifische. Und Sie werden es nicht vermeiden können, sich diese auch anzueignen. Das ist vergleichbar mit dem Fach Jura, dort muss der so genannte Gutachtenstil eingeübt

werden, was zumeist ebenfalls eine Zeitlang dauert. Wenn man aber einmal sich darauf eingeschwungen hat, wird es ganz einfach, jeden Fall in ähnlicher Weise zu bearbeiten. Wobei auch hier gilt: Dies benötigt Übung. Ebenso ist es mit dem wissenschaftlichen Arbeiten – hier zahlt es sich aus, wenn man sehr früh im Studium die Routinen regelrecht trainiert.

- **Man bleibt jenen Routinen verhaftet, die man aus anderen Kontexten bereits kennt.** Erinnern Sie sich noch an Ihre Schulzeit und die Anforderungen im Fach Deutsch? Hier mussten regelmäßig Arbeiten verfasst werden, die sich Erörterung nannten. Eine wissenschaftliche Arbeit scheint auf den ersten Blick nichts anderes zu sein als eben dies: eine Erörterung. Und genau so machen Sie sich ans Werk, um am Ende zu erkennen, dass dies nicht zur gewünschten Note führt. Unser Hirn liebt Routinen, liebt es, wenn es weiß, wie etwas funktioniert und die Aufgabe dann dementsprechend abarbeiten kann. Für die Arbeit an wissenschaftlichen Texten müssen Sie sich zwingend eine neue Routine quasi einprogrammieren. Es handelt sich hier nicht um eine Erörterung, in der Sie sehr frei Ihre eigenen Argumente zusammenstellen dürfen.

- **Man ist in der Verwendung des Konjunktives nicht wendig und versiert genug, verwendet für übernommene Abschnitte den Indikativ und setzt Verweise zu sparsam, weil man denkt, dies würde den Lesefluss stören.** Oft übernimmt man einen ganzen Gedanken- oder Argumentationsstrang aus einer Quelle – und nicht nur einzelne Gedanken. Wenn man dies dann hintereinander zusammenführt, müsste man nach jedem Satz die gleiche Quelle nennen. Das erscheint als unschön. Ja, das mag sein, aber es ist eben korrekt – und zeigt am Ende dem Prüfer auch, dass Sie sich möglicherweise sehr stringent und durchgängig an einem Autor abgearbeitet haben. In manchen Fachtraditionen mag das nicht falsch sein. Sie können dies aber auch vermeiden, wenn Sie konsequent mit dem Writing Code arbeiten. Denn hier lernen Sie ja, alle relevanten Quellen und die darin zu exzerpierenden Abschnitte oder Gedanken gleich in den entsprechenden Gliederungsabschnitt einzufügen. Beim Schreiben können Sie dann die Gedanken aus den unterschiedlichen Quellen zumeist hervorragend mischen. Selbst, wenn Sie sich an einem einzigen Autor abarbeiten sollten, dann bietet sich hier jedoch auch die Chance, dass Sie auf mehrere unterschiedliche Publikationen dieses Autors verweisen, diese miteinander elegant im Abschnitt verschränken können – und plötzlich werden die Verweise nach jedem Satz wichtig und wertvoll. Hier noch einmal in der *Wiederholung* die Eckpunkte des Writing Code bezogen auf diesen Fehlerbereich:

- Alles, was Sie schreiben, muss nachvollziehbar, logisch und überprüfbar sein. Das heißt, es muss auf irgendeine Weise von einem anderen Individuum in gleicher Weise erfahren werden können, ohne dass dieses Ihnen „glauben" muss.

- Sie überprüfen jeden Ihrer Sätze mit der „Warum"-Frage: Jeden! In der Folge überprüfen Sie die Antwort auf diese – und ob sie dem Kriterium der Überprüfbarkeit standhält.
- Es gibt kein Hörensagen, kein Allgemeinwissen, keine Voraussetzungen – Ihr Text ist im Idealfall voraussetzungslos, das bedeutet allerdings nicht, dass Sie eine einfache Sprache pflegen müssen.
- Sie zitieren aus anderen Quellen – und tun dies in direkter und indirekter Rede, sie beherrschen demnach den Konjunktiv I und II aus dem Effeff – und müssen hier nicht lange nachdenken, um Texte gut in die indirekte Rede umzusetzen. Je lebendiger Sie hier agieren, umso besser die Note – garantiert!

5.9 Der Weg wissenschaftlicher Studien

Warum weisen alle, die mit wissenschaftlichem Arbeiten vertraut sind, immer wieder darauf hin, insbesondere Beiträge aus Fachzeitschriften (wissenschaftlichen, versteht sich) zu verwenden? Das liegt am besonderen Prozess der Auswahl von Beiträgen. Und dazu muss man die folgende Frage beantworten: Wie kommt das Ergebnis einer wissenschaftlichen Studie in eine international renommierte Zeitschrift? Um zu verstehen, dass für viele sehr aktuelle Fragestellungen oft nur wenig wissenschaftlich zu nennendes und damit für eine eigene Arbeit verwertbares Material zur Verfügung steht, muss man wissen, wie der Publikationsprozess für wissenschaftliche Fachzeitschriften im Normalfall abläuft. Hierbei handelt es sich um einen sehr formalisierten Prozess.

Gehen Sie davon aus, dass Sie eine Studie zu einem aktuellen Thema angefertigt – und aus Ihrer Sicht sehr gute Lösungen gefunden haben, die sie mit Primärdaten unterfüttern können. Zumeist haben diese Studien einen beachtlichen Umfang, der auch der Tatsache geschuldet ist, dass Sie sehr umfassend in die Theorie einführen, sehr intensiv die Methode diskutieren. Die erste Aufgabe ist also, die Studie so umzuformulieren und anzupassen, dass sie in das Format der angestrebten Fachzeitschrift passt – hierbei sind zumeist zahlreiche Formalia zu beachten. Wenn Sie nun davon ausgehen, dass beispielsweise bei Studien in den Naturwissenschaften ganze Forschergruppen zusammenarbeiten, vielleicht sogar über Fächergrenzen hinweg im Labor kooperieren, ist bereits dieser Abstimmungsprozess sehr aufwändig. Bei der Redaktion der Zeitschrift – beim Herausgeberkreis oder der Schriftleitung – eingetroffen, werden zuerst die Einreichungen bewertet. Vieles wird gleich hier abgelehnt. Halten die – immer im Fach besonders ausgewiesenen – Herausgeber die Studie nicht für Publikationswürdig, dann ist der Weg der Nomenklatura hier beendet. Überspringt ein Beitrag diese Hürde, dann werden zwei oder mehr Gutachter angefragt. Diese bewerten und begutachten den Beitrag mit Blick auf Innovationskraft, Aktualität, neuen Erkenntnisse, die generiert werden, auf seine Wissenschaftlichkeit (zum Beispiel bei der Anwendung der Methode), die angewandte Zitierweise und viele weitere Aspekte. Hierfür muss einige Zeit eingeräumt werden, da sich die Gutachter in das Thema meistens gerne einarbeiten möchten. Hinzu kommt, dass nahezu jeder Beitrag bis zu vier Review-Schleifen dreht – also so viele Male von den Gutachtern an die Autoren zurückgeschickt wird, um weitere Überarbeitungen vorzunehmen.

Es gibt einige Zeitschriften, die die Fristen auch für die Gutachter sehr knapp setzen. Aber, es gilt immer: Selbst dann, wenn es mit der Begutachtung recht flott geht, kommen Hinweise zur Bearbeitung an die Autoren. Diese müssen sich wieder koordinieren und die Bearbeitungshinweise für den finalen Text berücksichtigen – oder erläutern, warum dies als nicht sinnvoll erachtet wird. Je nach Publikation können eben einige dieser Schleifen gedreht werden. So kommt es, dass oftmals viele Monate und Jahre ins Land gehen, bis ein Text dann wirklich erscheint. Man darf dabei auch nicht vergessen, dass die Top-Zeitschriften Ablehnungsquoten über 90 % haben. Das heißt nur knapp 10 % der Einreichungen schaffen es, auch veröffentlicht zu werden. Dies ist ebenfalls abhängig von den erstellten Gutachten. Das System selbst ist in der Vergangenheit immer wieder stark kritisiert worden. Der Wissenschaftsbetrieb hat bislang jedoch keine echte Alternative zu einem Double-Blind-Review-Verfahren gefunden, also eine Alternative zur mehrfachen Begutachtung, bei denen die Gutachter nicht wissen, von wem die Texte stammen.

Gerade in den Human- und in den Naturwissenschaften, die sich in den vergangenen zwei bis drei Jahrzehnten besonders dynamisch entwickelt haben, gibt es das Bestreben, die Zeit bis zur Veröffentlichung von Beiträgen drastisch zu kürzen – um wichtige und wesentliche Forschungsergebnisse möglichst schnell zu verbreiten. Die Publikationsprozesse wurden hier stark optimiert – dies liegt auch daran, dass die beiden großen Verlage, die diese Felder dominieren, hier steuernd eingegriffen haben. In den Gesellschafts- und den Geisteswissenschaften kann es jedoch noch immer bis zu zwei Jahren dauern, bis ein eingereichter Beitrag tatsächlich erscheint.

Was bedeutet das für die eigene Arbeit:

- Je aktueller Ihr Thema, je aktueller die Fragestellung, umso eher besteht das Risiko, dass nur sehr wenige Studien zur Verfügung stehen.
- Je eher Ihre Disziplin den Human- und den Naturwissenschaften nahesteht, umso aktueller kann (und wird zum Beispiel bei vorgegebenen Fragestellungen) Ihre Themenwahl ausfallen.

5.10 Wissenschaftliche Fachzeitschriften im Ranking

Abb. 5.1 Es gibt Volltrefferquellen (▶ https://doi.org/10.1007/000-c5d)

- Wenn Sie sich an wissenschaftlichen Fachzeitschriften orientieren, können Sie sicher sein, dass auf die Ergebnisse mehrere einschlägig vorerfahrene Wissenschaftler geschaut haben – und dass diese weitgehend dem aktuellen Forschungsstand entsprechen.
- Die Literaturangaben zu diesen Beiträgen werden Sie immer in das Herz der dazugehörigen Diskussion führen, die Fachtradition wird in diesen Beiträgen stets gespiegelt werden.

Mehr Gründe, warum Fachzeitschriftenartikel gute Quellen für Ihre Abschlussarbeit sind, erfahren Sie im in Abb. 5.1 verlinkten Video.

5.10 Wissenschaftliche Fachzeitschriften im Ranking

Im vorangegangenen Abschnitt haben Sie viel darüber erfahren, wie man übliche Fehler vermeiden kann, und Sie wissen, wie wichtig wissenschaftliche Fachzeitschriften sind, welche Bedeutung sie für gute Literaturarbeit besitzen. Sie sollten also alle Quellenarbeit damit beginnen, sich mit den für Ihr Fach relevanten wissenschaftlichen Fachzeitschriften zu beschäftigen. Sie werden fasziniert sein von der Fülle an spezifischen Magazinen, die oft sehr enge Felder der Forschung beleuchten. Mehr darüber erfahren sie im verlinkten Video (Abb. 5.2).

Abb. 5.2 Gute Quellen identifizieren (▶ https://doi.org/10.1007/000-c5c)

Wie entstehen Zeitschriften-Rankings?
Zeitschriften-Rankings stützen sich auf:

- Zitationsanalysen
  Für die Ermittlung des Impact Factors werden Literaturverzeichnisse aus Zeitschriftenaufsätzen ausgewertet. Je häufiger aus einer Zeitschrift zitiert wird, desto höher ist der „Impact" dieser Zeitschrift für das betreffende Fachgebiet. Beispiel: Journal Citation Reports (JCR)
- Umfragen unter Forschenden
  Forschende ordnen die Zeitschriften in Kategorien (A+, A, B, C, D, E). Artikel aus einer A-Zeitschrift werden in der Fachwelt als sehr hochwertig angesehen. Beispiel: VHB-JOURQUAL-Ranking (Verband der Hochschullehrer für Betriebswirtschaft)

  Wo finden Sie Zeitschriften-Rankings?
  Sozialwissenschaften

- Journal Citation Reports (JCR) (Clarivate Analytics): zitationsbasiertes Journal-Ranking auf der Plattform ISI Web of Knowledge mit den „Impact Factors" der Journals und dem H-Index der Autor:innen.

- European Reference Index for the Humanities and Social Sciences (ERIH) (NSD): Liste von Zeitschriftentiteln, die die Kriterien von ERIH PLUS erfüllen
- Sozialwissenschaftliche Zeitschriftenliste (PDF): Liste der Zeitschriftentitel, die für die Datenbank SOLIS ausgewertet werden
- Arts & Humanities Citation Index (Web of Science): Die Zeitschriften im ACHI werden nicht in den Journal Citation Reports berücksichtigt wird, sodass die Aufnahme in den ACHI selbst der Qualitätsindikator ist.

Wirtschaftswissenschaften

- VHB-JOURQUAL-Ranking (Verband der Hochschullehrer für Betriebswirtschaft): Schwerpunkt BWL
- Journal Citation Reports (JCR) (Thomson Reuters): zitationsbasiertes Journal-Ranking auf der Plattform ISI Web of Knowledge mit den „Impact Factors" der Journals.
- VWL-Ranking (Handelsblatt): Ranking zur deutschen Volkswirtschaftslehre
- TI Journal List (PDF) (Tinbergen Institute) (2016): Schwerpunkt VWL und Finance
- WU Journalratings (Wirtschaftsuniversität Wien): die in der Star-Journal-Liste veröffentlichten Artikel werden von der WU mit einem Betrag prämiert
- IDEAS/RePEc Simple Impact Factors for Journals: nur VWL, sehr aktuell, basierend auf den Daten des RePEc-Projekts
- Journal Quality List (Anne-Wil Harzing, 62. ed. 2018): Liste mit Zeitschriftentiteln aus den Bereichen Economics, Finance, Accounting, Management und Marketing und deren Rankings aus ausgewählten Quellen

5.11 ‚Window Dressing' für die Literaturliste!

Die Arbeit mit Quellen ist für den wissenschaftlich motivierten Arbeitsprozess zentral. Was zum Beispiel ist nach wissenschaftlichen Kriterien „gute" Literatur? Und wie findet man Quellen, die Gutachter und Betreuer goutieren, obwohl sie diese noch nicht kennen? Der zweite Band wird Sie zur Auswahl passender und zielführender Literatur anleiten. Er wird Sie dabei unterstützten, wie Sie die „richtigen" Quellen finden und integrieren, wie Sie eben auch mit passenden Onlinequellen umgehen und grundsätzlich richtig zitieren. Es geht dabei auch darum, Plagiate zu vermeiden und Sachaussagen nicht unbelegt stehen zu lassen. Um dies souverän zu ermöglichen, müssen Sie die direkte und die indirekte Rede beherrschen und auch wissen, wie man mit dem Konjunktiv umgeht, wann selbst bei inhaltlichen Annäherungen an andere Texte

Abb. 5.3 Plagiate vermeiden und erkennen (▶ https://doi.org/10.1007/000-c5e)

zwingend der Indikativ stehen muss und was gute Paraphrasen ausmacht. Mehr Tipps zur Vermeidung von Plagiaten erfahren Sie im Abb. 5.3 verlinkten Video. Dabei werden die unterschiedlichen Varianten der Zitierweise ebenfalls noch einmal inhaltlich diskutiert, wobei für den ‚Writing Code' stets das Harvard-Verfahren ohne Fußnoten präferiert wird, weil dieser von der Überzeugung ausgeht, dass alles, was tatsächlich relevant für das Thema ist, auch direkt im laufenden Fließtext untergebracht werden kann.[2]

Für viele Studierende wird jedoch der Abschnitt zum „Window Dressing" besonders interessant sein – hier gibt es Hinweise darauf, wie Sie ihre Literaturliste ins „Schaufenster" stellen, wie Sie diese sozusagen aufhübschen und geschickt frisieren, damit sie auch bei den Gutachtern „ankommt".

---

[2] Sie können sich auch daran orientieren, wie dieser Band mit Fußnoten umgeht, wann in diesem Manuskript des ‚Writing Code' Fußnoten gesetzt werden. Dies geschieht immer dann, wenn etwas zusätzlich zu erklären ist, wenn zusätzliche, über den Text hinausgehende Inhalte und Aspekte vertiefenswert erscheinen, deren umfassendere Darstellung jedoch an der gegebenen Stelle eine Unterbrechung im Lesefluss bedingen würden. Deshalb: Ihre Arbeit muss nicht auf Fußnoten verzichten. Sie erhalten damit aber eine andere Funktion als in Texten, die die Quellenhinweise und Angaben zur Literatur dem Fußnotentext zuweisen.

Verarbeiten: Von innen nach außen Ordnung schaffen! 6

Eines ist bei der Arbeit mit dem Writing Code entscheidend: Die Gliederung und Verarbeitungstiefe kann bis zum letzten Tag vor der Abgabe noch Änderungen erfahren. Ihr Dokument ist ein Arbeitsdokument, es gleicht einer Baustelle, auf der verschiedene Gewerke zwar durchaus in einer sinnvollen Reihenfolge aber eben sehr häufig auch nebeneinander Leistungen einbringen. Ihr Dokument ist als ein sich entfaltender Organismus zu verstehen, der Schritt für Schritt zum Leben erweckt wird. Diese Flexibilität bedeutet, dass ein noch kurz vor der anstehenden Deadline zur Abgabe erscheinender Journal-Beitrag oder ein spezielles Buch, das Sie kurz Schluss noch gefunden haben, natürlich in der Arbeit noch seinen Niederschlag finden wird. Die Gliederung ist nie final, sie kann wachsen, und eingedampft werden, es können zusätzliche Abschnitte eingefügt, andere verschoben werden. Diese Art von Arbeitsweise erlaubt es, dass Sie nicht erst recherchieren und lesen, um dann vielleicht einen Abschnitt zu verfassen.

> Nein, denn die Gliederung steht ja von Beginn an, sie kann befüllt, verändert, umgebaut und gekürzt werden – Sie arbeiten dann jede Quelle, die Sie gefunden haben, direkt in diese Gliederung hinein.

Ergänzende Information Die elektronische Version dieses Kapitels enthält Zusatzmaterial, auf das über folgenden Link zugegriffen werden kann [https://doi.org/10.1007/978-3-658-45072-4_6]. Die Videos lassen sich durch Anklicken des DOI-Links in der Legende einer entsprechenden Abbildung abspielen, oder indem Sie diesen Link mit der SN More Media App scannen.

Muss die Gliederung gedanklich erweitert werden, wenn ein völlig neuer Aspekt durch eine neue Quelle hinzukommt, dann tun Sie dies. Niemand hindert Sie daran, denn Ihre Arbeit ist ja ein lebendiges Dokument. Das funktioniert so, als würden Sie kleine Exzerpte für Ihren (Luhmannschen) Zettelkasten erstellen, die dann in eine intellektuelle Reihenfolge überführt werden.

> Die Quellensuche – online wie offline – schlägt sich also direkt und unmittelbar in Ihrem Dokument nieder. Mit jeder gefundenen Quelle wächst sofort Ihr Dokument, vorausgesetzt, die in der Quelle verarbeiteten Inhalte passen zu jenem Fahrplan, den Sie durch die Gliederung vorgegeben haben.

Finden Sie in einer Quelle anregende weitere und vertiefende Aspekte, so erweitern und verfeinern Sie Ihre Gliederung. Damit Ihre Arbeit nicht in die Breite geht und ausufert, sollten Sie darauf achten, dass Sie nicht mit jeder neuen Quelle ein neues Fass aufmachen und einen großen Seitenstrang anlegen. Die Prüfung erfolgt über eine gedankliche Koppelung mit der zentralen Frage oder These. Zahlt der Inhalt auf diese ein, hat die Erweiterung und Ergänzung ihre Daseinsberechtigung.

> Wenn Sie durch neue Quellen zur Erweiterung Ihrer Gliederung angeregt werden, dann sollte diese stets auf der tiefsten Gliederungsebene erfolgen.

Wirkt sich der durch die Quelle gewonnene Erkenntnisgewinn auf eine höhere Gliederungseben aus, sollten Sie noch einmal genau überprüfen, ob Sie dies so umsetzen wollen.[1] Für ausführlichere Informationen schauen Sie sich das verlinkte Video (Abb. 6.1) an.

---

[1] Wer in der Arbeit mit Mindmaps geübt ist, kann diese Arbeitstechnik hier bestens anwenden. Sie können, statt gleich in der Gliederungsansicht Ihres Textverarbeitungsprogrammes zu arbeiten, auch einen gesonderten Mindmap entwerfen. Dies erweitert zwar den Arbeitsumfang insgesamt, wer jedoch im Umgang mit den Mindmaps geübt ist, kann durch die Kennzeichnung der Abschnitte und Sinneinheiten sowie durch die von der Software zumeist in Fülle zur Verfügung gestellten Ordnungskriterien das gedankliche Chaos vielleicht noch besser strukturieren.

Abb. 6.1 Eine Gliederung entwickeln (▶ https://doi.org/10.1007/000-c5g)

6.1 Flexibilität – die Arbeit bleibt unfertig bis zum Abgabetag

Wenn Sie die vorangegangenen Kapitel durchgearbeitet haben, dann wird für Sie auch einleuchtend sein, dass der Writing Code auf den zwei folgenden grundlegenden und unverrückbaren Prinzipien beruht:

> **Prinzip 1:** Unfertigkeit und Flexibilität bis zum letzten Tag!
> **Prinzip 2:** Jeder Tag ist ein Tag zum Schreiben!

Diese beiden Prinzipien sind ebenso einleuchtend wie einfach zu befolgen. Sie arbeiten von Anfang an ausschließlich in und mit Ihrem finalen Dokument: Es werden keine zusätzlichen Dateien angelegt, keine Kapitel ausgelagert. Ihre Arbeitsdatei ist Ihr (nun, vielleicht manchmal mehr manchmal weniger sortierter, strukturierter und geordneter) Arbeitsplatz oder Schreibtisch. Einzige Ausnahme: Profis in der Arbeit mit Zentral- und Filialdokumenten dürfen – falls ihre Textverarbeitung dies zulässt – auch mit dieser Funktion arbeiten, auch wenn sich die Quellenarbeit dann nur mit einem zusätzlichen Referenzierungs-Plugin (Citavi oder Endnote) wirklich gut gestalten lässt.

> **Erfahrungsbericht: „… für den Rest des Nachmittags kleben geblieben."**
>
> Mir hat es geholfen, mir selbst einen „Arbeitstag" mit der Abschlussarbeit zu inszenieren, indem ich mich pünktlich morgens für die Unibibliothek mit mitleidenden Diplomanden verabredet habe und wir dann jeder für sich auf die gemeinsamen Kaffee/Mittagspausen hinarbeiten konnten. Abends war dann „Feierabend", verdientermaßen. Außerdem bin ich für die Bibliothek durch halb Berlin gefahren. Hätte ich versucht, die Arbeit zuhause zu schreiben, wäre ich höchstwahrscheinlich zu spät aufgestanden, hätte beim Morgenkaffee zu lange auf Facebook rumgehangen und wäre spätestens beim Mittagessen vor dem Fernseher zur „kurzen" Ablenkung bei „How I met your mother" für den Rest des Nachmittags klebengeblieben. Geholfen hat außerdem: Wildes buntes Unterstreichen von Zitierfähigem in fast komplett durchkopierten Büchern und stoisches Übertragen in Citavi, dann ein Dokument anlegen mit dem Namen „Vielleicht später nützlich" und bestimmt ein Drittel der Zitate dort auf Nimmerwiedersehen versenken. Ach ja, und Zeitdruck, der war natürlich am Ende auch nützlich für die Effizienz.
> **Juliane Rodust** ◄

Hüten Sie sich dabei davor, in Ihrem Dokument linear vorzugehen. Sie können jederzeit an jedem Ort Ihrer Arbeit ansetzen und weiterarbeiten. Die Reihenfolge wird durch Ihre Quellenarbeit oder durch die Auswertung Ihrer empirisch gewonnenen Daten bestimmt – oder Sie entscheiden das einfach danach, wie Sie gerade drauf sind, also nach Gefühl.

> Die Logik des Writing Code: Es gibt keine Schreibblockaden, weil es Hunderte von anderen Anknüpfungspunkten gibt, wenn das Denken in einem Kapitel, an einer Stelle an seine Grenzen stößt.

Nun wären wir also beim Herzstück des Writing Code angelangt: Der Arbeitsprozess wird umgedreht:

> **Quelle für Quelle statt Kapitel auf Kapitel**
> Sie schreiben nicht einen Abschnitt nach dem anderen. Sie bearbeiten eine gefundene Quelle nach der anderen. Dies ist die an dieser Stelle wichtigste Regel. In Ihrer Quelle gefundene Erkenntnisse, die für Ihre Arbeit wichtig

6.1 Flexibilität – die Arbeit bleibt unfertig bis zum Abgabetag

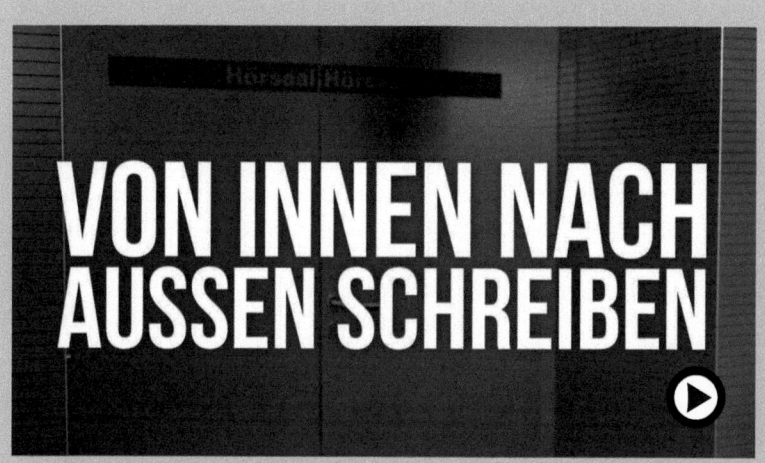

Abb. 6.2 Von innen nach außen schreiben (▶ https://doi.org/10.1007/000-c5f)

sind, werden als direkte oder indirekte Zitate beziehungsweise als Paraphrasen sofort und unmittelbar an jenen Positionen und in jene Unterabschnitte der Gliederung eingefügt, zu denen sie inhaltlich passen.

Ihre Arbeit entsteht nicht Kapitel für Kapitel, sondern sie wächst mit jeder neuen Quelle und jedem neuen Gedanken – falls dies auf die Ausgangsthese einzahlt. Im verlinkten Video (Abb. 6.2) finden Sie weitere Hinweise.

Auf diese Weise bleibt kein Raum für Schreibblockaden. Sie erfassen, strukturieren, be- und verarbeiten Fremdmaterialien, wählen methodische Zugänge und beschreiben diese, führen mit Ihrer Methode Forschungsschritte durch, und da Sie durchgängig Material erfassen, schreiben Sie im eigentlichen Sinne ja auch nicht. Wenn Sie mit einer Arbeitsweise an die Grenze kommen, hier braucht es die Fähigkeit zur Selbstfürsorge, dann machen Sie mit dem nächsten leichten Arbeitspaket weiter, das eine andere Tätigkeit erfordert.

Die größte Leistung einer wissenschaftlichen Arbeit besteht darin, Inhalte, Primär- und Sekundärmaterial, auf eine eigenständige und oft auch zukunftsorientierte Fragestellung anzuwenden und zu diskutieren.

Wenn Sie also merken, dass Sie auf einem Feld an einem Punkt intellektuell überfordert sind, dann bietet Ihre Arbeit unzählige gute Ausweichmöglichkeiten, auf anderen Feldern, in anderen Abschnitten oder Unterabschnitten weiterzuarbeiten.

> Überprüfen Sie im Rahmen dieses Vorgehens auch regelmäßig, ob die Gliederung noch angemessen Ihre Gedankengänge und Ihre Erkenntnisse abbildet. Mindestens einmal täglich sollten Sie versuchsweise Gliederungspunkte verschieben. Blenden Sie dazu in der Auswahl der Gliederungsansicht alle genutzten Überschriftenebenen ein.

6.2 Wie Sie sich Literatur schnell erschließen!

Abstracts:

Warum in diesem Buch immer wieder auf wissenschaftliche Fachzeitschriften verwiesen wird, liegt nicht allein an deren Gehalt, was den aktuellen Forschungsstand betrifft. Es ist auch deren Art und Weise, Themen darzustellen. Der Vorteil liegt zum einen darin, dass die Beiträge selten einen Umfang wie Bücher erreichen – stattdessen umfassen sie vielleicht maximal 30 bis 50 Seiten (und das trifft meist nur auf die geisteswissenschaftlich orientierten Zeitschriften zu), häufig liegen die Seitenzahlen bei zehn bis fünfzehn. Das heißt durchaus großartige Forschungsleistungen werden sehr kompakt präsentiert.

Es gibt aber auch noch einen anderen Vorzug – die meisten dieser Zeitschriften arbeiten mit Abstracts – also mit kurzen Zusammenfassungen, die die Essenz des Beitrages enthalten. Die Forschungsergebnisse werden hier in wenigen Zeilen dargestellt und auf diese Weise kann man schnell entscheiden: passt der Beitrag zu meinem Thema oder nicht.

Zudem finden sich inzwischen zahlreiche Datenbanken, die nichts anderes erfassen als diese Abstracts. Mit den entsprechenden Suchbegriffen und Schlüsselwörtern kann man sich in diesen Datenbanken nun für ein durchaus auch enges Themenfeld wie beispielsweise „aktuelle Erkenntnisse zur Genetik bezogen auf Störungen der Funktionsweise von Mitochondrien" in wenigen Sekunden einen Überblick verschaffen. Dazu muss man die relevanten Datenbanken seines Fachgebietes finden und eine Bibliothek auftun, die einen Zugang zur Datenbank besitzt. Auch Volltextdatenbanken kann man im Regelfall so einstellen, dass Sie nur „Abstracts" ausgeben.

6.2 Wie Sie sich Literatur schnell erschließen!

Die erste Regel ist also: Machen Sie sich Abstracts zunutze. Trainieren sie auch eine große Zahl von Abstracts in kurzer Zeit durchzuschauen, um zu erkennen, ob relevante Punkte für Ihre Arbeit enthalten sind.

Dynamisches Lesen:

Ihr Gehirn arbeitet schneller, als Ihre Aufmerksamkeit es Ihnen glauben macht. Das heißt, Sie müssen nicht aufmerksam beim Lesen alles erfassen, also quasi innerlich abbilden, es genügt, wenn Sie beim Lesen konzentriert sind, und Ihre Augen dazu zwingen, sehr schnell über Texte zu gehen. Sie werden erstaunt sein, wie viel dabei tatsächlich „hängen bleibt". Voraussetzung aber ist ungestörte Arbeit und ein hohes Maß an Konzentration. Wenn Sie sich also im Schnelllesen üben wollen, wenn Sie „dynamisch" Lesen wollen – unter diesem Schlagwort ist das Phänomen in der Literatur bekannt – wenn Sie sich also in Ihrem Lesetempo entwickeln wollen, dann benötigen Sie Ruhe und Konzentration. Es kann zum Beispiel helfen, geschlossene Kopfhörer zu tragen (ohne Musikzuspielung, versteht sich). Oder aber, Sie verwenden geräuschdämpfenden Ohrschutz, um ganz bei sich anzukommen. Egal, welche Technik Sie einsetzen, Ihr Geist darf nicht abgelenkt sein. Merken Sie ein Abschweifen, dann legen Sie eine Pause ein!

Alle Techniken des dynamischen Lesens wollen den Blick beschleunigen, mit dem Sie über die Seiten gehen. Sie lesen also nicht mehr Wort für Wort, Sie zwingen das Auge über die Seiten. Dies kann als so genanntes Querlesen erfolgen. Das heißt, die Zeilen werden zwar erfasst – aber Ihr Blick konzentriert sich auf die Mitte der Seite, die Ränder werden wie abgeschnitten – und Sie erfassen ungefähr, was auf den Seiten an Inhalten verarbeitet wurde. Die Bewegungsrichtung geht von oben nach unten, je nachdem, welches Tempo Sie vorlegen wollen, reduziert sich der auf jeder Seite genutzte Winkel – von zum Beispiel 90 Grad auf 45. Sie reduzieren damit bewusst die Informationsdichte – und Sie hängen nicht an jedem Satz, versuchen nicht alles auf den Punkt zu verstehen.

Eine andere Methode besteht darin, mit Hilfe eines Zeigers, die ganze Zeile zu erfassen – aber das Auge sehr schnell über diese zu bewegen, deutlich schneller als Ihr „verstehendes" Lesen dies vorsehen würde.

Übung:

Probieren Sie es aus, nehmen Sie sich einen Bleistift, greifen Sie sich ein beliebiges Lehrbuch, schlagen Sie es auf, oder wählen Sie bewusst einen Abschnitt oder ein Kapitel – und fahren Sie mit dem Bleistift die einzelnen Zeilen dieses Textes sehr schnell ab. Ihr Auge muss der Bleistiftspitze folgen und darf nicht an einzelnen Wörtern hängenbleiben.

Wenn Sie sich so durch das Kapitel „gezwungen" haben, machen Sie sich nun kurz Notizen, welche Aspekte dieser Seite(n) für sie von besonderer Bedeutung sind.

Dann lesen Sie die gleiche Seite, den gewählten Abschnitt oder das Kapitel noch einmal, in ihrer üblichen Lesegeschwindigkeit.

Schauen Sie im Anschluss noch einmal in Ihre Notizen, was wollen Sie ergänzen, was wollen Sie ändern?

Sie werden erstaunt sein, wie viele Aspekte das nur scheinbar oberflächliche Lesen bereits registriert und gespeichert hat.

> **Regel**
> Insbesondere dann, wenn Sie schon viel zum Thema gelesen haben, wenn Sie bereits viel wissen, sind dynamische Lesetechniken zu empfehlen. Ihr Hirn ist nämlich stets bemüht, Anschlussfähigkeit herzustellen – und in diesem Falle bestehen ja dann bereits zahlreiche Kontaktstellen, die mit feinen Reizen angeregt werden können.

Warnhinweis:

Dynamische Lesetechniken können erfolgreich eingesetzt werden, sie sind zielführend und durchaus praxiserprobt. Dennoch soll an dieser Stelle vor exzessivem Gebrauch gewarnt werden. Denn dynamisches Lesen erhöht Ihr Stresslevel. Der Zwang über die Seiten gehen – der durch die mechanische Führung erzeugt wird – verursacht Stress und kann dazu führen, dass man schlechter zur Ruhe kommt, längere Zeit zur Beruhigung benötigt und schlechter schläft.

Es empfiehlt sich darüber hinaus, alle hier genannten Lesetechniken schon während des Studiums zu trainieren, da man dann gut abschätzen kann, wie sehr man sich selbst beanspruchen darf, ohne sich zu beschädigen.

Spot Reading:

Manchmal kommt es während der Recherchephase zur Abschlussarbeit oder auch schon bei einer Hausarbeit oder einem literaturzentrierten Seminar darauf an, sich eine recht große Menge an Literatur möglichst schnell und insbesondere möglichst effizient zu erschließen. Hier bietet sich das Spot-Reading an. Dies ist eine Arbeitstechnik die insbesondere für größere Werke, für Monografien oder sehr umfangreiche Essays und Beiträge ausgelegt ist.

6.2 Wie Sie sich Literatur schnell erschließen!

Hier wählt man zufällig einen „Spot" aus den ersten 25 bis 30 Seiten aus. Das heißt, man schlägt das Buch einfach auf einer jener Seiten auf – und liest. Man liest so lange, wie die Konzentration trägt, das kann einen Absatz umfassen, das kann aber auch einmal über drei, vier oder fünf Seiten reichen. Passen Sie sich hier Ihrem eigenen Rhythmus an. Nun blättern Sie je nach Gesamtstärke des Buches bis zu 50 Seiten weiter und lesen einen neuen „Spot" – auch hier lassen Sie sich von Ihrem eigenen Gefühl leiten. Wenn Sie im Lesen absetzen oder die Konzentration am neu gewählten „Spot" nachlässt, versuchen Sie über Ihren Intellekt die inhaltliche Lücke zwischen den beiden von Ihnen gewählten Spots zu schließen. Gelingt dies leicht, dann blättern Sie nach vorn weiter, um einen weiteren Spot zu finden. Gelingt dies schwer oder gar nicht, dann wählen Sie Ihren neuen Spot, indem Sie beliebig weit zurückblättern – ich empfehle stets die Hälfte der Seitenzahl zu wählen, die Spot 1 von Spot 2 trennt. Gelingt die Brücke beim Zurückblättern immer noch nicht, wählen Sie einen weiteren Spot, der noch näher am Ausgangspunkt liegt. Glauben Sie mir, Ihr Hirn kann Ihnen folgen, auch wenn das im ersten Augenblick etwas verwirrend klingen mag. Wenn Sie mehrfach zurückblättern mussten, dann können Sie, wenn Ihnen das Brückenschlagen gelingt, zumeist sehr, sehr schnell weiterblättern, sicherheitshalber wählen Sie noch ein paar Spots aus, um sich zum ursprünglichen Spot 2 zurückzutasten. Anschließend sind Sie wieder mutig und blättern kräftig vor, um sich einen weiteren Spot in Richtung Buchende auszuwählen. Auf diese Weise springen Sie fröhlich durch das Werk, ihr Geist wird inspiriert, auch wenn das eine oder andere fehlen sollte, auch wenn der eine oder andere Aspekt ausgeblendet wird.

Übung:

Wählen Sie ein Buch, das Sie kennen und dessen Inhalte für Ihr Studium relevant sind. Wählen Sie einen Spot aus den ersten 20 Seiten und blättern Sie 30 Seiten weiter. Verbinden Sie inhaltlich die Spots, gelingt das? Dann weiterblättern! Gelingt dies nicht? Dann in die Mitte zwischen den beiden ursprünglichen Spots blättern! Lesen! Erschließen Sie sich den Inhalt mit Hilfe der Spot-Reading-Technik neu. Beantworten Sie nun die Fragen, was im Vergleich zum herkömmlichen Leseprozess anders ist, was Ihnen fehlt.
Warum Spot-Reading eine gute Alternative darstellt.

1. Bei vielen grundlegenden Werken ist es wichtig, dass man sich schnell einen Überblick verschafft – und in das Denken des Autors hineinfindet. Spot-Reading bietet hier eine hoch effiziente Möglichkeit, sich das Denken von anderen zu erschließen.

2. Jeder, der schreibt, entspringt einer bestimmten Denktradition, hat bei ausgewählten Lehrern lernen dürfen und sich die eine oder andere Grundlage erarbeitet, mit der er immer wieder argumentiert – diese Kernlinien lassen sich über Spot-Reading gut ermitteln.
3. Man bekommt schnell ein „Gefühl" für ein Werk, man weiß schnell um die Struktur und damit die Denkweise des Autors.
4. Redundanzen – jeder Autor arbeitet damit, kommt auf Gesagtes zurück, stellt es in einen neuen Zusammenhang, moduliert einen Gedanken, der schon einmal niedergeschrieben wurde – werden schnell ersichtlich und geben Hinweise darauf, was der Autor als besonders wichtig erachtet.
5. Im wissenschaftlichen Publizieren sind – die intensive und strukturierte Quellenarbeit machen es ersichtlich (vgl. Abschnitt 5.1) – Verweise und Referenzen wesentlich. Spot-Reading ermöglicht es Ihnen, auf sehr anschauliche Weise die wesentlichen Werke zu erkennen, die der Autor für die Ausbreitung seiner Gedanken nutzt, auf die er sich beruft und deren Gedankengänge er teilt. Dies gibt Ihnen dann gleich auch einen Hinweis darauf, an welcher Stelle Sie weiterlesen dürfen.

> **Hinweis**
> Die in diesem Buch vorgeschlagenen Arbeitstechniken funktionieren in vielen Konstellationen und für viele Menschen. Allerdings sind sie als solche Werkzeuge – und, wie das mit Werkzeugen eben so ist, der eine kann besser damit arbeiten, der andere schlechter, der eine ist talentierter der andere weniger. Hinzu kommt: kein Werkzeug kann man ohne Übung wirklich gut nutzen. Das gilt schließlich schon für den Hammer, obwohl ein Draufhauen grundsätzlich einfach aussieht.

6.3 Arbeit im RAW-Modus – Ihr Dokument wächst!

Zurück zum Ernst Ihrer Arbeit, zurück zu Ihrer Gliederung. Ab sofort arbeiten Sie in einem „Raw"-Modus. Das bedeutet, Sie nutzen die besonderen Möglichkeiten der digitalen Textverarbeitung voll aus: bearbeiten, verändern, umstellen, nichts mehr verlieren.

> **Regel**
> Sie arbeiten in und mit einer einzigen Software. Sie arbeiten in einem einzigen Dokument. Dieses ist gleichermaßen Stoffsammlung wie inhaltliches Gerüst. Sie entwerfen also mehr oder weniger Rohtext, von dem Sie wissen, dass er später noch mehrfach zu überarbeiten ist. Wenn Sie das wissenschaftliche Arbeiten als immer unvollendet, unfertig, erweiterbar bezogen auf ein gewähltes oder verordnetes Thema betrachten, kann dies dabei helfen, sich selbst zu disziplinieren, denn es ist nicht einfach, gewohnte Mechanismen und eingeübte Methoden und Muster zu überwinden. Eine neuronenbasierte Reizautobahn ist eben leichter zu befahren, als wenn man verschlungene Pfade erst noch zu Schnellstraßen ausbauen muss. So ist das mit unserem menschlichen Hirn. Verstehen Sie dieses Buch auch in dieser Beziehung als Mutmacher!

6.4 Arbeitsergebnisse und Quellen? Sofort ins Skript!

Ihr Dokument wächst jeden Tag, jede Stunde oder Minute, den oder die sie mit dem Thema verbringen, denn auch alle Rechercheergebnisse fließen ja direkt ein. Hier können Sie also gut überprüfen, ob Sie ausreichend Quellenmaterial gesichtet und integriert haben (wenn zum Beispiel die erlaubte Gesamtseitenzahl bereits nach der ersten Woche Quellenarbeit überschritten ist – und, glauben Sie mir, das kann durchaus passieren – vgl. dazu das Kapitel zur Arbeit mit Quellen).

All jene Dinge, die Ihnen im Rahmen der nun an der zentralen These ausgerichteten Recherche als wichtig erscheinen, die Sie in jedem Fall berücksichtigen und verarbeiten wollen – direkte Zitate zum Beispiel oder paraphrasierte Abschnitte –, alles tragen Sie nun beim Gang durch das Netz und beim Studium in der Bibliothek an jene Stelle Ihrer Gliederung ein, an die es aus Ihrer Sicht gehört. Seien Sie hier möglichst genau, und fügen Sie, wenn eine Aussage oder Quelle nicht ganz zum Abschnitt passt, lieber einen Unter- oder einen Unter-unter-Abschnitt ein, schaffen Sie eine oder gar zwei neue Ebenen. So finden Sie den Gedanken auch dann immer wieder, wenn Sie ausschließlich in der Gliederungsansicht bis Ebene X arbeiten.[2]

---

[2] Zum Auffinden der Stellen nutzen Sie später stets die Suchfunktion. Hier müssen Sie in der Gliederungsansicht alle Textpassagen und Ebenen „öffnen", damit die gesamte Arbeit durchsucht werden kann.

Sie werden feststellen, dass sich, je mehr Quellen Sie zum Thema studieren, viele der entdeckten Autoren auf die gleichen Konstrukte beziehen, zu diesen aber unterschiedliche Einstellungen entwickeln. Ist das so, dann haben Sie aus Sicht der wissenschaftlichen Arbeit quasi das große Los gezogen, denn Sie können die unterschiedlichen Betrachtungsweisen integrieren, aufeinander beziehen und möglicherweise eine eigene Position bestimmen, die beide Zugangsweisen synthetisiert. Etwas Besseres als sich widersprechende Autoren finden Sie nicht, dies erlaubt Ihnen nämlich, Ihre Leistung in ein noch strahlenderes (intellektuelles) Licht zu setzen.

Diese Arbeitsweise gibt auch noch etwas anderes vor: Sie werden nämlich mit Quellen ganz anders umgehen. Statt sich auf ein Kapitel zu konzentrieren, dieses fertig zu bearbeiten und alle Quellen, die Sie zu diesem Kapitel zusammentragen, aufeinander zu beziehen und in eine sinnvolle Reihung zu bringen, arbeiten Sie sich von Quelle zu Quelle.

Regel
Gefundene Quellen strukturieren Ihre Arbeitszeit und Ihr Vorgehen, nicht etwa ausgewählte Kapitel.

Das bedeutet: Sie finden in der Bibliothek zum Beispiel ein sehr passendes Buch, in dem Aspekte für Kap. 2 generell und ebenso für Abschn. 3.2.2. und 3.4.6. von Interesse sind. Dann fügen Sie diese Aspekte an den entsprechenden Unterpunkten Ihrer Gliederung direkt ein. Steht in den Unterpunkten bereits Text, dann hängen Sie die neuen Aspekte einfach hintenan oder fügen einen Gliederungspunkt auf der nächstunteren Ebene ein. Um die finale Ordnung in den Unterpunkten kümmern Sie sich erst einmal nicht. Das ist Arbeit, die Ihnen nicht davonläuft und besser später erledigt wird, wenn die größte Zahl der Quellen integriert ist.

Diese Vorgehensweise sichert Ihnen mehrerlei:

- Sie müssen sich Quellen nicht „für später merken", denn Sie arbeiten sie ja konsequent ab.
- Sie können Literatur mit kurzer Ausleihfrist oder jene aus dem Präsenzbestand nach der Arbeit daran sofort wieder weglegen – und quasi „abhaken".
- Sie tragen alles, was Sie gearbeitet haben, in einer schlüssigen Datei mit sich.
- Sie müssen sich in einzelne Kapitel nicht immer wieder neu hineindenken.
- Sie unterstützen Ihr Hirn, indem Sie seine Freude an wechselnden Tätigkeiten und Inhalten respektieren.

Sie werden nach einiger Zeit feststellen, dass diese Arbeitsweise Ihrem Denken sehr entgegenkommt. Beim Lesen von Inhalten, die sich auf das Thema beziehen, wird sofort in den Modus geschalten, der überprüft, wo und wie das Gelesene verwertet werden kann, um Ihrem Ziel, eine gute Arbeit zu verfassen, am besten zu dienen.

Merksatz
Es gibt bezogen auf jedes Thema übrigens bis zu fünf Quellen, die sie durchgängig am Arbeitsplatz verfügbar halten sollten, weil Sie gerne immer wieder einmal darauf zurückgreifen möchten. Dies können zum Beispiel vertraute Lehrbücher aus einer zugehörigen Vorlesung sein oder aber Dissertationen, die einen hohen Verwandtschaftsgrad zu Ihrem Thema aufweisen. Auch ins Zentrum Ihres Interesses vorstoßende Beiträge in wissenschaftlichen Zeitschriften wären hier zu erwähnen. Achten Sie darauf, dass die Zahl dieser „Habenwollen"-Quellen die Zahl von fünf nicht überschreitet. Ansonsten wird es etwas unübersichtlich.

Nutzen Sie beim Erfassen Ihrer Quellen (mehr dazu folgt in Band 2 des ‚Writing Code') alle Möglichkeiten, die Ihnen das digitale Zeitalter bietet. Erfassen Sie, auch darauf soll an dieser Stelle schon einmal verwiesen sein, alle Quellen unmittelbar dann, wenn Sie sie das erste Mal in der Hand halten oder auf dem Schirm haben, in einer eigenen Datei oder am Ende Ihres Dokumentes. Sie können im zweiten Fall mit „geteiltem Bildschirm" arbeiten, wenn Sie mit Index und Literaturverweis arbeiten wollen. In gleicher Weise können Sie Literaturerfassungsprogramme verwenden, die im Regelfalle sehr gut in die Textverarbeitung integriert sind (als Standard hat sich in den Sozialwissenschaften hier weitestgehend Citavi durchgesetzt, das als Plugin auf der Windows-Ebene in Word integriert ist; auf Mac-Plattformen ist diese Funktion leider nicht verfügbar).

6.5 Quellenarbeit – direkte, indirekte Rede und Paraphrase

Eine Empfehlung gibt es allerdings, sich vor dem Arbeitsbeginn mit der korrekten Verwendung des Konjunktives zu beschäftigen. Regelmäßig sind bei Studierenden in diesem Punkt große bis größte Defizite auszumachen. Sinn des Ganzen ist es, ein sprachlich geordnetes Miteinander von direktem Zitat (dann auch in „direkter

Rede" geschrieben[3]), von indirekter Rede (das wäre die Übertragung eines Gedankens mithilfe des Konjunktives[4]) sowie Paraphrasen zu schaffen.

Dabei kann man leicht eine Entscheidung zwischen den unterschiedlichen Arten zu zitieren gut fassen: Die direkte Rede überträgt den Gedanken unmittelbar in der Satzstellung und Komposition der Originalquelle: Keine Veränderung, keine Bearbeitung! Bei der indirekten Rede wird es schon komplizierter. Hier lässt die deutsche Sprache Spielräume: „Die indirekte Rede erhebt gerade nicht den Anspruch auf Wortwörtlichkeit und kann als reine Inhaltswiedergabe im Verhältnis zur „Originaläußerung" – wenn es sie denn gibt – ungenau und stark gekürzt sein. [...] Die grundsätzliche Unbestimmtheit der indirekten Rede spricht dafür, sie unabhängig von der direkten Rede als eigene Redewiedergabeform zu betrachten und zu beschreiben." (Duden, Die Grammatik, 8. Auflage, 2009, Randnummer 767). Beim Lesen indirekter Rede wird damit vom Leser immer auch eine Interpretationsleistung gefordert. Bezogen auf Ihre Abschlussarbeit gilt allerdings: Sie müssen den zugrunde liegenden Gedanken des Ausgangstextes für Ihr Referat – so nennt der Duden die Verwendung des Konjunktives bei der Gestaltung indirekter Rede – so genau wie möglich wiedergeben. Das ist nicht immer einfach. Vor allen Dingen dann, wenn komplexe Denkstrukturen verkürzt dargestellt werden sollen. Im Unterschied zur indirekten Rede bedingt die Paraphrase, dass Sie den Gedanken erstens nach Möglichkeit richtig verstanden in eigenen Worten wiedergeben. Es ist und bleibt natürlich ein fremder Gedanke, der belegt werden muss. In der Paraphrase dürfen aber durchaus auch längere Abschnitte in kurze Darstellungen überführt werden. Dabei bleibt umstritten, ob die Paraphrase immer und in der indirekten Rede stehen muss, ob der Konjunktiv zu verwenden ist. In diesem Punkt gibt es kein bestes Rezept – aber man entwickelt ein Gefühl für das, was richtig ist. Nimmt man zum Beispiel den Namen des Ideengebers in den Satz mit hinein, dann kann man zumeist den Indikativ verwenden, er liest sich dann deutlich besser. Beispiel: „Wie XYZ im Jahr ABC beschrieb, ergibt sich der Aspekt D aus der Konsequenz der hier zu führenden Diskussion." Zu paraphrasieren erfordert unbedingt, dass man den Ausgangstext verstanden hat. Wenn man in diesem Punkt unsicher ist, dann kann man das ganz einfach dazuschreiben, und man spricht im eigenen Text von einer (möglichen) Interpretation des Gelesenen oder Gehörten. Aber es gilt selbstverständlich immer noch: Sie fassen die Ideen von anderen nach bestem Wissen und Gewissen zusammen – und kennzeichnen die Quelle dann mit

---

[3] Das bedeutet, dass dann auch der Text komplett und direkt übernommen wird sowie mit An- und Abführungszeichen versehen wird.
[4] Hierfür sollte man Konjunktiv I und Konjunktiv II beherrschen. Die Verwendungsnotwendigkeit für den zweiten Konjunktiv, der zumeist mit „wäre" oder „hätte" verbunden ist, lässt sich in den meisten Fällen leicht ausmachen, wenn der bereits gebildete Konjunktiv I zu einer Verwechslung mit dem Imperfekt (also der Vergangenheitsform) führen könnte.

einem „vgl.", da sie ja nicht Eins-zu-Eins etwas übernehmen. Alles andere – also dann, wenn Sie ohne Quellenverweis arbeiten – wäre ein Plagiat.

Bei Paraphrasen können in kleineren oder größeren Bögen ganze Passagen, Sinneinheiten oder auch Kapitel gedanklich zusammengefasst werden. Hier ist die Eigenleistung des Autors am größten. Deshalb wird auch bei der Quellenangabe im Harvard-Stil[5] oder der APA-Zitierweise[6] regelmäßig ein „vgl." eingefügt. Bei der indirekten Rede muss dies nicht zwingend der Fall sein – auch das wäre ein Unterschied. Die direkte Rede steht logischerweise (durch An- und Abführung gekennzeichnet) im Indikativ, die indirekte Rede, wie angemerkt, im Konjunktiv. Bei der Paraphrase steht sehr häufig der Indikativ, da es sich hier um eine zusammenfassende Hirnleistung des Autors handelt und hier durch die Zusammenfassung wie beschrieben Interpretationen erfolgen können, die sich vom Ursprungstext im Urteil eines anderen entfernt haben dürfen.

6.6 Quellenarbeit automatisieren – Literaturverwaltung und Zitatstil

In nahezu allen Ratgebern zum korrekten wissenschaftlichen Arbeiten werden Ihnen unterschiedliche Zitierstile und damit unterschiedliche Formate vorgeschlagen. Aber am Ende handelt es sich dabei genau um das: um Formate – und das wäre ein Prozess, für den die Empfehlung lautet: Automatisieren.

6.6.1 Quellen verwalten – Software als Beschleuniger

Alle Ihre Quellen können Sie heute sehr gut und recht bequem verwalten „lassen". Voraussetzung dafür ist, dass Sie Ihre Arbeitsprozesse von der Recherche bis zur Erfassung darauf ausrichten. Das heißt, Sie definieren Ihren Workflow – und halten

---

[5] Hierfür geben Sie im Text als Quellennachweis lediglich in Klammern den Nachnamen des Autors, das Erscheinungsjahr für die Quelle und die gewählte Seitennummer an. Im Literaturverzeichnis wird dann ein vollständiger Nachweis geführt, das heißt, hier wird die Quelle vollständig ersichtlich. Dies ist eine inzwischen sehr weit verbreitete Zitierweise, die auf Literatur- bzw. Quellenverweise in Fußnoten verzichtet.

[6] Dies verweist auf den Zitationsstil der „American Psychological Association" (deshalb: APA) und hat sich nicht nur in der Psychologie, sondern nahezu durchgängig in den Sozial-, den Natur- und Humanwissenschaften durchgesetzt. APA umfasst ein ganzes Regelwerk, wie ähnlich wie beim Harvard-Stil direkt im Text und nicht über Fußnoten zitiert wird. Im Zweiten Teil des ‚Writing Code' wird auf die unterschiedlichen Möglichkeiten der Zitierweise noch detaillierter eingegangen.

sich dann auch durchgängig daran. Sehr gut eignen sich die Programme Citavi und EndNote, wobei für Apple-Technik-Nutzer ernsthaft nur letzteres infrage kommt. Ja, das sind Programme, die nicht kostenlos zu haben sind.

Wenn Sie nicht schon große Literaturlisten aus monografischer Arbeit angelegt haben und nicht darauf verzichten wollen, diese auch zu verwenden, gibt es aus meiner Sicht jedoch keine Alternative zu diesen Programmen:

> Die Software organisiert Ihren Text, sie überwacht, welche Quellen am Ende – nach dem abschließenden Kürzungsvorgang – noch im Dokument enthalten bleibt, sie formatiert Ihre Quellen nach Vorgabe korrekt – mit Punkten oder Doppelpunkten, Klammern oder Kommata.

Zitierstile unterscheiden sich oft nur in kleinen Details, die bei großen Dokumenten, sollten sie anzupassen sein, für tagelange Verzögerung am Ende des Arbeitsprozesses sorgen. Sie beschäftigen sich mit automatisierbaren Formalia statt mit dem viel wichtigeren Inhalt. Citavi und EndNote integrieren sich inzwischen perfekt in alle der weiter verbreiteten Textverarbeitungen – zum Beispiel in MS Word, in Open Office oder LibreOffice. Citavi und EndNote gibt es direkt bei Microsoft Word als Plug-In, Open Office und LibreOffice und alle LaTex-Varianten integrieren Sie bei Citavi über den Publikationsassistenten. Auch das ist kein Hexenwerk, hier haben Sie sich schnell eingearbeitet. Bei EndNote wird es ein wenig komplizierter – hier müssen Sie die OpenOffice-Erweiterungen installieren. Aber auch das ist nicht tragisch und geht schnell, auch wenn es dann unterschiedliche Routinen für 32-Bit und 64-Bit-Rechner gibt. Bei LibreOffice kann man einfach über das Werkzeuge-Menü Erweiterungen hinzufügen. In LaTex muss man ja eigentlich mit BibTex arbeiten – man kann aber auch hier einen „Workaround" für sich basteln. Denn die Literatur ist ja nach wie vor in EndNote speicherbar und kann dort verwaltet werden – für die Endversion exportiert man einfach in BibTex-Format, dann passt am Ende auch wieder alles. Allerdings wäre die Empfehlung: Wenn Sie LaTex beherrschen, arbeiten Sie einfach konsequent mit BibTex und zeichnen Sie die Quellen entsprechend aus. Am Ende programmieren Sie sich das Literaturverzeichnis je nach Zitationsstil über die BibTex-Ausgabe.

Sie können zwischenzeitlich – und diese Empfehlung ist hier erstmals in den Writing Code aufgenommen – auch mit den Literaturverwaltungen arbeiten, die in Textverarbeitungs-Programmen direkt hinterlegt sind. Dies finden Sie zum Beispiel in der durchaus funktionalen und über das Menü erreichbaren Verwaltung bei Microsoft Word unter „Referenzen" – hier stellen Sie vorab den Zitationsstil ein und erfassen dann die Quellen gemäß der angegebenen Liste mit anzugebenden Items – das Problem ist allerdings, dass die Suchfunktion, hier eher unter dem Button Recherche als unter der Schaltfläche „Search" zu finden, nicht einmal als mediokor bezeichnet werden kann – Sie müssen also hier viel mehr erfassen, als bei Literaturverwaltungs-Software, die auch beim Auswählen von Literatur, Quellen zielsicher findet und automatisiert Ihre Projektdatenbank ergänzt.

Der Writing Code ist nicht der Ort, an dem Sie eine direkte Einführung in die Programme erhalten – hier gibt es sehr gute Tutorials im Netz – das Citavi-Team hat zum Beispiel eine Reihe sehr einleuchtender und unterstützender Videos auf YouTube ins Netz gestellt (schauen Sie dort nach dem Kanal Citavi Team DE). EndNote finden Sie unter „EndNoteTraining" bei YouTube in englischer und deutscher Sprache – sehr aktiv ist hier auch die Universitätsbibliothek Göttingen, deren Team sehr anschauliche Einführungen in EndNote über YouTube bereitstellt.

6.6.2 Zitierweisen – am besten automatisieren lasen!

Je nach Fachtradition werden Sie einer gewissen – im ersten Kapitel bereits angerissenen –Zitierweise folgen. Wenn Sie, wie im vorangegangenen Abschnitt empfohlen, mit einer Softwarelösung und der automatisierten Generierung des Quellenverzeichnisses arbeiten, dann sind Sie immer auf der sicheren Seite. Denn in den Programmen sind unterschiedliche Zitierstile hinterlegt.

Wichtig: Die grundlegende Unterscheidung ist immer – nutze ich Fußnoten oder nicht. Zwischenzeitlich hat sich in beinahe allen Disziplinen – und selbst in den Geisteswissenschaften – die Nennung von Autor und Datum mit etwaiger Seitenangabe durchgesetzt. Dies wird dann direkt hinter der zitierten Quelle eingefügt. Wenn Sie direkt zitieren und bei exakt überführten indirekten Zitaten ohne den Zusatz „vgl.", bei indirekter Rede mit verändertem – z. B. gekürztem – Inhalt mit „vgl.". Die genaue Formatierung – mit und ohne Komma am Zitat und verschiedene Darstellungsweisen in der Literaturliste sind dann zwischen den Stilen, die sich über die Jahrzehnte herausgebildet haben, sehr unterschiedlich. Deshalb lohnt die nähere Auseinandersetzung mit „Ihrem" Stil durchaus.

Auch, wenn sich die Fußnote stark im Rückzug befindet, so möchte ich hier durchaus noch eine Lanze für sie brechen. Fußnoten erleichtern das Lesen von Texten, die Augenbewegung wird durch die Quellenergänzung nicht gehemmt, der Text wirkt stärker aus einem Guss. Zudem können Sie in Fußnoten direkt bei der Quellenangabe zusätzliche Hinweise geben – auf die Qualität und die Rolle der Quelle, auf ihren Wert für die Fachdiskussion und vielleicht auch vertiefende direkte Zitate, die Sie im Fließtext ungern unterbringen mögen. Das kann für Fußnoten sprechen. Grundsätzlich dürfen Sie Fußnoten mit erklärenden und weiterführenden Hinweisen auch dann einfügen, wenn Sie mit APA oder Chicago B arbeiten. Man macht es allerdings nicht so leicht.

Randbemerkung
Vertiefende, erläuternde und erweiternde Fußnoten sind etwas für Profis. Bei einer Haus-, einer Bachelor- oder Masterarbeit werden Sie eher nicht in die Versuchung kommen, Fußnoten einzufügen, wenn Sie mit einer Autor-Datum-Zitierweise operieren. Denn eine der Regeln im Writing Code heißt ja, was nicht unmittelbar auf die zentrale These einzahlt, fliegt raus.

Hier also nun einige Hinweise zu unterschiedlichen Zitationsstilen; dies wird nicht weit und umfassend anhand von Beispielen ausgeführt, da der Writing Code davon ausgeht, dass Sie dies – siehe den vorangegangenen Abschnitt – automatisieren. In den Sozialwissenschaften dominiert der Stil der amerikanischen psychologischen Vereinigung APA (https://apastyle.apa.org), die Deutsche Zitierweise ist nach wie vor in den Geisteswissenschaften durchaus verbreitet. Hier werden Fußnoten verfasst und bei der ersten Nennung eine längere (Vollbeleg), bei wiederholten Nennungen eine Kurzfassung (Kurzbeleg) eingefügt. Für die Geisteswissenschaften ebenfalls relevant ist der Chicago-Zitierstil (Chicago B, Autor und Datum). Es gibt einen weiteren Chicago-Stil, der auf Fußnoten basiert (Chicago A)) er wird oft noch bei international angelegten Monografien genutzt. Die Chicago-Variante gibt es inzwischen in der 17. Fassung (Stand 2023), (https://www.chicagomanualofstyle.org/tools_citationguide.html). Auf dieser Website finden Sie auch Hinweise zum Turabian-Zitationsstil, hier gibt es ebenfalls Fußnoten- und Autor-Datum-Variante. Dieser wird häufig in den Naturwissenschaften genutzt. In den Sprachwissenschaften wird zumeist nach den Vorgaben der Modern Language Association (https://www.mla.org) gearbeitet, die Harvard-Zitierweise (genauer: Harvard Referencing Style) sind in den Wirtschaftswissenschaften zuhause, die Rechtswissenschaften orientieren sich zumeist am durchaus spezifischen am OSCOLA-Standard (https://www.law.ox.ac.uk/sites/default/files/migrated/oscola_4th_edn_hart_2012.pdf) – dieser ist aktuell (Stand 2023) in der vierten Version verfügbar. Das Kürzel steht für Oxford Standard Citation of Legal Authorities.

Es hängt also ein wenig vom Fächerkanon ab, wie in Abschlussarbeiten zitiert wird. Wenn Sie sich auf unterhaltsame und eingängige Weise mit den Stilen beschäftigen wollen, so empfehle ich das Projekt Studiflix – ein Portal, das sich der für den Nutzer kostenfreien – von zahlreichen Unternehmen und Organisationen gesponserten – Bildung mit Hilfe von Erklärvideos verpflichtet hat. Das funktioniert gut für die Schulklassen der Sekundarstufen – aber auch für das Bachelor- und Masterstudium. Eien anschauliche Erläuterung der Harvard-Zitierweise, die ja in diesem Abschnitt noch nicht mit einem Link hinterlegt war, gibt es zum Beispiel hier:

https://studyflix.de/studientipps/harvard-zitierweise-21

6.7 Schreiben im RAW-Modus? Selbstverständlich!

Lassen Sie uns, an diesem Punkt angelangt, einen großen Schritt vollziehen. Gehen wir einmal davon aus, Sie haben Ihr Thema ausreichend bearbeitet und erfasst. Sie haben Quellen in genügender Anzahl bearbeitet und in Ihr Manuskript aufgenommen. Sie haben auch bereits Ihre Methode angewandt, falls Sie zusätzlich zur Quellenarbeit mit einem empirischen Ansatz arbeiten. Sie haben Ihre Studie sorgfältig durchgeführt und ausgewertet, und Sie haben bereits auch die Ergebnisse zusammengefasst und diese jeweils den Abschnitten Ihrer Gliederung zugewiesen, beziehungsweise in diesen Abschnitten die Ergebnisse schlüssig dargelegt. Dann stehen Sie, wenn Sie in der beschriebenen Art und Weise vorgegangen sind, nun vor einem interessanten aber wohl kaum einreichbaren Steinbruch.

Ist dies der Fall, dann haben Sie alles richtig gemacht.

6.7.1 Im Schreibmodus wird der Steinbruch sortiert

Der nächste Schritt wird sein, nun in diesem Steinbruch die herumliegenden Brocken wie ein Steinmetz mehr oder weniger filigran zu bearbeiten und zu gestalten, mit Weitblick, Kreativität, Geduld und insbesondere: mit Disziplin. Dieses Bearbeiten können Sie jeweils auch mit „Halbfertigprodukten" vollziehen. Das heißt, hängen Sie bei der weiteren Recherche oder Datenauswertung, ziehen Sie die Schreibtätigkeit vor. Wichtig dabei ist die Einhaltung der folgenden Regel:

> **Regel**
> Der ‚Writing Code' gibt auch für diese Arbeit eine Abfolge vor: Beginnen Sie auf der untersten Gliederungsebene. Beginnen Sie immer mit jenen Kapiteln die die tiefste Gliederung aufweisen.

In die Praxis umgesetzt bedingt diese Regel: Wenn Sie maximal vier Ebenen ausgewiesen haben, dann beginnen Sie auf der vierten. Sie werden feststellen, dass nicht alle Ihre Kapitel vier Ebenen benötigen, – sondern jener Bereich, der insbesondere in die Tiefe des Themas vordringt, diese feinste Gliederungsebene benötigt. Gestalten Sie jeden dieser Abschnitte auf der untersten Ebene schlüssig, indem Sie:

- eine Reihenfolge der darin enthaltenen „Steinbruch-Elemente" festlegen,
- Quellen auf diese Weise logisch ordnen und miteinander verschränken.

Dies sorgt für analytische und eine nicht deskriptive Darstellung (vgl. den Abschnitt zur Bewertung und zu den Gutachten in Kap. 4), und dies erbringt garantiert Pluspunkte). Denken Sie daran, dass Sie nun unpassend wirkende Bestandteile des Steinbruches jederzeit an einer anderen Stelle platzieren oder auch schlichtweg mutig eliminieren können. All jene Dinge, die nicht auf Ihre These oder ihre sinnvolle Erweiterung zugeschnitten sind, können Sie getrost weglassen. Der Vorteil dieser „kleinteiligen" Arbeitsweise in der Tiefe der Arbeit liegt fraglos in der Überschaubarkeit der Aufgabe. Die gesamte Leistung wird auf diesem Weg wie gefordert „kleingerechnet", heruntergebrochen, und Sie machen es Ihrem Hirn leicht.

Kommen Sie an eine Grenze, meldet sich eine Denkblockade, dann arbeiten Sie an einem anderen Abschnitt der untersten Gliederungsebene weiter. Einleuchtenderweise ist es dann sinnvoll, einen Abschnitt zu bearbeiten, der inhaltlich eher weiter entfernt liegt. Denken Sie daran, dass Sie auch im Alltag, den Sie mit Ihrer Arbeit verbringen, stets zwischen Tätigkeiten zur Informationsgenerierung und solchen zur Aufbereitung derselben wechseln können. Sie können also auch schon am ersten Tag mit dem Schreiben, also der Ordnung, beginnen. Dies machen Sie abhängig davon, wie es Ihre Psyche erfordert oder gerne hätte. Sie können auch einzelne Kapitel fertigstellen und sich dann einem weiteren, anderen Kapitel zuwenden, den ‚Writing Code' sozusagen Schrittweise anwenden. Von der Logik her gesehen, werden Sie jedoch auf jeden Fall die erste und zweite Gliederungsebene am Ende noch einmal „in die Hand nehmen" und so zusammenführen, dass sich die Arbeit aus einem Guss präsentiert.

Der ‚Writing Code' empfiehlt, Recherchieren, also: „Forschen", und Schreiben nicht voneinander zu trennen. Dies mag möglicherweise jeweils vom Typ abhängen, denn in den auch hier verwendeten Erfahrungsberichten wird häufiger genannt, dass Recherche- und Schreibphase erfolgreich voneinander abgekoppelt

6.7 Schreiben im RAW-Modus? Selbstverständlich!

werden. Auch hier kann die Systematik des ‚Writing Code' helfen. Denn Sie können natürlich auch zuerst die Recherche abschließen und sich dann im Anschluss schreibend von unten nach oben arbeiten.

Erfahrungsbericht: „Es gibt immer etwas, das einen ablenkt ...!"

Mein allererster, wahrscheinlich etwas banaler Tipp, der für mich aber Gold wert war, lautet: Niemals zu Hause arbeiten. Es gibt einfach IMMER etwas, das einen ablenkt, sei es das Geschirr, der Fernseher oder das Internet. Also: einen internetlosen Raum suchen, und los gehts. Dann: Pausen machen – und zwar häufig. Mindestens alle 90 min raus gehen, für zehn Minuten frische Luft atmen, Hirn durchpusten (klingt doof, hilft aber). Mir hat es sehr geholfen, die Lektüre- und Schreibphase strikt voneinander zu trennen. Wenn die erste abgeschlossen ist, sollte die strikte Devise lauten: Keine neuen Texte mehr. Ich habe es gar so gemacht (allerdings aus Zeitnot, da ich meine Arbeit ja in meinem Jahresurlaub geschrieben habe, als ich schon Redakteur war): Ich habe mir alle Literaturhinweise, die mir wichtig erschienen, im Vorfeld notiert oder die Stellen mit Vor- und Nachklapp kopiert und wirklich nur das (nicht die ganzen Bücher) mitgenommen an die Nordsee, wo ich mich drei Wochen zum Schreiben hingebeben habe. Das war der pure Luxus (ich hatte Glück, denn in unserer Familie gibt es jemanden, der auf Juist eine Wohnung hat und dort konnte ich – ohne Internet! – umsonst wohnen). Ich war also völlig auf mich zurückgeworfen, hatte nur mein Sujet und die zuvor zurecht gelegte Literatur und musste damit zurechtkommen. Das ist vielleicht nicht die Voraussetzung, um eine Dissertation zu schreiben, aber es reicht, um eine gute, fokussierte Haus- oder Abschlussarbeit zu verfassen. Und es hat den unschlagbaren Vorteil, dass man sich nicht verzetteln kann. Denn ich kenne so irre viele Leute, die hier noch was gelesen haben und da noch eine Studie ausgewertet, dass sie am Ende vor einem kaum bewältigbaren Berg an Information standen.

Zuletzt noch ein Hinweis zur Planung, und das schließt unmittelbar an den letztgenannten Punkt an: Es bedarf einer konkreten These, auf die man hinschreiben, an der man sich abarbeiten kann. Wenn man die These selbst nicht stark oder interessant findet: wegwerfen. Man kann nur substanziell und gut über etwas schreiben, dass einen interessiert. Jedenfalls gilt das für die meisten von uns.

Daniel Müller ◄

6.7.2 Das Qualitätsprinzip: Von unten nach oben!

Erst dann, wenn Sie auf der untersten Gliederungsebene fertig zusammengefasst, geordnet und einen ordentlichen Fließtext für jeden Abschnitt erstellt haben, der die enthaltenen Aspekte, die dort aufgeführten Beschreibungen, Argumente, Thesen und Begründungen in eine sinnreiche Reihenfolge bringt – hierfür müssen Sie mehrfach, erfahrungsgemäß mindestens drei Mal, über die Abschnitte gehen – erst dann machen Sie auf der nächsten, nun übergeordneten Ebene weiter. Hier dürfen Sie nicht vergessen, dass ein Grund für die Abstufung bestehen muss. Dieser Bereich hat dann schon die tieferliegenden Gliederungsebenen übergreifend zu umfassen und eine höhere Sinneinheit zu repräsentieren. Sie können sich immer und zu jedem Zeitpunkt dazu entscheiden, die Ebene zu verändern – schließlich arbeiten Sie ja in der Gliederungsansicht. Ein einfacher Tastendruck genügt dafür (zum Beispiel auf die Tabulatortaste in Word for Windows). Gönnen Sie sich die Freiheit, dies tatsächlich auch noch in der letzten Überarbeitungsphase zu entscheiden.

Auf diese Weise „hangeln" Sie sich bis zur höchstrangigen Gliederungsebene empor, auf dieser wird es Ihnen nun gelingen nach bestem Wissen und Gewissen zu aggregieren, zusammenzufassen und den Gang Ihrer Untersuchung darzustellen. Da Sie nun um alles wissen, was Sie in den Unterkapiteln und Abschnitten schreiben, schließlich haben Sie sich intensiv mit den Inhalten auseinandergesetzt und diese mehrfach bearbeitet, können Sie auf diesen Ebenen wissend, eher sogar weise Ihre Leser führen. Sie erheben sich über die Kapitelinhalte und schaffen Leuchttürme, die die unterschiedlichen Aspekte miteinander verweben (zum Begriff der Leuchttürme vgl. 1.2.19).

Sie werden, je höher die Aggregationsebene, desto eher in die Versuchung kommen, den Text flüssig durchzuschreiben. Nutzen Sie dies aus, und verhalten Sie sich entsprechend. Da Sie mittlerweile Ihre Arbeit sehr gut kennen und sich auch mit den Quellen in aller Tiefe auseinandergesetzt haben, fallen Ihnen auf der höheren Aggregationsebene die entsprechenden Quellen nicht gleich ein – vielleicht nur der Autor aber weder Jahres- noch Seitenzahl – unterbrechen Sie Ihren Schreibfluss dann nicht, sondern schreiben Sie weiter, und hinterlassen an der entsprechenden Stelle einen Vermerk. Bei mir sind dies stets drei X, die hintereinander geschrieben werden. Sie können ebenso gut drei Fragezeichen eingeben oder sich ein Sonderzeichen überlegen, das diese Stellen kennzeichnet. Am Ende der Arbeit wählen Sie dann über die Suchfunktion im Text genau diese Fragezeichen-Stellen an und bearbeiten diese konkret, indem Sie nach der Quelle schauen, die Jahreszahl noch einmal überprüfen oder eine Seitenzahl auswählen. Sie werden merken, dass dies ein wichtiges Hilfsmittel ist, wenn man sich gerade positiv im Flow (vgl. Abschn. 3.1.2.5) befindet.

> **Erfahrungsbericht: „Forschung und Schreiben trennen!"**[7]
> Mir hat es während der Diplomarbeit sehr geholfen, nichts anderes zu tun zu haben. Ich konnte sechs Monate nur das eine Ding machen. Das ist Luxus, aber ich kann es jedem nur empfehlen. Keine Wecker stellen, in einen natürlichen Schlafrhythmus einpendeln und genug Zeit haben, um zwischendurch mit gutem Gewissen etwas anderes zu machen. Dann klappt das auch mit der Abschlussarbeit. Ich habe die Diplomarbeit in der Zeit als einen Job im Homeoffice mit frei wählbaren Arbeitszeiten betrachtet. Das geht natürlich nur, wenn man sich trotzdem Ziele setzt. Mir hat es geholfen, die Zeit in einen Forschungsabschnitt und einen Schreibabschnitt zu teilen und beim Schreiben dann in Seiten pro Woche zu denken. Dann hatte ich in der Woche genug Flexibilität, einen Tag lang vor der Konsole zu verbringen, und trotzdem ausreichend Druck, um die Arbeit auch wirklich zu machen. Mein Schlafrhythmus lag übrigens sehr bald bei zwölf Stunden: Aufstehen um 15 Uhr, einschlafen um drei Uhr. So lange die Bibliotheken nicht um 18 Uhr zumachen, geht das auch.
> **Hanno Terbuyken** ◄

6.7.3 Der Textkörper steht – und dann?

Nun haben Sie Ihre Arbeit komplett durchgestaltet, haben nach dem Prinzip von unten nach oben die Abschnitte und Kapitel beginnend mit der untersten Gliederungsebene der Abschnitte und endend auf Kapitelebene durchkomponiert. Sie haben eine klare Struktur und begleiten den Leser vorbildlich durch die Kapitel. Was nun? Ganz einfach!

> **Regel**
> (Fast ganz) zum Schluss schreiben Sie den Schluss. Ziehen Sie ein Gesamtfazit, bieten Sie Anknüpfungspunkte für die weitere, die zukünftige Forschung und fassen Sie die wesentlichen Erkenntnisse noch einmal zusammen.

---

[7] Dieser Erfahrungsbericht soll Ihnen auch zeigen, dass der ‚Writing Code' Optimierungs- und Effizienzratschläge bündelt. Sie müssen dennoch Ihren ganz individuellen Weg finden. Hanno Terbuyken hat konsequent Recherche und Verschriftlichung getrennt. Meine Empfehlung wäre hierbei: Probieren Sie aus, ob auch für Ihr Thema und bezogen auf Ihre Arbeitsweise dies eine Alternative darstellen kann. Testen Sie aber auch auf jeden Fall die Variante, beide Arbeitsschritte parallel zu organisieren (für mich läge hier aus meinem Erfahrungsspektrum die Präferenz).

Im Fazit treten Sie selbst als Autor der Arbeit deutlich zutage, hier liegt der Kulminationspunkt aller Erkenntnisse, die Sie im Laufe von Wochen und Monaten gesammelt haben, und hier zeigt sich, ob Sie Ihr Thema beherrschen. Ist dies der Fall, dann können Sie hier jenes Selbstbewusstsein zeigen, das sich im Grunde alle Gutachter wünschen.

Hier dürfen Sie noch einmal Ihre Daten und Materialien interpretieren und eine sorgfältige Argumentationskette ausbreiten. Denken Sie daran, dass alle Sachaussagen (über Verweise auf Quellen oder Ihre Kapitel, Abschnitte und Unterabschnitte) zu belegen sind. Sie müssen in jedem Fall auf Ihre Ausgangsfragestellung – und, richtig, auf Ihre Ausgangsthese – eingehen. Treffen Sie also hier eine Aussage oder Einschätzung zur These, kommentieren Sie ‚Verwerfen' oder ‚Bestätigen' auf Ihre Weise und mit Ihren Argumenten.

Wer nur für einen Moment überlegt, wird über die Überschrift dieses Abschnittes und damit über diesen selbst schnell hinweglesen wollen. Dabei, und das sei gleich im ersten Satz angemerkt, ist dieser Abschnitt der vermutlich wichtigste des gesamten Buches. Sie müssen beim Verfassen Ihrer Arbeiten die „Produktionsroutine" verändern, wenn Sie den Turbo des ‚Writing Code' nutzen wollen. Die wesentliche Änderung, die Sie dabei vornehmen müssen: Es geht darum, die im vorangegangenen Kapitel beschriebenen Hürden zu minimieren, indem Sie die „große" Aufgabe neu ordnen. Einige Merksätze sollen Sie gleich zu Beginn dieses Kapitels sensibilisieren. Ihre Sinnhaftigkeit wird sich bei der weiteren Lektüre des Kapitels erschließen.

Beginnen Sie so früh wie möglich mit dem Schreiben!

Hören Sie bis zur endgültigen Fertigstellung Ihrer Arbeit nie damit auf, weiter zu ‚forschen'!

Gliedern Sie bereits am ersten Tag. Aber legen Sie sich nicht fest. Bleiben Sie bis zum Tag der Abgabe flexibel!

Schaffen Sie in Ihrem Dokument auch kleine Abraumhalden, und behalten Sie diese so lange wie möglich im Hauptmanuskript!

Arbeiten Sie mit maximal zwei Dateien: Ihrer Hauptdatei und einer Quellensammlung.

Beginnen Sie stets an jenem Punkt, der Ihnen gerade als leichtester erscheint. Irgendwann bleibt nichts mehr ganz leichtes übrig. Und das Leichteste ist das Schwere.

Scheuen Sie sich nicht davor, viele „kleinere" Aufgaben parallel zu bearbeiten.

Mischen Sie ganz bewusst Tätigkeiten, aber schreiben Sie dabei regelmäßig!

Arbeiten Sie mit einem Textverarbeitungsprogramm, das sich für die Erstellung großer Dokumente eignet.

6.7 Schreiben im RAW-Modus? Selbstverständlich!

Beherrschen Sie alle Computerprogramme, die Sie verwenden wollen, bevor Sie Ihre Arbeit offiziell anmelden (z. B. SPSS, Excel, Word, LaTex).

Arbeiten Sie ausschließlich mit einem Hauptdokument. Führen sie keine „Nebendokumente".

Erstellen Sie jeden Abend ein Backup, das Sie (am besten auf einer SD-Karte oder einem kleinen USB-Stick) stets bei sich führen.

Arbeiten Sie nach Möglichkeit stets online, und speichern Sie Ihr aktives Arbeitsdokument in der Cloud.

Versehen Sie ältere Fassungen Ihrer Arbeitsdatei stets mit dem gleichen Dateinamen plus in umgekehrter Reihenfolge geschriebenem Datum (Jahr-Monat-Tag, also zum Beispiel 17_08_19 für den 19. August 2017). Dies garantiert, dass die Dateien bei der Suche direkt und in der richtigen Reihenfolge untereinander stehen.

Speichern Sie mindestens einmal in der Woche eine neue Version Ihrer Datei ab – ein Muss ist die physische Speicherung einer Version vor größeren Kürzungen oder einem Komplettumbau der Gliederung.

Suchen Sie sich eine Gruppe von Studierenden möglichst unterschiedlicher Fachtraditionen, um regelmäßig Ihre Ergebnisse zu präsentieren.

Planen Sie für die Schlussphase (Korrektur, Endformatierung und Ausdruck) großzügig.

In den vorangegangenen Kapiteln habe ich Sie bereits davon zu überzeugen versucht, Ihre Arbeitsweise umzugestalten, die große Hürde in viele kleine Hürden zu verwandeln, die dann eben deutlich leichter zu überspringen sind. In diesem Kapitel nun soll das Verfahren des ‚Writing Code' nun näher vorgestellt werden. Lernen Sie in den folgenden Abschnitten also:

… wie Ihre Arbeit systematisch wächst, indem Sie an vielen verschiedenen Stellen anfangen,
… wie Sie zu bewältigende Aufgabenpakete schnüren,
… wie Sie sich möglichst große Freiräume schaffen,
… wie Sie der Schreibblockade oder -hemmung keinen Raum lassen,
… wie Ihre Arbeit erst ganz zum Schluss „rund" werden kann,
… wie Sie die Reihenfolge Ihrer Arbeitsschritte organisieren,
… wie Sie Ihre Arbeit so organisieren, dass auch ohne Motivation immer etwas zu tun bleibt,
… wie Sie sich immer wieder neu auf den ‚Writing Code' verpflichten müssen (alte Muster sind zumeist hartnäckig).

6.8 Exzerpieren: Routinen zur Inhaltsverarbeitung entwickeln!

Das Exzerpt, also das Herauslösen von Inhalten aus Originalwerken anderer Autoren, aus den von Ihnen gefundenen Quellen galt über viele Jahre hinweg als Kunst. Der Writing Code macht es zu einem Spaziergang. Es gibt zwei Varianten.

Bei den beschriebenen Lesetechniken (vgl. Abschn. 4.2) werden Ihnen besonders wichtige Sätze, die sich direkt auf Ihre Forschungsfrage beziehen lassen, ins Auge springen – diese wollen Sie nach Möglichkeit direkt wörtlich speichern. Nutzen Sie hierfür das Copy'n'Paste-Verfahren – und zwar so oft, wie dies möglich ist. Fügen Sie die Aussagen und Zitate in jene Abschnitte ein, in die sie aus Ihrer Überzeugung am besten passen. Finden Sie keinen Abschnitt, so schaffen Sie im Umfeld, wo es gut passen könnte, einen neuen. Sie können noch später entscheiden, wie Sie mit den Zitaten umgehen.

Hinweis
Denken Sie daran, sofort und unmittelbar auch die Quelle zu erfassen – am besten über Ihr Literaturverwaltungsprogramm, wenn Sie ohne unterwegs sind, dann zumindest in einer gesonderten Datei. Dort werden die Quellen schon dann im von Ihnen gewählten Zitationsstil erfasst, alternativ können Sie über die Funktion „geteilter Bildschirm" verschiedene Positionen des Dokumentes anzeigen lassen – zumindest ist dies in Microsoft Word möglich. Die unmittelbare Erfassung der Quellennachweise im Literaturverzeichnis bei der erstmaligen Verwendung ist entscheidend für den Erfolg der Arbeit mit dem Writing Code.

Manchmal kommt es darauf an, einen Gedankengang, der vielleicht sogar über viele Seiten reicht, in wenigen Zeilen zusammenzufassen. Solch stark verkürzende Paraphrasen formulieren Sie ebenfalls direkt bei der Bearbeitung der ausgewählten Quelle in Ihr Zentraldokument hinein. Legen Sie hierfür den Originaltext neben sich – oder öffnen Sie ein Fenster auf Ihrem Bildschirm und legen Sie den Text hinein. Dann formulieren Sie parallel zum sorgfältigen Lesen. Den Bereich hatten Sie bereits beim ersten Lesen identifiziert. Schreiben Sie kurze Sätze, in denen Sie das Gelesene knapp und in Ihrem Verständnis auf den Punkt bringen. Dann arbeiten Sie ein weiteres Mal über den Abschnitt und fertigen einen Text, der Ihrer eigenen Stilistik entspricht.

6.8 Exzerpieren: Routinen zur Inhaltsverarbeitung entwickeln!

> Wichtig ist, dass Ihre Arbeit an den paraphrasierenden Abschnitten nicht bricht – sich also der Ihnen eigene Stil verändert. Denken Sie daran, dass Sie stets auch in den paraphrasierten Absätzen auf die Quelle verweisen und sorgfältig die Seitenzahlen angeben, aus denen Sie den Gedankengang entnommen haben.

In solchen Paraphrasen unterlaufen durch die zunehmende Verdichtung oft längerer Gedankengänge schnell Fehler. Zumindest aber zeigt Ihre Darstellung am Ende eine interpretierende Sicht, die aus dem Zwang zur Verkürzung entsteht. Hier muss dem Leser die Möglichkeit gegeben werden, sich selbst ein Bild zu machen, um Ihre Gedankengänge am Original nachzuvollziehen und eventuell zu testen, ob er die gleichen Assoziationen findet, die Interpretation deckungsgleich ist. Im Normalfall wird das kaum ein Leser tatsächlich so vornehmen – aber die Möglichkeit dazu muss er haben. Schließlich hat ihr Text das Kriterium der Nachprüfbarkeit zu erfüllen.

Sehr gut ist, wenn Sie die Paraphrasen selbst durch direkte oder indirekte Rede, die aus anderen Quellen stammt, durchbrechen. Dies macht einen Text, einen Abschnitt lebendig. Dies wäre dann genau der Schritt, der beim finalen Texten eines Abschnittes erfolgt. Hier erstellen Sie die Ordnung Ihrer Quellen, hier beziehen Sie das Gefundene aufeinander, schlagen Brücken und schreiben Übergänge – und sind jeweils paraphrasierende Absätze aus einer Quelle vorhanden, dann schauen Sie gezielt, ob Sie direkte Zitate aus anderen Quellen hiermit verschränken können.

Für Exzerpte wurde hier auf das Kopieren-und-Einfügen-Verfahren verwiesen – besser bekannt unter der schon oben verwendeten englischen Bezeichnung „Copy and Paste". Dieses Verfahren gilt es zu optimieren. Im wissenschaftlichen Betrieb kommt man hier schnell an die Grenzen. Deshalb dienen die folgenden Zeilen dem Anspruch des Writing Code, höchsteffiziente Prozesse anzubieten.

Der erste Hinweis betrifft die Arbeit mit einer Software. Dieser Hinweis ist leider unumgänglich. Ich empfehle Ihnen ausdrücklich, sich mit der Erstellung und Verarbeitung von pdf-Dokumenten schon vor der Erstellung einer Abschlussarbeit nicht nur zu beschäftigen, sondern die von Ihnen gewählten Programme gut zu beherrschen.

Sie benötigen für die drei folgenden Aufgaben Softwarelösungen. Im Einzelnen heißt das:

1. Ein Programm, das aus Bilddateien – vorzugsweise jpg – pdf-Dateien erzeugt. Der Unterschied beider Dateiformen liegt in der Möglichkeit, mit Hilfe von pdf-Dokumenten frei skalierbare Vektorgrafiken zu erstellen.

2. Ein Programm, das in pdf-Dateien, die als Bilddateien vorliegen, eine Texterkennung durchführt.
3. Ein Programm, das ohne großen Aufwand aus mehreren pdf-Einzeldateien eine zusammengefasste pdf-Gesamtdatei erstellt.

Beispiel – die Problemstellung 1: Print. Sie sitzen in der Bibliothek und haben es sehr gut getroffen, weil Sie nicht nur Bücher sondern zusätzlich auch jede Menge Zeitschriftenbeiträge gefunden haben. Alles liegt in Printform vor. Im Sinne des Writing Code arbeiten Sie aber papierlos – und das Abschreiben und aufwändige Exzerpieren von Texten aus der Originalliteratur wäre zu aufwändig und kostet zu viel Zeit.

Lösung 1: Sie fotografieren, die relevanten Seiten ab – alternativ steht vielleicht ein Kopierer in der Bibliothek zur Verfügung, der eine Scan-Funktion besitzt und die gescannten Dateien direkt an Ihre Mailadresse weiterleitet. Im Zweifel fragen Sie die Mitarbeiter in der Bibliothek, ob ein solches System zur Verfügung steht. Wenn nicht, dann nutzen Sie einfach Ihr Smartphone oder einen einfachen Fotoapparat und fotografieren die entsprechenden Seiten ab.

Hinweis! Auch hier gilt: Sie müssen sorgfältig sein – und im Anschluss lückenlos nachweisen können aus welchem Werk Sie die Inhalte übernommen haben, schließlich sind dies wichtige Angaben, für Ihr Literaturverzeichnis und die Quellennachweise im Fließtext. Die Lösung besteht darin, dass man als erstes oder letztes Foto (bitte hier dann immer identisch arbeiten: also eben entweder stets das erste, oder stets das letzte Foto), das von einer Quelle aufgenommen wird, ist der Innentitel, der zumeist den Buchtitel, den oder die Autorennamen sowie Jahr und Verlag beinhalten. Hier ist auch angegeben, wie man das Buch auch in der Deutschen Nationalbibliothek finden kann. Diese Informationen sind wichtig.

Aus den fotografierten Seiten erstellen Sie ein pdf-Dokument, das alle Seiten aus einer Quelle zusammenfasst – achten Sie darauf, dass Sie die jeweiligen Seitenzahlen mitfotografieren! In der Folge drehen Sie alle Seiten so, dass der Text korrekt zu lesen ist – und nutzen OCR-Software, um eine Texterkennung durchzuführen. Dies hat den Vorteil, dass Sie jetzt nicht nur bestimmte Bereiche eines Bildes ausstanzen können – sondern direkt den Text im pdf-Dokument anwählen, ausschneiden und in ihre Abschnitte der Textverarbeitung übernehmen können. Meine Empfehlung wäre, hier die Tastenkombinationen für Kopieren und Einfügen sowie diejenigen zum Markieren von Texten zu trainieren, dann müssen Sie nicht immer zwischen Tastatur und Maus hin-und herwechseln.

Wenn das Ergebnis suboptimal in Ihrer Textverarbeitung erscheint, dann können Sie wahlweise die Funktionen „kopieren" oder „mit Formatierung kopieren" ausprobieren. Diese stehen beispielsweise im Programm Acrobat Pro des Software-Herstellers Adobe zur Verfügung. Auch Free- und Shareware-Lösungen bieten ähnliche Möglichkeiten.

Beispiel – Problemstellung 2: Geschützte pdf-Dokumente. Häufig schützen Anbieter von pdf-Dokumenten diese auf eine Weise, dass der Text genau diese Anforderung nicht erfüllt, der Text ist nicht auswählbar. Eine Möglichkeit kann dann sein, dass Sie den Text einfach noch einmal über den Druckemulator Ihres Betriebssystems jagen. Hier gibt es – zumindest bei den gängigen Betriebssystemen und Druckertreibern eine Funktion „pdf" oder „pdf erstellen", „pdf in Vorschau anzeigen", „pdf sichern" – oder ähnliche Auswahlmöglichkeiten. Hierzu schauen Sie sich den ganz gewöhnlichen Druckdialog an – es kann sein, dass Sie, um diese Optionen zu erhalten, ein weiteres Fenster öffnen müssen. Drucken Sie also aus der vorliegenden pdf-Datei ein weiteres pdf über den Druckertreiber Ihres Betriebssystems (oder speichern Sie den Inhalt als Bild) – lassen Sie die OCR-Software darüberlaufen und probieren Sie aus, den Text direkt zu markieren und auszuschneiden.

Ist das pdf-Dokument über Acrobat Pro geschützt, dann hilft häufig auch dies nicht weiter, weil man keine Berechtigung besitzt, das geöffnete Dokument als Bild zu speichern. Wenn man nicht IT-affin ist – und nicht tiefer in die eigenen Anwendungsprogramme eingestiegen ist, dauert es eine gewisse Zeit, bis man sich diese Routinen angeeignet hat. Scheuen Sie den Aufwand nicht – er ist am Ende goldwert denn, wenn Sie dies beherrschen, sparen Sie sehr wertvolle Zeit bei der konkreten Arbeit mit und an Ihrem Thema.

Es kann also leider auch vorkommen, dass pdf-Dokumente so geschützt sind, dass sie sich auch nicht drucken lassen – auch dies kann man bei der Erstellung von geschützten pdf-Dokumenten über Acrobat Pro einstellen. Dann haben Sie ein Problem, das Sie ausschließlich durch Bildschirmfotos lösen können – dazu unter „Problemstellung 3" und damit in den folgenden Absätzen mehr.

Beispiel – Problemstellung 3: Google Books. Als Werkzeug sind Google Books eine feine Sache. Viele Verlage geben auch aktuelle Werke für die Suchmaschine frei – und Sie beim Einsatz Ihrer spezifischen Suchabfragen finden Sie direkt zu Seiten aus Büchern, die bei Google-Books gespeichert sind – und die von Ihnen gewünschten Suchbegriffe enthalten. Oft erzielen Sie hier einen Volltreffer. Leider werden – je nach Vorgabe des Verlages – gerade bei sehr aktuellen Büchern zumeist nur einige wenige Seiten angezeigt. Sie können die Suchabfrage mit ähnlichen Begriffen noch einmal starten (und den nun bekannten Buchtitel in Anführungs- und Abführungszeichen) ebenfalls mit aufnehmen. Dann kann es sein, dass Ihnen andere Seiten des Buches angezeigt werden. Sie sollten allerdings hierfür Ihre bereits gesammelten Cookies löschen, da Google Books auf diese zugreifen wird, so erkennt, welche Seiten Ihnen bereits angezeigt wurden und Ihnen bei einer erneuten Abfrage zum selben Buch auch die selben Seiten vorlegen wird. Cookies löschen Sie in Ihrem Webbrowser – zumeist unter dem Menüauswahlpunkt, der Ihnen auch erlaubt den Verlauf besuchter Webseiten zu löschen.

Wenn Sie aus Google-Books (in gleicher Weise bei Amazon, wenn Ihnen „Look inside the book" angeboten wird, oder bei anderen Anbietern, die „search inside" anbieten) einzelne Sätze oder Absätze kopieren wollen, so geht dies sehr einfach mit Hilfe von Bildschirmfotos. Wählen Sie die Bildschirmfoto-Funktion Ihres Betriebssystems und ziehen Sie den angebotenen Rahmen über die ausgewählte Stelle. Speichern Sie das Foto als pdf-Datei, führen Sie eine Texterkennung durch, wählen Sie den Text an, kopieren Sie ihn und fügen Sie ihn in Ihr Dokument ein.

Wenn Sie dies einige Male probiert haben, werden Sie feststellen, dass Sie hier eine schnelle und funktionsfähige Routine an der Hand haben, mit der Sie ein gutes Ergebnis in blitzschneller Weise erreichen. Zugegebenermaßen benötigt die Vorgehensweise ein wenig Einarbeitungszeit – aber diese lohnt sich, da Sie das Verfahren auch bei Projektarbeiten in Ihrem später auszuübenden Beruf nutzen können.

Sie sollten zuerst einmal überprüfen, ob Ihre Schule eine Version von Acrobat Pro freigeschaltet hat – viele Hochschulen bieten zwischenzeitlich neben Studierenden-Versionen für die gängigen Office-Programme von Microsoft auch die Adobe Cloud oder auch manchmal lediglich Acrobat Pro an. Checken Sie das auf Ihrer Lernplattform. Sollten Sie hier nicht weiterkommen, überlegen Sie sich eine Edu-Lizenz für das Programm zu erwerben oder die verschiedenen Anforderungen über Konkurrenzprogramme darzustellen, wie gesagt, sehr brauchbare Lösungen gibt es auch im Free- und Sharewarebereich.

6.9 Wie Sie lernen, Bücher zu lieben!

Ich weiß nicht, ob Sie das kennen. Aber in meinem Bücherschrank stehen sehr viele Exemplare, zu denen ich immer wieder einmal greife, die ich in völlig unregelmäßigen Abständen zur Hand nehme, um mich mit dem einen oder anderen Aspekt wieder neu vertraut zu machen. Es sind keinesfalls nur Nachschlagewerke, die ein solches Schicksal teilen – es sind Bücher, die mich teilweise mit den Themen und Fragestellungen meines eigenen Studiums neu verbinden. Darunter befinden sich Schriften, von denen man sich wünschen würde, sie vollständig auswendig zur Verfügung zu haben. Möglicherweise werden Sie im Laufe Ihres Studiums auch auf solche Bücher treffen – Sie dürfen sicher sein, dass Sie diese in den wesentlichen Zügen gut erfassen können, nie aber das ganze Wissen daraus auch wirklich aktiv zur Verfügung haben werden. Auswendig zu lernen ist eine gute Arbeitstechnik und sie erfüllt in zahlreichen Situationen einen sinnvollen und guten Zweck – aber meine Erfahrung würde eher sagen: Für große Gedankenwerke benötigen Sie viel stärker die Reflektion der zentralen Ideen als ein Auswendiglernen. Sie müssen sich also in die Lage versetzen, Zentrales zu erkennen und dieses dann auch zu hinterfragen. Mir gefällt das Verb: reflektieren – weil das in sich trägt, dass man über Wiederholungsschleifen ins Nachdenken kommt. Es kann sehr sinnvoll sein, sich ab und an neu mit ursprünglichen, mit grundlegendem Stoff des eigenen Faches zu verschränken.

Sie werden überdies feststellen, dass Sie Lektüre, die vielleicht vor einigen Jahren noch nicht mit Ihnen gesprochen hat, Ihnen später vielleicht sehr wohl etwas sagt. Dies ist ein Phänomen, das Sie mit jedem Ihrer Lehrer besprechen können, denn jeder Mensch, der buchstabenbezogen arbeitet, der sich über Lektüre definiert, wird diese Erfahrung gemacht haben. Auch Belletristik kann auf diese Weise neu wirken, Ihnen ein völlig verändertes Spektrum bieten. Ich habe die Erfahrung insbesondere auch bei philosophischen Schriften gemacht – eine erneute Lektüre gibt regelmäßig andere Einblicke, Sichtweisen und Interpretationsmuster. Meine ultimative Empfehlung wäre hierfür Nietzsches Zarathustra, ein ebenso vielschichtiges wie vieldeutiges und zur Interpretation einladendes Buch.

Seien Sie also auch gnädig mit sich, wenn Sie aus einem Buch im ersten Moment nicht allzu viel mitnehmen können. Und dies – ich gestehe es am Rande – gilt eben auch für zahlreiche Lehr-, vielleicht noch häufiger für wissenschaftliche Fachbücher, die sich gezielt einzelnen Fragen widmen und sehr spezifisch in das jeweilige Fach eintauchen.

Damit sind wir bereits bei der ersten Erkenntnis dieses Buches angelangt: Der Trick im Umgang mit nahezu aller Fachliteratur, die Ihnen im Studium begegnet ist oder begegnen wird, liegt in der „Be-" Deutung.

> Geben Sie dem Gelesenen eine Bedeutung, dann schließt das Ihre eigene, direkte Leistung mit ein, Sie deuten die Sachverhalte nämlich. Sie treten in Kommunikation mit dem Werk und ziehen das für Sie persönlich als relevant erachtete heraus. Das heißt, Sie deuten den Inhalt, Sie geben ihm Bedeutung, Sie geben bestimmten Aspekten mehr Bedeutung als anderen.

Das macht Lesen als Vorgang zur Auseinandersetzung mit einem wissenschaftlichen Thema letzten Endes aus. Denn dieser Vorgang ist keinesfalls neutral und unbelastet. Alle Deutungsmuster hängen von Vorerfahrungen, vom Wissen und von der Erkenntnisstufe des Lesers ab. Dies müssen Sie sich am Ende auch bewusst machen, wenn Sie erfolgreich studieren wollen.

> Studieren bedeutet die Arbeit an und mit Gedanken, an und mit Ideen anderer Menschen – wobei Sie sicher sein dürfen, dass viele Ihrer Interpretationen, die Sie aus Texten ziehen, selbst dem Autor fremd.

Bernhard von Chartres wird das Zitat „Nanos gigantum humeris insidentes" – oder deutsch: Zwerge, die auf den Schultern von Riesen sitzen (vgl. Wikipedia, Stichwort: „Auf den Schultern von Riesen") – es beschrieb schon im 12. Jahrhundert den Sachverhalt, dass alles kulturelle Leben und insbesondere die Gelehrsamkeit auf Tradition fußt, auf den Erkenntnissen der Vorgänger und Vorfahren, die im Blick zurück als Riesen erscheinen müssen, da sich die Leistungen der Vorerfahrungen jeweils kumuliert darstellen. Man selbst erscheint dabei als Zwerg, der sich – auf den Schultern des Riesen sitzend – die Erkenntnisse zunutze macht. Ich finde dieses Bild, das auch eine Zeitlang bei „Google Scholar" unter der Suchmaske stand, sehr treffend. Genau das passiert auch im Rahmen der Abschlussarbeit, sie sitzen auf der Schuler der Riesen und positionieren sich gleichzeitig in erhöhter Lage.

„Ein bewusster Mensch ist in der Lage zu verstehen, dass er etwas, was er meint. gesagt zu haben, doch nicht gesagt hat." – so formuliert es der spirituelle Lehrer Frank-Mario Müller aus Braunschweig, ein Satz, der aus meiner Sicht wunderbar dialektisch schwingen darf und dadurch nachgerade philosophische Wirkung entfaltet. Er zeigt, ähnlich wie mancher konstruktivistische Zugang, dass am Ende Interpretationen entscheiden. Man kann es vielleicht auch so formulieren: Kein Autor der Welt kann sich sicher sein, welcher interpretativen Bewertung und Betrachtung sein Werk unterzogen wird – für welche kruden Ansprüche und Gedanken es möglicherweise missbraucht und als Begründungsrahmen herangezogen wird.

Kommunikation ist am Ende stets ein Prozess, der das Interpretieren einschließt. Sie erschließen sich Ihr Studium auch und insbesondere durch die Interpretation, durch die kommunikative Auseinandersetzung mit dem Autor des jeweiligen Werkes. Es ist ein Trugschluss, dass wir Gedanken und Ideen, die andere in den Diskurs einbringen, tatsächlich Eins-zu-Eins übernehmen können. Vielmehr gehen wir interpretierend und abgleichend ans Werk. Wir schauen, welche der Aspekte in unser Gedankenmodell bequem und gut mit aufzunehmen sind – und welche Aspekte in Dissonanz treten. Insbesondere jene sind es, die unseren Bildungserfolg ausmachen. Aber dazu später mehr, denn Sie wollen ja schließlich schnell und effektiv an jene Themen gehen, die Ihnen dabei helfen, sich zielgerichtet mit Ihren Schreibkünsten auseinanderzusetzen.

Was wir hier allerdings schon festhalten können: In einem Studium kommen Sie ohne die Verschriftlichung von Gedanken nicht aus, sie kommen um schriftliche Abgaben selten herum – und auch ein Maschinenbauer oder Elektrotechniker wird am Ende, sollte er den Weg bis zum Angebot einer Dissertation geschafft haben, mit sprachlichen Aspekten auseinandersetzen müssen. Richtig, das Fach selbst stellt nicht die gleichen Ansprüche an das Sprachvermögen ihrer Vertreter, wie dies in anderen Fächern wie diejenigen der Geistes- oder Sozialwissenschaften der Fall ist, aber Sie werden dennoch nicht um eine sprachliche Fixierung auf elaboriertem Niveau herumkommen.

Als ich selbst zum Beispiel die Dissertation meines Bruders – Techniker, genauer: Maschinenbauer durch und durch – Korrektur gelesen habe, sind mir die unterschiedlichen Sprachanforderungen schnell klar geworden, er verwendete auf der ersten Seite der Arbeit insgesamt sechs Mal (es können auch drei bis vier Mal gewesen sein) das Wort Maschinenelemente. Meine Kritik wurde seinerzeit nicht erhört, schließlich ging es in der Arbeit am Ende um die Entwicklung einer neuen „Zahl", die der Oberflächenberechnung von Schraubenverdichtern dient. Die Führung des Lesers war vor diesem Hintergrund stilistisch zwar nicht gerade elegant – aber der Text war vergleichsweise hochpräzise – wie übrigens Substantive stets für Präzision stehen, für das genaue Benamen konkreter Dinge und Objekte. Wir werden uns auch damit später noch eingehender beschäftigen müssen, denn die richtige Wortwahl und die Berücksichtigung einiger stilistischer Gegebenheiten, können Ihnen das Leben mit und in ihrem Text erheblich erleichtern.

Fundieren: Die passende Methode wählen! 7

Treffen Sie jede Ihrer Entscheidungen zu den Stufen des Entscheidungsbaumes mit Bedacht. Die Reihenfolge ist in diesem bewusst gewählt, da aus meiner Erfahrung die Methodenwahl häufig unsystematisch erfolgt und schnell jene Methode präferiert wird, die auf den ersten Blick wenig Arbeit zu machen scheint, oder jene, die es nicht erfordert, tiefer in die statistische Auswertung einzusteigen. Am Ende gleichen solche Überlegungen oft einer Milchmädchenrechnung, da die Arbeit mit weniger statistisch angelegten Methoden deutlich umfangreicher sein kann als vermutet. Auch hier hilft es, sich mit Kommilitonen zu vernetzen. Das verlinkte Video (Abb. 7.1) bietet weitere Details.

Ergänzende Information Die elektronische Version dieses Kapitels enthält Zusatzmaterial, auf das über folgenden Link zugegriffen werden kann [https://doi.org/10.1007/978-3-658-45072-4_7]. Die Videos lassen sich durch Anklicken des DOI-Links in der Legende einer entsprechenden Abbildung abspielen, oder indem Sie diesen Link mit der SN More Media App scannen.

Abb. 7.1 Die passende Methode finden (▶ https://doi.org/10.1007/000-c5j)

7.1 Entscheidung, Ebene 1

Weist die erste Vorrecherche genügend verfügbares Material nach, um Ihre Forschungsfrage durch reine Quellenarbeit zu beantworten? Dann können Sie erwägen, ausschließlich Literatur auszuwerten. Denken Sie daran, dass dies Ihre Arbeit nicht schlechter macht. Indizien dafür können die folgenden Aspekte liefern:

- Es finden sich insbesondere widerstreitende Auffassungen und unterschiedliche Einschätzungen zur Ausgangsfrage.
- Es lassen sich mehrere empirische Studien zum näheren oder auch weiteren Umfeld der Frage nachweisen, deren Daten in die Betrachtungen einfließen können.
- Es gibt eine aktuelle Dissertation, die das eigene Thema zwar nicht Eins-zu-Eins abbildet, aber die These zumindest ansatzweise mit umschließt.
- Es lassen sich gleich mehrere Beiträge in ausgewiesenen wissenschaftlichen Fachzeitschriften der jüngeren Vergangenheit nachweisen, die für das Thema zentral sind.

Vielfach ist es geübte Praxis in Universitäten und Hochschulen, rein „theoretische" Arbeiten zu akzeptieren. Dann kann man das Feld durchdringen, die zentralen Aspekte der mit dem Thema verbundenen Frage herausarbeiten und interessante Quellen aufeinander beziehen und ihre Inhalte in einen eigenen Kontext stellen.

Aber auch rein auf bestehenden Werken basierende Abschlussarbeiten können am Ende eine empirische Methode einsetzen. Nachstehend erhalten Sie einen Überblick über die am häufigsten verbreiteten Methoden in Form eines Kurzporträts:

Die Systematische Literaturstudie (Systematic Literature Review)
Hier werden alle verfügbaren Quellen zu einem (hoffentlich möglichst eng gewählten) Themenfeld, die in einer oder mehreren Datenbanken, die in Peer Review ausgewählte Beiträge enthalten, auf Schwerpunkte der Auseinandersetzung, besonders aktive Autoren, Institute oder Universitäten ausgewertet. Man kann daran sehen, dass es unzählige Möglichkeiten gibt, sich inhaltlich-thematisch auch an empirische Forschung anzunähern. Und eine Systematische Literaturstudie kann man in jedem Fach umsetzen und durchführen. Es gibt sogar bekannte wissenschaftliche Zeitschriften, die (nahezu) ausschließlich solche Literaturstudien enthalten. Mehr über die Methode erfahren Sie im verlinkten Video (Abb. 7.2).

Abb. 7.2 Mit der Frage in die Forschung (▶ https://doi.org/10.1007/000-c5h)

Eine ähnliche Form rein auf Quellen basierender Arbeit liefert darüber hinaus die Metastudie:

> **Die Metastudie**
> Ihre Voraussetzung: Es gibt eine Vielzahl empirischer Studien, die alle ihr Themenfeld berühren und eindeutige Überschneidungen aufweisen. Dann wäre die Vorgehensweise im Rahmen einer Metastudie zu überlegen. Die Metastudie nimmt einen sehr spezifischen Aspekt in der Forschung zu Ihrem Fach in den Blick und sammelt alle Studien, in denen dieser Aspekt (vielleicht am Rande oder aber auch zentral) aufgegriffen und analysiert wird.
> Ihre eigene Studie sammelt also möglichst viele Erkenntnisse aus Studien, die empirisch vorgegangen sind und Ihr Themenfeld ausleuchten. Sie versucht, eine Schnittmenge zu bilden, sie weist Gemeinsamkeiten nach und zeigt Unterschiede auf.
> Für funktionierende Metastudien müssen Sie allerdings eine größere Zahl verfügbarer empirischer Arbeiten nachweisen können. Die Methode eignet sich erfahrungsgemäß gut in den Naturwissenschaften, insbesondere in Biologie und Medizin, die zwischenzeitlich wohl bekannteste Metastudie ist sogar eine Meta-Metastudie, die Metastudien der Pädagogik zusammenführt und am Ende die Ergebnisse vieler Tausend empirisch angelegter Studien in ein Manuskript integriert und auf diese Weise gelingt es dem Australier John Hattie (2009) eine Vielzahl von effektiven Bildungskriterien zusammenzutragen. Die Studie wird verständlicherweise in der Folge intensiv und sehr kontrovers diskutiert (vgl. auch Hattie 2015). Metastudien messen regelmäßig Effektstärken – sie zeigen also die Stärke einer in vielen oder zumindest mehreren Studien nachgewiesenen Messgröße auf das von Ihnen untersuchte Konstrukt.

Um Ihnen die Entscheidungsfindung zu erleichtern, finden Sie nachstehend in Tab. 7.1 einen Überblick über alle wesentlichen Stärken, Schwächen, Chancen und Risiken der literaturbezogenen Theoriearbeit:

Wenn Sie sich tiefer in das literaturbasierte Arbeiten einarbeiten möchten, können Sie bei Beelmann & Bliesen (1994) die Besprechung aktueller Probleme und Strategien der Metaanalyse aus Sicht der Psychologie finden; Arno Drinkmann (1990) hat eine ganze Dissertation zu Fragen der Metaanalyse verfasst, Ciarán Dunne (2011) wird hier empfohlen, weil er sich der Frage der Literaturarbeit von ganz anderer Seite nähert – er geht von qualitativ-sozialwissenschaftlicher Forschung aus. Eisend (2004) wirft aus betriebswirtschaftlicher Sicht einen Blick auf

Tab. 7.1 SWOT-Analyse literaturbezogener Theoriearbeit. Eigene Darstellung

Analyse innere Faktoren	
Stärken (Strenghts): • Selbständige und unabhängige Durchführung möglich • Starke gedankliche Auseinandersetzung mit einer (einem selbst) wichtigen Fragestellung möglich • Thema und zentrale Fragestellung leicht zu finden und zu formulieren • Literaturbasiertes Arbeiten bei im Regelfalle gutem Zugang zu Quellen • Keine Datenerhebung erforderlich • Dennoch häufig hoher Wert für die Wissenschaft	**Schwächen (Weaknesses):** • Feld und Untersuchungskonstrukt nicht immer leicht eingrenzbar • Hohe intellektuelle Anforderung durch ständiges Überprüfen der Vorgehensweise und Ausrichtung der Arbeit • Abwägen zwischen Breite und Tiefe ist ein durchgehender Prozess • Mehrere Positionen im Wissenschaftsdiskurs müssen identifiziert werden
Chancen (Opportunities): • Von bisherigen Forschungen maximal profitieren • Lesefähigkeit (Querlesen, Schnelllesen, Orientierungsfähigkeit) wird stark gefördert • Perfekte Vorbereitung auf Berufe, die hohe Organisations- und Entscheidungskompetenz erfordern • Steigerung der Selbstorganisationskompetenz unvermeidlich	**Risiken (Threads):** • Ausufern der Arbeit • Verlust der Übersicht über das Projekt ist immer möglich • „Kein Ende finden", da sich im Prozess immer wieder neue Erkenntnisse ergeben • Zu viele Exkurse im Text – Problem, sich von Inhalten am Ende zu trennen • Ein schlüssiges Fazit zu schreiben ist bei diesem Typ MA deutlich schwerer als bei anderen
Analyse externe Faktoren	

die Metaanalyse und legt genau zehn Jahre später (Eisend 2014) einen Methodenband zur Metaanalyse vor. Einen guten Metaanalysen-Überblick erhält man ebenfalls bei Stamm und Scharb (1995). Wer es eher pragmatisch mag, der ist bei Rustenbach (2003) gut aufgehoben. Auch dieser Beschäftigung mit der Metaanalyse liegt eine Dissertation zugrunde. Schewe, Hülsheger und Maier (2014) gehen ebenfalls praxisorientiert an die Methodenverwendung in der Psychologie und Snyder (2019) sei hier bezogen auf die systematische Literaturanalyse empfohlen.

7.2 Entscheidung, Ebene 2

Gibt es eine empirische Studie, die Ihr Interesse geweckt hat und deren Ergebnisse Sie nicht zu hundert Prozent nachvollziehen können? Dann könnte eine Replikationsstudie die Methode der Wahl sein. Weitere Indizien dafür können die folgenden Aspekte liefern:

- Die Ergebnisse der Originalstudie sind bereits etwas älter und Sie möchten diese erneut auf ihre Gültigkeit überprüfen.
  - Stellt sich Ihnen die Frage: „Wie könnte man es anders machen?" dann können Sie die vorliegenden Arbeiten nutzen, um bekannte Dinge neu zu deklinieren, auf eine andere Weise zu hinterfragen. Eine erweiterte Studie könnte beispielsweise dann untersuchen, ob eine in Deutschland durchgeführte Studie auch auf andere europäische Länder übertragbar ist.
  - Regelmäßig kommen bei Replikationsstudien andere Ergebnisse heraus als beim Original. Dies ist wissenschaftlich wertvoll, da Sie den Diskurs, wenn nicht gar eröffnen, so doch am Laufen halten.

Für Sie hat die Replikationsstudie den Vorteil, dass Sie das komplette Methodendesign nicht neu entwickeln müssen.

> **Die Replikationsstudie**
> Im Grunde ist alles ganz einfach. Eine solche Studie führen sie exakt nach den gleichen Kriterien und mit den identischen Rahmenbedingungen durch, wie eine bereits existierende Studie. Das klingt einfach, ist in der Praxis aber nicht immer ganz so leicht. Bei quantitativen Untersuchungen muss man oft bei der Stichprobe Kompromisse machen, häufig auch würde man gerne an der Grundgesamtheit „drehen" und diese vorsichtig anders definieren. Grundsätzlich ist das alles möglich – die direkte Vergleichbarkeit aber leidet dann, und darin liegt der zentrale Wert einer Replikationsstudie. Man will nach Möglichkeit prüfen, ob die Basisstudie recht hat, ob man die Ergebnisse als gültig bezeichnen kann. Klar, kann man eine neue Studie so ähnlich wie eine andere durchführen. Das muss nicht falsch sein – ist dann aber keine Replikationsstudie mehr, denn diese bemüht sich, den Ausgangspunkt bestmöglich abzubilden.

Um Ihnen die Entscheidungsfindung zu erleichtern, finden Sie nachstehend in Tab. 7.2 einen Überblick über alle wesentlichen Stärken, Schwächen, Chancen und Risiken der Replikationsstudie:

Replikationsstudien sind insbesondere im Fach Psychologie weit verbreitet, deshalb wäre hier auch die Empfehlung, mit einschlägiger Literatur aus diesem Fachgebiet weiterzuarbeiten. Empfehlenswert wären zum Beispiel Erdfelder und Ulrich (2018), die großartig in die Methodologie von Replikationsstudien einführen, David Gast und Jennifer Ledford haben im gleichen Jahr ebenfalls einen guten Band zu „Replication" verfasst.

7.2 Entscheidung, Ebene 2

Tab. 7.2 SWOT-Analyse der Replikationsstudie. Eigene Darstellung

Analyse innere Faktoren	
Stärken (Strenghts): • Replikation ist mehr als die Wiederholung von bereits Bekanntem. • Sie unterstützt jene, die klare Struktur, durchgängige Orientierung und Führung mögen. • Sie findet oft große Aufmerksamkeit, wenn bei wichtigen und vielfach zitierten Studien anderes herauskommt. • Die Durchführung ist vorgegeben, man muss sich hierüber keine Gedanken mehr machen. • Die Kriterien sind bekannt, die Rahmenbedingungen ebenfalls – alles eben wie in der Originalstudie auch.	**Schwächen (Weaknesses):** • Ein genaues Abbild gelingt selten, vieles bleibt am Ende interpretationsbedürftig. • Oft hinterlassen Replikationsstudien ein unsicheres Gefühl, vor allem dann, wenn die Ergebnisse diametral denen der Originalstudie entgegenlaufen. • Replikationsstudien sind nur so stark wie die zugrundeliegende Methode und das ausgewählte Sample, man kann also in die Falle schlechter Ausgangsstudien mit schwachen Stichproben tappen.
Chancen (Opportunities): • Die Replikationsstudie erfüllt die wichtige Aufgabe, wissenschaftliche Erkenntnisse zu prüfen, neu zu bewerten. • Sie ist im Kern eine wissenschaftlich verdienstvolle Sache, denn sie stellt Erkenntnisse auf den Prüfstand. • Gut gemachte Replikationsstudien bringen voll identische oder eben ganz andere Ergebnisse, beides ist gut, weil es den Diskurs beflügelt oder stabilisieren hilft. • Im Fach finden diese Studien immer Aufmerksamkeit – diejenige von denen, die die Originalstudie durchgeführt haben ist auf jeden Fall sicher.	**Risiken (Threads):** • Es ist entscheidend, wie genau die Studienbedingungen nachgebildet werden können. • Selten können alle Variablen zu hundert Prozent exakt vergleichbar gestaltet werden. • Deshalb ist es immer eine riskante Abwägungsentscheidung, wie und was verändert werden kann, um aussagekräftige und interpretierbare Ergebnisse zu erhalten und um Vergleichbarkeit bei den entscheidenden Größen zu sichern.
Analyse externe Faktoren	

Das mit der Wiederholbarkeit ist indes ein schwieriges Geschäft – für alle Wissenschaftler. Gerade deshalb sind Replikationsstudien von besonderem Interesse, sie können dabei helfen, systematische Fehler zu korrigieren. Ed Young (2013, S. 58–63) hat es auf einen guten Nenner gebracht: „Jede Menge Murks. Viele wissenschaftlichen Studien lassen sich nicht reproduzieren. Das wirft Fragen zum Forschungsbetrieb auf – und zur Veröffentlichungspraxis von Fachzeitschriften" (Young 2013, S. 58). Das Stichwort heißt: Replikationskrise. Die Praxis der Wissenschaft ist die Forschung. Basis der Forschung sind Studien, deren Grundlage Experimente, Versuche, Befragungen, Beobachtungen, Beschreibungen sein können. Diese Studien sollen –

orientiert man sich an den genannten Regeln – replizierbar, also ihr Ergebnis wiederholbar sein. Die Praxis aber zeigt: Wenn man sich die Mühe macht, kommt bei unzähligen Studien etwas ganz anderes heraus. Am weitesten mag hier das Fach Psychologie sein. Im Jahr 2010 veröffentlichte eine sehr große Zahl von Wissenschaftlern in der Fachzeitschrift „Perspectives on Psychological Science" (S. 657–660) einen Text, der als offener und groß angelegter, gemeinschaftlicher Versuch tituliert wurde, die Reproduzierbarkeit der psychologischen Wissenschaft einzuschätzen (Alexander et al. 2010, S. 657–660), drei Jahre später legt Siri Carpenter (2013) nach und schreibt über die mutige Initiative der Psychologie, die eigenen Arbeiten im Fach einer wissenschaftlichen Selbstüberprüfung zu unterziehen. Zwischenzeitlich hat es die Replikationskrise sogar zu einem Wikipedia-Eintrag gebracht, dessen Quellen allen, die dieses Thema besonders interessiert, ans Herz gelegt sei. Warum auf die Replikationskrise, die schwierige Wiederholbarkeit von Studien hier noch einmal so dezidiert hingewiesen wird? Nun, diese Krise zeigt die Grenzen des Wissenschaftssystems auf. Es sind nämlich auch die geübten Routinen und Herausgeberentscheidungen von großen wissenschaftlichen Fachzeitschriften, die konsequent durchgeführten Replikationsstudien im Wege stehen (Neuliep und Crandell 1993). Sie sehen, ein Thema, über das vermutlich abendfüllend und anhand unzähliger Beispiele zu diskutieren wäre. Genug davon: Bleiben Sie konsequent und achten Sie darauf, dass alle Ihre Ergebnisse nachvollziehbar und so genau aufgezeichnet sind, dass ein anderer, sie ohne Probleme wiederholen kann. Das verlangt, dass Sie möglichst viele der für Sie gegebenen Rahmenbedingungen exakt beschreiben.

7.3 Entscheidung, Ebene 3

Es gibt Fächertraditionen, in denen es zum guten Ton gehört, für eine Abschlussarbeit an Laborexperimenten beteiligt zu sein. Dies gilt zum Beispiel für Fächer wie Chemie oder Biotechnologie. Laborexperimente sind jedoch keinesfalls auf die Naturwissenschaften beschränkt. Auch in den Wirtschaftswissenschaften sind solche Experimente verbreitet, insbesondere bei den „Behavioral Economics", in der Verhaltensökonomik also. Sie können sich Experimente auch für typisch geisteswissenschaftliche Fragestellungen ausdenken, indem Sie zum Beispiel Rezeptionsverhalten beim Lesen von Büchern in einer Laborsituation erforschen. Experimente sind als methodisches Instrument damit sehr flexibel einsetzbar. Wichtig ist dabei, sich besonders viele Gedanken über die Laborsituation zu machen – und inwiefern diese das Gesamtergebnis beeinflusst. Ein Beispiel: Das, was im Labormaßstab bei Chemikern funktioniert, ist meistens ziemlich schwer in eine großtechnische Anlage zu überführen, der Weg führt aus der Laborinstallation heraus regelmäßig über eine Miniplant, in der die Fabrikabläufe im kleinen Maßstab realitätsnah abgebildet werden, oft steht vor einer endgültigen Umsetzung noch der Zwischenschritt einer Pilotanlage, die die Erfahrungen der Miniplant in größeren Maßstab übersetzt. Dieses Beispiel zeigt, dass die Interpretation von Experimentalergebnissen mit entsprechender Sorgfalt erfolgen sollte ...

Experimente in den Sozialwissenschaften nutzen zumeist Probanden. Das konfrontiert den Experimentator mit der Herausforderung, möglichst ähnliche Bedingungen für die Versuchsreihe zu schaffen. Hier kann man zum Beispiel mit aktivem Mood Management vorbereitend wirken, um eine bestimmte Reaktionsgröße zu verarbeiten. Experimente sind nicht allein auf das Labor beschränkt. Man kann auch Online-Experimente konzipieren, die gute Ergebnisse liefern.

> **Das Experiment**
> Das Experiment selbst benötigt die Messung von festgelegten Parametern. Die Rahmenbedingungen werden festgelegt und nicht mehr verändert. Was man nicht eindeutig messen kann, hat in einem Experiment nichts verloren. Experimente kennt man aus der Schule, dort wird jedoch selten wirklich experimentiert, sondern lediglich Bekanntes nachgebaut. Beim echten Experiment wird aktiv ausprobiert, es sind Handlungen erforderlich. Entweder geschieht dies – wie regelmäßig in Sozial- und Wirtschaftswissenschaften der Fall – mit Probanden, die eine stets gleichlautende Aufgabe erhalten oder aber als Laborexperiment mit Stoffen oder Lebewesen. Vom Kern her betrachtet, ist auch die klinische Studie in der Medizin ein Experiment. Um die Daten vergleichbar zu halten, muss man bei dieser Methode sehr viel Arbeit in die Vorbereitung und die Feststellung der Messgrößen stecken. Denn nur dann können am Ende aussagekräftige Daten generiert werden. Dem Experiment liegt eine These zugrunde: Die Wirksamkeit einer Substanz, Vorüberlegungen zur Stabilität von Reaktionsweisen auf bestimmte Reize etc.

Um Ihnen die Entscheidungsfindung zu erleichtern, finden Sie in Tab. 7.3 eine Übersicht über alle wesentlichen Stärken, Schwächen, Chancen und Risiken des Experiments:

Wenn Sie sich tiefer in Experimente einarbeiten möchten, bieten Grieb (2004) erste Ideen – hier insbesondere für die Ingenieurwissenschaften ausgelegt, Huber (2020) widmet sich ebenso dem Experiment in den Sozialwissenschaften wie der Herausgeberband von Keuschnigg und Wolbring, Müller (2013) bringt zusätzliche Aspekte der Medizin mit ein.

Tab. 7.3 SWOT-Analyse des Experiments. Eigene Darstellung

Analyse innere Faktoren	
Stärken (Strenghts): • Exakte Messung von Variablen wird angestrebt und ist zumeist möglich. • Viele Variablen sind gleichzeitig kontrollierbar. • Bei guter Vorbereitung und verlässlicher Durchführung: hohe interne Validität. • Experimente sind ein flexibel gestaltbares Instrument der Forschung.	**Schwächen (Weaknesses):** • Aufgrund der zahlreichen Setzungen und Festlegungen sind Experimente oft begrenzt generalisierbar. • Bestimmte Variablen (etwa Alter) lassen sich nicht nach Belieben variieren. • Häufig geringe externe Validität.
Chancen (Opportunities): • Das Experiment ist vielfach für bahnbrechende Erkenntnisse verantwortlich. Man denke nur an die methodischen Experimentaldesigns die die empirischen Wirtschaftswissenschaften nachhaltig verändert haben. • Durch eine enge Führung des Experimentes, kann man sehr genaue Aussagen treffen. • Die Ergebnisse aus Experimenten definieren vielfach das Fach neu – man kann hier also kaum groß genug denken.	**Risiken (Threads):** • Experimente sind nur so gut, wie ihre verlässliche Durchführung und Dokumentation. • Heißt: Wer nicht genau arbeitet, bekommt zumeist am Ende die Rechnung – und ganze Versuchsreihen sind zu verwerfen. Das hat manche Dissertation schon zunichte gemacht. • Gelingt das Experiment nicht, können kaum reliable und validierbare Aussagen getroffen werden.
Analyse externe Faktoren	

7.4 Entscheidung, Ebene 4

Je umfangreicher das verfügbare Material, je mehr schon zu einem Themenfeld geschrieben wurde, desto eher rücken deduktive Verfahren ins Blickfeld. Das heißt, umso eher prüft man bereits (von anderen) aufgestellte Hypothesen. Bei reichlich vorhandenem Quellenmaterial wurden in der Vergangenheit auch meistens reichlich Hypothesen formuliert. Diese kann man direkt aus der Literaturrecherche ableiten oder übernehmen. Prüfen Sie also: Ist mein Themenfeld ist in der Fachtradition schon bearbeitet? Findet sich schon bei der ersten Recherche eine Vielzahl von Quellen, um auch eine Reihe von Unterhypothesen zu Ihrer zentralen These aufzustellen? Gibt es insbesondere mehrere qualitativ angelegte Studien, in denen nachvollziehbare Thesen entwickelt werden, die zur Überprüfung bereitstehen? Antworten auf diese Fragen können Sie schnell zu einer Entscheidung über den Einsatz von deduktiv orientierten quantitativen Verfahren führen.

7.4 Entscheidung, Ebene 4

Man nehme nun einige dieser vermutlich bislang noch mehr oder weniger unbestätigten Hypothesen aus der qualitativen Forschung und suche eine Methode, mit der man dies überprüfen kann. Als quantitative Methoden kommen insbesondere die folgenden in Frage.

Die Inhaltsanalyse

Die quantitative Inhaltsanalyse dient dazu, eine Forschungsfrage anhand einer großen Anzahl an Textbeiträgen zu untersuchen.

Hier bieten sich vor allem Material, dass in schriftlicher Form vorliegt, wie Zeitungsartikel oder Wahlprogramme. Bilder können aber auch inhaltsanalytisch untersucht werden.

Kern der Methode ist die Entwicklung eines Kategoriensystems, das die Untersuchungsmerkmale in einem standardisierten Codebuch festhält. Jede Kategorie wird mithilfe eines Zahlenwertes ausgedrückt. Ziel der quantitativen Inhaltsanalyse ist es nicht, das Material in der Breite, sondern in der Tiefe zu untersuchen.

Die Befragung

Die Befragung dient in erster Linie dazu Einstellungen und Meinungen in der Bevölkerung zu erheben. Ziel ist es also gesellschaftlich relevante Aussagen über eine Grundgesamtheit zu treffen. In der Regel werden dafür repräsentative Stichproben gezogen. Ausgehend von der zentrale Forschungsfragen werden Hypothesen formuliert, die dann die Grundlage für einen Fragebogen bilden. Dieser wird unverändert allen Befragten vorgelegt und enthält meist geschlossene Fragen.

Eine Befragung kann persönlich, schriftlich, telefonisch oder online durchgeführt werden. Welcher Weg letztendlich gewählt wird, hängt immer auch von der Zielgruppe ab, die befragt werden soll.

Die Beobachtung

Mit dem alltäglichen Beobachten hat die wissenschaftliche Beobachtung wenig zu tun. Auch im Alltag beobachten wir zwar das Verhalten unserer Mitmenschen, die wissenschaftliche Beobachtung folgt jedoch einer zuvor bestimmten, systematischen Vorgehensweise. So wird festgelegt, was genau Gegenstand der Beobachtung sein soll und was nicht, wie die Inhalte zu protokollieren sind und wie groß der Interpretationsspielraum des Beobachters ist. Gegenstand einer Beobachtung können nicht nur einzelne Personen oder Gruppen sein, sondern auch Objekte. Damit unterscheidet sich die Beobachtung von der Befragung.

Um Ihnen die Entscheidungsfindung zu erleichtern, finden Sie in Tab. 7.4 eine knappe Übersicht über Stärken, Schwächen, Chancen und Risiken quantitativer Forschungsmethoden:

Tab. 7.4 SWOT-Analyse quantitativer Forschungsmethoden. Eigene Darstellung

Analyse innere Faktoren	
Stärken (Strenghts): • In Zahlen quantifizierbar. • Hypothesen genau prüfbar. • Überprüfung statistischer Zusammenhänge. • Schlussfolgerungen auf die Grundgesamtheit. • Meistens weniger Kosten als bei qualitativer Forschung. • Gute Vergleichbarkeit von Ergebnissen.	**Schwächen (Weaknesses):** • Keine flexible Befragung und tieferes Nachfragen. • Weniger für Problemlösungen geeignet als qualitative Forschung. • Wegfallen von Zusatzinformationen. • Einzelne Teilnehmer und ihrer Meinung können nicht individuell berücksichtigt werden
Chancen (Opportunities): • Ausbau der Fähigkeiten zur Dateninterpretation (auch für die Praxis wichtig) • Beantwortung von wichtigen Fragen im wissenschaftlichen Diskurs (Relevanz!) • Fördert die Fähigkeit, Projekte zu strukturieren, durchzuführen und zu evaluieren • Hohes Konkretionsniveau (empfiehlt die Bearbeiter für Praxisprojekte) • Trainiert intellektuelle Fähigkeiten • Stärkt mathematisches Denken • Verschränkt exzellent mit dem Diskurs in der Disziplin • Kann sehr praxisorientierte Ergebnisse liefern • Ermöglicht und fördert auch wissenschaftliche Karrieren	**Risiken (Threads):** • Keine repräsentative Stichprobe möglich • Keine geprüften Skalen auffindbar bei Befragung zu bekannten Konstrukten • Man muss eventuell Skalen erst entwickeln • Hohe Fehleranfälligkeit (systematische Fehler, z. B. in Online-Umfragen) • Fragebogenentwicklung wird unterschätzt • Biases – zum Beispiel durch mangelnde Berücksichtigung von Antwortverhalten (soziale Erwünschtheit) • Fehlinterpretationen des Materials möglich • Fähigkeit zur Anwendung multivariater statistischer Verfahren muss erst noch ausgebildet werden
Analyse externe Faktoren	

Wenn Sie sich tiefer in quantitative Forschungsmethoden einarbeiten möchten, bieten die folgenden Quellenhinweise erste Anhaltspunkte:

- Gorard, S. (2003). Quantitative methods in social science research. A&C Black.
- Hussy, W. (2013). Quantitative Forschungsmethoden. In: Hussy, Walter., Schreier, Margrit., Echterhoff, Gerald. (Hrsg.). Forschungsmethoden in Psychologie und Sozialwissenschaften für Bachelor. 2. Auflage, Springer-VS, 115–164.
- Stein, P. (2019). Forschungsdesigns für die quantitative Sozialforschung. in: Baur, Nina. & Blasius, Jörg. (Hrsg.). Handbuch Methoden der empirischen Sozialforschung, 2. Auflage, Springer VS, 125–142.
- Früh
- Schnell, Hill, Esser

7.5 Entscheidung, Ebene 5

Je neuartiger Ihr Thema und je weniger verfügbares Material, desto eher rücken induktive Verfahren ins Blickfeld, sprich Hypothesen-Generierende-Verfahren. Man sucht also nach Aussagesätzen, die man dann einer späteren Validierung, oder besser: Bestätigung überlässt. Folgende Indizien deuten auf eine qualitative Vorgehensweise hin:

- Sie bearbeiten ein noch junges, bislang in der Literatur wenig diskutiertes Phänomen
- Sie entwickeln etwas Neues, bislang noch nicht stark beackertes Feld

Zumeist nähern Sie sich dem Thema durch Gesprächsformen, die mithilfe eines Leitfadens oder der Technik der Problemzentrierung beziehungsweise unter Einsatz psychotherapeutischer Traditionen geführt werden. Nachstehend erfahren Sie mehr über die gängigsten qualitativen Forschungsmethoden in Form eines Kurzporträts:

Die Expertenbefragung
Die Expertenbefragung ist eine spezifische Form der qualitativen Befragung. Wie der Name schon vermuten lässt, werden hier Experten befragt. Generell versteht man unter Experten Personen, die eine fachliche Autorität besitzen. Wer für Ihre Arbeit als Experte gilt, lässt sich daher nur durch die konkrete

Forschungsfrage bestimmten. Normalerweise werden Expertenbefragungen in Form eines persönlichen Gesprächs oder Interviews durchgeführt. In der Regel werden sie entlang eines Leitfadens geführt, der spezifische Fragen zum Erkenntnisinteresse und zum Wissensbestand der Gesprächspartner enthält. Ziel ist die systematische Erhebung von Fachwissen.

Die Befragung von Experten ist vor allem für studentischen Abschlussarbeiten sehr beliebt. Denn einerseits sind relevante Experten oft leicht zu identifizieren. Andererseits verfügen sie in der Regel über hohe sprachliche und soziale Kompetenzen, die sowohl die Datenerhebung als auch die spätere Auswertung erleichtern können.

Erfahrungsbericht: Experteninterviews mit audiovisueller Aufzeichnung

Für die wissenschaftliche Auswertung von Interviews wird in der Regel zur Aufzeichnung der Gespräche ein Audiorekorder oder eine entsprechende App auf dem Smartphone genutzt. Damit reduziert sich die Nutzung der Interviews allerdings auf die Transkription für die Kodierung. Für eine darüber hinaus gehende Verwendung der Interviews ist eine audiovisuelle Aufzeichnung sinnvoll, die eine sekundäre Auswertung als Podcast oder auch als Film ermöglicht. Mit diesen sekundären Bearbeitungen lassen sich weitere Rezipienten erreichen, so auch diejenigen Leser, die auf die Lektüre wissenschaftlicher Arbeiten oder Artikel verzichten.

Wichtig ist, die Interviews nicht ausschließlich als Gegenstand der Forschung zu „denken". Um beispielsweise den Interviews eine natürliche Prägung zu geben, sodass sie auch als Gespräch in einem Film mühelos rezipiert werden können, sollte stets ein problemzentriertes -, keinesfalls aber ein Leitfadeninterview geführt werden. Bei Letzterem sind die Leitlinien zu eng gefasst, um ein flüssiges Gespräch führen zu können.

Allerdings gibt es bei einer audiovisuellen Aufzeichnung Faktoren, die gegebenenfalls die Untersuchung negativ beeinflussen. Man sollte sie bei der Planung im Blick haben. Die Erfahrung lehrt: Nicht jeder potenzielle Interviewpartner ist bereit, sich vor eine Kamera zu setzen, um ein Interview zu geben. Möglicherweise setzt er sich zwar vor die Kamera, fühlt sich dann aber doch deutlich unwohl und beantwortet die Fragen dementsprechend unbefriedigend.

Bei souveränen Interviewpartnern könnte die Auswertung der Aufzeichnung auch zusätzlich Gestik und Mimik berücksichtigen.

Fazit: Mit einer audiovisuellen Aufzeichnung kann man möglicherweise unterschiedliche mediale Auswertungen realisieren, was aber die Untersuchung eventuell leicht negativ beeinflusst.

Für die Transkription der audiovisuellen Aufzeichnung gibt es Vorteile. Zeichnet man das Interview mit Audiorekorder oder mit einer entsprechenden App auf dem Smartphone auf, ist die Tonqualität in der Regel insofern akzeptabel, als man mindestens alles verstehen kann. Bei einer professionellen audiovisuellen Aufzeichnung ist die Tonqualität wesentlich hochwertiger. Das hat den Vorteil, dass Transkriptionssoftware eingesetzt werden kann und die Transkription nicht manuell vorgenommen werden muss. Das spart vor allem Zeit und motiviert auch dazu, längere, intensivere und somit auch aufschlussreichere Interviews zu führen.

Ich empfehle, die Auswertung der Interviews im Schriftlichen und im Audiovisuellen parallel zu erstellen. Durch diese beiden differierenden Arbeitsweisen erhält man unterschiedliche Blickwinkel auf den Inhalt, wodurch sich einerseits der Inhalt sehr gut einprägt, sich andererseits der Kern des Interviews besonders gut herausarbeiten lässt.

Die oben beschriebene Arbeitsweise hat sich bewährt. Meines Erachtens solle man bei problemzentrierten Interviews auf audiovisuelle Aufzeichnung nicht verzichten.
Tonio Vakalopoulos ◄

Die Delphi-Studie

Die Delphi-Studie ist eine Sonderform der Expertenbefragung. Sie zeichnet sich durch ein mehrstufiges Vorgehen aus. Experten werden in mehreren Interviewrunden befragt und geben ihre Einschätzungen und Aussagen zum Forschungsgegenstand ab. Die Befragungen können dabei entweder mündlich oder schriftlich erfolgen. Die Antworten der ersten Fragerunde bilden dann die Grundlage für die zweite Befragungsrunde und weitere Fragebögen. Denn aus den ersten Antworten werden Thesen gebildet, die in der nächsten Befragungsrunde erneut von den Experten beurteilt, präzisiert oder kommentiert werden sollen. Wie viele Befragungsrunde es gibt, hängt dabei vom konkreten Forschungsdesign ab.

Delphi-Studien kommen schwerpunktmäßig dann zum Einsatz, wenn Prognosen entwickelt werden sollen, z. B. in der Zukunftsforschung, zur Evaluation oder zur Entwicklung von Fragebögen.

> **Die Fokusgruppengespräche**
> Fokusgruppendiskussionen können auf verschiedene Interessen ausgerichtet sein, wie z. B. Meinungen und Einstellungen Einzelner oder einer gesamten Gruppe oder gruppenspezifisches Verhalten. Im Vergleich zu Einzelbefragungen bieten Fokusgruppengespräche den Vorteil einer breiteren Datenbasis durch mehr Befragte.
> Die Gruppenzusammensetzung ist entscheidend für den Erfolg von Fokusgruppendiskussionen. Die ideale Gruppengröße liegt bei 10 bis 12 Teilnehmenden. Darüber hinaus sollten die Gruppen nach bestimmten Merkmalen wie soziokultureller Herkunft möglichst homogen zusammengesetzt sein. Um relevante Themen nicht zu vergessen, ist außerdem ein gut strukturierter Leitfaden wichtig. Das erdordert eine gründliche Planung und theoretische Vorarbeit.

Als Moderator haben Sie zudem die Möglichkeit das Fokusgruppengespräch aktiv zu gestalten. Sie können Teilnehmende direkt ansprechen oder die Diskussion in eine gewünschte Richtung lenken. Zusätzlich können Stimuli wie Bilder, kurze Texte oder Filme verwendet werden, um die Diskussion anzuregen.

> **Das Tiefeninterview**
> Das Tiefeninterview stammt eigentlich aus dem Bereich der Psychotherapie und weist nur einen geringen Grad an Strukturierung auf. Ziel dieser Methode ist es, die Interviewten zum Erzählen zu bringen und vor allem die emotionalen Aspekte zu erfassen. Es kommt überall dort zum Einsatz, wo implizites Wissen erhoben oder Denk- und Handlungsmuster aufgedeckt werden sollen. Dazu werden spezielle Befragungstechniken angewandt wie Rekapitulationen, Spiegeln, assoziative Verfahren oder das Aufgreifen von Schlüsselwörtern. Als Interviewer sollten Sie sich bei dieser Methode möglichst im Hintergrund halten und nur durch Nachhaken bestimmte Einstellungen erfragen.

Das narrative Interview

Das narrative Interview ist eine Methode, mit der biografische Prozesse, Erfahrungen und Deutungsmuster erhoben werden. Die Interviewten werden also quasi zum Erzählen ihrer Lebensgeschichte gezwungen. Wie beim Tiefeninterview sollte der Interviewer beim narrativen Interview möglichst eine Zuhörer-Rolle einnehmen und dem Interviewenden das Reden überlassen. In der Regel gibt es bei dieser Methode keinen vorformulierten Leitfaden. Der Fokus liegt hier besonders auf der Einstiegsfrage: Diese sollte möglichst zum Erzählen anregen.

Das problemzentrierte Interview

Auch das problemzentrierte Interview eine offene Form der Befragung. Der Befragte soll sich so frei wie möglich äußern können. Im Mittelpunkt des Interviews steht jedoch eine bestimmte Problemstellung, auf die immer wieder zurückzukommen ist. Im Gegensatz zu den vorangegangenen Interviewformen darf der Interviewende dazu aktiv ins Gespräch eingreifen. Er kann zum Beispiel strukturierend nachfragen durch Kommentare, Bewertungen oder durch eigene Interpretationen des Gesagten. Auch das problemzentrierte Interview hat keinen festen Ablauf. Diese Interviewform zeichnet sich vor allem durch Sachfragen und Erzählaufforderungen aus. Ein Leitfaden dient meist eher als Gedächtnisstütze als zur Strukturierung des Interviews.

Wichtig für die Umsetzung eines qualitativen Zugangs ist, sich ausreichend Gedanken über die *systematische* Auswertung der Ergebnisse zu machen und daran zu denken, dass die Transkription sorgfältig und der Fachtradition entsprechend sozialwissenschaftlich korrekt erfolgen muss. Als Auswertungsmethode bietet sich in den Sozialwissenschaften besonders die Inhaltsanalyse an.

Um Ihnen die Entscheidungsfindung zu erleichtern, finden Sie nachstehend in Tab. 7.5 einen Überblick über alle wesentlichen Stärken, Schwächen, Chancen und Risiken der qualitativen Forschung (vgl. Ayaß und Bergmann 2006; vgl. Bortz und Döring 2006, S. 295–350; vgl. Lamnek 1993a, b; vgl. Mayring 2015, 2023 sowie Lamnek und Krell 2016; Lüthje 2016; vgl. Mey und Mruck 2020).

Tab. 7.5 SWOT-Analyse qualitativer Forschung. Eigene Darstellung

Analyse innere Faktoren	
Stärken (Strenghts): • nicht standardisierte Datenerhebung • Meinungen und Motive werden anhand offener Fragestellungen erforscht. • eher geringe Fallauswahl. • Zumeist gut planbares Projekt bei verfügbaren Untersuchungseinheiten • Immer ausgehend von einer zentralen Frage-These-Kombination • Die Hauptgliederungsebenen stehen fest • Arbeit lässt sich gut einteilen • Viele verschiedene Tätigkeiten integriert • Breiter Raum für Interpretationen • Hoher kreativer Spielraum bei der Entwicklung von Hypothesen	**Schwächen (Weaknesses):** • aussagekräftige Rückschlüsse sind nicht immer möglich. • Hohe Abhängigkeit von den Teilnehmenden und deren Qualifikation • Am Ende oft sehr, sehr viel Material • Hoher Transkriptionsaufwand • Aufwändige Terminkoordination • Aufwändige Suche nach Teilnehmer*innen • Um die Methode anwenden zu können, muss man sich sehr umfassend eingearbeitet haben • Der Theorieteil muss im Grunde vor Anwendung der Methode bearbeitet sein
Chancen (Opportunities): • Man kann sehr viel zur Entwicklung des wissenschaftlichen Feldes beitragen • Die besten Arbeiten nutzen den Spielraum der Methoden und erweitern den wissenschaftlichen Diskurs • Generiert Erkenntnisse, die künftige Arbeitgeber stark interessieren • Schult und verbessert Kommunikation und Gesprächsführungsverhalten • Trainiert Sozialkontaktaufnahme mit Unbekannten und Fremden • Stärkt Überzeugungskraft • Entwickelt das Denken in großen Zusammenhängen • Kann sehr praxisorientierte Ergebnisse liefern	**Risiken (Threads):** • Am Ende liegt zu viel Material vor • Man hat sich vorab keine Gedanken zur Auswertung des Materials gemacht • Es fällt schwer, aus dem Material induktiv Kategorien abzuleiten • Man findet keine „großen Linien" und verliert sich in Detailerörterungen • Die Interviewführung ist ungeübt, unschlüssig und schwach • Es kann kein generelles und schlüssiges Fazit gezogen werden • Untersuchungseinheiten sind schwer zu motivieren (insbesondere bei kritischen Themenstellungen)
Analyse externe Faktoren	

7.6 Entscheidung, Ebene 6

Eine weitere Möglichkeit stellt die Kombination aus qualitativer und quantitativer Forschung dar, der sogenannte Mixed Methods-Ansatz. Die Kombination erfolgt üblicherweise innerhalb einer Forschung. Der Ansatz wird angewendet, um über die Kombination beider Verfahren das Forschungsziel bestmöglich zu erreichen. Ein Mixed-Methods-Ansatz ermöglicht es, eine Forschungsfrage aus verschiedenen Blickwinkeln zu betrachten (vgl. Hussy et al. 2013; vgl. Kelle 2022).

7.6 Entscheidung, Ebene 6

Mixed Methods

Unter Mixed Methods versteht man im weitesten Sinne die Kombination und Verknüpfung von quantitativen und qualitativen Methoden innerhalb eines Forschungsprojektes. Forschende erheben also in einer oder mehreren Phasen sowohl qualitativ als auch quantitativ Daten. Je nach Forschungsdesign werden die Daten, Ergebnisse und Schlussfolgerungen in einer bestimmten Phase des Projekts, in der Regel in der Abschlussphase, zusammengeführt und miteinander in Beziehung gesetzt.

Um Ihnen die Entscheidungsfindung zu erleichtern, finden Sie nachstehend in Tab. 7.6 einen Überblick über alle wesentlichen Stärken, Schwächen, Chancen und Risiken des Mixed-Methods-Ansatz (vgl. Kuckartz 2014; Mayring 2012):

Tab. 7.6 SWOT-Analyse des Mixed-Methods-Ansatzes. Eigene Darstellung

Analyse innere Faktoren	
Stärken (Strenghts): • Mixed Methods können gleichzeitig offene und geschlossene Forschungsfragen beantworten • Mixed Methods können die Schwächen der jeweils anderen Methode ausgleichen • Mixed Methods können widersprüchliche Ergebnisse hervorbringen • Es können Forschungsfragen beantwortet werden, die durch eine rein quantitative oder rein qualitative Untersuchung nicht beantwortet werden könnten.	**Schwächen (Weaknesses):** • Forschende benötigen Kompetenzen und Fähigkeiten in qualitativen und quantitativen Methoden und Auswertungstechniken. • Es fehlt eine Systematisierung von möglichen Forschungsdesign-Formen • Mixed Methods erfordern einen höheren Aufwand an Zeit und Ressourcen • Mixed Methods können eine Arbeit im Team erfordern. • Es besteht die Gefahr, dass Ergebnisse der Teilstudien nicht aufeinander bezogen, sondern nur aufgelistet werden.
Chancen (Opportunities): • Mixed Methods rücken die Forschungsfrage als entscheidendes Kriterium der Methodenwahl in den Mittelpunkt. • Wissen und Erkenntnisse sind umfangreicher, mehrperspektivisch und vollständiger. • Innovative Entwicklung von Forschungsmethoden	**Risiken (Threads):** • Bisher fehlen systematische Beschreibungen von Methodenprobleme und Vailiditätsproblemen • Die unterschiedlichen Validitäts- und Reliabilitätsansprüche qualitativer und quantitativer Forschung können nicht vereinheitlicht werden
Analyse externe Faktoren	

> **Erfahrungsbericht: „Der Methoden-Mix als Retter in der Not!"**
>
> Manchmal kann man sich für die richtige Methode entscheiden und trotzdem nicht den gewünschten Erfolg erzielen. Dies musste ich im Rahmen meiner Masterarbeit am eigenen Leib erfahren. Die Abhängigkeit von Studienteilnehmern stellt immer einen Risikofaktor dar. In meinem konkreten Fall war die Rücklaufquote der Online-Befragung jedoch so gering, dass die bereits im Vorfeld fein säuberlich zurecht gelegten statistischen Auswertungsverfahren wie Seifenblasen vor meinem inneren Auge zerplatzen. Alles was mir daraufhin übrig blieb, war eine rein deskriptive Auswertung meiner Daten – nicht unbedingt optimal, vor allem dann nicht, wenn man es eigentlich besser kann. Nach anfänglicher Verzweiflung dann aber die Einsicht: „Ruhe bewahren – alles halb so wild!" Man muss nicht immer gleich alles über den Haufen werfen, sondern kann stattdessen ganz einfach da ansetzen, wo Fragen offenbleiben und gewisse Ansätze tiefer gehend betrachten – et voilà, da war er, der Methoden-Mix, mein Retter in der Not. Mein wichtigstes Learning: Auch die erfahrensten Wissenschaftler sind nicht vor äußeren Einflüssen geschützt und methodische Schwierigkeiten können jederzeit auftreten. Sprecht dann am besten mit eurem Betreuer und weiht ihn in die Situation ein. Gemeinsam findet sich immer eine Lösung. Essenziell ist auch, die Grenzen der eigenen Methode umfassend zu reflektieren und darzulegen. Dann kann am Ende trotz aller methodischer Hürden eine hervorragende Abschlussarbeit dabei herumkommen.
> **Naomi Nowak** ◄

7.7 Hinweise zur Entscheidungsstruktur

Die Auswahl von Methoden erfolgt häufig ohne sorgfältige Prüfung von Alternativen und aus dem Bauch heraus. Dabei kann man mithilfe dieses Rasters der Entscheidungen auf den fünf Ebenen sehr gut und systematisch zur „richtigen" Methode kommen. Sie müssen sich bewusst sein, dass für Ihre ausgewählte Fragestellung eigentlich nur eine einzige beste Methode existiert, und diese gilt es mit Unterstützung der Entscheidungsebenen zu finden. Ihre Gutachter werden die Arbeit genau daraufhin bewerten, ob die Methode, die Sie einsetzen und wählen, die nachprüfbar, oder zumindest nachvollziehbar *beste* ist, um das gegebene Thema korrekt und zielführend abzubilden, um in Ihrem gewünschten Sinne die aufgestellte Ausgangsfragestellung zu bearbeiten.

8   Finalisieren: Ausleuchten, Schluss und Einleitung, Gegenlesen!

Es mögen abhängig vom Fach unterschiedliche Anforderungen an Ihre Texte gestellt werden – auch aus stilistischer Sicht – an der Tatsache des Textens selbst kommen Sie jedoch nicht vorbei. Interessanterweise hat sich im Grunde für die meisten Fächer ein Arbeitsprogramm herausgeprägt, das sich nicht großartig unterscheidet. Ob eine Hausarbeit von einer Frage ausgeht, oder eine These erfordert, ob eine Masterthesis 80 oder 150 Seiten einfordert – das sind Regularien der jeweiligen Schule oder Tradition. Am Bauplan und am Ablauf der Arbeit ändert dies nichts. Sie sollten über die Formatangaben in diesem Buch hinaus Freundschaft mit den von Ihrer Fakultät, den von Ihrem Fachbereich oder auch den von Ihren Betreuern vorgegebenen Formalitäten schließen. Diese variieren. Achten Sie aber stets auf folgende Aspekte, die zumeist für die einzelnen Studiengängen vorgeschrieben werden.

8.1   Sachaussagen belegen: Die ultimative Überprüfung

Diese Regel des Writing Code ist die möglicherweise jene, die am Ende über eine gute Note entscheidet. Das Verfahren ist gleichermaßen simpel wie wirkungsvoll:

Jeder einzelne Satz Ihrer Arbeit wird nach Abschluss des Schreibprozesses noch einmal hinterfragt. Die stets gleichlautende Doppel-Frage lautet: „Warum ist das so?" und „Wer sagt das?"

Finden Sie für die erste Warum-Frage keinen Beleg, also keine Quelle, die Sie angeben können oder keine Daten aus Ihrer empirischen Untersuchung, dann überprüfen Sie, ob sich die im Satz getroffene Aussage definitiv aus den zuvor aufgeführten Argumenten zwingend ergibt.

Haben Sie keinen Beleg, weisen Sie keine Quelle nach, ergibt sich die Aussage nicht aus der logischen Argumentationskette, wird der Satz gestrichen. Dies klingt simpel, häufig aber offenbart diese Vorgehensweise erst sehr spät im Arbeitsprozess die Grundproblematik schlampiger, ja eigentlich sogar ungenügender Quellenarbeit.

Erklärungsversuche wie „Das ist doch so", „Das weiß doch jeder", „Das ist doch allgemein bekannt", „Das habe ich im Studium so gelernt", „Das hat mir XYZ gesagt" – all diese Sätze als Antwort auf die Warum-Frage weisen darauf hin, dass hier eine unbelegte Sachaussage vorliegt.

Wenn Sie auf die zweite Frage „Ich!" antworten müssen, dann besteht ebenfalls das Risiko, dass Ihre hier genutzte Sachaussage unbelegt ist.

Seien Sie bei der Einhaltung dieser Regel besonders streng mit sich. Jede – noch einmal: jede! – Sachaussage wird belegt! Dies ist im wissenschaftlichen Arbeitsprozess elementar. Die beiden Fragen, die nach jedem geschriebenen Punkt gestellt werden, sichern ultimativ die Korrektheit im Sinne von Wissenschaftlichkeit ab.

Denn in der Wissenschaft gibt es kein Hörensagen!

8.2 Leuchttürme setzen: Ein 360-Grad-Rundumblick

Dieser Abschnitt ist das kürzeste Kapitel der zweiten Ebene. Es muss dennoch klar hervorgehoben werden – und bleibt deshalb ganz bewusst auf dieser Gliederungsebene stehen. Wenn Sie im Rahmen Ihres Schreib- und Prüfprozesses auf der höchsten Gliederungsebene angelangt sind, vergessen Sie nicht, Leuchttürme zu setzen. Das ist ein passendes Bild – es stammt nicht von mir, es entspringt der gesammelten Erkenntnis aus über 40 Jahren in der Wissenschaft und unzähligen betreuten Promotionen. Sozusagen das Copyright auf dieses Motiv hat mein Onkel Gerhard – Gott hab ihn selig. Er hat an der Universität Heidelberg über viele Jahrzehnte praktische Theologie gelehrt und mir diese Regel ans Herz gelegt. Was heißt das – Leuchttürme setzen? Es ist einleuchtend und einfach – aber gute Leuchttürme zu schreiben ist eine echte Kunst.

Es geht um folgendes: An allen Kapitelübergängen und an aus Ihrer Sicht besonders wichtigen Stellen zwischen einzelnen Abschnitten Ihrer Arbeit steigen sie mental auf einen Leuchtturm und leuchten das Feld nach vorne und hinten aus. In einem 360-Grad-Rundumblick holen Sie den Leser ab und binden ihn wieder ein. Diese Leuchttürme garantieren später, dass auch Schnellleser in kürzester Zeit wieder eingefangen werden können. Mit ihnen gelingt es, den Leser sicher und wissend durch Ihre Gedanken und Ihre Argumentationskette zu führen. Idealerweise bilden solche Leuchttürme den Ausstieg aus einem oder den Einstieg in ein neues

Kapitel. Die Leuchttürme sorgen dafür, dass Sie besser verstanden werden, sie geben schnell Orientierung und führen Ihre Gutachter, sie zeigen ihnen, was sie zu erwarten haben, und wie die Arbeit in die Tiefe zu gehen definiert.

Ach so, wann schreiben Sie diese Leuchttürme? Wer das Writing-Code-Prinzip verinnerlicht hat, weiß ja, dass bis zum Schluss alles fluide bleibt, nichts endgültig fixiert ist. Deshalb – warten Sie mit den Leuchttürmen, bis Sie entschieden sind, bis Sie letzte Hand an Ihre Gliederung gelegt haben, bis die Kapitel an der richtigen Stelle stehen. In Leuchttürmen sollten starke Verben dominieren, die Präzision der Substantive ein wenig zurücktreten und der Handlungsaspekt im Vordergrund stehen.

8.3 Zu guter Letzt: Mit der Einleitung entsteht der Schluss

Nein, Sie haben sich nicht verlesen – hier geht es um den Schluss, das Fazit und die Einleitung Ihrer Arbeit – und da muss die Reihenfolge der Entstehungsweise klar sein. Wenn Sie mit allem durch sind, wenn alle Kapitel und Abschnitte fertig gestaltet sind und Sie auch mindestens einmal Ihr nun bestehendes Gesamtdokument komplett mit Blick auf logische Brüche und inhaltliche Unschärfen gelesen haben, wenn die Leuchttürme gesetzt sind und alle Übergänge flüssig lesbar sind, genau dann können Sie das Fazit schreiben. Dieses enthält neben den wichtigsten Erkenntnissen aus Ihrer Arbeit idealerweise Hinweise auf Anknüpfungspunkte, an denen Forscher in der Zukunft weiterdenken und -arbeiten können. Es bietet eventuell einen kleinen Ausblick und reflektiert Ihre Arbeit aus der Distanz des abschließenden Erkenntnisgewinns noch einmal kritisch.

8.3.1 Mit dem Fazit ist noch lange nicht Schluss

Schreiben Sie die Einleitung anschließend – dann, wenn Sie mit Ihrer Arbeit komplett fertig sind und im Grunde nur noch einmal „auf Korrektur" lesen müssen. Dies ist wichtig, denn mit der Einleitung wollen Sie Geschmack auf Ihre Arbeit machen, wollen Sie überzeugend für Ihre Untersuchung werben, wollen Sie den Leser in Ihren Text hineinziehen und Interesse wecken. Das können Sie erst dann souverän leisten, wenn Sie selbst den großen Überblick gewonnen, und wenn Sie Ihr Thema final durchdrungen haben.

Sie dürfen in der Einleitung auch bereits wesentliche Erkenntnisse Ihrer Arbeit vorwegnehmen und die Diskussion anklingen lassen. Idealerweise aber knüpft der letzte Satz Ihrer Einleitung nahtlos an den ersten Satz des Fazits an. Sie können den

Inhalt und den Erkenntnisgewinn des Konvolutes auf diese Weise dem eiligen Leser schnell und zielführend „servieren". Geübte Gutachter gehen beim Lesen eine Arbeit exakt auf diese Weise vor (vgl. dazu auch Abschn. 8.1).

Das bedeutet: Wenn das Fazit steht, ist die Arbeit keinesfalls vollständig abgeschlossen. Denn nun dürfen Sie alle Überschriften noch einmal prüfen und bearbeiten, und Sie müssen die Einleitung verfassen. Sie haben richtig gelesen!

Regel
Die Einleitung schreibt man ganz zum Schluss – sie ist das Tor zu Ihrer Arbeit, sie soll Geschmack machen, sie soll Ihre Leser „anfixen", soll sie neugierig machen und mit Wissbegierde die folgenden Seiten aufschlagen lassen. Die Einleitung ist entscheidend für den Erfolg Ihrer Arbeit, dafür, ob Sie sehr genau und mit Interesse gelesen oder ob die der Einleitung folgenden Seiten lustlos durchgeblättert werden.

Sie haben es in der Hand. Deshalb macht die Einleitung Werbung, präsentiert sie die zentrale Frage, zeigt sie in der These Ihre Haltung und führt die wesentlichen Erkenntnisse bereits auf. Diese dürfen tatsächlich vorweggenommen werden, eine finale Aussage zur Ausgangsthese wird noch nicht getroffen (dies folgt im Fazit am Ende der Arbeit). Aber die entscheidenden Erkenntnisse, die beispielsweise eine empirische Untersuchung erbracht hat, dürfen hier in knapper Form dargestellt werden. Zeigen Sie in der Hinführung zu Ihrer Forschungsarbeit, was der Leser zu erwarten hat, worauf er sich freuen darf, und legen Sie hier schon den roten Faden aus, der verdeutlicht, welche Schritte Sie nacheinander vollziehen werden, und welche Abschnitte der Arbeit besonders viele neue Erkenntnisse enthalten werden. All dies können Sie nur darstellen und vorführen, wenn die Arbeit weitestgehend steht.

Häufige Fehler beim Verfassen des Einstiegs:

1. Es wird vom Leser zu viel erwartet. Es wird vorausgesetzt, dass er sich im Thema bereits ausreichend auskennt, dass er bestimmte Werke rezipiert und wesentliche Erkenntnisse oder Thesen auf Abruf hat. Gute wissenschaftliche Arbeiten lesen sich in der Tat voraussetzungslos. Sie bedürfen möglicherweise der Ergänzung durch weitere Literatur, zum Beispiel Standardwerke des Faches, aber im Grundsatz sind sie solitär, das heißt, sie stehen für sich, und sie können eben auch so gelesen werden.
2. Es wird lang und breit darüber berichtet, was den Autor für das Thema eingenommen und interessiert hat. Die Motivation wird also bis in Details hinein

erklärt. Überhaupt: Achten Sie auf jene Stellen in Ihrer Arbeit, an denen Sie dazu neigen, sich selbst zu erklären. Nehmen Sie den Leser mit auf Ihre persönliche Reise, und erklären Sie genau, warum Sie was wie machen. Aber versuchen Sie eine Rechtfertigungshaltung zu vermeiden, denn Ihr Thema ist für das Fach, für die Forschung, die Wissenschaft und somit am Ende für die Gesellschaft relevant. Sonst wäre es kein Thema! Dies ist im Übrigen auch eine Einladung, groß (naja, zumindest größer) zu denken.
3. Struktur und Systematik werden additiv dargestellt. Das bedeutet: Erst habe ich das gemacht, dann das, dann folgt dieses und jenes, und am Ende habe ich folgende Schlüsse gezogen. Es ist angebracht und richtig, den Gang der Untersuchung kurz darzustellen. Versuchen Sie hier allerdings Ihre Fähigkeit zur Analyse einzubringen und nicht additiv Ihre Tätigkeiten zu beschreiben. Also lieber: „Für die konsequente Anlage der empirischen Vorgehensweise müssen die zentralen Begriffe A und B diskutiert werden. Dies ist die Voraussetzung, um sinnreiche Hypothesen bezogen auf die Zielgruppe N abzuleiten", anstatt: „Zuerst werden die Begriffe A und B diskutiert, dann der Stand der Literatur in Kapitel X aufbereitet, hieran schließt sich die Ableitung der methodischen Vorgehensweise an …". Erkennen Sie den Unterschied? Was lesen Sie persönlich lieber? Eine rhetorische Frage, ich weiß.
4. Die Einleitung birgt das Risiko erheblicher Redundanzen, sie stellt das Erforschte auf die gleiche Weise dar, wie es später in den Kapiteln erfolgt. Die Haltung beim Schreiben der Einleitung muss aber eine andere sein. Hier erhebt sich der Autor über das Thema, nimmt eine Metaperspektive ein, entfernt sich gleichermaßen ein wenig von seinem Text und kommt ihm dabei besonders nahe. Das mag paradox klingen. Aber Einleitungen, die erst nach ein paar Tagen Pause verfasst sind, gelingen besser als jene, die sofort und unmittelbar (und dann zumeist mit gefühltem Zeitdruck) geschrieben werden. Empfehlung deshalb: Bevor Sie Schluss und Einleitung verfassen, ziehen Sie Schritte, die Sie für die Folgezeit geplant haben, vor: zum Beispiel Korrekturlesen, Kürzungen, Gegenlesen durch Kommilitonen etc.
5. Die Bedeutung der Einleitung wird generell unterschätzt. Dies ist weit verbreitet. Die Einleitung wurde irgendwann geschrieben – zumeist in der ersten Hälfte der Bearbeitungszeit – und dann nie wieder so richtig angefasst. Damit liest sie sich so, als wäre ihr Autor noch nicht ganz auf der Höhe des Themas, als hätte er sein Feld noch nicht bestellt oder nicht so richtig und ganz durchdrungen. Häufig erfolgt eine „Synthese" der Gedankenstränge erst auf den „letzten Metern", erst ganz am Ende der Arbeit, vielleicht sogar in den letzten Tagen. Dann fügt sich im Kopf bezogen auf das Großprojekt Abschlussarbeit alles zu einem großen Ganzen zusammen. Diesen Punkt muss man abwarten, bevor man sich an die Einleitung macht.

> **Erfahrungsbericht: „Den gesunden Bereich finden!"**
>
> Das Wichtigste ist: Zeitdruck, und zwar eine gesunde Form davon, also gerade so viel, dass Dinge keinen Aufschub mehr erlauben und erledigt werden müssen. Allerdings darf die Zeit nicht so knapp werden, dass es nicht mehr zu schaffen ist. Den gesunden, orangenen Bereich beim Zeitdruck zu finden, dabei nicht ins Rote (= Unmögliche) oder Grüne (= Sichere) abzurutschen, das ist die Kunst. Das gilt aber nicht nur für Abschlussarbeiten.
> **Marc Krüger** ◀

8.3.2 Überschriften: Ein wenig Spaß darf sein

Jetzt können Sie aufatmen – denn im letzten Schritt dürfen Sie Spaß haben. Sie gestalten die Überschriften. Dies erfolgt ebenfalls wieder nach der Regel „von unten nach oben". Beginnen Sie auf der tiefsten Gliederungsebene, und arbeiten Sie sich von dort nach oben. Versuchen Sie, die Inhalte des Abschnittes jeweils präzise in der Überschrift anklingen zu lassen. So entsteht am Ende ein aussagekräftiges Inhaltsverzeichnis. Dieses fügen Sie dann in Form eines finalen Aktes automatisiert hinzu. Da Sie mit Formatvorlagen gearbeitet haben, erledigt dies die Software automatisch für Sie.

Sie können auch die Überschriften gemeinsam mit anderen Studierenden kreieren und den Kreativprozess zu einem Gemeinschaftserlebnis machen. Oder Sie diskutieren Ihre Titel mit ausgewählten Kommilitonen, die Ihnen mit Rückfragen helfen, präzise Inhalte zu vermitteln. Auf dieses Verfahren wird in Zeitungsredaktionen häufig zurückgegriffen. Für alle Texte, die auf einer Zeitungsseite oder in einem Ressort für die Ausgabe des folgenden Tages zusammengestellt werden, hält die jeweils zuständige Redaktion kurz vor Drucklegung eine „Überschriftenkonferenz" ab. Die im gemeinsamen Kreativprozess entstehenden Überschriften sollen dann den Inhalt nicht nur sehr treffend in Kürze fassen, sondern dem Leser vielleicht zusätzlich etwas Lesevergnügen bereiten, indem sie Inhalte zuspitzen, leicht ironisieren oder sogar karikieren.

Überschriften? Erklären Sie sich! Sie haben durchgängig in der Gliederungsansicht gearbeitet. Dann wäre es nach Abschluss aller Arbeiten an der Zeit, noch einmal über die Überschriften der verschiedenen Ebenen zu schauen. Ziel Ihres Inhaltsverzeichnisses muss am Ende sein, möglichst viel bereits in und mit dieser Übersicht kurzer Zeilen zu erklären. Deshalb ist es wichtig zum guten Ende auf die Überschriften zu schauen, diese genauer zu fassen und aufeinander abzustimmen. Hübsch wird ein Inhaltsverzeichnis dann, wenn die Titel auf den unterschiedlichen

Ebenen jeweils eine ähnliche Länge besitzen, eventuell auch ähnlich gestaltet sind, beispielsweise stets einen Gedankenstrich oder einen Doppelpunkt aufweisen und zwei Gedanken verarbeiten. In wissenschaftlichen Arbeiten sollten die Titel auch erklären, was inhaltlich im angegebenen Abschnitt zu erwarten ist.

Sie müssen nun in diesem finalen Überarbeitungsschritt zwei Überlegungen anstellen:

1. Ist die Gliederung logisch und konsequent? Muss noch etwas umgestellt werden? Kann sich ein unvoreingenommener Leser leicht orientieren? Wird der Leser an die Hand genommen und geführt? Ist die Argumentationskette bezogen auf die zentrale Fragestellung und These auch bereits in und mit dem Inhaltsverzeichnis nachzuvollziehen?
2. Sind die Überschriften in sich jeweils konsistent? Wird an ihnen deutlich, was im dazugehörigen Abschnitt beschrieben oder diskutiert wird? Bilden sie eine ideale Kombination aus inhaltlichem Wert und Leseanreiz?

Aus diesen Überlegungen wird die Aufgabe von Überschriften ersichtlich: Sie ordnen, schaffen Struktur und Logik, sie führen den Leser, sie machen aber im gleichen Moment Lust darauf, den dazugehörigen Abschnitt oder das Kapitel zu lesen, das sie einführen. Erinnern Sie sich noch an die Regel: „Nehmen Sie nichts in Ihre Gliederung auf, das nicht direkt mit Ihrer zentralen Frage oder These in Verbindung steht!"? Deren Einhaltung können Sie in diesem abschließenden Schritt noch einmal gut überprüfen!

8.3.3 Gegenlesen: Lernen Sie die Verunsicherung lieben

Viele Studierende haben Hemmungen, Ihre Arbeit von Kommilitonen oder Freunden gegenlesen zu lassen. Hier regiert die Angst, erneut in den Zweifel gestürzt zu werden, vielleicht erneut das noch immer schwache Selbstkonzept anzukratzen. Blicken Sie zurück auf die vorangegangenen Punkte, sehen Sie, was Sie in den vergangenen Wochen geleistet haben, und seien Sie stolz auf Ihr Werk. Stellen Sie sich vor, Ihre Arbeit wird als Buch veröffentlicht und erreicht damit einige Hundert, vielleicht sogar mehrere Tausend Leser. Gehen Sie mit dieser Einstellung ans Werk, dann freuen Sie sich über jeden „ersten" Leser, der Ihnen Hinweise zur Korrektur und Überarbeitung gibt.

Bewerten: Wie man der Rezeption begegnet!

9

Wenn Sie wissen, wie Ihre Arbeit gelesen wird, wenn Sie wissen, wie Ihr Betreuer seine Gutachten verfasst, werden Sie schnell erkennen, dass es keinesfalls ideal ist, einzelne Kapitel nacheinander zu schreiben. Die Erkenntnis dieses Kapitels muss sein: Vergessen Sie die Linearität! Abschlussarbeiten schreiben sich wie bereits mehrfach angedeutet nicht von „vorne nach hinten". Zumeist übrigens werden sie auch nicht auf diese Weise gelesen. Schauen wir uns also zuerst einmal an, mit welchen Rezeptionsmustern sich die Betreuer Ihrer Arbeit ans Werk machen. Bedenken Sie dabei, dass sich im Zuge der Massenuniversität und steigender Studierendenzahlen in allen Hochschulformen häufig bei einzelnen Betreuern sehr viele Arbeiten zur gleichen Zeit stapeln. Das bedeutet, man muss als Dozent sehr effizient und schnell viele hundert oder gar tausend Seiten bewältigen können. Das geht nur mit ausgefeilten Arbeitsroutinen. Drei mögliche Routinen möchte ich Ihnen hier vorstellen.

9.1 Lesetypen-Bingo: Eine fröhliche Dozenten-Auswahl

Es ist nie falsch, sich mit seiner Zielgruppe intensiv auseinanderzusetzen. Dies gilt insbesondere für wissenschaftliche Arbeiten, die einem Begutachtungsprozess unterworfen werden. Hier sollte man also gut Bescheid darüber wissen, mit wem

Ergänzende Information Die elektronische Version dieses Kapitels enthält Zusatzmaterial, auf das über folgenden Link zugegriffen werden kann [https://doi.org/10.1007/978-3-658-45072-4_9]. Die Videos lassen sich durch Anklicken des DOI-Links in der Legende einer entsprechenden Abbildung abspielen, oder indem Sie diesen Link mit der SN More Media App scannen.

Abb. 9.1 Wie Gutachter lesen (▶ https://doi.org/10.1007/000-c5m)

man zu rechnen hat. Die folgenden Lesetypen stellen eine erste Annäherung zur Verfügung. Wenn Sie mögen, können Sie die Liste gerne gedanklich erweitern. Mehr zur Begutachtung erfahren Sie auch im verlinkten Video (Abb. 9.1).

9.1.1 Dozenten lesen – der Kontexttyp

Der Gutachter beginnt mit dem Titel, blättert dann ins Literaturverzeichnis und prüft, ob die angegebenen Quellen mit seinen grundlegenden Überlegungen zum Thema übereinstimmen. Die leitenden Fragen wären: „Welche Autoren werden genannt? Bei welchen Quellen würde ich selbst beginnen? Sind interessante, mir noch unbekannte Autoren und Beiträge verarbeitet? Wie steht es um die Ausgewogenheit – abhängig vom Thema – zwischen wissenschaftlichen Fachzeitschriften, Monografien und Internetquellen? Sind die ‚richtigen', also für das Fach einschlägigen Fachzeitschriftentitel und Verlage berücksichtigt?". Aus diesem Grund nennen wir diesen Leser auch den „Kontext"-Typen. Er sucht mit dem eigenen (zumeist weiten) Horizont die Anschlussfähigkeit der Arbeit an das Fach und seine Protagonisten. Erst dann, wenn dieser Aspekt „abgehakt" ist, wendet sich der Gutachter der Einleitung zu und fällt hier die Entscheidung, ob er die Arbeit insgesamt lesen will, beziehungsweise muss, oder ob er nicht sogar bereits an diesem Punkt eine Notenentscheidung treffen kann.

Zumeist wird die Arbeit dann gelesen, wenn der Autor sich für das Thema einnehmen und begeistern kann, wenn er das Interesse des Gutachters nicht nur weckt, sondern auch über mehrere Seiten hält. Regelmäßig fällt die Entscheidung zum genaueren Studium der Texte bei sehr guten und sehr schlechten Arbeiten: bei ersteren, weil es Spaß macht (und auch Gutachter lieber Gutes als Schlechtes lesen), bei Letzteren, weil man immer genau abwägen muss, ob ein Kandidat bestehen kann oder nicht. Bei dieser weit verbreiteten Arbeitsroutine werden Arbeiten selten ganz gelesen und rezipiert. Vielmehr werden per Nagelprobe einzelne Kapitel ausgewählt und tiefer studiert; diese einzelnen Abschnitte entscheiden dann am Ende maßgeblich über die Note.

Enthalten diese Arbeiten empirische Teile, wird der Kontext-Typ stets auch die Datenauswertung genauer anschauen und sich – zumindest kurz – ebenfalls der Methodenbegründung widmen.

9.1.2 Dozenten lesen – der Strukturtyp

Viele Betreuer stimmen zwar im Rahmen der Anmeldung sehr intensiv den Titel ab, achten dann aber bei der Bewertung erst einmal nur auf den Autor und blättern sofort und unmittelbar ins Inhaltsverzeichnis. Weil dieser Typ durchaus verbreitet scheint, wäre die Empfehlung an dieser Stelle, sehr genau darauf zu achten, wie die Arbeit gegliedert ist, wie aussagekräftig die Überschriften für Kapitel der ersten, zweiten und dritten Ebene gestaltet werden.

Die Logik der Arbeit sollte sich – für den „Strukturtypen" unter den Betreuern – tatsächlich auf einen Blick erschließen. Wie geht der Autor vor, wie wird der rote Faden entwickelt und ausgelegt, wie wird der Eindruck von „Schlüssigkeit" vermittelt? Mit Glück fällt der Blick noch einmal auf den Titel, bevor das in der Gliederung als interessantester Abschnitt erkannte Kapitel sofort gelesen wird. Der Strukturtyp ist in der Lage, logische Brüche und Schwächen der Arbeit bereits nach wenigen Sekunden in der Gliederung auszumachen.

Er sucht nach den erweiternden Aspekten der Forschungsarbeit und interessiert sich für die Argumentation. Wenn keines der inhaltlichen Kapitel als besonders wesentlich erkannt wird, wendet sich dieser Dozent sehr schnell dem Fazit zu, das dann eine sehr klare Abfolge von Thesen und Argumenten aufweisen sollte. Schließlich geht es auch hier um das schnelle Erfassen von Struktur. Der Strukturtyp legt großen Wert darauf, durch das Thema geleitet zu werden, er hasst wenig aussagekräftige Kapitelüberschriften und will die zentralen Gedanken allein schon aus dem Inhaltsverzeichnis zumindest aber aus Einleitung und Fazit schließen.

9.1.3 Dozenten lesen – der Intuitionstyp

Intuitive Gutachter bleiben zumeist beim Titel hängen, lesen dann Einleitung und Schluss und achten insbesondere darauf, dass hier keine logischen Brüche entstehen. Intuitiv wollen sie die Essenz der Arbeit in sich aufnehmen und entwickeln ihren ersten Noteneindruck auf Basis eines Bauchgefühls. Dieses Gefühl kann man tatsächlich gut erzeugen, wenn man Einleitung und Fazit gedanklich zusammenzieht.

Bei Anwendung eines solchen Prozesses weiß man sehr schnell, wie viel Gedanken in der Arbeit stecken, wie viel Mühe sich der Autor gegeben hat, um seine Leser abzuholen, wie viel Sorgfalt für die Argumentation aufgewendet wurde und wie viel „Herzblut" in die Bearbeitung des Themas geflossen ist. Wer flüssige Einleitungen schreibt, kennt sich im Thema aus, weiß einen großen Bogen zu schlagen und das eigene Thema vorbildlich in den Kanon des jeweiligen Faches einzuordnen – so jedenfalls die Überzeugung des intuitiven Typus.

Ob er am Ende weiterliest, wer weiß. Oft genügt ihm auch ein kurzes Durchblättern der Seiten, um ein Bewusstsein zu entwickeln. Wer den Intuitionstyp „abholen" will, muss die Arbeit hervorragend einleiten und souverän abschließen. Hier sollte das Thema umfassend ausgebreitet und in der Tiefe durchdrungen sein. Es geht nicht um die Details, es geht um die große Linie und die zentralen Gedanken, die die Autoren bei ihrer Arbeit entwickeln. Dies zu erfahren, gibt diesem Typen ein gutes Gefühl – und was könnte eine bessere Voraussetzung für eine gute Bewertung sein?

9.1.4 Schnellleser? Nicht irritieren lassen!

Abschlussarbeiten zu lesen ist Übungssache. Lassen Sie sich also nicht davon irritieren, dass Ihr Dozent möglicherweise nicht allzu viel Zeit mit Ihrer Arbeit verbringt. Es gibt tatsächlich geübte Wissenschaftler, die in wenigen Minuten nicht nur die Essenz einer Arbeit erkennen, sondern die in kürzester Zeit eben auch den Argumentationsgang, die methodische Vorgehensweise und die abschließend zusammengefassten Erkenntnisse verarbeiten.

Es mag überraschen, dennoch gilt: Unterschätzen Sie den Schnellleser nicht, der sich mit einem kurzen Blättern vor dem Kolloquium noch schnell einen Überblick verschafft. Gerade im Wissenschaftsbetrieb lassen sich einige Menschen finden, die ein sehr leistungsfähiges Gedächtnis besitzen. Oft können sie verschiedene Prozesse sehr schnell und ausgesprochen effizient ablaufen lassen. Dies gilt ganz besonders dann, wenn sich beispielsweise Haus- oder Bachelorarbeiten auf Konzepte konzentrieren, die zum langjährigen Kanon des Faches zählen. Dann kann man getrost danach schauen, welche Autoren zitiert werden, auf welche Basiswerke immer wieder zurückgegriffen wird (hierzu reicht schnelles querlesen im Regelfall), denn es ist beinahe eine Grundregel, dass Studierende immer wieder auf Bücher und Beiträge zurückgreifen, die aus ihrer Sicht das von ihnen gewählte Themenfeld gut und vor allen Dingen verständlich abstecken. Diese genutzten Basisquellen erfasst man beim Lesen interessanterweise schneller, wenn man die vorliegenden Seiten sehr schnell querliest, die Arbeit vermeintlich nur oberflächlich durchblättert und dabei ausschließlich auf die genutzten Quellen und wesentliche Stichworte achtet.

Häufig merkt man so auch, dass der Studierende seine eigene Arbeit an dieser Quelle auch gliederungsmäßig orientiert. Hier muss kein Gutachter intensiv hineinlesen, denn die Basiswerke seines Faches sind ihm bekannt; er wird die Seiten querlesen und vieles überblättern. Es kann für ihn von Vorteil sein, insbesondere mäßige Arbeiten bestehen den Schnelllesetest nicht oder nur mit mangelhaftem oder ungenügendem Ergebnis.

Erfahrungsbericht: „Pragmatismus vor inhaltlicher Genauigkeit"

Es war 1992, und es war in Nicaragua. Ich ließ mit meiner Co-Autorin unser Manuskript mühselig aus dem Drucker mit dem Lochpapier, um es noch vor Ende des Auslandssemesters an unseren Betreuer an der Uni Salzburg zu schicken. Das Manuskript erhielt er angeblich nie. Zurück in Österreich verschmiss er die Diplomarbeit zwei Mal. Wir saßen Stunden vorm Büro unseres Betreuers, damit er es schaffte, in vier Monaten zumindest meinen Teil anzusehen. Meine Co-Autorin war weniger hartnäckig. Bei ihr dauerte es ein Jahr.

Das Learning aus der Geschichte:

1. Bei der Betreuerwahl ist Pragmatismus oft besser als inhaltliche Passgenauigkeit, und Coachingfähigkeiten sind oft wichtiger als Facherxpertise.
2. Sich gut informieren, was der Betreuer will und wie er ist.
3. Das Zeitmanagement des Betreuers kennen und mit ihm abstimmen.
4. Im Falle der Fälle bringt Hartnäckigkeit ans Ziel.

Silvia Ettl-Huber ◄

9.1.5 Nichtleser, Gutachtenmuffel, Notenjonglierer

Sie haben es längst gemerkt, alle bereits aufgeführten Varianten einer Lesertypologie tun eines: Sie gehen davon aus, dass Ihre Arbeit auch gelesen wird. Spätestens im Zeitalter von Massenuniversität und -hochschule ist dies jedoch nicht mehr selbstverständlich. Sie können dies natürlich – wie viele andere vor Ihnen – testen, indem Sie einen unsinnigen Satz in Ihrer Arbeit verstecken, die den Gutachter vielleicht dazu auffordern, Ihnen eine Mail zu schicken. Wird sie nicht geschickt, hat er (vermutlich) nicht gelesen. Aber eine sichere Ausschlussmethode stellt auch dies nicht dar. Die Empfehlung des Writing Code ist: Geben Sie alles, um Ihren Gutachter davon zu überzeugen, dass er die Arbeit gerne liest. Wenn Sie die Arbeitsroutine (vgl. Abschn. 1.2 und 5.5) einhalten, steigert dies aus meiner Sicht die Chance, tatsächlich gelesen zu werden, unmittelbar. Warum? Ganz einfach: Der Writing Code zwingt Sie dazu:

- besonderes Augenmerk auf die Einleitung zu legen – wenn Ihr erster Leser von den ersten Sätzen überzeugt wird, gelingt es Ihnen vielleicht, das Interesse komplett zu gewinnen,
- ihre Gliederung übersichtlich und aussagekräftig zu gestalten; im Idealfall formulieren Sie die Überschriften ja zum Schluss – und geben damit über die Gliederung schon jede Menge Informationen zum Gedankengang,
- im Text immer wieder „Leuchttürme" zu setzen, die selbst beim Durchblättern jeweils die Kapitelanfänge leicht lesbar gestalten und wichtige Inhalte ausleuchten.

Wenn Sie eher auf „Durchkommen" pokern und die Note am Ende egal ist (und dies ist ja in Bachelorstudiengängen regelmäßig der Fall – wer ökonomisch in ECTS denkt, kann an mancher Hochschule auf die Mühe mit der BA weitestgehend verzichten), dann können Sie natürlich vom Nichtleser profitieren. Sie machen einfach im Kolloquium (siehe Kap. 6), in der Verteidigung, in der Disputation eine gute, nein: die beste Figur und können damit Ihre Note optimieren, selbst dann, wenn Sie eine reichlich mäßige oder schlichtweg schlechte und unliebsam auf das Papier geworfene Arbeit einreichen. Meine persönliche Erfahrung zeigt jedoch, dass Studierende Wert darauf legen, tatsächlich ein faires und inhaltlich fundiertes Feedback zu bekommen. Schließlich haben sie sich zumeist über Wochen und Monate mit dem Thema beschäftigt und sich intensiv bemüht, eine gute, tragfähige Linie zu finden. Ergo: Es ist in dieser Sicht nur fair, dass ein Gutachter dies auch würdigt. Das Gefühl, einen wertvollen Beitrag und Leistung erbracht zu haben, will am Ende belohnt sein. Es mag sein, dass Sie schnellstmöglich Ihr Studium abschließen wollen, langfristig gedacht (und hier sprechen auch die zusammengetragenen Erfahrungsberichte für sich) ist das eher suboptimal.

Dies alles kann nicht darüber hinwegtäuschen: Ja, es gibt vermutlich Nichtleser unter den Gutachtern. Diese, so leid mir dies auch tut, können Sie mit ein wenig Menschenkenntnis lange vor Ihrem finalen Arbeitsschritt identifizieren ... (der Erlebnisbericht von Prof. Dr. Silvia Ettl-Huber dürfte hier ebenfalls durchaus aussagekräftig sein). Dem bliebe dann auch nichts hinzuzufügen. Wenn Sie ehrlich sind, dann gehen Sie eben durchaus opportunistisch an diese Wahl, weil jene Dozenten bereits im Studium dadurch aufgefallen sind, dass sie mit der Vergabe guter Noten sehr großzügig verfahren. Hier bliebe einmal mehr darauf zu verweisen, wie Sie Ihr Studium und damit auch Ihren Abschluss verstehen wollen, als etwas, das Sie sich selbst erarbeitet haben, oder als etwas, das Sie einfach abhaken wollen „um zu" (also beispielsweise, um bessere Aufstiegsmöglichkeiten im Job zu haben, schneller mehr Geld zu verdienen, bessere Karrierechancen als geringer Qualifizierte zu haben).

Was Sie beachten müssen: Mit ihren Noten, die jene nichtlesenden Gutachter aus einem wie auch immer gelagerten Bauchgefühl herausbilden, liegen diese häufig nicht einmal daneben. Sie verbinden zumeist eine gute Menschenkenntnis und die Erfahrungen aus dem laufenden Studiengang mit einer Einschätzung Ihrer Person. Diese wird im Kolloquium anschließend anhand Ihrer Ausführungen gefestigt.

Sie können gerade dort sehr schnell erkennen, ob Ihre Gutachter sorgfältig oder weniger sorgfältig gelesen haben. Wenn Sie hier noch einmal Ihre Inhalte vorstellen dürfen, ohne dass Sie unterbrochen werden, können Sie eher von Letzterem ausgehen. Ansonsten nämlich wollen die Prüfer eher wissen, was Sie heute anders machen würden, welche methodischen Veränderungen Sie vornehmen würden, wie Sie Ihre Frage beantworten würden und welche Aspekte für künftige Forschung bleibt (vgl. dazu ausführlich Kap. 6).

Erfahrungsbericht: Krönender Abschluss statt letztes Hindernis

Für mich war die Bachelorarbeit nur ein letztes Hindernis. Inzwischen habe ich festgestellt, dass ich Themenwahl und ‚Schreiberei' tiefer gehend hätte berücksichtigen sollen. Soll heißen: Ein Thema finden, das für die Zukunft hilfreich ist UND mich interessiert, mich vielleicht auch herausfordert. Zwar hatte ich nach dem Bachelor keine Ahnung, wo ich später landen würde, und ob ich noch einen Master anschließe, aber ich hätte mir die Chance lassen sollen, hätte mich mit jener Thematik befassen sollen, die mich nach fünf Semestern Medienmanagement am meisten fesselt. Stattdessen habe ich mein Thema passend zu meinem Bachelor-Praktikum gewählt, welches mir ermöglichte, im Betrieb zu schreiben, meine Experten um mich herum zu befragen und möglichst wenig andere Themen mit einzubeziehen.

Für mich war meine Bachelorarbeit leider nur eine letzte Hürde, über die ich dann versucht habe, mit Hängen und Würgen ‚drüberzukommen'. Sie hätte sein sollen: ein Abschluss, eine Würdigung meines Wissens, ein Ausblick oder zumindest relevant für mein zukünftiges Arbeitsfeld.

Würde ich heute nochmal eine Arbeit schreiben, würde ich mein Thema zuallerletzt festlegen. Ich würde ein grobes Themengebiet bestimmen, welches ich gründlich recherchieren würde, würde dann Thesen auswählen und widerlegen. Und erst abschließend dann, würde ich das Thema konkret bestimmen, als Spezialist darüber eine Arbeit schreiben und hoffentlich Spaß daran haben.

Mein Tipp also: Habt Spaß (nicht zu viel!), fordert Euch in gleichem Maß heraus und hinterfragt Euch immer wieder.
Sophia Manns ◀

9.2 Bewertungspraxis: Gutachten und ihre Bestandteile

Was man an dieser Stelle für sich mitnehmen sollte: Keiner der im vorangegangenen Abschnitt vorgestellten Typen – und es gibt sicher eine erkleckliche Zahl weiterer Varianten – liest die Arbeit von vorne nach hinten. Mit Glück trifft man auf einen sorgfältigen und sendungsbewussten Gutachter, der es als Aufgabe sieht, Arbeiten intensiv zu lesen und genau zu bewerten. Je nach Eigenleistung aber profitieren auch Studierende häufig von eher oberflächlicher Begutachtung ihrer Ergüsse.

Nun die Frage: Wenn aber Hausarbeiten und auch die sorgfältig erstellten Abschlussarbeiten eher selten linear rezipiert werden, warum in aller Welt sollte man sie dann linear schreiben?

> **Der wichtigste Merksatz des vorliegenden Buches lautet also**
> Wissenschaftliche Schriften – egal ob Haus- oder Abschlussarbeit und Dissertation – werden grundsätzlich nicht linear, nicht von vorne nach hinten geschrieben!

Das klingt logisch und nachvollziehbar – und dennoch wird dieser Merksatz selten wirklich befolgt. Eine überwiegende Zahl von Studierenden beginnt mit der Einleitung und schreibt am Ende das Fazit. Und selbst dann, wenn einzelne Kapitel zu unterschiedlichen Zeitpunkten entstehen, und vielleicht schon einmal Kapitel vier vor dem zweiten Kapitel formuliert wird, so ist das grundlegende Denk- und Handlungsmuster sehr häufig linear angelegt. Was aber, wenn man die Einleitung schon schreibt, ohne das Ergebnis zu kennen, ohne zu wissen, worauf die Arbeit hinausläuft? Kann man dann auch geneigte Leser für die eigene Arbeit begeistern und dazu bringen, dass sie sich gerne und mit großem Vergnügen mit dem Thema beschäftigen? Nun, man mag einwenden, dass man die Einleitung am Ende noch einmal überarbeiten kann und vielleicht auch wird. Dennoch werden aus der ersten Fassung immer einige Reste stehen bleiben. Insgesamt entsteht auf diese Weise eine suboptimale Fassung.

9.2.1 Orientierungshilfe: Ein Bewertungsraster

In den meisten Hochschulen werden ähnliche Bewertungsmaßstäbe für Hausarbeiten oder Abschlussarbeiten verwendet. Man sollte also nicht zu schnell davon ausgehen, dass die Dozenten und Betreuer jeweils eigene und unterschiedliche Anforderungen haben. Das mag in Nuancen eine Rolle spielen, am Ende aber werden insbesondere die hier zusammengetragenen Aspekte in die Bewertung einfließen. In der folgenden Tabelle wird auch versucht, eine Gewichtung vorzunehmen. (Tab. 9.1). Die Tabelle wurde von den Hochschullehrern im Bereich Medien an der Hochschule Ostfalia in Salzgitter mit Anregungen und Hinweisen von Vertretern der Universitäten Leipzig (Kommunikationsmanagement) und Darmstadt (Elektrotechnik) gemeinschaftlich entwickelt und wird direkt für die Begutachtung von Abschlussarbeiten verwendet. Zu jedem der enthaltenen Punkte wird ein kleiner Textabsatz ausgeführt, damit Absolventen schnell erkennen, wo und wie ihre Arbeit Schwerpunkte setzt und im Bild der Gutachter gute beziehungsweise schlechte Ergebnisse generiert hat. Die Gesamtbeurteilung der schriftlichen Arbeit setzt sich aus den gewichteten Einzelnoten zusammen. Anschließend wird diese noch mit einem mündlich zu leistenden Kolloquium zusammengeführt, wobei schriftliche und mündliche Note zu zwei beziehungsweise zu einem Drittel gewichtet werden.

Tab. 9.1 Bewertungsraster für Abschlussarbeiten. Eigene Darstellung in Anlehnung an das an der Ostfalia Hochschule, Campus Salzgitter, Bereich Medien verwendete Raster

Thematisierung, Themenwahl, Fragestellung und Thesenformulierung (15 %)
• Präzision der Themenstellung
• Aussagekraft des Titels
• Formulierung der Forschungsfrage
• Relevanz des Themas für das Fach
• Diskussion der Themenrelevanz in der Arbeit
• Fähigkeit zur Formulierung einer zentralen These
Gliederung, Aufbau, roter Faden (15 %)
• Stringenz der Gliederung
• Erkennbarkeit eines roten Fadens
• Fähigkeit zur Führung des Lesers
• Inhaltliche Brüche
• Logik des Argumentationsgangs

(Fortsetzung)

Tab. 9.1 (Fortsetzung)

- Adäquanz der Gliederung
- Verbindung der Einzelteile
- Angemessenheit des Umfanges

Theoretisch-konzeptionelle Qualität (20 %)
- Fähigkeit zur Arbeit mit Begriffen
- Reflexion und Diskussion der Begriffe
- Analytische Qualität (im direkten Gegensatz zu reiner Deskription)
- Berücksichtigung des aktuellen Forschungsstandes
- Qualität des Quellenmaterials
- Verweis auf zentrale Autoren und Werke
- Verwendung einschlägiger wissenschaftlicher Fachzeitschriften
- Internationalität – (abhängig von der Fragestellung)
- Fähigkeit zur Schwerpunktsetzung
- Theoretische Durchdringung des bearbeiteten Feldes
- Bezug aller Inhalte und Argumentationsstränge zur zentralen These
- Fähigkeit zur Reflexion gewonnener Erkenntnisse
- Eigenständige und über die Quellenarbeit hinausgehende Argumentation

Empirisch-analytische Qualität (20 %)
- Wahl einer adäquaten Methode
- Beantwortung der Frage, warum diese Methode die Forschungsfrage bearbeitet
- Begründungsgang zum methodischen Vorgehen
- Stellungnahme zu deduktivem oder induktivem Vorgehen
- Bildung von Hypothesen und Unterhypothesen
- Quantitative Umsetzung: Hypothesen werden vorab formuliert
- Qualitative Umsetzung: Ableitung der Hypothesen aus den gewonnenen Daten
- Kritische Diskussion von Repräsentativität oder Nichtrepräsentativität
- Sorgfalt der Datenerhebung und deren Dokumentation (im Grunde: Wissenschaftlichkeit der Datenerhebung).
- Validität und Reliabilität der Untersuchung, sowie Selbsteinschätzung zu diesen Punkten
- Übersichtlichkeit und Nachvollziehbarkeit der Ergebnisdarstellung
- Formulierung von Anknüpfungspunkten für die zukünftige Forschung
- Kritische Reflexion und Diskussion der eigenen Daten

Fazit, Schlussfolgerungen (20 %)
- Qualität der zusammenfassenden Darstellung und Interpretation
- Darstellung des Erkenntnisgewinns
- Übersichtlichkeit der Ergebnispräsentation
- Brücke zur Einleitung, finale Umsetzung des roten Fadens
- Bezug der Erkenntnisse mi Blick auf die Ausgangsfragestellung
- Praxisrelevanz (oder theoretische Qualität) der Schlussfolgerungen
- Innovationsgrad, Eigenständigkeit
- Wissenschaftlicher Ertrag

(Fortsetzung)

Tab. 9.1 (Fortsetzung)

Form, Stil, Rechtschreibung, Berücksichtigung der „guten Praxis" wissenschaftlichen Arbeitens (10 %)
• Zitierweise und Fähigkeit zur direkten und indirekten Rede, „Paraphrasierungsqualität"
• Sprache, Stil, Verständlichkeit, Nachvollziehbarkeit, angemessene Wortwahl
• Rechtschreibung und Zeichensetzung
• Layout, Abbildungen, formale Umsetzung
• Zitierweise (korrektes Zitieren, Quellenangaben)
Endnote = 10 % Thematisierung + 15 % Gliederung + 20 % theoretisch-konzeptionelle Qualität + 20 % empirisch-analytische Qualität + 20 % Fazit und Ausblick + 10 % Formalia und Rechtschreibung.

9.2.2 Bewertung: Kurzgutachten für Bachelorarbeiten

Um zu erkennen, wie ein Gutachter vorgehen kann, sind in den folgenden Unterabschnitten Bachelorarbeiten mit ihren Gutachten vorgestellt. Achten Sie insbesondere darauf, welchen Details der Gutachter hier seine Aufmerksamkeit schenkt, wo er seine Schwerpunkte setzt. Zumeist werden in den kurzen Ausformulierungen einzelne Aspekte betont, die in den Hinweisen unter den Überschriften der jeweiligen Rubrik erscheinen (vgl. Bewertungsraster in Abschn. 4.3).

Hinzu kommt, dass selbst bei gut oder sehr gut bewerteten Arbeiten zahlreiche Aspekte aufgenommen werden, die der Gutachter als eher problematisch erlebt. Dies ist einer Tradition geschuldet, die man mit dem lateinischen Wort „ex negativo" bezeichnet. Gutachten werden generell auf diese Weise aus dem Negativen, mit Blick auf Probleme, unlogische Aspekte, wenig sorgfältig ausgearbeitete Inhalte, schlecht formulierte Abschnitte, schwierige Stellen erstellt, also mit Betonung der Kritik. Begutachtungen von wissenschaftlichen Arbeiten nehmen sich stets der Kritik an. Sie fragen beispielsweise: Wo liegen die Fehler? Was hätte ich anders gemacht? Bildet die Methode tatsächlich die beste Möglichkeit ab, die Forschungsfrage zu beantworten? Hätte es andere Wege gegeben, das Ziel zu erreichen? Welche Aspekte fehlen? Ist die Literatur umfassend abgebildet, oder sind mir weitere Werke oder Autoren bekannt, die sich mit dem Thema befassen? Ist der Gang der Untersuchung logisch aufbereitet und werden die Kapitel sinnhaft miteinander verknüpft?

Nun mögen Sie vielleicht fragen, welchen Sinn es hat, Gutachten zu lesen, deren Hintergrund Sie nicht kennen, deren Ausgangstext Sie nicht gelesen haben. Die Empfehlung an dieser Stelle wäre: Lassen Sie sich darauf ein, denn:

- Sie werden unzählige Hinweise für die Arbeit an Ihrem eigenen Thema finden,
- Sie werden erkennen, wie Gutachter vorgehen, wie sie denken und welche Kriterien sie besonders wichtig nehmen, also welche Schwerpunkte sie setzen,
- Sie werden darüber hinaus erfahren, wie wichtig es ist, einen roten Faden in Ihrer Arbeit zu erkennen und alle Ausführungen an Ihrer Ausgangsfragestellung abzugleichen.

Sie können aus den folgenden Abschnitten noch mehr „herausholen", wenn Sie sich einen Notizblock an die Seite legen und kurze Stichworte zu Ihren Erkenntnissen formulieren, beispielsweise zu der Frage, wie die Gutachter Methoden reflektieren und bewerten. Diese zum Beispiel – und das ist in allen Gutachten sehr gut erkennbar – werden stets daraufhin überprüft, ob sie ein passendes Werkzeug zur Beantwortung der Forschungsfrage darstellen.

Erfahrungsbericht: „Mut zum Eingrenzen, Weglassen, Wegstreichen!"

Beim „Kampf mit der Prokrastination" half mir eine Vereinbarung mit einer Freundin. In der Cafeteria auf einem Stück Kaugummipapier hielten wir schriftlich fest, dass ich fünf Tage die Woche, vier Stunden am Stück (ohne zwischendurch etwas anderes zu machen) an der Abschlussarbeit arbeite. Das war quasi ein Vertrag, ohne Definition einer Vertragsstrafe. Durch diese Zusage schaffte ich es endlich, mich nicht von eintrudelnden E-Mails, FB, Kaffeepausen, HoPo oder meiner Stelle als Studentische Hilfskraft ablenken zu lassen. Zu Anfang war ich noch nicht einmal produktiv, aber das kam dann recht schnell, weil ich mir plötzlich die Zeit nahm und sie nicht mit anderen, auch damals wichtigen Dingen füllte.

Als Erfahrung habe ich mitgenommen, dass man Mut zum Eingrenzen, Weglassen und Wegstreichen haben muss. Nicht jede Facette eines Themas muss beleuchtet und mitgenommen werden. Ob die Erfahrung auch in einem Lerneffekt mündete, entzieht sich allerdings bis heute einer empirischen Prüfung.
Daniel Fochtmann ◄

9.2.2.1 Beispiel 1: Bachelorarbeit mit Publikationspotenzial

Im Folgenden lesen Sie das Gutachten zu einer Bachelorarbeit, die sich mit **Verflechtungsstrukturen im deutschen TV-Markt** beschäftigt – und hier genauer die fünf größten Fernsehsender des Landes daraufhin untersucht, wie diese mit Produktionsgesellschaften zusammenarbeiten und wirtschaftlich verflochten sind. Besondere Brisanz erhält das Thema, da unter den fünf größten Sendern vier öffentlich-rechtliche zu finden sind. Im Nachgang wurden die Erkenntnisse dieser

Arbeit in einer anerkannten wissenschaftlichen Zeitschrift publiziert (Hennecke und Rau 2016) auf die große deutsche Leitmedien aufgrund der Aktualität und Brisanz des Themas mit großer Resonanz reagierten (vgl. Seewald 2015a, b) in der Folge wurde der Ansatz sogar deutlich noch erweitert und in ein recht umfangreiches Buch gegossen (vgl. Rau und Hennecke 2016). Hier wurden also – für eine Bachelorarbeit eher unüblich – neue Erkenntnisse gewonnen. Trotz dieses großen Erfolges der Arbeit und seines durchaus bemerkenswerten Beitrages für die Forschung in seinem Fachgebiet, hat der Autor der Arbeit keine 1,0 erhalten, da sich die Gutachter in diesem Fall streng an ihrem Bewertungsraster orientiert haben. Hier die auf die obige Tabelle abgestimmte Bewertung der Arbeit.

Thematisierung, Themenwahl, Frage und These (15 %) – Note: 1,7
Das Thema ist treffend gewählt und für eine Bachelorarbeit gut geeignet, die Themenstellung ist weitestgehend präzise, die Formulierung der Forschungsfrage nachvollziehbar, wobei sie vergleichsweise offen gestellt ist. Das Thema trifft ins Herz der Disziplin und beschäftigt sich mit einer zentralen Frage des Medienmanagements.

Gliederung, Aufbau, roter Faden (15 %) – Note: 2,0
Die Gliederung ist komplex, für den Leser wird es an vielen Stellen nicht zu hundert Prozent nachvollziehbar, wo sich der Autor gerade bewegt, vieles zur Vorgehensweise wird zu Recht beschrieben, hemmt aber die Orientierung in der Arbeit (so zum Beispiel auf Seite 33 – hier wäre zu fragen, warum die Methode der Inhaltsanalyse vorgestellt wird, welchen Anlass der Autor dafür sieht?). Für den Gutachter ist tatsächlich Kap. 5 zentral. Die zu diesem Kapitel gehörenden Anhänge müssen dabei beachtet werden, denn diese machen die Arbeit wertvoll und hätten selbstbewusster herausgestellt werden müssen. Der Anhang mit den Beteiligungslisten hätte dabei durchaus übersichtlicher gestaltet sein können. Durch die Definition „Atlas" mit geografischem Verweis schafft sich der Autor zusätzlich das Problem, auch geografische Angaben machen zu müssen. Dies wäre nicht erforderlich gewesen.

Theoretisch-konzeptionelle Qualität (20 %) – Note: 1,3
Die Arbeit ist zielführend, das Thema sehr fleißig bearbeitet. Wäre hier nur der Fleiß zu bewerten, dann müsste zwingend eine 1,0 gegeben werden. Gut wäre gewesen, wenn der Autor noch stärker direkt mit den Sendern gearbeitet hätte und zumindest bei den öffentlich-rechtlichen Sendern auf deren Informationspflicht als Anstalt des öffentlichen Rechts verwiesen hätte. Dies hätte heilen können, dass es nicht gelungen ist, die zusätzliche Untersuchung durchzuführen. Dennoch wird für

die theoretisch-konzeptionelle Qualität der Arbeit eine 1,3 vergeben, da es dem Autor vorbildlich gelingt, Schaubilder zum Verflechtungsdickicht zu zeichnen und dies auch entsprechend zu begründen.

Empirisch-analytische Qualität (20 %) – Note: 2,3
Die Vorgehensweise ist gut und nachvollziehbar. Die Tatsache, dass der Autor die geplante Befragung zumindest von einer inhaltsanalytischen Auswertung der „Interviewabsagen" hat begleiten lassen, ist vorbildlich. Insgesamt hätte die Recherche noch tiefer gehend erfolgen können – im Falle der beteiligten öffentlich-rechtlichen Sender in jedem Fall über eine nachdrückliche Befragung mit Verweis auf die Informationspflicht. Nicht ganz nachvollziehbar erscheint dem Gutachter auch der Verzicht auf eine Integration der Senderfamilie ProSieben.Sat1. Hier wäre die Vermutung naheliegend, dass auch dieses Unternehmen in die Untersuchung hätte aufgenommen werden können oder müssen. Insbesondere vor dem Hintergrund, dass ProSieben.Sat1 wesentlicher Faktor im Duopol des privaten deutschen Fernsehmarktes ist.

Fazit, Schlussfolgerungen (20 %) – Note: 2,0
Fazit und Schlussfolgerungen hätten deutlich selbstbewusster ausfallen können und müssen. Schließlich gelingt dem Autor hier eine für die Wissenschaft wertvolle Leistung, und er steigert den Erkenntnisgewinn des Faches. Dennoch gilt: Die Hypothesen sind durchgängig bearbeitet, sorgfältig kommentiert und bewertet. Der Autor bleibt in guter Weise zurückhaltend, was die Bewertung anbetrifft – auch dies ist ihm zugute zu halten.

Form, Stil, Rechtschreibung, „gute Praxis" (10 %) – Note: 2,0
Die Rechtschreibung ist in Ordnung, stilistisch ist die Arbeit eher schwach. Einige grammatikalisch merkwürdige Satzkonstruktionen begegnen in nahezu jedem Kapitel. Die Zitierweise ist korrekt. Der Autor arbeitet sorgfältig, warum die Arbeit in den unterschiedlichen Kapiteln unterschiedlich formatiert ist, erschließt sich nicht.

9.2.2.2 Beispiel 2: Außergewöhnliche Methodenwahl

Als zweites Beispiel wird hier eine Arbeit gewählt, die sich sozialwissenschaftlich orientiert mit der Frage nach den Auswirkungen internetfähiger Endgeräte beschäftigt, die für Kinder in deutschen Haushalten zur Verfügung stehen. Ein sehr interessanter Aspekt dabei ist die Tatsache, dass die Autorin hier mit einem Onlinepanel arbeitet. Bei solchen Panels erklären sich Menschen grundsätzlich bereit, vergleichsweise regelmäßig an Befragungen teilzunehmen – und stellen auch ihre demografischen Daten zur Verfügung. Das bedeutet, dass Befragungen, die auf einem Onlinepanel beruhen, repräsentative Ergebnisse generieren. Dies ist bei Bachelorarbeiten eher selten gegeben. Bei Nutzung solcher Panels wird über den Befragungszeitraum hinweg exakt darauf geachtet, dass die Grundgesamtheit repräsentativ abgebildet wird. Das bedeutet, fehlen zur korrekten Abbildung der Grundgesamtheit „alleinerziehende Väter im Alter von 30 bis 35 Jahren, die jeweils ein Kind im Alter von 6 bis 10 Jahren betreuen", so werden diese algorithmisiert über die Befragungssteuerung im Panel besonders berücksichtigt, bis sich am Ende ein korrektes Spiegelbild der Grundgesamtheit ergibt. Dies erhöht die Aussagekraft der gewählten Stichprobe erheblich. Üblicherweise verursacht die Nutzung der Onlinepanels erhebliche Kosten. Kein Wunder, besteht doch in Aufbau und Pflege ihres Panels das eigentliche Kapital der anbietenden Unternehmen, zudem müssen die softwareseitigen Lösungen entwickelt werden, die auf sehr komplexe Weise für alle Befragungen Repräsentativität absichern.

Das gewählte Beispiel zeigt auch, dass die unterschiedlichen Bewertungsfelder auch in ihrer Benotung sehr stark voneinander divergieren können. Hier wird neben eine 2,7-Bewertung der theoretischen Substanz der Arbeit eine 1,3-Bewertung der empirischen Qualität gestellt. Dies ist für die vorliegende Arbeit gerechtfertigt.

Thematisierung, Themenwahl, Frage und Thesen (15 %) – Note 2,0
Die Thematisierung ist nachvollziehbar, die Motivation der Autorin wird ebenfalls deutlich. Ob es sich bei Kindern im Alter zwischen sechs und zehn Jahren jedoch tatsächlich um eine Generation „Always On" handelt oder ob diese erst in eine solche hineinwachsen werden, steht aus Sicht des Gutachters infrage. Die gewählte Fragestellung ist etwas unspezifisch und erfordert das Schärfen des Begriffes „neue Medien", dies leistet die Autorin lediglich zufriedenstellend.

Gliederung, Aufbau, roter Faden (15 %) – Note: 2,0
Die Gliederung ist übersichtlich, leider ist sie dabei wenig aussagekräftig, der Theorieteil ist sehr dünn und müsste stärker und gezielter auf die Forschungsfrage hinführen (vgl. theoretisch-konzeptionelle Qualität). Die Titel der Gliederung und damit die Überschriften für die Kapitel sind definitiv zu kurz gewählt, so erschließt sich die Arbeit nicht auf den ersten Blick. Aber insgesamt sind eine logische Vorgehensweise und ein roter Faden erkennbar.

Theoretisch-konzeptionelle Qualität (20 %) – Note: 2,7
Theoretisch-konzeptionell ist die Arbeit dünn und quellenarm, die zentrale Begriffsdiskussion müsste tiefer gehend erfolgen und auf mehr Quellen verweisen – das würde die Arbeit nicht ausdehnen aber tiefschürfender machen. Es wird auch nicht klar, warum das gewählte Konstrukt auf diese Weise bedeutsam ist. Ansatz-

weise wird dies in den Abschn. 2.3 und 2.4 geleistet. Insgesamt jedoch wird dem Gutachter nicht ersichtlich, wie die Autorin zu den abgeleiteten Forschungsfragen und Hypothesen gelangt. Vieles – gerade in den einführenden Kapiteln – ist sehr deskriptiv und an einigen Stellen auch unscharf dargestellt, die Quellenarbeit ist schwach.

Empirisch-analytische Qualität *(20 %)* – **Note: 1,3**
Die statistische Auswertung ist sehr sorgfältig durchgeführt, die empirische Analyse vorbildlich. Die Autorin nutzt ein Onlinepanel – und sie liefert damit eine aus empirischer Sicht außergewöhnliche Bachelorarbeit ab, die auf einer sinnvoll geschichteten Stichprobe basiert. So wird in den Berechnungen Cronbachs Alpha korrekt berechnet, die Signifikanzen sind im Kontext der Varianzanalyse gut angegeben, bei Anova hätte es noch eines noch eines Post-hoc-Tests bedurft (um zu wissen, welche Gruppen sich signifikant unterscheiden). Zwingend hätte die Autorin jedoch noch transparenter machen müssen, um welches Panel es sich hier handelt, wie dessen Repräsentativität gesichert ist etc. Insgesamt ist die Darstellung der Auswertung gut und übersichtlich gelöst.

Fazit, Schlussfolgerungen *(20 %)* – **Note: 2,0**
Die Schlussfolgerungen im Rahmen der Diskussion sind angemessen und zeigen, dass sich die Autorin mit ihren Daten intensiv auseinandergesetzt hat. Es wird hier allerdings auch ersichtlich, dass die Arbeit vermutlich linear entstanden ist. Eine stärkere Untergliederung der Diskussion wäre wünschenswert gewesen. Das als Fazit gekennzeichnete Kapitel ist im Grunde kein Fazit, stattdessen wird dieses in der Diskussion vorweggenommen, deshalb auch klammert die Bewertung das (schlechte) Kap. 8 aus. Die Forderungen am Ende zeigen eine eher unwissenschaftliche Tendenz.

Form, Stil, Rechtschreibung, „gute Praxis" *(10 %)* – **Note: 2,3**
Die Rechtschreibung ist weitestgehend in Ordnung, der Stil könnte ausgefeilter sein, viele einfache Aussagesätze reihen sich aneinander. Es wäre der Autorin ebenfalls zu empfehlen, wissenschaftliche Zusammenhänge differenzierter darzustellen, dies wirkt sich ebenfalls auf die Bewertung des Stils aus. Die Zitierweise ist gut, allerdings ist sowohl die Zahl als auch die Qualität der verwendeten Quellen eher unterdurchschnittlich.

9.2.2.3 Beispiel 3: Ausgezeichnete Arbeit „ex negativo"
Es soll an dieser Stelle neben einer schlechten (Beispiel 4) auch noch eine exzellent bewertete Arbeit aufgenommen werden. In Beispiel 3 beschäftigt sich die Autorin

mit einem wirtschaftswissenschaftlichen Thema: **Die Entscheidungstheorie im Marketing.**
Hieran fällt auf, dass es Gutachter deutlich leichter haben, wenn ihnen eine exzellente Arbeit vorliegt. Das hier mit aufgenommene Kurzgutachten kann, da ja auch hier der Grundsatz „ex negativo" gilt, deutlich kürzer ausfallen.

Thematisierung, Themenwahl, Frage und Thesen (15 %) – Note: 1,0
Der Titel ist so knapp wie präzise und führt direkt zum Kern der Arbeit. Die zentrale Fragestellung und die aus Sicht des Gutachters passgenaue Gliederung der Arbeit werden sorgfältig in der Einleitung abgeleitet. Die Themenstellung wird gekonnt präzisiert und moduliert.

Gliederung, Aufbau, roter Faden (15 %) – Note: 1,3
Die Gliederung ist nachvollziehbar, der rote Faden gut und erkennbar ausgelegt, der Leser wird gut geführt. An einigen Stellen ufert die Arbeit etwas aus, und Kürzungen hätten vermutlich wohlgetan, aber es gibt keine inhaltlichen Brüche, die Logik des Argumentationsganges ist sehr gut, die Einzelteile werden nachgerade vorbildlich verbunden. An einigen Stellen – zum Beispiel auf Seite 38 – hätte die Bedeutung der gerade geführten Diskussion für die zentrale Themenstellung klarer verdeutlicht werden müssen.

Theoretisch-konzeptionelle Qualität (20 %) – Note: 1,0
Die Arbeit ist über weite Strecken brillant formuliert und zusammengestellt. Das Niveau entspricht einer Masterarbeit, und die Argumentationskraft der Autorin ist beeindruckend. Aus wissenschaftlicher Sicht ist das Thema vorbildlich und sehr gut bearbeitet. Einziges Manko sind fehlende internationale Quellen. Da bei der Themenstellung jedoch deutsche Quellen auch aus internationaler Sicht den Status quo repräsentieren können, kann darüber hinweggesehen werden. Leider werden keine wissenschaftlichen Fachzeitschriften zitiert. Dennoch gilt: Im Vergleich mit anderen Bachelorarbeiten ist dieses Werk außergewöhnlich.

Empirisch-analytische Qualität (20 %)
Es ist kein empirischer Teil enthalten. Die Note zur theoretisch-konzeptionellen Qualität wird entsprechend doppelt gewichtet.

Fazit, Schlussfolgerungen (20 %) – Note: 1,3
Das Fazit ist gut, es könnte etwas tiefer gehend und umfangreicher im Vergleich zu den anderen Bestandteilen der Arbeit ausfallen und den Leser noch besser durch die Logik der Untersuchung führen. Aber insgesamt auch dieses eine sehr gute Leistung.

Form, Stil, Rechtschreibung, „gute Praxis" (10 %) – Note: 1,3
Sprache und Stil sind auf elaboriertem Niveau verortet, die Autorin empfiehlt sich für weitere wissenschaftliche Texte. Wenige Fehler in der Interpunktion, vorbildliche Quellenarbeit und Zitierweise.

9.2.2.4 Beispiel 4: Note? Gerade noch 4,0!

Wie bereits angekündigt, hier nun ein Beispiel, das eine mit gerade noch 4,0 bewertete Arbeit zeigt. Die Autorin hat sich dem Markt für Musik angenommen. Der Titel ihrer Bachelorarbeit unterteilt sich in einen Haupt- und einen als Frage formulierten Untertitel: **Der Musikkonsument im Wandel – Auswirkungen digitaler Geschäftsmodelle auf dem deutschen Musikmarkt. Wird die physische CD langfristig vom deutschen Musikmarkt verdrängt?**

Thematisierung, Themenwahl, Frage und Thesen (15 %) – Note: 3,0
Das Thema wirkt bereits ausgereizt und, salopp formuliert, „durch" – dennoch könnte man erwarten, dass es hier noch Erweiterungsmöglichkeiten zum bisherigen Forschungsstand gibt. Allerdings lässt der Titel auch vermuten, dass die Fragestellung eher in der Breite und weniger in der Tiefe beantwortet wird. Dies bestätigt sich im weiteren Verlauf, die Forschungsfrage wird dennoch eindeutig formuliert, wobei der Gutachter erste Zweifel an einer tiefer gehenden Relevanz hat.

Gliederung, Aufbau, roter Faden (15 %) – Note: 3,7
Die Gliederung ist eher flach. Die meisten Unterkapitel zeigen, dass es sich hier überwiegend um Deskription handeln wird. Den Gutachter macht die Übersicht des Inhaltsverzeichnisses eher skeptisch. Ein roter Faden ist erkennbar, allerdings verspricht die Übersicht und die Gliederung wenig Tiefgang, dies bestätigt dann auch die Lektüre der Arbeit. Es handelt sich hier um eine reine Deskription ohne weitere und tiefer gehende Analyse. Auch die eigens erhobenen Primärdaten ändern hier wenig, Vieles wird beliebig zusammengestellt, ohne die einzelnen Kapitel an der zentralen These auszurichten.

Theoretisch-konzeptionelle Qualität (20 %) – Note: 4,0
Die Aufarbeitung ist mangelhaft, zentrale Autoren werden nicht genannt und herangezogen, der Stand der Forschung wird nicht aufbereitet, es gibt kaum valide Quellen, die die Autorin heranzieht, die Übersicht über Musikumsätze mit den unterschiedlichen Produkten genügen für eine wissenschaftlich ausgerichtete Arbeit nicht. Auch die Vorgehensweise ist über weite Strecken unwissenschaftlich, die Quellenarbeit schlecht, unzählige Sachaussagen bleiben unbelegt. Die Autorin

bewegt sich jedoch durchgängig an ihrer Ausgangsfragestellung. Deshalb wird dieser Teilbereich gerade noch mit 4 bewertet.

Empirisch-analytische Qualität (20 %) – Note: 3,3
Zur Bewertung dieses Abschnittes führen allein die sorgfältige Transkription der Interviews und die Anlage eines Analyserasters. Dies ist für eine Inhaltsanalyse, wie sie die Autorin vornimmt, sehr hilfreich. Weniger erfreulich allerdings ist die Aufbereitung der Interviews im Text, hier stellt die Autorin mehr oder weniger wahllos Aussagen zusammen. Eine Abgleichung an der zentralen These erfolgt eher implizit und häufig überhaupt nicht. Auch werden die Interviews kaum zielgerichtet an der These entlanggeführt. Hier hätte man viel deutlicher noch die zentrale Fragestellung modulieren müssen, das Thema in die Tiefe führen können, so ufert die Datenerhebung aus, und ein klares Fazit fällt schwer.

Fazit, Schlussfolgerungen (20 %) – Note: 5,0
Die Schlussfolgerungen fallen entsprechend schwach aus, das Fazit ist ungenügend.

Form, Stil, Rechtschreibung, „gute Praxis" (10 %) – Note: 5,0
Die Umsetzung und Darstellung entspricht nicht den formal vorgegebenen Richtlinien für schriftliche Abgaben im Studiengang, die Zitierweise ist mangelhaft.

9.3 Lernaspekte: Die Logik des „ex negativo"

1.) Sie erkennen an den beispielhaft angeführten Gutachten leicht, worauf diejenigen achten, die Ihre Arbeit bewerten müssen. Es wird ersichtlich, dass diese sich im Regelfall zu allen angegebenen Feldern Gedanken machen. Das bedeutet für Ihre Arbeit, dass Sie keinen der enthaltenen Aspekte vernachlässigen sollten.

2.) Viele Hochschulen und Fakultäten beziehungsweise Fachbereiche arbeiten nicht in gleicher Weise übergreifend systematisch, indem solche Bewertungsraster vorgegeben werden (und für Sie als Studierende auch einzusehen sind). Dennoch handeln die meisten Professoren mehr oder weniger nach diesen Kriterien. Allerdings werden die Schwerpunkte häufig anders gesetzt. Hier müssen Sie auch auf die Tradition in Ihrem jeweiligen Fach und auf jene die an Ihrer Hochschule gelebt wird.

3.) In sozialwissenschaftlichen Fächern wird stärker auf die erfahrungswissenschaftliche Qualität von Abschlussarbeiten geachtet, in naturwissenschaftlichen auf den Erkenntnisgewinn oder das intelligente Zusammenführen bereits bestehenden Wissens, zumeist eben auch verbunden mit Laborerkenntnissen. In ingenieurwissenschaftlichen Fächern wird häufig das Verständnis für

Zusammenhänge und Abhängigkeiten in den Mittelpunkt gestellt. Oft wird hier der Neuigkeitswert stärker betont. Dieser ergibt sich aus intelligenten Lösungen für Konstruktionsprobleme, die mathematisch oder konzeptionell erschlossen werden. Sie können also bezogen auf Ihr Fach das vorgeführte, hier in erster Linie an den Sozial-, Wirtschafts- und Geisteswissenschaften orientierte Schema, für Ihren persönlichen Gebrauch anpassen. Dies geschieht vorzugsweise in Abstimmung mit Ihrem Gutachter.

4.) Alle Gutachten folgen, wie angesprochen, einem „ex negativo"-Ansatz. Erschrecken Sie also nicht, wenn im Gutachten zu Ihrer Arbeit überwiegend oder sogar ausschließlich Negatives hervorgehoben wird. Dies ist wissenschaftliche Tradition und etwas völlig Normales, selbst bei guten bis hervorragenden Arbeiten. Schließlich bringt nur der Zweifel Neues hervor. Weitere Details finden Sie im verlinkten Video (Abb. 9.2).

5.) Der Arbeitsprozess in der Umsetzung wissenschaftlicher Thematik ist stark formalisiert. Das kommt Ihnen zugute, denn wenn Sie einmal die Systematik erkannt und für sich angenommen haben, können Sie sich auf den Prozess verlassen, können Sie die trainierten Arbeitsabläufe mit jeder schriftlichen Arbeit optimieren.

6.) Im Regelfalle befruchten sich Empirie und Theorie gegenseitig, und eine sorgfältige Erarbeitung des Wissensstandes zahlt sich bei der Entwicklung und vor allem bei der konkreten Umsetzung einer erfahrungswissenschaftlichen Methode nachhaltig aus. Auch wenn die Bereiche im Bewertungsraster getrennt aufgeführt sind, so sind sie stets sehr eng aufeinander bezogen. Bei empiri-

Abb. 9.2 Die Logik des Ex Negativo (▶ https://doi.org/10.1007/000-c5k)

schen Arbeiten kann der theoretische Teil kürzer ausfallen. Es darf jedoch nicht an Tiefgang fehlen. Das ist ein häufiges Problem von Arbeiten, die erfahrungswissenschaftliche Methodik einsetzen.

7.) Es ist mir bewusst, dass an vielen Hochschulen eine Systematik, wie sie hier vorgeführt wird, nicht verfügbar ist und auch nicht gelebt wird. Sie können dies aber auch als Studierende im Grunde einfordern. Regelmäßig ist die Art und Weise, wie Gutachten zu Haus- und Abschlussarbeiten geschrieben und angelegt werden, auch ein Thema im Rahmen der Akkreditierung von Studiengängen. Dies ist Teil des Bologna-Prozesses und soll garantieren, dass die Lehrangebote vergleichbar sind und sich auf der Höhe der Zeit befinden. Oft wird die Form, wie Gutachten zu erstellen sind, auch in Akkreditierungsberichten erwähnt oder sogar festgeschrieben. Sie dürfen also als Studierende solche Vorgaben im Bachelor-Master-System einfordern.

Die Textform des Essays bedarf an dieser Stelle einer präziseren Erläuterung. Maja Bahrke nimmt uns deshalb als Autorin dieses Abschnitts mit auf einen kleinen Exkurs.

9.3.1 Einige Worte zum wissenschaftlichen Essay

Der Duden definiert einen Essay als „Abhandlung, die eine literarische oder wissenschaftliche Frage in knapper und anspruchsvoller Form behandelt". Einen Essay schreiben bedeutet demnach, wissenschaftliches Schreiben. Es ist die kritische Auseinandersetzung mit einem Thema auf hohem intellektuellen Niveau. Ausgangspunkt für einen wissenschaftlichen Essay ist in der Regel ein Problem, eine Kontroverse oder eine These, die in dem Essay bewusst subjektiv diskutiert werden soll – vielleicht, weil es (bisher) keine eindeutige Antwort gibt, oder weil die objektive Beantwortung schier unmöglich ist. Als Beispiel: Sehr strittig diskutieren ließe sich die Frage, wie die deutsche Medienpolitik auszusehen habe. Bei einem solch vielschichtigen Thema zeigt sich, wie wichtig es ist, alle – wenigstens möglichst viele – Perspektiven zum Thema zu kennen. Nur auf Basis eines umfassenden informiert Seins, lässt sich eine selbstbewusste Position entwickeln und die eigene Haltung fundiert begründen. Wählen Sie für Ihren Essay also einen Schwerpunkt, der Sie interessiert, in dem Sie sich vielleicht auch schon sehr gut auskennen, oder der zumindest Ihre Recherchelust weckt.

Struktur und Absicht:

In einem Essay geht es von Beginn an ans Eingemachte. Schnell sollte klar werden, warum Sie sich zu diesem Zeitpunkt mit dem gewählten Thema auseinandersetzen und weshalb dieser Auseinandersetzung Relevanz zugesprochen wird. Stilistisch legen Sie sich ebenfalls früh fest – vielleicht wollen Sie mit Analogien überzeugen, durch eine äußerst provokante Schreibweise oder über eine besonders humorvolle Darstellung der Thematik ...

Zu Ihrer These (oder Ihren Thesen) können Sie auf unterschiedlichem Wege kommen. Der gesamte Essay kann einerseits aus einem „offenen Nachdenken" bestehen, sodass sich die These – quasi als ein gemeinsam mit den Lesenden begangener Prozess – erst am Ende der Auseinandersetzung herausbildet. Dabei kann auch eine nicht zustande gekommene Haltung die Erkenntnis des verschriftlichen Überlegens und Abwägens sein. Andererseits punkten meinungsstarke Essays vor allem mit einem eindeutigen Standpunkt, der sich frühestmöglich, also auch im Titel schon, zeigen darf. Ein Beispiel dafür ist der preisgekrönte Essay von Florian Eichel: „Moral als Ware – Die Kapitalisierung der korrekten Haltung".[1] Sie können bereits jetzt erahnen, dass sich das Ziel dieses Essays ebenfalls über die Überschrift bestimmt – der Autor nimmt nicht nur Haltung ein, er verfolgt mit seinem Text eine bestimmte Absicht, er warnt, rüttelt auf, zwingt sprachlich zur Handlung. Damit wird der Zweck des wissenschaftlichen Essays (gerade in Abgrenzung zur wissenschaftlichen Hausarbeit, die absichtslos und mit größtmöglicher Objektivität vorgeht) deutlich: Ein Essay hat die Funktion, Einfluss auf seine Lesenden zu nehmen. Sei es der künstlerische Ausdruck, der beeindruckt, die ungewöhnliche Perspektive, die Sachverhalte nach der Lektüre in einem neuen Licht erscheinen lässt, oder die besonders wortgewichtige, bildsprachlich eindrucksvolle oder in besonderem Maße stringente Argumentation, die zu Denkanstößen führt. Machen Sie sich von Beginn an klar: Was soll der Essay bei wem erreichen? Wer ist der Adressatenkreis des Geschriebenen? – Davon ist Ihr Wie abhängig.

Form und Stil

Für alle Formen des wissenschaftlichen Essays lässt sich zusammenfassend sagen: Präzision punktet. Langatmige und umständliche Ausführungen sollten Sie vermeiden, ebenso das Abdriften in die Umgangssprache. Denken Sie daran: Ihr Ziel ist es, Interesse zu wecken, ggf. sogar eine Debatte – zumindest aber ein Nachdenken – anzuregen. Sie müssen also stets den roten Faden wahren, dürfen ihre Lesenden nicht verlieren. Verfolgen Sie gradlinig die zentrale These, bilden Sie unter

---

[1] Florian Eichel ist der Gewinner des Essaypreises 2021, initiiert und verliehen durch die *Gemeinnützige Hertie-Stiftung*. Der Essay „Moral als Ware" steht frei zur Verfügung: https://www.ghst.de/fileadmin/images/02_Formulare_und_Dokumente/Essaypreis_2021/Florian_Eichel_Moral_als_Ware.pdf.

9.3 Lernaspekte: Die Logik des „ex negativo"

Umständen Unterthesen und bringen Sie sie in eine sinnreiche Ordnung. Unterfüttern Sie alle Thesen mit Argumenten, die Ihre Haltung spiegeln. In der Erarbeitung gehen Sie dementsprechend planvoll vor und skizzieren eine Strategie für den Argumentationsgang. Ähnlich zur wissenschaftlichen Hausarbeit verfügt auch der Essay über eine Gliederung (zumindest auf inhaltlicher Ebene). Die Einleitung macht neugierig und zeigt die Relevanz des Themas auf. Im Hauptteil findet im Wesentlichen die Argumentation statt. Damit ist dieser Part der umfangreichste des gesamten Textes. Der Schluss bündelt zwar, wiederholt aber keine Formulierungen. Manche Essays arbeiten mit Pointen, wovon die finale auch am Ende der Lektüre stehen sollte. Verzichten Sie bei allem nie auf Details, trotz der Fokussierung aufs Wesentliche.

Handlungsempfehlung

Haben Sie Spaß daran, zu argumentieren und Ihre eigene Haltung zu ergründen. Sehen und genießen Sie den Essay als eine Art des kreativen Selbstausdrucks, denn Sie dürfen jetzt während Ihrer Arbeit am Text so subjektiv wie nirgends im wissenschaftlichen Schreiben sein.

Erfahrungsbericht: Mich selbst besser kennenlernen!

Das, was ich mir immer selbst gesagt habe und auch zu anderen sagen würde: Keine Panik! Rom wurde auch nicht an einem Tag erbaut, und so braucht auch die Planung und das letztendliche Schreiben der Arbeit seine Zeit. Klingt abgedroschen, ist aber so. Man sollte sich keine Illusionen machen, denn es ist viel Arbeit, die einige Zeit kosten wird. Kleine Ziele setzen, wie zum Beispiel eine Stunde pro Tag zu schreiben, hilft. Bei der Auswahl des Themas für Abschlussarbeiten ist der entscheidende Faktor, dass das Thema interessant ist und vielleicht auch schon Vorkenntnisse bestehen. Man muss also nicht von Null anfangen. Nutze alle Ressourcen, die zur Verfügung stehen, vereinbare einen Termin mit deinem Dozenten, Professor, Prüfer, und sprich über deine Arbeit, ihre Struktur und besondere Probleme. Auf diese Weise erhält man wertvolle Tipps und bekommt ein besseres Gefühl für Schwächen der Arbeit oder der Fragestellung. Rechne mit unvorhergesehenen Hürden wie beispielsweise Probleme in Gruppenarbeiten. Gruppenarbeiten sind meiner Meinung nach furchtbar aber leider nicht zu vermeiden. Versuche also, gut zu planen, und setze genügend „Puffer" für Deadlines!

Mir hat wahrscheinlich am meisten geholfen, Distanz zu meiner Arbeit zu halten und zu hinterfragen, warum und wie ich Dinge tue. Außerdem würde ich raten, ehrlich zu sein. Wenn Hypothesen nicht aufgehen oder sie nicht beantwortet werden können, sage das in der Abschlussarbeit! Der Lerneffekt – wenn man von einem solchen sprechen kann – war sicherlich, mich selbst und wie ich funktioniere besser kennenzulernen. Da für das „Big Picture" die Themen meiner Arbeiten nicht mehr interessant sind, ist das wahrscheinlich das, was übrig bleibt.

Ansonsten kann ich sagen, dass man solche Arbeiten und den damit verbundenen Stress sicherlich ernst, aber auch nicht zu ernst nehmen sollte. Ich bin zum Beispiel in kurzer Zeit während meiner Abschlussarbeit zwischen drei Städten, zwei Kontinenten und zwei Ozeanen hin und her gezogen. Das hat mich motiviert, mich hinzusetzen, zu schreiben und fertig zu werden.
Fee Gutsch-Dolbow ◄

9.4 Vollgutachten im Fließtext: Masterthesis und Dissertation

Bei größeren Arbeiten wie einer Masterthesis, werden Gutachten zur Bewertung häufig in Fließtext geschrieben. Ein solches Gutachten kann dann durchaus mehrere Seiten umfassen. Hier sollen zwei Beispiele gegeben werden, die aus einem sozialwissenschaftlichen Kontext entspringen, eines für eine Masterarbeit (vgl. Abschn. 9.4.1), eines für eine Diplomarbeit (vgl. Abschn. 9.4.2). Darüber hinaus wird kurz auf Besonderheiten der Dissertation eingegangen.

9.4.1 Beispiel 5: Masterthesis als erfolgreiches Buch

Bei diesem gewählten Beispiel handelt es sich um eine Masterarbeit, die im Rahmen eines *Weiterbildungsstudienganges* angefertigt wurde. Sie war Teil eines Studiums an einer privatwirtschaftlich von einer Stiftung geführten Hochschule, die dabei sehr eng mit einer Universität zusammenarbeitet. Auch deshalb erscheint dieses Gutachten hier von besonderem Interesse. Ich gehe davon aus, dass in zunehmendem Maße Weiterbildungsstudiengänge im Masterbereich eine Rolle für die deutsche Bildungslandschaft spielen. Deshalb sei hier auch der knappe und kurze „Werkstattbericht" einer Schweizer Studentin eines Weiterbildungsmasters mit aufgenommen.

Erfahrungsbericht: „Arbeit aus einem Guss!"

Urlaub vom Job in der Arbeitsphase der Masterarbeit war für mich wichtig und am Ende entscheidend. Sich täglich nach der Arbeit wieder einzulesen und auch

in den besonderen Stil einzufinden, den eine wissenschaftliche Arbeit erfordert, ist weniger effizient, als jeweils am Wochenende oder überhaupt im Urlaub konsequent durchzuschreiben. Argumentationslinien gehen weit flüssiger von der Hand, und das Werk gerät dann aus „einem Guss".
Miriam S. ◄

Im Beispiel dieses Abschnitts hat sich die Autorin mit Fragestellungen der „Augmented Reality" beschäftigt und damit ein sehr aktuelles Thema gewählt. Das macht dieses Beispiel besonders interessant, da die Herausforderungen bei aktuellen Fragestellungen oft deshalb besonders groß sind, weil man sich nicht auf einen eingeführten Kanon verwertbarer Literatur berufen kann und sich die Beschaffung internationaler Quellen in vielen Fällen nicht gerade leicht gestaltet. Bleibt anzumerken, dass die Autorin dieser Masterthesis zum Thema weitergeforscht hat und die Arbeit zu einem deutschsprachigen Standardwerk entwickelt hat, das im Sommer 2015 in einem renommierten Verlag erschienen ist (vgl. Schart und Tschanz 2015).

Ein weiterer Aspekt ist hier von Interesse: Die Masterarbeit wurde in englischer Sprache verfasst. Dies ist insbesondere der gewählten qualitativen Methode geschuldet. Die meisten Interviews – die Arbeit verwertete Experteninterviews – führte die Autorin auf Englisch. An vielen Hochschulen ist dies heute eine Alternative, die es den Kandidaten jeweils auch erleichtert, sich um Positionen bei international operierenden Unternehmen zu bemühen oder sich direkt im Ausland zu bewerben. Insgesamt wurde für die Arbeit eine Note von 2,0 vergeben.

9.4.1.1 Bewertung der Arbeit – Gutachten:
Die Autorin greift ein hoch relevantes Thema auf und konzipiert ihre Arbeit sorgfältig, die Themenstellung verweist auf einen eher explorativen Zugang zum Forschungsfeld. Dies bestätigt sich im weiteren Verlauf. Das Risiko der Arbeit deutet sich jedoch ebenfalls bereits im Titel an, hier zeigt sich eine vergleichsweise breite Anlage, nach der Lektüre des gesamten Werkes kommt der Gutachter zum Schluss, dass eine spitzere Thematisierung mit einer deutlicher formulierten und damit abgrenzenden Forschungsfrage und der abgeleiteten Thesenstellung zu einem noch besseren Ergebnis hätte führen können. Dabei ist die Arbeit ordentlich gegliedert, sie führt den Leser gut in die Begriffswelt der ‚Augmented Reality' ein. Besonders hervorzuheben ist hier das präzisierende zweite Kapitel, da dort das Forschungsfeld von verwandten Begriffen abgegrenzt wird. Dies ist gut, müsste als diskursive Begriffsdiskussion jedoch wissenschaftlicher verfasst werden. Dass die Autorin im Anschluss technische Gegebenheiten und schließlich die Anwendungsfelder erläutert und zusammenträgt, ist fraglos folgerichtig. Allerdings geraten die

Kapitel vergleichsweise deskriptiv, und es entsteht ein nachhaltiger Eindruck von Additivität, der aufgrund der explorativen Anlage der Arbeit zu befürchten war. Hier hätte sich der Gutachter einen häufig eher analytischeren Blick gewünscht, der die aktuelle Literatur mit den Erkenntnissen der Autorin verschränkt.

Bei aller Kritik gilt: Die Autorin ist in der Lage, Begriffe abzugrenzen, einzuordnen und ein sehr umfassendes Forschungsfeld zu bearbeiten, sie argumentiert auf hohem Niveau und mit wissender Kraft. Im Bereich der Analyse (siehe vorangegangene Anmerkung) wäre es schön gewesen, wenn sie mit klarer wissenschaftlicher Arbeitsweise weniger in die Breite als in die Tiefe gegangen wäre. So liefert Kapitel vier beispielsweise einen bunten Blumenstrauß von Anwendungen, nach deren Betrachtung und Beschreibung ein zusammenfassender Abschnitt ausgesprochen hilfreich gewesen wäre.

Aus Sicht des Gutachters ist die Quellenarbeit gut bis sehr gut, die zentralen Autoren und einschlägige Quellen sind aus seiner Sicht berücksichtigt, die Arbeit ist dem Forschungsfeld angemessen ausgesprochen international angelegt. Dies zählt zu ihren Stärken. Dem Thema entsprechend, sind vergleichsweise zahlreiche Internetquellen angefügt, deren Qualität nicht immer nachvollzogen werden kann. Viele dieser Quellen verweisen auf die eingebundenen Fallbeispiele aus der Praxis. Da die Themenstellung eher breit gewählt ist, wird es für die Autorin allerdings schwierig, analytische Kraft zu entfalten. Dies geschieht im Grunde lediglich nach Einführung der empirischen Methode, dieser Teil der Arbeit, so die Sicht des Gutachters, ist um ein Vielfaches besser angelegt.

Zur empirischen Vorgehensweise bleibt anzumerken: Die Idee, eine eher in der Praxis verankerte Arbeitstechnik mit einer qualitativ angelegten Befragung zu koppeln, ist kreativ und interessant. Die Ergebnisse, die die Autorin generiert, sind beachtlich. Die Aussagen der Befragung werden im Rahmen einer SWOT-Analyse der weiteren Analyse zugeführt. Dies schafft Übersichtlichkeit und erlaubt es dem Leser, sich gut zu orientieren – und das eben breit angelegte Feld auch mit Blick in die Zukunft zu beurteilen. Die Auswahl der Gesprächspartner ist beeindruckend. Die zusammengetragenen Aussagen sind zielführend für das Verständnis des gesamten Feldes und erweitern den verfügbaren Stand der Erkenntnis. Hier liegt aus Sicht des Gutachters das Herz der Arbeit, und hier beweist die Autorin ihre eigentliche Fähigkeit, das Thema nachhaltig und zielgerichtet zu durchdringen.

Die Erkenntnisse aus der Untersuchung sind faszinierend. In der Tat, die Darstellung der Ergebnisse besticht durch ihre sorgfältige und klare Gliederung – und die Übersichtlichkeit. Am Ende würde man sich, dies sei kritisch angemerkt, noch eine stärker analytisch geführte Zusammenfassung wünschen, die ein klares und bitte im Stil wissenschaftlicher Arbeitsweise formuliertes Fazit ermöglicht. Die vielen Hinweise auf „persönliche" Betrachtungsweisen und Erfahrungen, die häufige Verwendung der ersten Person erzeugen über die gewählte Stilistik mehrfach einen Eindruck, der dem Anspruch der Arbeit nicht angemessen erscheint. Die Arbeit wurde nicht in der Muttersprache der Autorin verfasst, dies ist ergänzend anzumerken. Da die Interviews mit internationalen Vertretern des Fachgebietes durchgeführt wurden, schien das folgerichtig und vorteilhaft. An einigen Stellen hätte sich der Gutachter jedoch einen differenzierteren und sprachlich anspruchsvolleren Stil gewünscht, der fraglos in der Muttersprache der Autorin zu entwickeln gewesen wäre. Die Formalia sind eingehalten und entsprechen den Anforderungen, die an eine Masterarbeit gestellt werden.

9.4.2 Gemeinschaftlich erstellte Abschlussarbeit

Das folgende Beispiel zeigt Ihnen ein umfangreiches Gutachten, das jedoch sehr deutlich darstellt, wie sich Gutachter sehr intensiv mit einer Arbeit und einem Thema auseinandersetzen – auch und gerade dann, wenn ihnen das Thema liegt, wenn ihr Interesse geweckt wird. Es zeigt auch, dass in solchen Gutachten sehr häufig tatsächlich Details aufgegriffen und bewertet werden. Die genaue Lektüre des Gutachtens ersetzt hier zwar nicht die Lektüre der Arbeit, aber sie zeigt, welche Kraft die beschriebene Studie entwickelt und welche Schwerpunkte gesetzt werden. Vielfach besteht unter Studierenden der Verdacht, ihre eigene Arbeit wird oder wurde nur oberflächlich gelesen und damit nicht ausreichend gewürdigt. Dies mag tatsächlich vorkommen, und es mag auch Fälle geben, in denen – wie bei einem guten Freund von mir – die handschriftlichen Anmerkungen des Gutachters auf Seite 25 der Bachelorarbeit enden. Insgesamt jedoch kann man nicht zwingend damit rechnen. Zumindest immer dann, wenn die Hochschule von den Betreuern verschriftlichte Gutachten zu Abschlussarbeiten einfordert, sollten Studierende im Zweifel Sorgfalt walten lassen, was das Verfassen ihrer Arbeit betrifft.

9.4.2.1 Beispiel 6 – die Rahmendaten

In diesem Beispiel geht es um eine historische Studie, die mit einer sehr umfangreichen Inhaltsanalyse gekoppelt ist. Der Umfang der Arbeit und die systematische Auswertung von Primärdaten rechtfertigt in diesem Fall eine kooperativ erstellte Arbeit. Mit „**Ideologische Superstrukturen und ihr Einfluss auf Journalisten und ihre Arbeit**" untersuchen eine Autorin und ein Autor unterschiedliche Berichterstattungsmuster im Kontext des Afghanistan-Einmarschs der Sowjets und der USA. Im Ergebnis entsteht eine spannende und zielführende Untersuchung, die mit einer hervorragenden Bewertung abschließt. An diesem Gutachten kann man typische Formulierungen und Bewertungslinien erkennen. Der Gutachter bemüht sich hier auch um eine Relativierung des „ex negativo"-Prinzips, wie sie sich bei sehr guten Arbeiten anbietet. Zudem referieren ausformulierte Gutachten, die wie dieses in Fließtext verfasst wurden, häufig auch knapp den Inhalt der Arbeit. Je leichter also der Inhalt Ihrer eigenen Arbeit zusammenzufassen ist, je konzentrierter sich dieser darstellen lässt, desto leichter machen Sie es Ihrem Gutachter.

9.4.2.2 Bewertung der Arbeit – Gutachten, Note: 1,3[2]

Die Autoren nehmen mit dem Beispiel der Berichterstattung über die sowjetische Besetzung Afghanistans 1979/80 sowie den amerikanischen Einmarsch in Afghanistan 2001 ein hoch spannendes Themenfeld in den Blick. Ihr Ziel besteht nicht nur darin, die im Titel genannten ‚ideologischen Superstrukturen' herauszuarbeiten. Sie wollen darüber hinaus Denkweisen hinterfragen und überprüfen, die sich möglicherweise bis heute in der Medienberichterstattung Deutschlands nachweisen lassen. Der theoretischen Annäherung muss vor diesem Hintergrund nachgerade zwingend eine empirische Untersuchung folgen, die eine inhaltsanalytische Basis einschließt. Um gleich an diesem Punkt auf die Inhaltsanalyse einzugehen: Diese ist sorgfältig operationalisiert, zielgerichtet durchgeführt und von den Erkenntnissen wertvoll für die Beurteilung der Berichterstattung in Ost und West. Das Vorhaben – Parallelen in der Berichterstattung zwischen 1979 und 2001 zu ziehen, beziehungsweise die Berichterstattungsmuster zu vergleichen, die in einem Zeitraum von jeweils zwei Wochen nach dem Einmarsch liegen – erweist sich als für die wissenschaftliche Diskussion gewinnbringend.

Die Relevanz der Themenwahl ergibt sich nachgerade idealtypisch aus der Inhaltsanalyse. „Um den Einfluss ideologischer Superstrukturen auf Journalisten und ihre Arbeit festzustellen, muss also konkret das Ergebnis journalistischen Handelns im Mittelpunkt der Analyse stehen.", schreiben die Autoren auf S. 91. Sie stecken damit nicht nur den Zielraum ab. Sie rechtfertigen nachhaltig die Vorgehensweise im Rahmen der Inhaltsanalyse. Die Wahl der Methode ist sorgfältig begründet und abgeleitet. Das Codebuch ist nachvollziehbar entwickelt und gut auf die Erfordernisse des Untersuchungsgegenstandes abgestimmt. Die Messgröße V 7 hätte aus Sicht des Gutachters noch spezifischer entwickelt werden können, indem beispielsweise eine der klassischen Schulen der Journalistik zugrunde gelegt wird. Hier zeigt sich, dass vermutlich das Codebuch parallel zur wachsenden Menge der verfügbaren Operationalisierungseinheiten entwickelt wurde. Das kann ein mögliches Vorgehen sein. Durch die dann messbare Größe eines „Nichterscheinens" eines Elementes, gewinnt die Inhaltsanalyse ohne großen Mehraufwand zusätzliche Aussagekraft. Warum beispielsweise – sollte es so sein – gibt es zwar rele-

---

[2] Das Gutachten wurde zur Verwendung in diesem Buch stark gekürzt.

vante Kommentare, aber im Untersuchungszeitraum keinen einzigen Leitartikel in den gewählten Presseorganen? Problematisch scheint dem Gutachter unter V 5 auch die Klassifizierung „Seite 3", da sich Beiträge, die zum Beispiel typisch für die Seite 3 der Süddeutschen Zeitung natürlich auch in „Der Spiegel" oder auch in „Sputnik" finden können. In der Frankfurter Allgemeinen Zeitung sind die typischen „Seite 3"-Geschichten vielfach auf der vorletzten Seite des ersten Buches untergebracht. Eine Ressortgliederung in dieser Weise vorzunehmen ist, so gesehen, möglicherweise für das Untersuchungsobjekt nicht durchgängig zielführend. Dies mag aber tatsächlich Nebensache sein, da die inhaltlichen Kategorien der Inhaltsanalyse die für die Arbeit an den Hypothesen weit bedeutsameren sein dürften. Hervorzuheben ist hier die sorgfältige binäre Kodierung der Quellen. Mit einer Vielzahl von Objekten macht dies zwar Mühe, bringt aber hohen Erkenntnisgewinn für die Zielrichtung der Arbeit (vgl. insbesondere S. 168 ff. und das Codebuch ohne Paginierung im Anhang). Im Übrigen wird auch die Wahl der entsprechenden Medien gut begründet. Dies sei deshalb gesondert erwähnt, weil es in der Tat kaum sinnvoll erscheint, sich hier nicht ausschließlich auf tagesaktuelle Massenmedien zu beschränken.

Da die Untersuchung historisch bedeutsame Markpunkte in den Blick nimmt, ist es grundsätzlich zu begrüßen, die inhaltsanalytisch gewonnenen Erkenntnisse noch einmal von Expertengesprächen unterfüttern zu lassen. Die gewählten Personen sind interessant und von hohem Wert für das Erkenntnisinteresse der Arbeit. Die Interviews selbst lesen sich spannend und dürfen im Rahmen dieser Arbeit durchaus als historisch bedeutsam betrachtet werden. Es wird in guter Weise vermittelt, welchen Berichterstattungsmustern Journalisten in konkreten Arbeitszusammenhängen folgen. Die Gespräche sind für den Erkenntnisgewinn der Arbeit wertvoll. Allein wird für den Leser die konkrete Auswahl der Gesprächspartner nicht immer nachvollziehbar.

Idealerweise wären Vertreter aller für die Inhaltsanalyse herangezogenen Medien auch in der tieferen Befragung berücksichtigt. Hier hätten die Autoren den Leser noch besser an die Hand nehmen dürfen, zumal dann auch nur ein einziges ernst zu nehmendes Interview mit einem Vertreter der „Westmedien" zustande gekommen ist. Darüber hinaus verpassen die Autoren die Chance, hier konsequent die „qualitative" Chance der gewählten Methodik zu nutzen, um weitere Hypothesen zu generieren. Zur Erinnerung: Qualitative Verfahren werden insbesondere angewandt, um aus einer oftmals klar explorativ orientierten Haltung heraus, induktiv Hypothesen zu gewinnen. Die Gespräche wären überdies in diese Richtung gut zu nutzen gewesen (besonders hervorzuheben sind in diesem Zusammenhang die Gespräche mit den Gesprächspartnern Steininger und Kogelfranz, die eine Fülle von interessanten Ansatzpunkten liefern). Stattdessen stellen die Autoren ihrem Leitfaden sogar gezielt eine Hypothese voran. Da diese glücklicherweise sehr offen und beinahe etwas vage bleiben, weil man sofort versucht ist nach dem „Wie?" zu fragen, stellt sich der Gutachter die Frage, welche weiteren, nun induktiv gewonnenen Hypothesen die Autoren nach den Erfahrungen in und mit den tiefen Gesprächen heute zusätzlich formulieren würden. Dies wird an dieser Stelle auch deshalb so ausformuliert, weil sich der Anhang über weite Strecken sehr spannend liest. Der Leser bleibt im Geschehen und sehr dicht an den Personen. Die Interviewer sind in ihrer Führung spürbar und dennoch vielfach von einer bewundernswerten Zurückhaltung. [...]

Um es bei aller beschriebenen, leichten Kritik noch einmal zusammenfassend festzuhalten: Die gewählte Methodik ist eine wissenschaftlich geeignete Vorgehensweise, das durchaus komplexe Konstrukt, dem sich diese Arbeit widmet, zu erfassen und zu operationalisieren. Die Autoren verstehen es, sich mit Sachverstand diesem Komplex zu stellen und diesen für den Leser in anschaulicher und nachvollziehbarer Weise aufzubereiten. Obwohl die Arbeit bereits mehr als 200 Seiten umfasst, findet der geneigte Leser im Übrigen zahlreiche Ansatzpunkte, die zusätzlich hätten eingebracht werden können. Vor allen Dingen scheinen die geführten Interviews in der Arbeit selbst zu kurz zu kommen. Dies kann man einsehen, wenn man das Bemühen der beiden Autoren bedenkt, das Lesen am faktischen Tatbestand und damit am Kern der Arbeit zu entwickeln.

[...] Es geht hier nicht darum, die ganze Arbeit noch einmal aufzubereiten, es geht vielmehr um eine abschließende und tiefgründige Bewertung, die den Tiefgang der gesamten Arbeit noch einmal widerspiegelt. Hier wäre eine noch deutlichere, klarere Führung und Gliederung hilfreich gewesen. Sicher erschließt sich bei sorgfältiger Lektüre des Textes, im Grunde stets die implizite Validierung. Dennoch kann sich der Gutachter nicht ganz dem Eindruck verwehren, dass am Ende doch das Zeitmanagement in der Diplomarbeitsphase nicht zu hundert Prozent stimmig gewesen ist. Vielleicht liegt es auch daran, dass mit den unterschiedlichen Hypothesen auch unterschiedliche Ebenen angesprochen werden, die jeweils auch eine anders geartete Herangehensweise zur Verifizierung oder Falsifizierung erforderlich machen, was ja im zweiten Teil der Arbeit vorbildlich entwickelt wird, daran soll ja kein Zweifel herrschen, und damit die Hoffnung auf eine abschließende Gesamtbewertung schüren.

[...] Zusammenfassend ist zu bemerken: Diese Arbeit ist spannend und lesenswert bis in ihren Anhang hinein, sie ist sorgfältig geplant und ausgeführt, die Autoren beweisen ihre Fähigkeit, mit komplexen Fragestellungen umzugehen, diese zu durchdringen und in einer interessanten Weise darzustellen. Formell ist – bis auf einige wenige Kleinigkeiten, die ein weiterer „Lesedurchgang" behoben hätte – nichts zu beanstanden.

9.4.2.3 Lernhinweise aus dem Vollgutachten in Beispiel 6
Die Ausführungen zu Beispiel 6 zeigen,

…dass Gutachten durchaus auch länger ausfallen können. Bei einer Ausgangsarbeit, die rund 200 Seiten umfasst, erscheint dies jedoch nicht weiter verwunderlich (wie in der Fußnote angegeben, wurde das Gutachten für die Verwendung hier um rund 50 % gekürzt).

… dass auch dieses Gutachten mehr oder weniger alle Aspekte aus den vorangegangenen Kurzgutachten beleuchtet.

… dass insbesondere die zweistufige empirische Methode im Blick steht, zumal hier die quantitativ angelegte Inhaltsanalyse von deiner qualitativen Experten- oder hier vielleicht besser: Insiderbefragung begleitet wird. Solche methodischen Verschränkungen – oft als sogenannte Triangulation angelegt – finden meist die spezielle Aufmerksamkeit der Gutachter.

… dass Gutachter gerne dazu neigen, die Ihnen bekannte Literatur wiederzufinden – und sich besonders auch darüber freuen, wenn die Autoren Quellen nachweisen und nutzen, die der Gutachter eher gar nicht im Kontext der Arbeit gesehen hätte – oder die ihm gänzlich unbekannt sind.

… dass ein Gutachten, der sich die Mühe macht, die Arbeit auch wirklich zu lesen, ein exzellentes Feedback für die eigene Arbeit liefern kann – und dies im Idealfall mit der Verschriftlichung des Gutachtens auch tut.

Aufgabe
Betrachten Sie eine bereits abgeschlossene Hausarbeit oder vielleicht auch Ihre erfolgreich eingereichte, vielleicht schon bewertete Bachelorarbeit einmal aus Sicht eines Gutachters. Lassen Sie sich dabei von den oben zusammengestellten Kriterien leiten, und formulieren Sie es aus! Sie werden erkennen, dass Sie wie selbstverständlich die Seite wechseln und Ihre Arbeit in völlig neuem Licht sehen.

9.4.3 Erweiterter Modus: Hinweise für Dissertationen

Ein weiteres Beispiel soll Ihnen nicht vorenthalten bleiben. Es ist für all jene gedacht, die an einer Dissertation arbeiten oder diese in Erwägung ziehen. Aktuell gibt es eine Vielzahl von Wegen die Promotion anzustreben. Man kann den klassischen Weg der Assistenzzeit beschreiten – abhängig von der Fachtradition gibt es 50- oder 100-Prozent-Stellen für wissenschaftliche Mitarbeiter –, und auf diesen Stellen gibt es zumeist die Möglichkeit auch zu promovieren. In jüngerer Zeit gibt es immer häufiger auch sogenannte kumulative Promotionen. Hier wird keine eigenständige Monografie abgeliefert, stattdessen werden Beiträge, die in Fachzeitschriften oder auch in Tagungsbänden publiziert wurden, zusammengezählt und als adäquat zu einer eigenständig verfassten Monografie bewertet. An den Universitäten, an denen dies möglich ist, regelt dies zumeist direkt die Promotionsordnung. Alternativ gibt es inzwischen – ähnlich wie im anglo-amerikanischen Hochschulwesen – sogenannte Graduiertenschulen. Hier setzen die Promovenden ihr Studium fort, – und es gibt ähnlich wie in Masterstudiengängen einen formalisierten Ablauf des Promotionsstudiums. Das hier lediglich in Auszügen integrierte Beispielgutachten, wurde zur Bewertung einer Dissertation verfasst, die zeitweilig unterstützt von einem Stipendium parallel zur Berufstätigkeit als externer Promovend eines Lehrstuhls angefertigt.

Gutachten für Promotionen weisen einige Besonderheiten auf: Unter anderem wird in einem solchen Gutachten regelmäßig dem Promotionsausschuss der betroffenen Fakultät die Annahme oder die Ablehnung der Arbeit empfohlen. Ebenso kann hier eine Überarbeitung vor Publikation gefordert werden – dies entspräche einer Auflage die die Kommission entsprechend zu würdigen hat. Zum Hintergrund: Erst mit der Publikation der Arbeit gilt eine Promotion im Regelfalle als abgeschlossen. Dabei zählt heutzutage auch eine Onlinepublikation. Auch eine Bewertung enthält das Gutachten; diese kann je nach Hochschule „summa cum laude" oder „ausgezeichnet", „magna cum laude" oder „sehr gut", „cum laude" oder „gut" und schließlich „rite" oder „befriedigend" ausfallen.

Erfahrungsbericht: „Ich kann!", das geht nur mit einem Freund und Mentor!

Ich kann eine Dissertation schreiben, auch wenn ich ganz allein auf weiter Flur bin. Ohne Arbeitsplatz, weil die Klinik geschlossen wurde, in der ich gearbeitet habe. Ohne fachliche Betreuung, weil der Doktorvater seinen Ruhestand genießt. Ohne Kollegen, die eventuell in ähnlicher Situation stecken könnten, weil man als Biologin unter Medizinern ohnehin Exot ist.

Ich kann auch eine Dissertation schreiben mit neugeborenem Baby. Ich brauche länger, weil ich fast nur nachts arbeiten kann, wenn das Kind schläft. Das Internet ist im Jahr 2000 noch jung, aber alle Fachpublikationen sind schon online. Es gibt noch kein Facebook, aber es gibt Internetforen zum Thema Babys, wo sich des Nachts viele junge Mütter tummeln, mit denen man sich austauschen kann über Themen, die einen viel mehr interessieren als das langweilige Zusammenschreiben der Diss. Es gibt ein furchtbar spannendes neues Ebay, wo man Babyausstattung kaufen kann. Der Ablenkungsfaktor steht dem der heutigen Social Media in nichts nach, wenn man weiß, wo man suchen muss.

Nein, stimmt alles nicht. Man kann dies alles nicht tun. Wenn man nicht damit anfängt, zu schreiben, weil ja alles so ungünstig ist, gerade. Dann braucht man eines ganz dringend: Einen Freund und Mentor, der die Lage erkennt, einen regelrecht zwingt mit seiner Hilfe eine Gliederung zu schreiben und regelmäßig penetrant und unerbittlich nach Fortschritten fragt, der einem streng verbietet, sich herauszureden.
Petra Buvari ◄

9.4.3.1 Beispiel 7: Komplexes Thema, angemessene Methode[3]

Die hier gewählte Beispieldissertation, hier nur in Auszügen dargestellt, wurde vom Gutachter mit einer „magna cum laude" bewertet und für die Publikation in einer Verlagsreihe der Medienökonomie empfohlen. Sie beschäftigt sich mit Regionalzeitungen in Deutschland und konzentriert sich dabei auf Geschäftsmodelle. Der Autor nutzt die Szenariotechnik auf Basis von Interviews, die er mit Verlagsleitern geführt hat.

Hier nun, wie angekündigt einige Auszüge aus dem Gutachten, das gleich mit einer Grundproblematik bei der Themenwahl einsteigt:

Der Autor nimmt sich eines anspruchsvollen Themas an, das für ein Promotionsvorhaben durchaus Fallstricke bereithält. Der größte unter diesen ist der Aktualitätsdruck, unter dem die Arbeit letzten Endes steht. Mit jedem Tag ihres Voranschreitens – und man muss davon ausgehen, dass er sich schon seit geraumer Zeit mit diesem Schwerpunkt auseinandersetzt – zeigt sich eine veränderte Situation am Markt. Mit jedem verstreichenden Monat, können weitere Veränderungen nicht nur wahrgenommen, sondern eben auch in monetären Größen verzeichnet werden. Diese Aktualitätsanfälligkeit des Themas wird begleitet von immer wieder neuen Gedanken und Thesen, die berufene oder sich selbst als berufen erachtende – wie auch immer gelagerte – „Experten" in die Diskussion einbringen. So entsteht ein augenfälliges, nicht immer von wirklicher Substanz geprägtes Rauschen, das es einem Promovenden schwer macht, dem einst ausgelegten Faden zu folgen, die Arbeit konsequent zu einem Schlusspunkt hin zu entwickeln.[…]

Die Titel der einschlägigen Publikationen lauten dann beispielsweise wie folgt: „Krise der Printmedien: Eine Krise des Journalismus?" (Bohrmann und Toepser-Ziegert 2010); „Das Verschwinden der Zeitung?" (Weichert und Kramp 2009); „Presse in der Krise" (Kirchhoff und Krämer 2010); „Wozu noch Zeitungen? Wie das Internet die Presse revolutioniert." (Weichert et al. 2009). Von diesen vergleichsweise wahllos herausgegriffenen Publikationen findet in der Literatur-

---

[3] Auch dieses Gutachten wurde für die Verwendung in diesem Buch um etwa die Hälfte des Umfanges gekürzt.

liste der vorliegenden Arbeit lediglich eine einzige Berücksichtigung. Ist dies ein gutes, ist dies ein schlechtes Zeichen? Wie so häufig in der Wissenschaft gilt: sowohl als auch. Der Gutachter sieht es für diesmal tendenziell positiv, denn der Autor lässt sich durch diese Publikationen nicht beeindrucken, zumal die aufgezählten Werke nicht gerade von ausdrücklichem Tiefgang geprägt sind. Andererseits sollte eine Dissertation die aktuelle Literatur zum Forschungsgegenstand abbilden, was dem Autor der vorliegenden Dissertation durchaus kritisch anzulasten ist. […]

Bemerkenswert ist, dass sich der Autor nicht scheut, auch theoretisch tiefgängige soziologisch geprägte Werke einzubeziehen, indem er beispielsweise auf Bourdieus Kritik der gesellschaftlichen Urteilskraft abhebt oder auch die sehr interessanten Studien von Gunnar Otte zu Sozialstrukturanalysen und zur Arbeit mit Lebensstilen in seine Argumentation einbaut. Der Gutachter erkennt hier solide Quellenarbeit und den Mut, sich wenig dogmatisch verhaftet auf ein Forschungsgebiet einzulassen, das von Natur aus interdisziplinär angelegt ist. […] Mit der Zielsetzung die Entwicklung von deutschen Regionalzeitungen vor dem Hintergrund der Medienkonvergenz aufzuzeigen, wird der Aufbau der Arbeit nachvollziehbar. Sie ist gut strukturiert und in ihren Kapiteln und Abschnitten sorgfältig abgestimmt. Dies ist ein Pluspunkt, der es dem Leser erlaubt, sehr schnell und zielsicher innerhalb der über 200 Seiten starken Analyse (ohne Literaturverzeichnis und Anhang) zu navigieren. […] Da hier Ökonomie und Publizistik in besonderem Maße aufeinandertreffen, wäre es durchaus attraktiv gewesen, internationale Autoren wie beispielsweise den umtriebigen Holländer Marc Deuze, der lange Jahre in den Vereinigten Staaten (Indiana) gelehrt hat oder auch die Forscher um Stephanie Craft aus Missouri zu Wort kommen zu lassen. Dies wird auch vor dem Hintergrund angemerkt, dass ja auch der Autor das Phänomen einer fälligen „Neu(er)findung" regionaler Tageszeitungen und die Bedeutsamkeit seiner Studie ganz richtigerweise auch unter internationalen Gesichtspunkten sieht. Der stark ausdifferenzierte deutsche Tageszeitungsmarkt ist gerade durch seine regionale Struktur auch in anderen Weltregionen von Interesse, und die angewandte Szenariotechnik würde sich als Blaupause auch für andere Märkte eignen, dann freilich auch mit anderen Ergebnissen. Dennoch, eine klare Schwäche der Arbeit liegt in ihrem eher sparsamen Umgang mit internationalen Quellen und Erkenntnissen zum Zeitungssterben.

[…] In ähnlicher Weise nimmt sich der Autor den Geschäftsmodellen an, dekliniert Begriff und Perspektiven, um sich dann auf die zentralen Probleme (u. a. Verbundproduktion) einer Tageszeitung zu konzentrieren. Dass der Autor das volkswirtschaftlich relevante Theorem der Zweiseitigen Märkte mit den entsprechend passenden und zielführenden Quellen diskutiert, sei hier nur kurz angemerkt. Eine

9.4 Vollgutachten im Fließtext: Masterthesis und Dissertation

besondere und eigenständige Leistung der Arbeit liegt in der Ableitung der drei Dimensionen, denen alle Geschäftsmodelle von Regionalzeitungen unterliegen (S. 79 ff.). Dies ist gut strukturiert und sehr logisch abgeleitet und verdient die lobende Anerkennung.

[…] Die Methode ist gut abgeleitet, man kann dem Autor auf allen beschriebenen Stufen folgen, die Vorgehensweise scheint plausibel und dem Anspruch, respektive dem Untersuchungsgegenstand angemessen. Bleibt anzumerken, dass ihm mit dieser Vorgehensweise im Grunde nur ein oberflächlicher Blick auf eine durchaus disperse Verlagslandschaft gelingt und, was vielleicht noch schwerer wiegt: Er gewinnt lediglich eine Innensicht. Ob angesichts der auch vom Betreuer der Arbeit jüngst in der Zeitungsdebatte beschriebenen Ratlosigkeit gerade der Regionalzeitungsmacher zukunftsweisende Geschäftsmodelle ausschließlich aus dieser Innensicht heraus entwickelt werden können, bleibt indes mehr als fraglich. Damit muss die gesamte Vorgehensweise des Autors in Zweifel gezogen werden: Kann es mit dieser methodisch durchaus sehr anspruchsvoll gestalteten (Mehrfach-)Befragung, also mit einem Panel aus zehn (vgl. S. 114) Verlagsvertretern erstens gelingen, die Zeitungslandschaft in Deutschland mit ihren nach wie vor durchaus unterschiedlichen (organisatorischen, produktionslogischen, konsolidierenden, oder ganz einfach: unternehmerischen) Konzepten abzubilden, und zweitens besonders zukunftsträchtige Geschäftsmodelle identifizieren? Die Antwort heißt auf beide Fragen: Nein!

[…] Zur Ehrenrettung: Vieles bleibt vergleichbar und darf demnach auch verallgemeinert werden. Es bleibt an dieser Stelle jedoch nur davor zu warnen, die vom Autor gewonnene Innensicht tatsächlich so zu interpretieren, als wären hier am Ende selbst bei ausschließlicher Innensicht alle denkbaren Geschäftsmodelle und Szenarien aufgezeigt. Der Gutachter ist darüber hinaus eher der Ansicht, dass es vor allen Dingen branchenexterne Impulse sein werden, die neue Szenarien denkbar werden lassen und in die Zukunft der Geschäftsmodelle von Tageszeitungsunternehmen weisen.

[…] Vielleicht hätte sich der Autor sogar noch ein wenig mehr Selbstbewusstsein gönnen können, noch kritischer mit seiner Bewertung sein dürfen, die Empfehlungen noch dezidierter darstellen können. Insgesamt aber ist auch der Katalog der zehn strategischen Aufgaben (S. 194 ff.) sehr solide erarbeitet. Der Autor versteigt sich auch im Eifer des Gefechtes nicht zu unbelegbaren Hinweisen und Mutmaßungen. Wenn er also zum Beispiel sagt, dass „die Verlage […] die Dehnbarkeiten bzw. Möglichkeiten ihrer Marken auf spezielle Dienstleistungen häufig noch nicht ausgeschöpft" haben, so lassen sich diese Aussagen anhand der Untersuchung auch nachvollziehbar beweisen. Wünschenswert wäre allerdings gewesen, wenn der Autor dies noch besser kenntlich gemacht hätte, um den Leser zu führen.

Dem Gutachter fällt auch im Schlusskapitel auf, dass es der Autor versteht, ökonomische Kenntnisse im richtigen Kontext anzubringen und auch von den Verlagen einzufordern.

9.4.3.2 Lernaspekte und Besonderheiten für Dissertationen

Es ist hier vom Umfang etwa ein Drittel des Gutachtens abgebildet, es soll also lediglich ein erster Eindruck vermittelt werden, um es dem Leser hier zu erleichtern, sich noch intensiver in die Rolle des Gutachters hineinzudenken. Aus meiner Sicht machen Beispiele anschaulich, wie in ausgewählten Situationen konkret gehandelt wird. So finden sich auch in diesem Dissertationsgutachten zahlreiche Lernaspekte. Viele Betreuer von Bachelorarbeiten sind auch an solchen Gutachten geschult, bringen Erfahrungen aus Promotionsverfahren mit und ein. Die Erwartungshaltung an Bachelorarbeiten ist verständlicherweise deutlich reduzierterer Natur. Dennoch ist die ‚Bewertungslogik' im Grunde identisch.

Lernhinweise, die das Beispiel geben kann:

1.) Dissertationen müssen den aktuellen Stand der Literatur ohne Wenn und Aber abbilden. Egal welche Qualität eine Dissertation hat, es ist bei Annahme zwingend erforderlich, dass die Literatur und die Tradition des gewählten Themenbereiches hier erfasst sind.

2.) Es empfiehlt sich stets – auch bei einer stark auf ein einziges Land bezogenen Fragestellung – zu schauen, welche internationalen Publikationen herangezogen werden können. Dies gilt bereits bei Bachelorarbeiten. Wer den internationalen Forschungsstand – und zumindest englischsprachige Werke – berücksichtigt, hat zudem die Chance, dass er Quellen findet, die auch die Betreuer der Arbeit noch nicht kennen. Das gibt Pluspunkte!

3.) Eine Dissertation zeigt, dass ein Autor in der Wissenschaft angekommen ist. Es ist sozusagen der Ritterschlag in der Disziplin „wissenschaftliches Arbeiten". Das bedeutet, dass man nun von ihm auch eine gewisse Selbstständigkeit erwartet, sogar mehr: Der Wissenschaftsbetrieb fordert Selbstbewusstsein, also die aktive und zielgerichtete Übernahme von Verantwortung bei der Ausformulierung von Thesen, bei der Darstellung von Begründungszusammenhängen und der Interpretation von Argumenten. Der Autor muss also selbst interpretierend, einschätzend und bewertend, im Zweifelsfalle sorgfältig abwägend in Erscheinung treten. Hierin liegt ein großer Unterschied zu Bachelor- und Masterarbeiten, die dies nicht in gleichem Maße erfordern.

4.) Eine Dissertation erweitert den Wissensstand eines Faches, sie generiert über einen neuen Blick auf theoretische Zusammenhänge oder die konsequente Auswertung von Primärdaten neue Erkenntnisse. Eine Dissertation steht für

wissenschaftlichen Neuigkeitswert – eine Forderung, die an Bachelor- oder Masterarbeiten nicht gestellt wird. Dennoch bedienen sich vielfach auch diese empirischen Verfahren, die den Wissenstand des Faches zu erweitern wissen.
5.) Dissertationen müssen publiziert werden. Das bedeutet, sie sind auch verfügbar. Wer sich mit einigen aktuellen Dissertationen seiner Disziplin, seines Fachgebietes – und sei es auch noch so klein – befasst, kann sich zahlreiche Anregungen für die eigene Abschlussarbeit holen, kann auf die dort erfasste Literatur rekurrieren oder die Verschränkung der unterschiedlichen Quellen betrachten. Das hilft fraglos für die eigenen Werke.

9.4.4 Sinn und Zweck der hier aufgeführten Gutachten

Bei der Entwicklung des Writing Code habe ich mir über dieses Kapitel besonders lange Gedanken gemacht und die Frage gestellt, ob es tatsächlich sinnvoll ist, so viele unterschiedliche Gutachten zu zitieren, wo doch die Leser die zugrunde liegenden Arbeiten überhaupt nicht kennen, die gewählten Methoden und ihre Entstehungsgeschichte nicht konkret im Text der Arbeit nachvollzogen haben. Ich habe mich dennoch entschieden, dies alles genauso mit aufzunehmen. Denn es zeigt sich: Die Lektüre von Bewertungen verändert die Sensibilität für das eigene Arbeitsverhalten und sie erhöht die Aufmerksamkeit für Details, die man schnell vernachlässigt. Aus meiner Erfahrung produziert die Arbeit mit Gutachten und Bewertungsrastern regelmäßig wahre „Aha-Effekte", da sich darin zeigt, dass eben am Ende das „Ganze" zählt, und dass sich die Einschätzung einer „Großen Arbeit", eines eigenständigen „Werkes" doch aus sehr vielen Einzelaspekten zusammensetzt.

Es gibt einen weiteren Grund: Die Gutachten stehen auch für eine Würdigung. Betrug bei Abschlussarbeiten ist heute möglicherweise leichter denn je zuvor: „Die Anonymität des Internets bereitet gerade im akademischen Bereich besondere Probleme, denn dort werden geistige Leistungen verlangt und zum Beispiel durch das Anfertigen von Arbeiten überprüft." (Spitzer 2012, 110) und Spitzer verweist in der Folge auf US-amerikanische Internetseiten wie „Cheathouse", „Essaytown" oder „AcaDemon". Über diese Seiten wurden Themen und Inhalte zum Download zur Verfügung gestellt – es konnten auch direkt Arbeiten themenspezifisch in Auftrag gegeben werden (Morgan und Vaughn (2010, 755)). Auch die Analyse von Suchmaschinenabfragen durch Neville (2012) bleibt am Ende aufschlussreich: Er analysierte Stichworte wie „free term paper", „buy term paper", „freee collage paper" und „free research papers" für die Jahre zwischen 2003 und 2011. Die Abfragen waren während des Semesters deutlich häufiger und stiegen bis zu deren Ende an, während der Semesterferien gab es sie nur in geringem Maße (vgl. Spitzer 2012, S. 111).

Natürlich kann dies auch darauf hindeuten, dass einfach die Rechercheleistung in diesen Zeiten zunahm, Inhalte und Quellen für die eigene Arbeit recherchiert wurden. Man kann daraus schließen, dass zahlreiche Studierende mit betrügerischer Absicht, Leistungen „erschleichen" wollen. Dem kann der ‚Writing Code' nur eines entgegensetzen. Wer gerade bei Abschlussarbeiten in tatsächlich betrügerischer Absicht Fremdleistungen in Anspruch nimmt, vergibt sich eine der größten Bildungschancen seines Lebens. Aus meiner Erfahrung gibt es nichts, was gleichermaßen größte Herausforderung ist wie Quelle reicher Bestätigung und Befriedigung, auch die große Aufgabe zu meistern.

10 Schlussakt: Verteidigung, Kolloquium, Disputation

Universitäten und Hochschulen zeichnen sich hierzulande oft durch sehr individuelle Prüfungsordnungen und Regelungen zum Prüfungsablauf aus. Interessanterweise begegnen dem Dozenten häufig selbst noch in der Abschlussarbeitsphase Studierende, denen die eigene Prüfungsordnung noch nicht ans Herz gewachsen ist. Dabei zählt dieses Dokument zum Wichtigsten, was es in Zeiten von Bologna an einer Hochschule gibt. Die Prüfungsordnung – kurz PO oder BPO (für Bachelorstudiengänge) und MPO (für Masterprogramme) – beziehungsweise die Promotionsordnung regelt:

- alle Prüfungsangelegenheiten, die sich auf den jeweilig angestrebten Abschluss beziehen,
- enthält verbindliche Hinweise zu „Credit-Points", kurz CP und zum „Workload" (also zum gedachten Arbeitsumfang) eines Studienganges,
- listet alle Module und ihre Semesterlage sowie die zu erbringende Prüfungsleistung auf und
- stellt einen Vertrag im Sinne einer Selbstverpflichtung der Hochschule dar.

Daneben benötigen Sie für tiefer gehende Informationen noch das Modulhandbuch, das die einzelnen Lehrveranstaltungen und Module mit Lernzielen versieht und inhaltlich detailliert erläutert.

Ergänzende Information Die elektronische Version dieses Kapitels enthält Zusatzmaterial, auf das über folgenden Link zugegriffen werden kann [https://doi.org/10.1007/978-3-658-45072-4_10]. Die Videos lassen sich durch Anklicken des DOI-Links in der Legende einer entsprechenden Abbildung abspielen, oder indem Sie diesen Link mit der SN More Media App scannen.

Bevor Sie Ihre Bachelorarbeit anmelden, sollten Sie also „Ihre" PO sorgfältig gelesen haben, insbesondere natürlich die Abschnitte zur Abschlussarbeit und etwaigen mit dieser verbundenen zusätzlichen Prüfungsleistungen. Sehr häufig wird seit der Bologna-Reform nicht mehr länger nur jeweils eine Note von zwei Gutachtern zusammengerechnet, um eine Abschlussarbeit zu bewerten, sondern es ist ein zusätzliches Kolloquium vorgesehen, in dem Sie Ihre Arbeit verteidigen müssen.

Dies kann in einer Prüfungsordnung (hier eine BPO) zum Beispiel wie folgt umgesetzt sein:[1]

▶ **Beispiel einer gültigen Bachelor-Prüfungsordnung – für das Kolloquium relevante Paragrafen**
§ 18 Umfang und Art des Kolloquiums

(1) Im Kolloquium hat die oder der zu Prüfende in einer Auseinandersetzung über ihre/seine Bachelorarbeit nachzuweisen, dass sie oder er in der Lage ist, fächerübergreifend und problembezogen Fragestellungen aus dem Bereich dieser Fachrichtung selbstständig auf wissenschaftlicher Grundlage zu bearbeiten und die Arbeitsergebnisse in einem Fachgespräch zu vertiefen.

(2) [1]Das Kolloquium wird gemeinsam von den Prüfenden der Bachelorarbeit als Einzelprüfung oder Gruppenprüfung durchgeführt. [2]Die Dauer des Kolloquiums beträgt je zu Prüfender oder zu Prüfendem mindestens 30 min und soll 60 min nicht überschreiten. [3]Es ist ein Ergebnisprotokoll anzufertigen und von den Prüfenden zu unterschreiben.

(3) [1]Das Kolloquium ist grundsätzlich hochschulöffentlich. [2]Auf Antrag der oder des zu Prüfenden kann die Öffentlichkeit jedoch ausgeschlossen werden. [3]Die Zulassung von Zuhörerinnen und Zuhörern erstreckt sich nicht auf die Beratung und Bekanntgabe des Prüfungsergebnisses an die zu Prüfende oder den zu Prüfenden. [4]Bei einem Verstoß gegen die ordentliche Abhaltung der Prüfung (Ordnungsverstoß) können Zuhörerinnen und Zuhörer von der/dem Erstprüfenden von der Prüfung ausgeschlossen werden.

---

[1] Der Text ist wie ein Gesetzes- oder Vertragstext gefasst. Dies ist deshalb der Fall, weil er zur Grundlage juristischer Auseinandersetzungen werden kann. Sie studieren in einer Prüfungsordnung, und die Aspekte dieser Ordnung sind jederzeit vor dem zuständigen Verwaltungsgericht einklagbar. Sie können sich im Rahmen eines Widerspruches zur Bewertung Ihrer Arbeit also dann beispielsweise auf Paragraf 18, Absatz 1, Satz 3 berufen (die Sätze werden jeweils mit den kleinen hochgestellten Nummern im hier gewählten Beispiel gekennzeichnet). Dies natürlich insbesondere dann, wenn Sie wissen, dass kein Protokoll bei Ihrem Kolloquium erstellt wurde, oder Sie hier Ungereimtheiten vermuten.

§ 19 Zulassung zum Kolloquium

¹Zum Kolloquium ist zugelassen, wer die Voraussetzungen nach § 27 Abs. 1 erfüllt, alle zugehörigen Prüfungsleistungen bestanden hat, sich formgerecht angemeldet hat und wessen Bachelorarbeit von der/dem Erstprüfenden vorläufig mit mindestens „ausreichend" bewertet ist. ²Das Kolloquium soll innerhalb von sechs Wochen nach Abgabe der Bachelorarbeit durchgeführt werden. ³Der Prüfungsausschuss legt den Termin und den Ort des Kolloquiums fest und gibt dieses per Aushang am Prüfungsbüro spätestens sieben Werktage vorher bekannt.

Das Kolloquium zur Bachelor- oder Masterarbeit wird regelmäßig in Form einer *Verteidigung* durchgeführt. Das bedeutet, die Prüfer werden Ihren Ansatz, Ihre Vorgehensweise, Ihre Fragestellung und Ihre Thesen kritisch hinterfragen. Sie werden die Arbeit in einen fachlichen Kontext stellen und die Bedeutung Ihres Textes herausarbeiten. Wenn Sie sich die Situation mit dem Begriff der Verteidigung verdeutlichen, werden Sie nicht von Fragen überrascht werden können. Denken Sie stets daran: Hier geht es darum, dass Sie sich mit Ihrem Thema und mit den gelernten Inhalten, mit Ihrem ganzen Wissen in die Arena begeben. Meine Erfahrung zeigt: Je härter und detaillierter die Prüfer nachfragen, je eher sie darauf bestehen, dass Sie die Bedeutung der Arbeit für das gesamte Fach oder die Disziplin herausstellen, desto eher werden Sie auch auf eine gute Note hin geprüft.

Natürlich unterscheiden sich die Prüfer jeweils individuell – und manche werden wenig streng gerne noch einmal die Inhalte Ihrer Arbeit erläutert bekommen. Sprechen Sie dies jedoch vorher ab. Prüfer, die Ihre Arbeit gelesen haben, wollen diskutieren, wollen hinterfragen, wollen Alternativen durchdenken und wollen Ihre Auffassungen, Einstellungen und Ihre Denkweise kennenlernen. Wenn in Ihrer PO also niedergelegt ist, dass das Kolloquium eine Präsentation beinhalten soll, dann ist die Empfehlung des ‚Writing Code', über die Arbeit selbst hinauszudenken, die Erkenntnisse nur noch einmal kurz vorzustellen und zusammenzufassen, um dann über den möglichen Umgang mit den Ergebnissen nachzudenken.

Regel
Die Präsentation im Rahmen des Kolloquiums sollte nach Möglichkeit nicht noch einmal den Inhalt der Arbeit referieren, sondern vielmehr zu einer Analyse aus der Vogelperspektive führen.

Sinnvolle Fragen zur Vorbereitung eines Kolloquiums können deshalb die folgenden sein:

- Waren sowohl die gewählte Vorgehensweise als auch die angewandte Methode zielführend? Haben sie das gewünschte Ergebnis erbracht, und warum waren sie die bestmöglichen Varianten für die Umsetzung in der Bachelor- oder Masterarbeit?
- Was würde ich heute – mit etwas zeitlichem Abstand und mit den Erfahrungen aus dem Abschlussarbeitenprojekt – anders gestalten, auf veränderte Weise durchführen?
- Welche konkreten Erkenntnisse ergeben sich aus der Arbeit, und wie kann man mit diesen Erkenntnissen weiterarbeiten?
- Was habe ich über die Art und Weise gelernt, wie ich persönlich ein großes Projekt angehe, und inwiefern hat mich die Arbeit an dem gewählten oder angenommenen Thema verändert?

Das Kolloquium gibt Ihnen also die einzigartige Möglichkeit, sich noch einmal selbstkritisch mit Ihrer Arbeit auseinanderzusetzen, Ihr Thema und die gewählte Umsetzung mit einem gewissen zeitlichen und inhaltlichen Abstand zu reflektieren. Gehen Sie in der Prüfungssituation auch davon aus, dass Ihre Prüfer stets aus Neugier nachfragen. Denn: Sie sind nun Experte des Themas, und Sie können viel wissender darüber sprechen als jeder andere. Ihre Prüfer freuen sich darüber, wenn Sie etwas von Ihnen lernen dürfen, aus dem Kolloquium selbst etwas „mitnehmen" dürfen. Dies gilt gleichermaßen für die Lektüre Ihrer Arbeit.

Dabei werden Ihre Prüfer stark darauf achten, wie Sie argumentieren. Das war schon beim Blick auf die Verschriftlichung der Fall. Im mündlichen Vortrag und bei der Beantwortung von Fragen werden die Prüfer noch stärker darauf achten. Wenn beispielsweise die von Ihnen gewählte Methode nicht unbedingt optimale Ergebnisse erbracht hat, dann wird es bei der Vorbereitung des Kolloquiums sinnvoll sein, sich noch einmal sehr intensiv mit der Datengewinnung und -auswertung auseinanderzusetzen und zu schauen, wie man zu besseren Ergebnissen hätte kommen können. So können Sie im Kolloquium einen positiven Eindruck hinterlassen und sogar Minuspunkte ausgleichen, die Sie gesammelt hatten, während Ihre Gutachter die Arbeit gelesen haben. Es wäre in einem solchen Fall nicht sinnvoll, Ihre Methode ‚auf Biegen und Brechen' verteidigen zu wollen.

Viele Studien – auch solche honoriger Wissenschaftler – generieren am Ende nur suboptimale Datenbestände. Es kommt dann darauf ein, dies einzuschätzen, Fehler zu erkennen, zu benennen, um diese in der Zukunft eventuell zu vermeiden. Auch auf diese Weise kann eine Bachelor- oder Masterarbeit einen wertvollen Beitrag zur Entwicklung des Faches und damit wissenschaftlich ausgesprochen wertvoll sein: Indem Sie deutlich macht, welcher Weg in eine Sackgasse führt, wie etwas *nicht* zu untersuchen ist, wie man *nicht* weiterkommt.

10.1 „Dos" and „Don'ts"[2] im mündlichen Kolloquium

Im verlinkten Video (Abb. 10.1) wird ein kurzer Überblick über Do's und Don'ts während eines Kolloquiums gegeben, um eine erfolgreiche Präsentation zu garantieren.

10.1.1 Präsentation – Inhalt

Achten Sie bei Ihren Präsentationen darauf, dass Sie nicht noch einmal die Inhalte Ihrer Arbeit auflisten. Setzen Sie, wenn Sie mögen, Schwerpunkte bei Dingen, zu

Abb. 10.1 Do's und Don'ts im Kolloquium (▶ https://doi.org/10.1007/000-c5p)

---

[2] Hier wird Ihnen ein schönes Beispiel geliefert, wie schwer es manchmal das Korrektorat Ihrer Arbeit hat: Schon in der Überschrift dieses Abschnittes öffnet sich nämlich ein Konflikt, der eine tiefere Auseinandersetzung in diesem Falle mit der englischsprachigen Rechtschreibung erforderlich macht: „The *Chicago Manual of Style* and others recommend *dos and don'ts*. The Associated Press and others recommend *do's and don'ts*. Eats, Shoots & Leaves recommends *do's and don't's*." (vgl. Fogarty 2014, o.S., H.i.O.)

denen Sie etwas Neues und Besonderes herausgefunden haben. Präsentieren Sie offene Fragestellungen und Aspekte, die tiefer zu diskutieren wären. Setzen Sie sich in der Präsentation auf jeden Fall kritisch mit Ihrer Methode auseinander, und analysieren Sie die Ergebnisse mit souveränem Abstand.

10.1.2 Präsentation – Form

Überlegen Sie sich im Vorfeld des Kolloquiums, wie und mit welchen Hilfsmitteln Sie Ihre Punkte für Analyse und Diskussion präsentieren wollen. Denken Sie nicht nur an eine inzwischen beinahe als Standard übliche Powerpoint-Präsentation. Überlegen Sie sich, ob Sie ein Handout gestalten wollen, auf dem man sich Notizen machen kann, oder arbeiten Sie an der Tafel, respektive an einem „Whiteboard" oder direkt am Rechner. Wenn Sie Ihre Daten per Software ausgewertet haben, dann gehen Sie doch direkt im Beisein der Prüfer in Ihren Datenstamm, und lassen Sie – zum Beispiel in SPSS – noch ein paar zusätzliche Dinge auswerten, die in der Arbeit so noch nicht zu sehen waren. Dies sollten Sie sorgfältig vorbereiten. Sie können auch eine klassische Posterpräsentation halten, mit einem gestalteten Poster, das Sie im für die Prüfung vorgesehenen Raum dann so verstellen, wie dies auf einer wissenschaftlichen Konferenz üblich ist. Ihre Prüfer wird das beeindrucken. In vielen Fachtraditionen ist dies ein Format, das bekannt und anerkannt ist, und ein Format, das eben auch zeigt, dass Sie in der Wissenschaft „angekommen" sind.

10.1.3 Fragestellungen – Haltung

Denken Sie immer daran: Niemand weiß mehr über Ihre Arbeit als Sie selbst. Sie haben unvergleichlich mehr Quellen studiert, sind so tief wie niemand anderes in die Materie eingestiegen. Deshalb können Sie sich im Kolloquium etwas zutrauen und selbstbewusst auch Fragen beantworten. Denken Sie daran, dass der Fragesteller nicht so tief im Thema steckt. Es sei denn, es zählt zu seinen ultimativen Spezialgebieten. Ihre Prüfer werden immer auf Basis ihrer Erfahrungen nachfragen. Und diese Erfahrungen sind durch ihren eigenen Lebensweg stark geprägt. Fragen werden dann nicht unbedingt mit dem Text der vorliegenden Abschlussarbeit verknüpft, sondern reichen weiter in das Umfeld der Forschungen.

Eine hervorragende Vorbereitung auf das Kolloquium besteht deshalb darin, sich recht nahe am Termin sehr entspannt, dabei aber sorgfältig, die Lebensläufe der Prüfer anzuschauen. Besonders deren aktuelle Publikationen dürfen zur Hand genommen werden. Vielleicht finden sich zusätzlich Hinweise auf Forschungsprojekte, die die Prüfer gerade durchführen. Oft ergibt sich aus diesen eine Nähe

10.1 „Dos" and „Don'ts" im mündlichen Kolloquium

Abb. 10.2 Ein Kolloquium vorbereiten (▶ https://doi.org/10.1007/000-c5n)

zur eigenen Abschlussarbeit. Im Kolloquium darf man dann darauf verweisen, welche Anknüpfungspunkte man sieht und welche Aspekte vielleicht auch die Forschungen der Prüfer beeinflussen könnten. Weitere Hinweise zur Vorbereitung Ihres Kolloquiums erfahren Sie im verlinkten Video (Abb. 10.2).

10.1.4 Fragestellungen – Anknüpfungspunkte

Viele Prüfer fragen sehr bewusst über die Grenzen der Arbeit hinaus und hinein in das gesamte Curriculum. Dies geschieht einerseits insbesondere dann, wenn es um gute bis sehr gute Noten geht. Andererseits begleitet dies gerne Kolloquien, in denen der Studierende insgesamt eingeschätzt werden soll. Denn die Prüfer bewerten im Rahmen des Kolloquiums stets auch ein wenig den ganzen Studenten, also auch das Wissen, das dieser im Studium gewonnen, sich erarbeitet hat. Wenn man darum weiß, dann lässt man im Rahmen der Vorbereitung noch einmal die Veranstaltungen, die man bei den Prüfern besucht hat, am „inneren Auge" vorbeiziehen und schafft Verbindungen, schlägt Brücken zur eigenen Arbeit. Gut ist es, wenn man die verwendeten „Basistheorien" etwas umfassender zur Verfügung hat, als dies vielleicht aus der Arbeit selbst ersichtlich wird. Auf namhafte Autoren oder Grundlagenwerke des Faches verweisen zu können, wirkt übrigens stets sehr professionell. Ich persönlich erlebe immer wieder, dass sich Studierende gerade mit Fragen verunsichern lassen, die über die konkret zu verteidigende Arbeit hinausreichen. In einem konkreten

Fall zum Beispiel habe ich im Rahmen des Kolloquiums einer Studentin sehr bewusst dieses Verfahren angewandt. Die zu verteidigende Arbeit war interessant: Der theoretische Teil war in gnädigem und gutwilligem Urteil gerade noch eine 3,3. Die durchgeführte empirische Studie konnte jedoch mit einer 1,0 bedacht werden. Eine solche Spannweite in der Notengebung gibt es selten – aber Sie sehen, auch das kann vorkommen. In dieser Prüfung haben wir nur in geringem Maße über die konkreten Inhalte, aber sehr viel über die Rahmenaspekte der Arbeit gesprochen. Dies geschah vor dem Hintergrund, der Studentin zu ermöglichen, die Theorienote noch „abzufangen". In diesem Falle leider ohne Erfolg, auch das Kolloquium war schließlich eher im Bereich „drei" angesiedelt. Dennoch kann man sich hieran gut verdeutlichen, was im Kolloquium alles möglich ist.

Es gibt immer wieder auch kritische Gutachter und Prüfer, die Freude daran haben, Studierende zu demütigen. Ich habe dies im Kollegenkreis selbst erlebt. Dennoch bin ich der Überzeugung, dass es die meisten Prüfer im Kolloquium wohlwollend meinen, dass sie hier den Studierenden eine Chance geben wollen, ihre Bewertung zu verbessern, Auslassungen der Arbeit abzufangen, Fehler zu heilen. Vielleicht wollen Sie sich diesbezüglich noch einmal den Erfahrungsbericht von Silvia Ettl-Huber durchlesen – daran wird ja sehr gut deutlich, dass es besonders wichtig ist, die Gutachter und Prüfer nach eher „psychogrammatischen" Gesichtspunkten zu wählen, denn nach inhaltlicher Passgenauigkeit. Diese Einschätzung teile ich ohne Einschränkung! Im verlinkten Video (Abb. 10.3) finden Sie einige Tipps für die Phase nach dem Kolloquium.

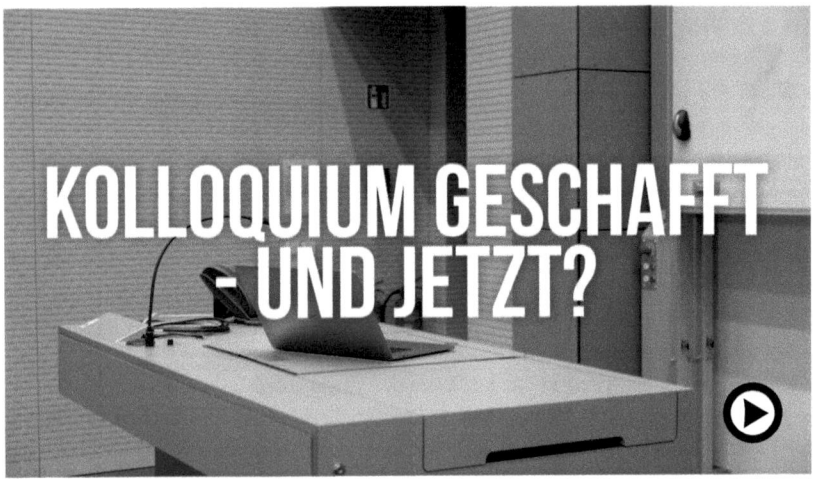

Abb. 10.3 Kolloquium geschafft – und jetzt? (▶ https://doi.org/10.1007/000-c5q)

> **Praxishinweis: Die Wahl der Betreuer**
> Wählen Sie Ihre Betreuer und Prüfer, indem Sie sich vorstellen, wen Sie im Kolloquium am liebsten persönlich wiedertreffen wollen, wen Sie als zuverlässig erlebt haben. Sie können sich dafür mit den folgenden Fragen auseinandersetzen:
> Wie lange hat es in der Vergangenheit gedauert, bis Mails von mir von diesem Dozenten beantwortet wurden?
> Habe ich Wertschätzung seitens dieses Dozenten erlebt? Wenn ja: Wie sah diese aus?
> Welches Feedback habe ich auf meine Prüfungsleistungen erhalten? War dies detailliert und sachlich nachvollziehbar?
> In welcher Weise war der Dozent kurzfristig für inhaltliche Problemstellungen ansprechbar?
> Hat er sich bei Rückfragen auch nach Vorlesungen, Seminaren und Übungen noch Zeit genommen oder Sprechstundentermine angeboten?
> Alle diese Fragen sind am Ende entscheidender als eine inhaltlich hundertprozentige Passgenauigkeit zum gewählten Thema. Ich würde sogar sagen: Suchen Sie sich eher den Dozenten nach den genannten Kriterien aus, und gehen Sie bewusst dafür auch Kompromisse beim Thema ein.

10.1.5 Praxisbezug – Anwendungsmöglichkeiten

Es gibt Fächer und Hochschulen, die einen besonderen Bezug zur Praxis und zu Fragestellungen aus der Industrie haben. Zahlreiche Abschlussarbeiten an ausgewählten Fachhochschulen oder in den ingenieurwissenschaftlichen Fächern haben einen direkten Bezug zur Praxis und werden häufig in Zusammenarbeit mit Unternehmen oder Vertretern der Praxis erstellt. Ist hier ein Kolloquium vorgesehen, dann werden Sie dort natürlich insbesondere die Rolle Ihres Ansatzes und Ihrer Lösungen für die Praxis erläutern, über Einsatzmöglichkeiten oder über die Wirkungen Ihrer Forschungsergebnisse auf die untersuchten Prozesse oder Produkte. Im zweiten Band des ‚Writing Code' wird sich ein Abschnitt mit den spezifischen Fragen praxisverbundener Arbeiten – insbesondere aus den ingenieurwissenschaftlichen Studiengängen – auseinandersetzen. Manchmal können Abschlussarbeiten aber auch pragmatisch-praktisch wirken, genau deshalb steht am Schluss dieses Arbeitsbuches ein Erfahrungsbericht der besonderen Art.

> **Erfahrungsbericht: Was hat Masterarbeiten mit der Berufspraxis zu tun**

In meiner Masterarbeit habe ich mich wissenschaftlich mit der Arbeitszufriedenheit von Journalist:innen auseinandergesetzt. Schon bei der Themenwahl hat mich interessiert, wie es sein kann, dass Journalist:innen trotz immer schlechter werdender Arbeitsbedingungen so zufrieden mit ihrem Beruf sind. Die Masterarbeit war daher für mich von Anfang an stark mit meinem eigenen Berufswunsch verbunden. Der Schreibprozess wurde zu einer intensiven Auseinandersetzung mit meinem eigenen beruflichen Werdegang. Aus den problemzentrierten Interviews, die ich im Rahmen meiner Masterarbeit führte, konnte ich viel für mich selbst mitnehmen. Wie ticken Journalist:innen? Was macht sie bei ihrer Arbeit zufrieden? So wurde die zunächst rein wissenschaftliche Auseinandersetzung mit diesem Berufsfeld mehr und mehr auch eine praxisbezogene. Mein Schreibprozess war von viel Selbstreflexion geprägt. Oft führte mich diese in (negativ geprägte) Gedankenschleifen, da ich mich zwangsläufig mit den Herausforderungen und Problemen dieses Berufsfeldes auseinandersetzen musste.

Am Ende habe ich neben der Masterarbeit noch etwas viel Wichtigeres mitgenommen: Die Interviews erlaubten mir eine wahrhaftige und glaubwürdige Innenperspektive des Berufes zu erhalten, die ich in sechs Jahren Studium nicht so intensiv erlangen konnte. Meine Interviewpartner:innen konnten mir gut vermitteln, was es bedeutet, journalistisch zu arbeiten. Für mich stellte sich die Frage, ob dieser Beruf, der mich schon seit vielen Jahren fasziniert hat, am Ende auch der richtige für mich ist. Was ist mir bei der Arbeit wichtig? Finde ich das im Journalismus, was mir wichtig ist? Nun kurz vor Abgabe der Masterarbeit stellt sich mir nun die Frage erneut und viel intensiver: Journalistin werden – ja oder nein?
Karoline Steinbock ◀

Literatur

Aebli, Hans (1977): Grundformen des Lernens, 10. Auflage, Stuttgart: Klett.
Alexander, Anita; Barnett-Cowan, Michael; Bartmess, Elizabeth; Bosco, Frank A.; Brandt, Mark; Carp, Joshua; Chandler, Jesse J.; Clay, Russ; Cleary, Hayley; Cohn, Michael; Costantini, Giulio; DeCoster, Jamie; Dunn, Elizabeth; Eggleston, Casey; Estel, Vivien; Farach, Frank J.; Feather, Jenelle; Fiedler, Susann; Field, James G.; Foster, Joshua D.; Frank, Michael; Frazier, Rebecca S.; Fuchs, Heather M.; Galak, Jeff; Galliani, Elisa Maria; Garcia, Sara; Giammanco, Elise M.; Gilbert, Elizabeth A.; Giner-Sorolla, Roger; Goellner, Lars; Goh, Jin X.; Goss, R. Justin; Graham, Jesse; Grange, James A.; Gray, Jeremy R.; Gripshover, Sarah; Hartshorne, Joshua; Hayes, Timothy B.; Jahn, Georg; Johnson, Kate; Johnston, William; Joy-Gaba, Jennifer A.; Lai, Calvin K.; Lakens, Daniel; Lane, Kristin; LeBel, Etienne P.; Lee, Minha; Lemm, Kristi; Mackinnon, Sean; May, Michael; Moore, Katherine; Motyl, Matt; Müller, Stephanie M.; Munafo, Marcus; Nosek, Brian A.; Olsson, Catherine; Paunesku, Dave; Perugini, Marco; Pitts, Michael; Ratliff, Kate; Renkewitz, Frank; Rutchick, Abraham M.; Sandstrom, Gillian; Saxe, Rebecca; Selterman, Dylan; Simpson, William; Smith, Colin Tucker; Spies, Jeffrey R.; Strohminger, Nina; Talhelm, Thomas; van't Veer, Anna; Vianello, Michelangelo: An open, large-scale, collaborative effort to estimate the reproducibility of psychological science. In: Perspectives on Psychological Science. Volume 7 (6), 2010, S. 657–660.
Anderseck, Klaus (1988): Didaktik der Wirtschaftswissenschaften. Studienbrief der Fernuniversität Hagen. Hagen.
Aristoteles (1882): Ueber die sophistischen Widerlegungen, übersetzt von Julius Heinrich von Kirchmann. Online verfügbar (zuletzt 22.Januar 2023): http://www.zeno.org/Philosophie/M/Aristoteles.
Asendorpf, Jens; Connor, Mark; de Fruyt, Filip; de Houwer, Jan; Denissen, Jaap J. A.; Fiedler, Klaus; Fiedler, Susann; Funder, David C.; Kliegl, Reinhold; Nosek, Brian A.; Perugini, Marco; Roberts, Brent W.; Schmitt, Manfred; Vanaken, Marcel A. G.; Weber, Hannelore; Wicherts, Jelte M. (2013): Recommendations for increasing replicability in psychology. In: European Journal of Personality. Vol. 27, S. 108–119.
Ayaß, R., & Bergmann, J. (2006). Qualitative Methoden der Medienforschung. Rowohlt Taschenbuch Verlag.

Baurmann, Jürgen (2002/2008): Schreiben – Überarbeiten -Beurteilen. Ein Arbeitsbuch zur Schreibdidaktik, 3. Aufl., Seelze-Velber: Kallmeyer.

Beck, Larissa Lee (2016): Putzen statt lernen: Wenn Studenten Arbeit standing aufschieben. Text der Deutschen Presse Agentur vom 3. April 2016, unter anderem erschienen in der "Welt" sowie in der Aachener Zeitung vom 4. April 2016. Online verfügbar: http://www.aachenerzeitung.de/news/hochschule/putzen-statt-lernen-wenn-studenten-arbeitstaendig-aufschieben-1.1330049 (zuletzt: 5.4.2016).

Becker-Mrotzek, Michael; Schindler, Kirsten (Hrsg.) (2007): Texte schreiben; Kölner Beiträge zur Sprachkritik, herausgegeben von Hartmut Günther, Ursula Bredel & Michael Becker-Mrotzek, Reihe A. Köln, Gilles & Francke.

Beckmann, Jürgen (1984): Kognitive Dissonanz – eine handlungstheoretische Perspektive. Berlin: Springer.

Beelmann, Andreas; Bliesen, Thomas (1994): Aktuelle Probleme und Strategien der Metaanalyse. In: Psychologische Rundschau 45, S. 211–233. Online verfügbar unter https://www.researchgate.net/profile/Thomas_Bliesener/publication/265674797_Aktuelle_Probleme_und_Strategien_der_Me taanalyse/links/552bc9e60cf21acb091e7b01/Aktuelle-Probleme-und-Strategien-der-Metaanalyse.pdf.

Berne, Eric (1961): *Transactional Analysis in Psychotherapy,* New York, Grove Press.

Berne, Eric (1992): *Games People Play,* New York, Ballantine Books.

Bingmann, Annika (2015): Neue Heisenberg-Professur für Molekulare Psychologie. Der Smartphone-Sucht im Genetiklabor auf der Spur. In: Pressemitteilungen der Universität Ulm. PM vom 20. Januar 2015, online verfügbar: https://www.uniulm.de/home2/presse/pressemitteilung/article/neue-heisenberg-professur-fuer-molekulare-psychologie-brder-smartphone-sucht-im-genetiklaborauf-de.html (zuletzt: 14.2.2016).

Bohrmann, Hans; Toepser-Ziegert (Hrsg.) (2010): Krise der Printmedien: Eine Krise des Journalismus? Dortmunder Beiträge zur Zeitungsforschung. Berlin: Walter de Gruyter.

Bordi, Ermese (2009): Neurolinguistisches Programmieren und Plakatwerbung. Magisterarbeit, Wien. Online verfügbar: http://othes.univie.ac.at/4329/1/2009-03-18_0202004.pdf (zuletzt: 8.2.2016).

Born, Jan (2000): Gedächtnisbildung im Schlaf: Die Bedeutung von Schlafstadien und Streßhormonfreisetzung. In: Psychologische Rundschau, Ausgabe 51, S. 198–208.

Bortz, J., & Döring, N. (2006). Forschungsmethoden und Evaluation: für Human-und Sozialwissenschaftler, Wiesbaden: Springer Lehrbuch. S. 295–350.

Bräuer, Gerd (2013): Mit authentischen lernarrangements Schreib- und Lesekompetenz nachhaltig verzahnen. In: Esterl, Ursula; Wintersteiner, Werner: Orientierungen für den Deutschunterricht, informationen zur deutschdidaktik. Zeitschrift für den Deutschunterricht in Wissenschaft und Schule, Sonderheft online 2016.

Bräuer, Gerd (Hrsg.) (2004): Schreiben(d) lernen: Ideen und Projekte für die Schule. Hamburg: Ed. Körber-Stiftung.

Cameron, Julia (2000): Der Weg des Künstlers. München: Droemer.

Cameron, Julia (2003): Von der Kunst des Schreibens und der spielerischen Freude, Worte fließen zu lassen. München: Droemer.

Carpenter, Siri (2012): Psychology's bold initiative. In an unusual attempt at scientific elf-examination, psychology researchers are scrutinizing their field's reproducibility. In: Science, 335, 30 March, S. 1558–1561.

Csikszentmihalyi, Mihaly (1996): Flow and the psychology of discovery and invention. New York: Harper Collins.

Csikszentmihalyi, Mihaly; Csikszentmihalyi, Isabella Selega (Hrsg.) (1992): Optimal experience: Psychological studies of flow in consciousness. Cambridge NY u.a.O.: Cambridge University Press.

Diekmann, Andreas (2007): Empirische Sozialforschung: Grundlagen, Methoden, Anwendungen. Hamburg: Rowohlt.

Drinkmann, Arno (1990): Methodenkritische Untersuchungen zur Metaanalyse. Zugl.: Heidelberg, Univ., Diss., 1989. Weinheim: Dt. Studien-Verl.

Dunne, Ciarán (2011): The place of the literature review in grounded theory research. In: International Journal of Social Research Methodology 14, 111–124. Online verfügbar unter: https://www.tandfonline.com/doi/abs/10.1080/13645579.2010.494930.

Egle, Gert (2020): Schreibstrategien. In: teachSam, Didaktik und Methodik OER, Online: https://www.teachsam.de/arb/texte_verfassen/arb_text_verf_5_2_8.htm, zuletzt: 11.10.2022.

Eisend, Martin (2004): Metaanalyse. Einführung und kritische Diskussion. Berlin: Freie Univ. Fachbereich Wirtschaftswissenschaft (Diskussionsbeiträge des Fachbereichs Wirtschaftswissenschaft der Freien Universität Berlin, Betriebswirtschaftliche Reihe, 2004, 8).

Eisend, Martin (2014): Metaanalyse. 1st ed. Augsburg: Rainer Hampp Verlag (Sozialwissenschaftliche Forschungsmethoden, v.8). Online verfügbar unter https://ebookcentral.proquest.com/lib/gbv/detail.action?docID=5431965.

Eisend, Martin (2014): Metaanalyse. 1st ed. Augsburg: Rainer Hampp Verlag (Sozialwissenschaftliche Forschungsmethoden,

Erdfelder, Edgar, and Rolf Ulrich (2018): Zur Methodologie von Replikationsstudien." In: Psychologische Rundschau.

Festinger, Leon (1957): The Theory of Cognitive Dissonance. Stanford: Stanford University Press.

Fogarty, Mignon (2014): "Dos and Don'ts" or "Do's and Don'ts"?. In: Word Count, Writers Talk about Writing, Visual Thesaurus vom 11. Juni 2014, online: http://www.visualthesaurus.com/cm/wc/dos-and-donts-or-dos-and-donts/ (zuletzt 25.5.2015)

Früh, Werner (2015): Inhaltsanalyse: Theorie und Praxis, 8. Auflage. Stuttgart: UTB.

Girgensohn, Katrin (2007): Neue Wege zur Schlüsselqualifikation Schreiben. Autonome Schreibgruppen an der Hochschule, Wiesbaden: VS).

Girgensohn, Katrin; Sennewald, Nadja (2012): Schreiben lehren, Schreiben lernen. Eine Einführung, Darmstadt.

Goleman, David (1996): Emotional Intelligence. Why it Can Matter More than IQ. London: Bloomsbury.

Gorard, Stephen (2003): Quantitative methods in social science research. London: Bloomsbury.

Grant, Adam (2016a): Originals: How Non-Conformists Move the World". New York: Viking.

Grant, Adam (2016b): The surprising habits of original thinkers. In: TED-Talk, online verfügbar: http://www.ted.com/talks/adam_grant_the_surprising_habits_of_original_thinkers/transcript?language=en#t-300538 (zuletzt: 7.4.2016).

Grant, Adam (2023) Hidden Potential: The science of achieving greater things. London/New York: Penguin, Random House.

Grant, Adam; Shin, Jihae (2021) When Putting Work Off Pays Off: The Curvilinear Relationship between Procrastination and Creativity. In: Academy of Managemtn Journal, Vol. 64, No. 3, https://doi.org/10.5465/amj.2018.1471

Grieb, Wolfgang (2004): Schreibtipps für Diplomanden und Doktoranden in Ingenieur- und Naturwissenschaften. Berlin: VDE.
Grieshammer, ella; Liebetanz, Franziska; Peters, Nora, Zegenhagen, Jana (2019): Zukunftsmodell Schreibberatung, 4. Auflage, Hohengehren: Schneider.
Habermas, Jürgen (2006): Political Communication in Media Society – Does Democracy still enjoy an epistemic dimension? The impact of normative theory on empirical research. Keynote, ICA Annual Convention, Dresden, Ausdruck des Redemanuskripts.
Hader, Michael (2010): Empirische Sozialforschung. Eine Einführung, 2. Überarbeitete Auflage. Wiesbaden: Springer-VS.
Hahnemann, Samuel; (1881): Organon der Heilkunst, herausgegebenvon Arthur Lutze, Siebente Auflage, Köthen: Paul Schettler's Verlag.
Harris, Thomas (2001): *Ich bin o.k. – Du bist o.k.*, Tübingen.
Hattie, John (2009): Visible Learning. London: Routledge.
Hattie, John (2015): Visible Learning into Action: International Case Studies of Impact. London: Routledge.
Hennecke, Chris; Rau, Harald (2016): Transparenz? Fehlanzeige! Verflechtungsstrukturen der umsatzstärksten TV-Sender in Deutschland In: Medienwirtschaft, Heft 2, S. 30–39.
Holzer, Horst (1969): Massenkommunikation. Freiburg.
Huber, Sascha (2020). Experimente. In: Tausendpfund, M. (eds) Fortgeschrittene Analyseverfahren in den Sozialwissenschaften. Grundwissen Politik. Springer VS, Wiesbaden. https://doi.org/10.1007/978-3-658-30237-5_11.
Hussy, Walter; Schreier, M.; Echterhoff, G. (2013): Psychologie als eine empirische Wissenschaft. Forschungsmethoden in Psychologie und Sozialwissenschaften für Bachelor. Wiesbaden: Springer.
Joines, Vann; Stewart, Ian (2015): Die Transaktionsanalyse : eine Einführung. 12. Aufl.: Freiburg u.a.O.: Herder.
Jürgen Beckmann (1984): Kognitive Dissonanz – eine handlungstheoretische Perspektive. Berlin: Springer.
Kant, Immanuel (1781/1867): Kritik der reinen Vernunft. In: Immanuel Kant, sämtliche Werke in chronologischer Reihenfolge, herausgegeben von G. Hartenstein (Dritter Band). Leipzig: Leopold Voss, 1867).
Kelle, U. (2022). Mixed methods. In Handbuch Methoden der empirischen Sozialforschung (pp. 163–177). Wiesbaden: Springer Fachmedien Wiesbaden.
Keuschnigg, Marc & Wolbring, Tobias (Hrsg.) (2015). Experimente in den Sozialwissenschaften. Baden-Baden: Nomos. Online verfügbar unter: https://www.researchgate.net/profile/Stefan-Liebig/publication/279448909_Empirische_Gerechtigkeitsforschung_mit_dem_faktoriellen_Survey/links/5594d8e608ae793da527/Empirische-Gerechtigkeitsforschung-mit-dem-faktoriellen-Survey.pdf
Kiock, Hartmut (1972): Kommunikations-Marketing. Die Technik journalistischer Anpassung (Schriftenreihe Gesellschaft und Kommunikation, Bd. 12). Düsseldorf.
Kirchhoff, Sabine; Krämer, Walter (2010): Presse in der Krise. Wiesbaden u.a.O.: Springer-VS.
Klimmt, Christoph; Pompetzki, Verena; Blake, Christopher (2008): Geschlechterrepräsentation in Nachrichtentexten: Der Einfluss von geschlechterbezogenen Sprachformen und Fallbeispielen auf den gedanklichen Einbezug von Frauen und die Be-

wertung der Beitragsqualität. In: Medien & Kommunikationswissenschaft, 56. Jhg., Heft 1, S. 3–20.

Klinger, Bastian (2007): Dr. Bueb ist kein Lackaffe. Aber er unterschätzt unsere Intelligenz: Ein Schüler antwortet seinem Lehrer, nachdem er zwei Jahre lang dessen Erziehung genossen hat. In: Frankfurter Allgemeine Zeitung, Januar.

Kohls, Niko (2011): Spiritualität im Arbeitsleben: Der unterschätzte Faktor. In: Peter-Schiffarth-Institut für Soziotechnologie, LMU – Beitrag zur LIFO-Benutzerkonferenz, 25. Juni 2011, Foliensatz.

Kolb, D. A. (1984): Experiential learning : experience as the source of learning and development. New York u.a.O., Prentice-Hall.

Kromphardt, Jürgen; Clever, Peter (1981) Methoden der Sozialwissenschaften, Studienbrief der Fernuniversität Hagen, Fachbereich Wirtschaftswissenschaft.

Kromrey, Helmut (2009): Empirische Sozialforschung: Modelle und Methoden der standardisierten Datenerhebung und Datenauswertung, 12. Auflage. Stuttgart: UTB (Lucius & Lucius).

Kuckartz, U. (2014). Mixed methods: methodologie, Forschungsdesigns und Analyseverfahren. Springer-Verlag.

Lamnek 1993a: Qualitative Sozialforschung Band 1: Methodologie

Lamnek 1993b: Qualitative Sozialforschung Band 2: Methoden und Techniken

Lamnek, S., & Krell, C. (2016). Qualitative Sozialforschung: Mit Online-Materialien (6., vollständig überarbeitete Aufl.). Weinheim: Beltz.

Lamnek, Siegfried (1993a): Qualitative Sozialforschung, Band 1: Methodologie, 2. korrigierte Auflage. Weinheim: Beltz.

Lamnek, Siegfried (1993b): Qualitative Sozialforschung, Band 2: Methoden und Techniken, 2. überarbeitete Auflage. Weinheim: Beltz.

Ligges, Marc (2002): fMRI-Untersuchung von Sprachverarbeitungsprozessen bei der Lese-Rechtschreibstörung. Dissertation, Universität Jena (Fakultät für Sozial und Verhaltenswissenschaften).

Lüthje, C. (2016). Die Gruppendiskussion in der Kommunikationswissenschaft. In S. Averbeck-Lietz & M. Meyen (Hrsg.), Handbuch nicht stan-dardisierte Methoden in der Kommunikationswissenschaft (S. 157–173). Wiesbaden: Springer.

Markowitsch, Hans J. (2006): Das autobiografische Gedächtnis. Neurowissenschaftliche Grundlagen. In: Bittner, Günther (Hrsg.): Ich bin mein Erinnern. Über autobiografisches und kollektives Gedächtnis. Würzburg: Königshausen & Neumann. S. 23–40.

Markowitsch, Hans J.; Siefer, Werner (2007): Tatort Gehirn. Frankfurt: Campus.

Markowitsch, Hans J.; Welzer, Harald (2008): Das autobiografische Gedächtnis. In: Oehler, Regina; Banius, Volker; Wellmann, Karl-Heinz (Hrsg.): Wer wir sind und wie wir sein könnten. Begleitbuch zum Funkkolleg Psychologie (Hessischer Rundfunk), Freiburg, Basel, Wien: Herder. S. 167–177.

Martin, Bernhard J.; Armstrong, Thomas J.; Foulke, James A.; Natarajan, Sivakumaran; Klinenberg, Edward; Serina, Elaine; Rempel, David (1996): Keyboard Reaction Force and Finger Flexor Electromyograms during Computer Keyboard Work. In: Human Factors, 38(4), S. 654–664.

Marx, Karl (1932): Das Kapital: Kritik der politischen Ökonomie: Ungekürzte Ausgabe nach der zweiten Auflage von 1872, herausgegeben von Karl Korsch, Berlin: Verlagsgesellschaft des Allgemeinen Deutschen Gewerkschaftsbundes.

Marx, Karl; Engels, Friedrich (1932): Über historischen Materialismus: Ein Quellenbuch. Zusammengestellt mit einem Vorwort und Anmerkungen versehen von Hermann Duncker. Berlin: Internationaler Arbeiter-Verlag.

Mayring, P. (2012). Qualitative Inhaltsanalyse – ein Beispiel für Mixed Methods. Mixed Methods in der empirischen Bildungsforschung, 1, 27–36.

Mayring, P. (2015). Qualitative Inhaltsanalyse. Grundlagen und Techniken. 12., überarbeitete Auflage. Weinheim: Beltz.

Mayring, P. (2023). Einführung in die qualitative Sozialforschung. (7., überarbeitete Auflage). Weinheim: Beltz.

Metzinger, Thomas (2012): Auf der Suche nach dem Selbst. In: Viveka, Heft 47, S. 24–30.

Metzinger, Thomas (2014): Der Ego-Tunel. Eine neue Philosophie des Selbst: Von der Hirnforschung zur Bewusstseinsethik. München: Piper-Taschenbuch.

Mey, G. & Mruck. K. (2020). Handbuch Qualitative Forschung in der Psychologie. Band 2: Designs und Verfahren. 2. Auflage. Wiesbaden: Springer.

Meyer, Ruth (2009): Soft Skills fördern. Bern: hep.

Montag, Christian (2015): Interviewzitat, O-Ton. In: Weber, Barbara (Autorin); Hinrichs, Dörte (Moderation, Hrsg.): Aus Kultur- und Sozialwissenschaften. Deutschlandfunk, Köln, Sendung vom 13. August 2015, 20:10 bis 21:00 h, insgesamt 49:29 Min.

Morgan, Phoebe; Vaughn, Jacqueline (2010): The Case of the Pilfered Paper: Implications of Online Writing Assistance and Web-Based Plagiarism Detection Services. In: APSC 43 (4), S. 755–758. https://doi.org/10.1017/S1049096510001228.

Müller, Eva (2013): Schreiben in Naturwissenschaften und Medizin. Stuttgart: UTB (Schöningh).

Mullis, Kary B. (2005): Interview mit Marika Griehsel beim 55. Treffen der Nobelpreisträger in Lindau, Juni. Online verfügbar auf der Nobelpreis-Website: http://www.nobelprize.org/nobel_prizes/chemistry/laureates/1993/mullis-interview.html (zuletzt: 10.2.2016).

Murphy, Joseph (2009): Die Macht des Unterbewusstseins. Überarbeitete Neuausgabe. Berlin: Ariston.

Nakamura, Jeanne; Csikszentmihalyi, Mihaly (2014): Flow and the Foundations of Positive Psychology. New York u.a.O.: Springer.

Neugebauer, Edmund A. M.; Mutschler, Wolf (2011): Von der Idee zur Publikation. Erfolgreiches wissenschaftliches Arbeiten in der medizinischen Forschung. Berlin: Springer.

Neuliep, James W.; Crandell, Rick (1993): Editorial bias against replication research. In: Journal of Social Behavior and Personality. Vol. 8, S. 21–29.

Neville, Lukas (2012): Do economic equality and generalized trust inhibit academic dishonesty? Evidence from state-level search-engine queries. Psychological Science, Iss. 23(4), S. 339–45, https://doi.org/10.1177/0956797611435980.

Nittono, H; Fukushima, M; Yano, A; Moriya, H. (2012): The power of kawaii: Viewing cute images promotes a careful behavior and narrows attentional focus. In: PloS one, https://doi.org/10.1371/journal.pone.0046362

Nittono, Hiroshi (2013): Interview mit Silke Weber in Die Zeit vom 17. Januar, online verfügbar: http://www.zeit.de/2013/04/tierfotos-buero (zuletzt 10.2.2016).

Nußberger, Ulrich (1961): Dynamik der Zeitung, Stuttgart.

Nußberger, Ulrich (1966): Probleme des Zeitungs- und Zeitschriftenverlags. Stuttgart: Daco-Verlag.

Nußberger, Ulrich (1984): Das Pressewesen zwischen Geist und Kommerz. Konstanz: Univ.-Verlag.
Odersky, Eva (2018): Handschrift und Automatisierung des Handschreibens. Wiesbaden, Springer, J.B. Metzler.
Odersky, Eva; Speck-Hamdan, Angelika (2017): Sichtbare und unsichtbare Spuren beim Schreiben. Schrift beobachten, beurteilen und fördern. In: Grundschule Deutsch, Nr. 56: S. 42–43.
Opdenacker, Joke; Delecluse, Christophe; Boen, Filip (2009): The Longitudinal Effects of a Lifestyle Physical Activity Intervention and a Structured Exercise Intervention on Physical Self-Perceptions and Self-Esteem in Older Adults. In: Journal of Sport & Exercise Psychology, https://doi.org/10.1123/jsep.31.6.743
Ortner, Hanspeter (2000): Schreiben und Denken, Tübingen: Niemeyer.
Ott, Ulrich (2015): Meditation für Skeptiker: Ein Neurowissenschaftler erklärt den Weg zum Selbst. München: Droemer TB.
Peschel, Falko (2002): Ist das Unterricht? Unterricht ohne zu unterrichten. In: Voß, Reinhard (Hrsg.): Unterricht aus konstruktivistischer Sicht. Die Welten in den Köpfen der Kinder. Neuwied: Luchterhand. S. 7–11.
Piaget, Jean (1973): The Affective Unconscious and the Cognitive Unconscious. In: The Journal of the American Psychoanalytic Association, Vol. 21, Iss. 2. https://doi.org/10.1177/000306517302100201
Poldrack, Russel A.; Laumann, Timothy O., Koyejo, Oluwasanmi; Gregory, Brenda; Hover, Ashleigh; Chen, Mei-Yen; Gorgolewski, Krzysztof J.; Luci, Jeffrey; Joo, Sung Jun; Boyd, Ryan L.; Hunicke-Smith, Scott; Simpson, Zack Booth; Caven, Thomas; Sochat, Vanessa; Shine, James M.; Gordon, Evan; Snyder, Abraham Z.; Adeyemo, Babatunde; Petersen, Steven E.; Glahn, David C.; Mckay, D. Reese; Curran, Joanne E.; Göring, Harald H. H.; Carless, Melanie A.; Blangero, John; Dougherty, Robert; Leemans, Alexander; Handwerker, Daniel A.; Frick, Laurie; Marcotte, Edward M. & Mumford Jeanette A. (2015): Long-term neural and physiological phenotyping of a single human. In: Nature Communications 6, Article number: 8885; https://doi.org/10.1038/ncomms9885, online verfügbar: http://www.nature.com/ncomms/2015/151209/ncomms9885/full/ncomms9885.html (zuletzt: 19.2.2023).
Popper, Karl (1958/2003): Die offene Gesellschaft und ihre Feinde, Band 2, Tübingen: Mohr Siebeck.
Popper, Karl (1973) Logik der Forschung, 5. Auflage, Tübingen: Mohr Siebeck.
Prokrastinationsambulanz (2023): Prokrastinationsambulanz der Universität Münster. Online: http://www.unimuenster.de/Prokrastinationsambulanz/index.html (zuletzt: 19.9.2023).
Radwin, Robert G.; Ruffalo, Barry A. (1999) Computer key switch force-displacement characteristics and short-term effects on localized fatigue. In: Ergonomics, Vol. 42, Iss. 1, S. 160–170.
Rau, Harald (1994): Key-Account-Management. Wiesbaden: Gabler.
Rau, Harald (2007): Qualität in einer Ökonomie der Publizistik. Wiesbaden: VS.
Rau, Harald (2013): Einladung zur Kommunikationswissenschaft, Stuttgart, UTB.
Rau Harald; Hennecke, Chris (2015): Geordnete Verhältnisse!? Verflechtungsstrukturen Deutscher TV-Sender. Baden-Baden: Nomos.
Rempel, David; Serina, Elaine; Klinenberg, Edward; Martin, Bernard J.; Armstrong, Thomas J., Foulke, James A.; Natarajan, Sivakumaran (1997): The effect of keyboard keyswitch

make force on applied force and finger flexor muscle activity. In: Ergonomics, Vol. 40, Iss. 8, S. 800–808.

Rizzolatti, Giacomo et al. (1996): *Premotor Cortex and the Recognition of Motor Actions*, in: Cognitive Brain Research (3), S. 131–141.

Rizzolatti, Giacomo; Sinigaglia, Corrado (2008): *Empathie und Spiegelneurone. Die biologische Basis des Mitgefühls*, Frankfurt am Main, Suhrkamp.

Robinson, Joan Violet (1972) Die Akkumulation des Kapitals, Frankfurt/Berlin/Wien: Ullstein (englischsprachiges Original: The Accumulation of Capital, 1956)

Rolf Rüttinger (2013): Transaktionsanalyse, 11. überarbeitete Auflage; Hamburg: Windmühle Verlag.

Röpke, Wilhelm (1994, 1970): Die Lehre von der Wirtschaft, 13. Auflage. Bern/Stuttgart.

Rustenbach, Stephan Jeff (2003): Metaanalyse. Eine anwendungsorientierte Einführung. Zugl.: Hamburg, Univ., Diss., 2003. 1. Aufl. Bern: Huber (Methoden der Psychologie, 16).

Schart, Dirk; Tschanz, Nathaly (2015): Praxishandbuch Augmented Reality für Marketing, Medien und Public Relations. Konstanz: UVK.

Schewe, Anna F.; Hülsheger, Ute F.; Maier, Günter W. (2014):. „Metaanalyse–praktische Schritte und Entscheidungen im Umsetzungsprozess." Zeitschrift für Arbeits-und Organisationspsychologie A&O.

Schnell, Rainer; Hill, Paul B.; Esser, Elke (1998): Methoden der empirischen Sozialforschung. München: Oldenbourg.

Seewald, Jörg (2015a): Man könnte es für Kabarett halten. In Frankfurter Allgemeine Zeitung vom 31.7.2015, Medien, Online: http://www.faz.net/aktuell/feuilleton/medien/oeffentlich-rechtliche-mit-fragwuerdigen-strukturen-13727340.html (Abrufdatum 29.3.2016).

Seewald, Jörg (2015b): Alle Befürchtungen bestätigt. In: Frankfurter Allgemeine Zeitung vom 31.7.2015, Medien, Online: http://www.faz.net/aktuell/feuilleton/medien/verstrickungen-von-sendern-und-produktionsfirmen-13727338.html (Abrufdatum: 29.3.2016).

Singer, Wolf (2000). Wahrnehmen, Erinnern, Vergessen – Über Nutzen und Vorteil der Hirnforschung für die Geschichtswissenschaft. Eröffnungsvortrag des 43. Deutschen Historikertags am 26.09.2000 in Aachen. In: http://www.mpih-frankfurt.mpg.de/global/Np/Pubs/Historikertag.pdf

Skemp, Richard (1987): The Psychology of Learning Mathematics. New York: Routledge. https://doi.org/10.4324/9780203396391

Snyder, Hannah (2019): Literature review as a research methodology: An overview and guidelines. In: Journal of Business Research 104, 333–339. Online verfügbar unter https://www.sciencedirect.com/science/article/pii/S0148296319304564.

Spitzer, Manfred (2012): Digitale Demenz. Wie wir uns und unsere Kinder um den Verstand bringen. München: Droemer.

Stamm, Hansueli; Scharb, Thomas M. (1995): Metaanalyse. Eine Einführung. In: German Journal of Human Resource Management 9.1, S. 5–27.

Stapelkamp, Torsten (2013): Das taktile Interface. In: Designismakingsense.de, online verfügbar: http://basics.designismakingsense.de/2013/design/das-taktile-interface/#mobile (zuletzt: 13.2.2016).

Stein, Petra (2019): Forschungsdesigns für die quantitative Sozialforschung. In: Handbuch Methoden der empirischen Sozialforschung. Wiesbaden: Springer. S. 125–142.

Steininger, Christian (2002): Medienmärkte-Medienwettbewerb-Medienunternehmen. die ökonomischen Institutionen des deutschen dualen Rundfunksystems. München: Verlag Reinhard Fischer.

Tavris, Carol; Aronson, Elliot (2010): Ich habe recht, auch wenn ich mich irre: Warum wir fragwürdige Überzeugungen, schlechte Entscheidungen und verletzendes Handeln rechtfertigen. München: Riemann Verlag.

Treue, Stefan (2015): Hirnforschung, was kannst du? Die Aufmerksamkeit, die wir verdienen. In: Frankfurter Allgemeine Zeitung vom 20. Juli 2015, Seite N 2 (Ressort Natur und Wissenschaft). Online verfügbar: http://www.faz.net/aktuell/feuilleton/dritte-kultur/hirnforscher-stefan-treue-ueber-unsere-wahrnehmung-13701161-p5.html?printPagedArticle=true#pageIndex_5 (zuletzt: 8.2.2016).

v. Foerster, Heinz (1993). Wissen und Gewissen, herausgegeben von Siegfried J. Schmitt. Frankfurt: Suhrkamp.

v. Foerster, Heinz (1999): Wissen und Gewissen. Hrsg. Siegfried J. Schmitt, Frankfurt, Suhrkamp.

v.8). Online verfügbar unter https://ebookcentral.proquest.com/lib/gbv/detail.action?docID=5431965.

Weber, Max (1968): Gesammelte Aufsätze zur Wissenschaftslehre, Tübingen, Mohr/Siebeck, Nachdruck der Ausgabe von 1922.

Wagner, Wolf (2007): Grundlagen wissenschaftlichen Denkens und Arbeitens. Online verfügbar: http://www.fh-erfurt.de/soz/fileadmin/SO/Dokumente/Lehrende/Wagner_Wolf_Prof_Dr/Lehre/wissarbsitz01einfuehrung.htm (zuletzt: 5.4.2016).

Weichert, Stephan; Kramp, Leif (2009): Das Verschwinden der Zeitung? Internationale Trends und medienpolitische Problemfelder. Berlin: Friedrich-Ebert-Stiftung, Stabsabt (Medien- und Technologiepolitik).

Weichert, Stephan/Kramp, Leif/Jakobs, Hans-Jürgen (2009): Wozu noch Zeitungen. Göttingen: Vandenhoeck & Ruprecht.

Young, Ed (2013): Jede Menge Murks. Viele wissenschaftlichen Studien lassen sich nicht reproduzieren. Das wirft Fragen zum Forschungsbetrieb auf – und zur Veröffentlichungspraxis von Fachzeitschriften. In: Spektrum der Wissenschaft. Februar, S. 58–63.

MIX
Papier aus verantwortungsvollen Quellen
Paper from responsible sources
FSC® C105338

If you have any concerns about our products,
you can contact us on
ProductSafety@springernature.com

In case Publisher is established outside the EU,
the EU authorized representative is:
**Springer Nature Customer Service Center GmbH
Europaplatz 3, 69115 Heidelberg, Germany**

Printed by Libri Plureos GmbH
in Hamburg, Germany